全国外经贸从业人员业务培训与考试辅导丛书

国际贸易理论基础考试辅导精编

陈文培　翁佩君　翁卓如　　编著
顾惠媛　于　姣　邢开东

图书在版编目(CIP)数据

国际贸易理论基础考试辅导精编 / 陈文培等编著.
—上海：立信会计出版社，2011.3
（全国外经贸从业人员业务培训与考试辅导丛书）
ISBN 978-7-5429-2822-1

Ⅰ.①国… Ⅱ.①陈… Ⅲ.①国际贸易—经济理论—自学参考资料 Ⅳ.①F740

中国版本图书馆 CIP 数据核字(2011)第 037991 号

责任编辑　　陈　旻
封面设计　　周崇文

国际贸易理论基础考试辅导精编

出版发行	立信会计出版社			
地　　址	上海市中山西路 2230 号	邮政编码	200235	
电　　话	(021)64411389	传　　真	(021)64411325	
网　　址	www.lixinaph.com	电子邮箱	lxaph@sh163.net	
网上书店	www.shlx.net	电　　话	(021)64411071	
经　　销	各地新华书店			
印　　刷	江苏凤凰数码印务有限公司			
开　　本	787 毫米×960 毫米	1/16		
印　　张	26.25			
字　　数	489 千字			
版　　次	2011 年 3 月第 1 版			
印　　次	2015 年 7 月第 6 次			
书　　号	ISBN 978-7-5429-2822-1/F			
定　　价	38.00 元			

如有印订差错　请与本社联系调换

前　　言

"国际贸易理论基础"是国际贸易业务员、国际商务秘书、外贸会计、国际贸易跟单员等全国外经贸从业人员职业资质认证考试的公共基础课程。

国际商会修订的《国际贸易术语解释通则®2010》(Incoterms®2010)于2010年9月27日向全球正式公布，并于2011年1月1日起生效。新版本考虑了无关税区的不断扩大，商业交易中电子信息使用的增加，货物运输中对安全问题的进一步关注以及运输方式的变化。更新并整合与"交货"相关的规则，将术语总数由原来的13条减至11条，并对所有规则作出更加简洁、明确的陈述。由于《国际贸易术语解释通则》在国际贸易相关业务中的作用非常大，鉴于此，《国际贸易理论基础(2011版)》一书做了相应修改。

本书的编排与考试指定教材一致，结合考试的题型，在每章章前加上了各章的考试大纲，章后部分列出了辅导练习题。

本书是"国际贸易理论基础"考试辅导用书，既可以作为大学、高职和中等专业学校国际贸易、国际商务专业学生的教辅用书，也可以作为专业业务人员的自学参考用书。

在使用过程中，广大教师若发现存在问题，或者有需要与本人进行交流的，请通过chenwp@tpsha.gov.cn与我联系。有关考试管理的内容，请登录全国外经贸考试中心网(http://www.chinaftat.org)，电子信箱为kszx@chinaftat.org。

陈文培

2011年3月于上海

目　　录

"国际贸易理论基础"的学习与考试指南 …………………………………………… 1

第一章　国际贸易概述 …………………………………………………………… 5
第一节　国际贸易常用的基本概念 ………………………………………………… 5
第二节　国际分工、世界市场与国际贸易 ………………………………………… 12
典型习题 ……………………………………………………………………………… 21

第二章　贸易术语 ………………………………………………………………… 29
第一节　有关贸易术语的国际贸易惯例 …………………………………………… 29
第二节　Incoterms 2010 概述 ……………………………………………………… 31
第三节　对各种贸易术语的解释 …………………………………………………… 36
典型习题 ……………………………………………………………………………… 71

第三章　国际贸易方式 …………………………………………………………… 81
第一节　经销方式 …………………………………………………………………… 81
第二节　代理方式 …………………………………………………………………… 83
第三节　寄售方式 …………………………………………………………………… 84
第四节　拍卖方式 …………………………………………………………………… 86
第五节　招标与投标 ………………………………………………………………… 87
第六节　商品期货交易 ……………………………………………………………… 89
第七节　对等贸易 …………………………………………………………………… 90
第八节　加工贸易 …………………………………………………………………… 91
第九节　展卖 ………………………………………………………………………… 95
第十节　租赁贸易 …………………………………………………………………… 98
典型习题 ……………………………………………………………………………… 101

第四章　国际贸易进出口合同的主要条款 110
第一节　进出口合同概要 110
第二节　进出口合同的条款 116
典型习题 159

第五章　国际贸易进出口合同的商定和履行 173
第一节　交易磋商 173
第二节　合同的订立 181
第三节　合同的履行 184
典型习题 196

第六章　国际结算 207
第一节　票据 208
第二节　汇付 218
第三节　托收 224
第四节　信用证 227
典型习题 256

第七章　国际市场营销 267
第一节　市场营销的基本概念 267
第二节　国际市场营销战略及其规划 271
第三节　国际市场细分与目标市场选择 275
第四节　企业从事国际营销的原因及方式 280
第五节　国际产品市场营销 283
典型习题 291

第八章　贸易壁垒 302
第一节　非关税壁垒概述 302
第二节　技术性贸易壁垒措施 312
第三节　绿色贸易壁垒 317
典型习题 320

第九章　知识产权的海关管理 328
第一节　知识产权海关管理的概念 328

第二节　向海关申请采取保护措施 …………………………………… 334
第三节　办理知识产权海关保护备案 …………………………………… 339
第四节　向海关总署申请总担保 …………………………………… 342
第五节　查询知识产权备案 …………………………………… 343
典型习题 …………………………………………………………………… 346

第十章　电子商务基础知识 ……………………………………………… 352
第一节　电子商务概述 …………………………………………………… 352
第二节　电子商务的主要经营模式和环境 ……………………………… 359
第三节　EDI 基础知识 …………………………………………………… 361
第四节　网络营销概述 …………………………………………………… 365
第五节　电子合同 ………………………………………………………… 369
典型习题 …………………………………………………………………… 373

国际贸易理论基础考试模拟试卷 ………………………………………… 382
典型习题分析与解答 ……………………………………………………… 390
国际贸易理论基础考试卷 ………………………………………………… 399
典型习题分析与解答 ……………………………………………………… 408

主要参考文献 ……………………………………………………………… 409

"国际贸易理论基础"的学习与考试指南

一、关于考核目标的说明

为使考试内容具体化和考试要求标准化,"国际贸易理论基础"考试大纲列出了考试的内容。

该课程在考核目标中,按照了解、掌握两个层次规定其应达到的能力层次要求。两个能力层次是递进等级关系。各能力层次的含义分别是:

了解:能知道有关名词、概念、知识的含义,并能正确认识和表达;能全面把握基本概念、基本原理、基本方法;能掌握有关概念、原理、方法的区别与联系。

掌握:在了解的基础上,能运用基本概念、基本原理、基本方法分析和解决有关理论和实际问题。

二、学习方法

"国际贸易理论基础"是国际贸易从业人员的入门必修课,属于基础性课程,涉及面比较广,内容比较新,在学习中有好的学习方法很重要。好的学习方法要有足够的学习时间,这点也很重要。

具体学习方法包括以下几点:

(1)重点和全面相结合。在全面、系统学习的基础上掌握基本理论、基本知识、基本规律和基本方法。只有牢牢把握住基本理论、基本知识和基本方法,进行深入研究分析,才能解决问题。这就要求学员必须全面、系统学习各章,做到融会贯通。在此基础上,才能学习重点章节,抓住重点,举一反三。

(2)理论与实践相结合。这是一门国际贸易理论与实务相结合的课程。课程的涵盖面广,内容多,同学们自学有一定的难度,但只要掌握好课程学习的规律性,理论与实践相结合,学习难的问题就会迎"难"而解。

(3)归纳总结。注意对知识点的灵活掌握和运用,在理解的基础上去记忆,提高综合分析、理解能力。

三、对社会助学的要求

（1）社会助学者应根据《国际贸易理论基础》考试大纲规定的考试内容和考核目标，认真钻研指定教材，明确本课程和其他课程不同的特点和学习要求，对学员进行切实有效的辅导，引导他们防止学习考试中的各种偏向，把握社会助学的正确导向。

（2）要正确处理基本知识和应用能力的关系，努力引导学员将了解与掌握联系起来，把基础知识和理论转化为应用能力，在全面辅导的基础上，着重培养和提高学员分析问题和解决问题的能力。

（3）要正确处理重点和一般的关系。课程内容有重点与一般之分，但考试内容是全面的，而且重点与一般是相互联系的，不是截然分开的。社会助学者应指导学员全面、系统地学习教材，掌握全部考试内容和考试知识点，在此基础上突出重点。总之，把重点学习同兼顾一般结合起来，切勿孤立地抓重点，把学员引向猜题、押题的方向。

四、关于命题考试的若干要求

国际贸易理论基础的培训和考试体现对考生掌握基础知识和运用知识能力的考查，要重视国际贸易理论内容的系统性，宏观把握框架，中观理清，微观渗透要点，熟练掌握和运用其系统内容。

首先，试题主要考查考生对基本知识的掌握。这种出题思路几乎体现在每个题型中，这就要求考生夯实基础。在学习过程中，考生可以对课本上的知识点，比照着课程考试的出题思路，设计成不同题型的试题，以此来巩固所学知识。这种方法的实质不仅是考生主动地提前适应实战状态，从而更加有效地掌握书本知识。当然，我们不是提倡考生去出题，更不是提倡"题海战术"，只是试图用一种新的思路和方法帮助考生牢固地吃透书本。考生没有必要也不可能把所有的知识点设计成试题，因为辅助材料已经从不同的角度做了这方面的工作，考生只需有选择地使用就是了。

本书紧扣教材内容，模拟出题思路，内容覆盖面大，目的是帮助考生更好地掌握书本内容，沉着自信地应对考试。能否达此目的，我们不敢断言，因此，本书仅供参考。

"国际贸易理论基础"的考试题型有三种，即单项选择题、多项选择题和判断题。这些题型考生都比较熟悉。

1. 单项选择题

单项选择题是考查知识点的题型，答案的"唯一性"是该题型最重要的特点。

考生首先需要有扎实准确的知识基础;其次,从题设问,在4个答案中选1个答案即可,对于有准确把握的答案,以最快的速度选出来之后,不需再琢磨其他答案。但在出现拿不准的情况下,就要慎重选择了,考生可以用排除的方法,把最不可能的答案先排除掉,在剩下的2~3个答案中,可以正确找出与试题设问关联最紧密的答案。当然,有时还会遇到在几个答案间找不出任何倾向性的排除标准,那就只能任选其一碰运气了。

例题

商业性的国际技术转让被称为(B)。

A. 国际服务贸易 　　　　　　　B. 国际技术贸易
C. 国际经济合作 　　　　　　　D. 国际服务合作

2. 多项选择题

多项选择题最大的特点是多选多,可选项个数是确定的,一般是5个;几个正确答案就不确定了,可能是2个,可能是3个,也可能是4个,甚至5个选项都有可能是正确的。考生只有把正确的答案全部选出而又没有错选其他选项,才能得分,因此该题型最易失分。要做好多项选择题,关键在一个"准"字。首先,把能拿准的正确答案选出来,错误答案排除掉;其次,对拿不准的选项进行求证,难就难在这里,没有屡试不败的好方法,只有用离题设问远近的办法,进行判断,离题设问远就排除掉,离题设问近就选上,别无良策。根本的方法还在于平时把知识点弄熟、弄全、弄准。

例题

非贸易壁垒从直接限定进口数量和金额的实施分,有(ACE)。

A. 进口配额制 　　　　　　　　B. 出口配额制
C. "自动"出口配额制 　　　　　D. "自动"进口配额制
E. 进口许可证制

3. 判断题

判断题即对命题本身的观点或论断正确与否加以辨别、判断的试题。判断题考查的目标是学科中重要的观点、命题、结论等。判断题的特点是"迷惑视听",其表述往往似是而非,给人造成一种假象,让人一下子弄不清题意以作出准确判断。所以,判断题用以考查考生的思维、判断能力。判断题通常不是以问题出现,而是以陈述句出现,要求考生判断一条事实的准确性,或判断两条或两条以上的事实、事件和概念之间关系的正确性。答案是指出它的正确或错误。

判断题是二选一,形式比较简单,即要求考生运用所学的理论知识,准确地辨别、判断命题中的观点正确与否。由于判断题的特点是"迷惑视听"、"制造混乱",所以,准确地作出判断并非易事,为此考生要掌握好判断题的以下技巧:认真审题,逐字逐句品味分析,明确题目所要表达的本意是什么;字斟句酌,反复推敲,抓住关键词语溯本求源;确定命题是否正确,并非主要看句子通不通,而是看其观点是否正确,只有观点正确才是对的,观点不正确或者似是而非,或一部分对一部分不对,或观点表述不完整,都是错误的;以严谨的态度,进行缜密的分析与机智的判断。虽然做判断题可以有 50% 的几率猜测正确答案,但是在判断题中,往往正误交错,这使做判断题具有博弈性,由此增添了考试的趣味性。

例题

寄售是先出运、后成交的贸易方式,属于现货买卖。　　　　　　　　(√)

另外,在上述题型中,一部分题目是需要通过计算才能得出正确答案的,考生要掌握计算公式和方法。本书中有相关的公式和例题,请大家在平时训练时注意抓紧练习,力求计算的准确性。

本课程考试为闭卷笔试,60 分及以上为合格。

第一章 国际贸易概述

> ## 考试大纲
>
> **1. 国际贸易常用的基本概念**
>
> 了解:
> - 对外贸易和国际贸易、总贸易体系和专门贸易体系、对外贸易额和对外贸易量、货物贸易和服务贸易、直接贸易和间接贸易、复出口与复进口、过境贸易与转口贸易等概念及其互相区别。
> - 对外贸易与国际贸易货物结构、国际贸易地理方向、对外贸易条件、对外贸易依存度、贸易差额的基本概念。
>
> **2. 国际分工、世界市场与国际贸易**
>
> 了解:
> - 国际分工的含义和对国际贸易的影响。
> - 当代世界市场运行机制的基本特征。
> - 对外贸易在经济中所起的作用。

第一节 国际贸易常用的基本概念

一、对外贸易与国际贸易

对外贸易(foreign trade)是指一个国家(地区)同别的国家(地区)所进行的商品和劳务交换活动的总称。

国际贸易(international trade)泛指国家(地区)与国家(地区)之间所进行的商品和劳务交换活动的总称。

出口与进口是对外贸易的两个组成部分。对运进商品和劳务的国家(地区)来说是进口;对运出商品和劳务的国家(地区)来说就是出口。

二、总贸易体系与专门贸易体系

总贸易体系(general trade system)又称一般贸易体系,是以货物通过国境作为统计进出口的方法。

专门贸易体系(special trade system)又称特殊贸易体系,是以通过关境作为统计进出口的方法。

总贸易和专门贸易说明了不同的问题,前者说明一国在国际货物流通中所处的地位和所起的作用;后者说明一国作为生产和消费者在国际货物贸易中的地位和意义。

特别提示:关境与国境

关境又称关税领域,是指海关征收关税的领域。它是海关所管辖和执行有关海关各项法令和规章的区域。

关境与国境有时并不一致,有的国家在国境内设置经济特区,则关境小于国境,有些国家组成关税同盟,则关境大于国境,如欧盟。

三、对外贸易额和对外贸易量

对外贸易额(value of foreign trade)是指以金额表示的一国的对外贸易规模,等于进口总额与出口总额之和。

对外贸易量(quantum of foreign trade)是指按不变价格计算的进口额或出口额。与对外贸易额相比较,对外贸易量剔除了价格变动的影响,单纯反映对外贸易的量。

特别提示:对外贸易额广义和狭义的区分

一个国家的广义的对外贸易总额包括一个国家在一定时期内货物和服务的进口额和出口额之和;狭义的仅包括一个国家在一定时期内货物的进口额和出口额之和。

四、贸易差额

贸易差额(balance of trade)是指在一定时期里将某种商品的出口数量与进口

数量相比较,如果出口量大于进口量,称为净出口;如果出口量小于进口量,称为净进口。一个国家(地区)在一定时期(如 1 年)内,出口额与进口额的相差数,称为"贸易差额"。

当出口额与进口额相等时,称为"贸易平衡";出口额大于进口额,称为"贸易顺差"或"贸易盈余",又称"出超";如果出口额小于进口额,称为"贸易逆差"或"贸易赤字",又称"入超"。一国的进出口贸易应该基本保持平衡。

五、货物贸易和服务贸易

货物贸易(commodity trade)就是以有形的货物作为标的物进行的贸易。

服务贸易(service trade)是以无形的服务作为标的物进行的贸易,主要包括运输、装卸、保险、金融、邮政、通讯、国际旅游、工程承包、劳务合作和技术转让等。

六、直接贸易和间接贸易

商品生产国(出口国)与商品消费国(进口国)之间直接进行的商品买卖行为称为直接贸易(direct trade),对商品生产国来讲是直接出口,对商品消费国来讲是直接进口。

商品生产国(出口国)与商品消费国(进口国)之间不是直接进行商品买卖,而是通过第三国转手而间接进行的贸易,称为间接贸易(indirect trade),对商品生产国来讲是间接出口,对商品消费国来讲是间接进口,而对第三国来讲是转口贸易。

七、复出口与复进口

复出口又称再出口,是指国外商品输入后,未经加工,又输往国外。

复进口又称再进口,是指本国商品输往国外未经加工又重新运回国内。

八、过境贸易与转口贸易

商品从甲国经过乙国向丙国运送,对乙国来说是过境贸易(transit trade),过境贸易是商品运输过程的第三地,过境国除了对过境商品征收很低的过境税或印花税以外,与商品交易双方并未发生任何关系。

转口贸易(entrepot trade)是间接贸易中交易双方的第三者(国),商品从生产国转移到消费国的整个交易过程中,转口贸易因起到转手的作用,它参与交易的整个过程,并且通过一买一卖,赚取贸易利润。

九、对外贸易与国际贸易货物结构

对外贸易货物结构(foreign trade by commodities)是指一定时期内一国进出

口贸易中各类货物的构成,即各大类或各种货物进出口贸易额与整个进出口贸易额之比,以份额表示。

国际贸易货物结构(international trade by commodities)是指一定时期内各大类货物或各种货物在整个国际贸易中的构成,即各大类货物或各种货物贸易额与整个世界出口贸易额之比,用比重表示。

十、国际贸易地理方向

国际贸易地理方向(international trade by region)又称国际贸易地区分布,用来表明世界各个地区或各个国家在国际贸易中所占的地位,通常是用它们的出口贸易额或进口贸易额占世界出口贸易总额或进口贸易总额的比重来表示。

国际贸易地理方向相对于某一个国家来说,就是对外贸易地理方向,它表明一个国家或地区进口商品的来源和出口商品的去向,从而反映该国与其他国家或地区之间的经济贸易联系程度。

特别提示:国际贸易地理方向的集中和分散

对一国而言,如果与某一个或某几个国家的贸易额占其对外贸易总额的比重较高,则对外贸易地理方向比较集中;反之,则对外贸易的地理方向比较分散。

对外贸易地理方向的集中和分散各有优劣。

十一、对外贸易的依存度

对外贸易依存度(degree of dependence upon foreign trade)又称对外贸易系数,是指一国对外贸易总额(出口额和进口额之和)在该国国民生产总值或国内生产总值中所占的比重。其计算公式为:

对外贸易依存度=[(出口额+进口额)÷国民生产总值(GNP)或国内生产总值(GDP)]×100%

由于进口额不是该国在一定时期内新创造的商品和劳务值,使外贸依存度的数值表现较高,因此,一般用出口依存度来替代外贸依存度。

出口依存度是指一国在一定时期内对外出口贸易额在国民生产总值或国内生产总值中的比重。其计算公式为:

出口依存度=[对外出口贸易额(X)÷国民生产总值(GNP)或国内生产总值(GDP)]×100%

出口依存度反映一国在一定时期内(如1年),国内新创造的商品和劳务总值中有多少比重是输出到国外的,也反映一国国民经济活动与世界经济活动的联系程度。出口依存度越高,说明该国国民经济活动对世界经济的依赖程度越高。

另外,一国在一定时期进口额与国民生产总值或国内生产总值之比,称为进口依存度,又称市场开放度。其计算公式为:

进口依存度=[进口贸易额(M)÷国民生产总值(GNP)或国内生产总值(GDP)]×100%

影响一国对外贸易依存度的因素主要有:国内市场的发展程度、加工贸易的层次和汇率的变化等。通常,国内市场发展程度高的国家的对外贸易依存度低于国内市场不甚发达的国家的对外贸易依存度;从事低层次加工贸易的国家对外贸易依存度高于从事高层次加工贸易的国家对外贸易依存度。

十二、对外贸易条件

对外贸易条件表示一国每进口一单位商品需用多少单位出口商品进行交换(或每出口一单位商品,可以换回多少单位的进口商品)的比率。通常是用出口价格指数与进口价格指数的对比来反映贸易条件的变化情况,若出口价格指数上涨幅度超过进口价格指数上涨的幅度,则贸易条件改善;相反,则贸易条件恶化。除了商品贸易条件或净贸易条件以外,还有收入贸易条件、单项因素贸易条件和双项因素贸易条件。

1. 净贸易条件

净贸易条件是出口价格指数与进口价格指数之比。其计算方法为:

$$N = (P_X/P_M) \times 100$$

式中　N——净贸易条件;

P_X——出口价格指数;

P_M——进口价格指数。

 相关链接:净贸易条件判别

例题:

假定某国净贸易条件以1980年为基期是100,1990年出口价格指数下降10%,为90;进口价格指数上升20%,为120,那么这个国家1990年的净贸易条件是多少?它表明了什么?

参考答案:

（续上）

$$N = (P_X/P_M) \times 100 = (90/120) \times 100 = 75$$

1990年这个国家的净贸易条件为75，它表明该国1980～1990年间，净贸易条件从1980年的100下降到1990年的75，1990年与1980年相比，贸易条件恶化了25。

2. 收入贸易条件

收入贸易条件是在净贸易条件的基础上，把贸易量加进去考虑。其计算方法为：

$$I = (P_X/P_M) \times Q_X$$

式中　I——收入贸易条件；

　　　Q_X——出口数量指数。

相关链接：收入贸易条件判别

例题：

假定某国净贸易条件以1980年为基期是100，1990年出口价格指数下降10%，为90；进口价格指数上升20%，为120，且该国的出口数量从1980年的100提高到1990年的140，在该情况下，该国家1990年的收入贸易条件是多少？它表明了什么？

参考答案：

$$I = (P_X/P_M) \times Q_X = (90/120) \times 140 = 105$$

1990年这个国家的收入贸易条件为105，它表明该国尽管净贸易条件恶化了，但由于出口量的上升，本身的进口能力1990年比1980年增加了5，也就是收入贸易条件反而是好转了。

3. 单项因素贸易条件

单项因素贸易条件是在净贸易条件的基础上，考虑劳动生产率提高或降低后贸易条件的变化。其计算方法为：

$$S = (P_X/P_M) \times Z_X$$

式中　S——单项因素贸易条件；
　　　Z_X——出口商品劳动生产率指数。

相关链接：单项因素贸易条件判别

例题：

假定某国净贸易条件以 1980 年为基期是 100,1990 年出口价格指数下降 10%，为 90；进口价格指数上升 20%，为 120，且该国出口商品的劳动生产率从 1980 年的 100 提高到 1990 年的 150，则该国家的单项因素贸易条件是多少？它表明了什么？

参考答案：

$$S = (P_X/P_M) \times Z_X = (90/120) \times 150 = 112.5$$

1990 年这个国家的单项因素贸易条件为 112.5,它表明 1980~1990 年间，该国尽管净贸易条件恶化了，但由于出口商品的劳动生产率提高，不仅弥补了净贸易条件的恶化，而且使前项因素贸易条件好转。它说明了出口商品劳动生产率提高在贸易条件改善中的主要作用。

4. 双项因素贸易条件

双项因素贸易条件不仅考虑到出口商品劳动生产率的变化，而且考虑到进口商品劳动生产率的变化。其计算方法为：

$$D = (P_X/P_M) \times (Z_X/Z_M) \times 100$$

式中　D——双项因素贸易条件；
　　　Z_M——进口商品劳动生产率指数。

相关链接：双项因素贸易条件判别

例题：

假定某国净贸易条件以 1980 年为基期是 100,1990 年出口价格指数下降 10%，为 90；进口价格指数上升 20%，为 120，且该国出口商品的劳动生产率从 1980 年的 100 提高到 1990 年的 150,而进口商品的劳动生产率则从 1980 年的 100 提高到 1990 年的 105,则 1990 年该国家的双项因素贸易条件

(续上)

> 是多少？它表明了什么？
> 参考答案：
> $$D = (P_X/P_M) \times (Z_X/Z_M) \times 100 = (90/120) \times (150/105) \times 100 = 107.14$$
> 1990年这个国家的双项因素贸易条件为107.14，它表明如果出口商品劳动生产率指数在同期内高于进口商品劳动生产率指数，则双项因素贸易条件仍会改善。

第二节 国际分工、世界市场与国际贸易

一、国际分工

1. 国际分工的含义

国际分工是指世界各国之间的劳动分工。即各个国家(地区)对具有某种优势的物质生产部门实行专业化生产。国际分工是一国内部社会分工向国外的延伸、扩大和继续。当社会生产力发展到一定水平，国民经济内部分工超越国家界限向纵深和广阔方面发展时就形成国际分工。影响国际分工产生与发展的因素有生产力因素、生产关系因素和自然条件因素。

国际分工是国际贸易和世界市场的基础。

2. 国际分工的发展阶段

(1) 萌芽阶段(18世纪中叶)。造成这一阶段分工产生的主要技术是地理大发现、手工业向工场手工业过渡，分工形式主要是宗主国和殖民地。

(2) 形成阶段(18世纪60年代至19世纪60年代)。造成这一阶段分工产生的主要技术是第一次工业革命，机器大工业代替工场手工业，现代工厂制度、资本主义经济体系的确立。

(3) 发展阶段(19世纪中叶至第二次世界大战)。造成这一阶段分工产生的主要技术是第二次产业革命(电器、运输、通讯)，垄断代替竞争，资本输出，亚非拉被卷入国际分工领域。

(4) 深化阶段(第二次世界大战后)。造成这一阶段分工产生的主要技术是第三次科技革命和产业革命，新兴产业出现，非殖民化过程开始，跨国公司发展，资本输出发生变化，社会主义国家出现。

3．国际分工的类型

按照参加分工的各国经济发展水平,国际分工可分为三种类型。

(1) 垂直型国际分工。即经济发展水平不同的国家之间的纵向分工,主要是发达国家与发展中国家之间制造业与农业、矿业的分工。

(2) 水平型国际分工。即经济发展水平基本相同的国家之间的横向分工,主要是指发达国家之间在工业部门上的分工。

(3) 混合型国际分工。即垂直型与水平型混合起来的国际分工。例如,德国曾是混合型国际分工的代表,它对发展中国家是垂直型分工,而与其他发达国家则进行水平型分工。

第二次世界大战后,科技进步和产业发展促进了世界产业内部分工的深入发展,使水平型国际分工成为主要的分工形式。

4．影响国际分工发展的因素

(1) 社会生产力是国际分工形成和发展的决定性因素。

(2) 自然条件是国际分工产生和发展的基础。

(3) 人口、劳动规模和市场制约着国际分工的发展。

(4) 资本国际化是国际分工深入发展的重要条件。

(5) 国际生产关系决定了国际分工的发展。

(6) 上层建筑可以推进和延缓国际分工的形成和发展。

5．国际分工对国际贸易的影响

国际贸易与国际分工密切联系在一起。从最一般的意义上来说,两者的关系是分工与交换的相互关系,没有分工,就没有交换的基础和必要性;反过来,没有交换,分工也就不能存在和发展,国际贸易和国际分工是互为条件、互相促进的两个方面。国际分工是更具有决定性的一方面,国际贸易的发展从根本上说要受到国际分工的制约和影响。

(1) 国际分工影响国际贸易的发展速度。

(2) 国际分工影响国际贸易的地区分布。

(3) 国际分工影响国际贸易的地理方向。

(4) 国际分工影响国际贸易的商品结构。

(5) 国际分工影响各个国家对外贸易政策的制定。

(6) 国际分工影响对外贸易依存度。

二、世界市场

世界市场是世界各国进行商品、劳务交换,并进行资源配置的场所。

世界市场是在国际分工、国际贸易不断发展和深化的过程中逐渐形成的。从结构上讲,它是由世界范围内通过国际分工联系起来的各国之间的市场以及参与国际分工的各国内部市场的总和所组成的。它的发达程度取决于参加国际交换的国家数量、进入交换的商品总额、各国经济的发展水平,以及各国参与国际分工的深度等方面的情况。

在地理大发现的推动下,统一的世界市场开始萌芽,它伴随着工业革命迅速发展,在第二次产业革命的进程中,即在自由竞争的资本主义向垄断资本主义过渡时最终形成。

1. 世界市场形成的标志
(1) 多边贸易多边支付体系的形成。
(2) 国际金本位制度的建立与世界货币的形成。
(3) 资本主义的各种经济规律制约着世界市场的发展。
(4) 形成了比较健全、固定的销售渠道。
(5) 价值规律作用加强,形成了国际价值规律。

2. 当代世界市场的基本特征
(1) 世界市场容量迅速扩大。
(2) 世界市场的垄断性不断加强。
(3) 世界市场的竞争日益加剧。
(4) 世界市场的国际协调与管理逐步发展。
(5) 世界市场的投机日益加剧。
(6) 世界市场上存在着复杂性和风险性。

3. 当代世界市场运行机制的基本特征
(1) 世界市场在动荡中不断扩大。
(2) 世界市场在全方位开放的同时,集团化趋势在发展。
(3) 世界市场有很大的盲目性,但国际协调已开始介入。
(4) 世界市场上激烈的竞争与很强的垄断性并存。
(5) 世界市场上的替代性与相关性并存。

三、国际贸易

1. 国际价值与国际价格
1) 国际价值的定义

国际价值是世界范围内的商品价值,是"世界劳动的平均单位",即在世界经济现有的条件下,在各国劳动者的平均劳动熟练程度和强度下,生产某种商品所需要的价值由世界社会必要劳动时间决定。由于"世界劳动的平均单位"或世界社会必要劳动时间是随着世界劳动生产力的变化而变化的,所以,国际价值是一个动态的概念。

2）国际价格的定义

商品的国际价格是指在一定条件下在世界市场上形成的市场价格,它是国际价值及国际使用价值的货币表现,即以货币表现的商品的国际价值及国际使用价值。

3）影响国际价格的因素

（1）国际价值是世界市场价格变动的基础和中心。

（2）国际供求关系及其变动。

（3）世界市场上的竞争。

（4）世界市场的垄断力量。

（5）资本主义的经济周期。

（6）国际通用货币币值的变动。

（7）商品品质及包装。

（8）商品销售中的各种因素。

（9）各国政府和国际组织所采取的有关政策措施。

（10）非经济因素,自然灾害、政治动乱和投机等。

4）贸易条件

在一定程度上,贸易条件能反映出该国的价格优势和竞争能力的变化趋势。

2. 国际贸易商品价格根据竞争状况的分类

国际贸易商品价格可根据商品交易中的竞争状况划分。

1）世界"自由市场"价格

世界"自由市场"价格是指在国际间不受垄断或国家垄断力量干扰条件下,由独立经营的买者和卖者之间进行交易的价格。国际供求关系是这种价格形成的客观基础。

2）世界"封闭市场"价格

"封闭市场"价格是买卖双方在一定的约束关系下形成的价格。商品在国际间的供求状况一般不会对"封闭市场"价格产生实质性的影响。

世界"封闭市场"价格一般包括以下几种：

（1）调拨价格。调拨价格又称转移价格,是指跨国公司为了最大限度地减轻税赋,逃避东道国的外汇管制等目的,在公司内部规定的购买商品的价格。

（2）垄断价格。垄断价格是指国际垄断组织利用其经济力量和市场控制力量决定的价格。在世界市场上,国际垄断价格有两种：一种是卖方垄断价格；另一种是买方垄断价格。前者是高于商品的国际价值的价格；后者是低于商品的国际价值的价格。在两种垄断价格下,均可取得垄断超额利润。

（3）区域性经济贸易集团内的价格。例如，欧洲经济共同体的共同农业政策中的共同价格。

（4）国际商品协定下的协定价格。商品协定通常采用最低价格和最高价格等办法来稳定商品价格。当有关商品价格降到最低价格以下时，就减少出口，或用缓冲基金收购商品，当市价超过最高价格时，则扩大出口或抛售缓冲存货。

3. 对外贸易在经济中所起的作用

（1）通过对外贸易可以充分利用国外资源，协调国民经济的发展。

（2）引进先进技术、设备和管理，促进社会生产力的发展。

（3）扩大社会积累，为经济的升级奠定基础。

（4）进口国内市场需要的商品，提高产品的升级换代，满足人民日益增长的物质和文化的需要。

（5）参与国际分工，发挥比较优势。

（6）带动部门和地区的经济发展。

（7）推动对外经济关系的发展。

4. 国际服务贸易

国际服务贸易是指国家之间相互交换的作为劳动活动服务的特殊使用价值。就如商品贸易一样，服务贸易也由出口和进口构成。服务的出口主要是指一国服务提供者向另一国消费者提供服务并获得外汇收入的过程；相对于服务出口，一国消费者购买他国服务提供者提供的各项服务就是服务的进口，各国服务交易之和便构成了国际服务贸易。这里指的是广义的国际服务贸易，它既包括有形的劳务的输出输入，也包括无形的提供者与使用者在没有实体接触的情况下的交易活动。

1）国际服务贸易的四种形式

世界贸易组织负责实施、管理的《服务贸易总协定》列出了国际服务贸易的四种形式：

（1）过境交付：从一成员境内向任何其他成员境内提供服务。

（2）境外消费：在一成员境内向任何其他成员的服务消费者提供服务。

（3）商业存在：一成员的服务提供者在任何其他成员境内通过商业存在提供服务。

（4）自然人流动：一成员的服务提供者在任何其他成员境内通过自然人的存在提供服务。

《服务贸易总协定》中的"服务部门参考清单"把服务贸易分为12大类，即商业性服务、销售服务、金融服务、娱乐服务、通讯服务、教育服务、卫生服务、运输服务、建筑服务、环境服务、旅游服务和其他服务。再细分为160多个类别。

2）国际服务贸易的特点

（1）贸易标的一般具有无形性。

（2）交易过程与生产和消费过程的国际性。

（3）贸易主体地位的多重性。

（4）服务贸易市场具有高度的垄断性。

（5）贸易保护方式更具有刚性和隐蔽性。

（6）营销管理具有更大的难度和复杂性。

（7）国际服务贸易统计复杂。

3）服务贸易迅速发展的原因

（1）服务业在各国经济中的地位上升。

（2）国际分工的深化与发展。

（3）世界商品贸易的增长和贸易自由化的迅速发展。

（4）跨国公司的迅速发展,加强了服务的国际化。

（5）国际服务合作的扩大促使服务贸易扩大。

（6）旅游业的发展加速了世界服务贸易的扩大。

（7）发展中国家积极发展服务贸易。

（8）各国政府的支持是国际服务贸易发展的催化剂。

5．国际技术贸易

1）国际技术贸易的定义

国际技术转让是技术供应方将某种内容的技术,通过一定的形式越出国界转让给技术的接受方使用的一种行为。

国际技术转让主要有两种形式：一种是非商业性的国际技术转让,是指不同国家政府机构间以技术援助方式进行的无偿的技术转让;另一种是商业性的国际技术转让,是指政府机构或企业之间按照商业条件签订技术协议或合同进行有偿的技术转让。后一种技术转让是属盈利性的,这种商业性的国际技术转让被称为国际技术贸易。

国际技术贸易是指不同国家的企业、经济组织或个人之间,按照一般商业条件,向对方出售或从对方购买软件技术使用权的一种国际贸易行为。它由技术出口和技术引进这两方面组成。简言之,国际技术贸易是一种国际间的以纯技术的使用权为主要交易标的商业行为。国际技术贸易是国际技术转让的主要形式之一。

2）国际技术贸易的方式

国际技术贸易的标的物是知识产权,一般只涉及使用权的转让,技术所有权并不随着使用权的转让而转移。目前,最常见的国际技术贸易方式有许可贸易

(licensing trade)、技术服务、国际合作生产和国际工程承包等。

(1) 许可贸易。许可贸易是国际技术贸易中最常见、使用最广的交易方式。许可贸易是技术许可方与技术接受方签订许可合同或协议,许可方允许被许可人取得许可人所拥有的专利、商标或专有技术的使用权并得到相应的技术,被许可方则需支付技术使用费及其他报酬并承担保守技术秘密等义务。

按授权的范围可以分为独占许可、普通许可、排他性许可、从属许可和互换许可。

① 独占许可。独占许可是指在一定地域内被许可方对许可方提供的工业产权、专有技术享有独占使用权。

② 普通许可。普通许可是指在签订技术转让许可证协议后,许可方自己仍有权使用这项工业产权或专有技术,也有权再与其他人签订同样主题的许可协议,把同样的技术给其他人使用。在普通许可合同中,被许可方往往要求订立一项最优惠条款,规定在该地域内如果许可方就同样的技术与其他人签订许可证协议时,被许可方应享有最优惠待遇。

③ 排他性许可。排他性许可是指签订许可协议后,在规定的地域内,许可方仍保留使用该项技术的权利,但许可方不得将此项技术许可给其他人使用。

④ 从属许可。从属许可是指技术被许可方将其得到的权利再转让给第三方的交易方式。出让从属许可的企业大部分是跨国公司的子公司或其驻外机构,这些跨国公司由于某些原因不能直接出让许可给第三者,就将技术出让给其子公司或海外机构,然后再由这些子公司与第三者签订从属许可技术贸易合同。

⑤ 互换许可。互换许可又称交叉许可贸易,是指技术许可方和被许可方双方将各自拥有的专利权、商标权和专有技术使用权提供给对方使用,其实质是双方以价值基本相等的技术,在互利互惠的基础上,交换技术的使用权。互换许可一般是在特定条件下采用的,如合作生产、合作设计和共同研究开发等项目中通常会用到这种方式。互换贸易的交易双方更多的是合作关系,而不是单纯的买卖关系。

(2) 技术服务。技术服务又称技术协助,是国际上广泛采用的一种技术贸易方式,由服务方以自己的技术知识为另一方提供有偿服务,以解决生产中的某个技术问题,如提供工厂的设计、布局、设备清单和说明、产品或生产工艺的资料及销售指南等。

技术服务的内容包括咨询服务和工程服务两个部分。咨询服务的主要项目有市场估计、产品诊断、产品设计、投资分析、原料供应、建议厂址和选择技术等。工程服务主要是工厂项目设计、设备器材的供应以及提供工程建设和生产指导。

(3) 国际合作生产。国际合作生产是指两国企业根据签订的合作生产合同,合作完成制造某些产品。这种方式多用于机器制造业,特别是在制造某些复杂的机器时,引进方为了逐步掌握所引进的技术,且能尽快地生产出产品,需要和许可方在一个时期内建立合作生产关系,按照许可方提供的统一技术标准和设计进行生产,引进方在合作过程中达到掌握先进技术的目的。这种合作生产的方式常常和许可贸易结合进行。有时,合作双方可以共同研究、共同设计、共同确定零部件的规格型号,双方互相提供技术,取长补短。利用国际合作生产来引进国外的先进技术,已成为各国的普遍做法。

(4) 国际工程承包。国际工程承包也是国际技术贸易的一种方式。国际工程承包是通过国际间的招标、投标、议标、评标、定标等程序,由具有法人地位的承包人与发包人按一定的条件签订承包合同,承包人提供技术、管理、材料、组织工程项目的实施,并按时、按质、按量完成工程项目的建设,经验收合格后交付发包人的一项系统工程。工程承包项目多是大型建设项目,一般都伴随着技术转让。在施工过程中,承包商将使用最新的工艺和技术,并采购一些国家的先进设备,有些项目还涉及操作人员的技术培训、生产运行中的技术指导以及专利和专有技术的转让。目前,国际上流行的交钥匙工程和BOT(build-operate-transfer)建设方式中技术转让的内容十分广泛,许多国家都希望通过国际工程承包来改善本国基础设施条件和推动本国企业技术改造。

3) 从技术引进的角度看国际技术贸易的作用

(1) 国际技术贸易最大的作用在于它能够缩短技术引进国与技术输出国之间的技术差距。

(2) 以技术引进为基础,创造出更加先进的技术。

(3) 以技术引进带动投资的流入和产品出口的增加,加速国内产业重组。

4) 国际技术贸易与国际货物贸易的异同

国际技术贸易与国际货物贸易都属于国际贸易的一种方式,这是它们的相同点,但是它们之间更多地体现了诸多的不同:

(1) 贸易标的物内容不同。

(2) 贸易标的物的使用权与所有权不同。

(3) 贸易双方当事人关系存在差异。

(4) 贸易标的物作价原则存在差异。

(5) 贸易所涉及的法律存在差异。

(6) 国际收支平衡表中存在差异。

特别提示：世界市场上复杂性和风险性的表现

复杂性的表现：因语言不通而带来的商务障碍；因各国法律制度不同而对国际惯例的依赖；因货币制度不同而产生国际汇兑、结汇上的问题；因度量衡制度不同而带来的合同条文的疏忽问题；因对国外市场情况了解困难而带来的问题；因国际运输而带来的问题等。

风险性的表现：世界市场信用风险、商业风险、汇率风险、运输风险、价格风险、政治风险和军事风险等。

特别提示：国际贸易的主要风险

（1）信用风险。在国际贸易中，买卖双方从开始接洽，经过报价、还价、确认而后订立合同，再到卖方交货，买方付款，需要经过相当长的一段时间。在此期间，买卖双方的财务和经营情况可能发生了较大的改变，有时可能会危及合同的履行。

（2）商业风险。国际贸易中进口商往往以各种理由拒绝收货，这对出口商来说就是商业风险。进口商拒收的理由多是由货样不详、交货期晚、单证不符等情况造成的。对出口商而言，这些理由在货物被拒收前是无法确定的。拒收后，虽可交涉弥补，但损失已经发生。

（3）运输风险。国际贸易中货物的运输距离遥远，其运输风险也随之增多。这些风险有的可以通过投保，由保险公司承担，但有的风险是保险公司不承担的，必须由买方或卖方承担。

（4）价格风险。国际贸易中买卖双方签订合同以后，如果在卖方进货前，货物价格上涨，则卖方要承担价格上涨带来的风险。如果在买方收到货物后，货物的价格下跌，则买方要承担价格下跌带来的风险。在国际市场中，由于价格的变化多端使其价格风险更大。

（5）外汇风险。在国际贸易中，由于是采用某一种货币单位进行交易的。在浮动汇率的制度下，各国的外汇在供求关系的不平衡等因素的影响下会时涨时落。如果在签订合同后，该种货币若升值，会造成卖方的风险，若贬值则会造成买方的风险。

（6）政治和军事风险。如果一些国家的对外贸易政策或国内政局发生重大变化，都会使与之有关的国际贸易直接或间接的承担风险。

特别提示：国际分工、世界市场与国际贸易之间的关系

社会生产力的发展导致了分工。当分工跨越国界后就出现了国家之间的分工。因此，社会生产力的发展和国际分工的出现是国际贸易的基本原因。另外，国际贸易也就是商品在国家之间的交换，商品交换的场所就是市场。因此，世界市场是国际贸易得以实现的场所，没有世界市场的形成，也不可能有国际贸易。可以说，国际贸易是国际分工的结果，是世界市场形成的实际体现。

典 型 习 题

一、**单项选择题**（下列每题的选项中，只有 1 个是正确的，请将其代号填在括号内）

1. 在国际贸易中，商品生产国与消费国通过第三国买卖商品的行为，对第三国来说是（　　）。

　　A. 直接贸易　　B. 间接贸易　　C. 转口贸易　　D. 多边贸易

2. 对外贸易量是指（　　）。

　　A. 按市场价格计算的进口额或出口额

　　B. 按协议价格计算的进口额或出口额

　　C. 按不变价格计算的进口额或出口额

　　D. 按浮动价格计算的进口额或出口额

3. 总贸易体系是指以一国的（　　）作为统计界限。

　　A. 货物进出口　　　　　　　　B. 服务进出口

　　C. 国境　　　　　　　　　　　D. 关境

4. 一些国家参加关税同盟后，这些国家的关境（　　）。

　　A. 小于国境　　　　　　　　　B. 大于国境

　　C. 等于国境　　　　　　　　　D. 有的大于国境，有的小于国境

5. 在整个对外经济关系中，最基本、最重要的形式是（　　）。

　　A. 对外贸易　　B. 直接贸易　　C. 总贸易　　　D. 间接贸易

6. 一定时期内，一国出口总额与进口总额之间的差额称为（　　）。

　　A. 贸易差额　　　　　　　　　B. 出超

  C. 入超   D. 净出口或净进口

7. 一定时期内,若一国一定量商品出口所能换得的进口商品数量增加,该国的贸易便(　　)。
  A. 恶化   B. 不利   C. 改善   D. 增加

8. 从一个国家来看,该国与别国货物与服务的交换活动称为(　　)。
  A. 世界贸易   B. 国际贸易   C. 对外贸易   D. 区域贸易

9. 在一定时期内,一国出口总额超过进口总额时,称为(　　)。
  A. 贸易逆差   B. 贸易顺差   C. 贸易平衡   D. 贸易失衡

10. 国际分工形成和发展的决定性因素是(　　)。
  A. 社会生产力   B. 资本流动   C. 自然条件   D. 上层建筑

11. (　　)是国际分工深入发展的重要条件。
  A. 服务国际化   B. 资本国际化   C. 资源国际化   D. 产品国际化

12. 我国衡量国际货物买卖合同国际性的标准是(　　)。
  A. 交易双方当事人的营业地处于不同的国家
  B. 交易双方当事人具有不同的国籍
  C. 订立合同的行为完成于第三国
  D. 货物由一国运往另一国

13. 下列关于技术转移的叙述中,正确的是(　　)。
  A. 人为有意识的变化   B. 技术地理位置的变化
  C. 转移一定是无偿的   D. 专利转移

14. 我国称进口总额超过出口总额为(　　)。
  A. 出超   B. 入超   C. 反超   D. 略超

15. (　　)是指经济发展水平基本相同的国家之间的横向分工。
  A. 垂直型国际分工   B. 混合型国际分工
  C. 交叉型国际分工   D. 水平型国际分工

16. 一国的(　　)在该国的偿还能力中占很大比重。
  A. 出口退税   B. 出口收汇   C. 出口贸易   D. 出口货物

17. 对外贸易产生和发展的基础是(　　)。
  A. 社会生产力的发展和社会分工的扩大
  B. 畜牧业的发展
  C. 手工业的出现
  D. 商业的出现

18. 国际分工与国际贸易之间的关系是(　　)。
  A. 两者没有联系   B. 两者为平行关系

C. 国际分工是国际贸易的基础　　D. 国际贸易是国际分工的基础

19. 假定某国净贸易条件以 1980 年为基期是 100,1990 年出口价格指数下降 10%,为 90;进口价格指数上升 20%,为 120,且该国出口商品的劳动生产率从 1980 年的 100 提高到 1990 年的 150,则该国家的单项因素贸易条件是(　　)。
　　A. 50　　　　B. 200　　　　C. 112.5　　　　D. 72

20. 以金额表示的一国的对外贸易,称之为(　　)。
　　A. 对外贸易额　　　　　　　B. 贸易差额
　　C. 对外贸易量　　　　　　　D. 国际贸易量

21. 由服务方以自己的技术知识为另一方提供有偿服务,以解决生产中的某个技术问题,称之为(　　)。
　　A. 许可贸易　　　　　　　　B. 技术服务
　　C. 国际合作生产　　　　　　D. 国际工程承包

22. (　　)是指在签订技术转让许可证协议后,许可方自己仍有权使用这项工业产权或专有技术,也有权再与其他人签订同样主题的许可协议,把同样的技术给其他人使用。
　　A. 独占许可　　B. 普通许可　　C. 排他性许可　　D. 从属许可

23. 直接贸易的英文全称是(　　)。
　　A. transit trade　　　　　　B. indirect trade
　　C. direct trade　　　　　　 D. commodity trade

24. 据海关统计,2010 年我国外贸进出口总值 29 727.6 亿美元,其中出口 15 779.3 亿美元,进口 13 948.3 亿美元,则(　　)。
　　A. 贸易顺差为 15 779.3 亿美元　　B. 贸易逆差为 15 779.3 亿美元
　　C. 贸易顺差为 1 831 亿美元　　　 D. 贸易逆差为 1 831 亿美元

二、**多项选择题**(下列每题的选项中,至少有 2 个是正确的,请将其代号填在括号内)

1. 对外贸易产生和发展的基础是(　　)。
　　A. 社会生产力的发展　　　　B. 社会分工的扩大
　　C. 世界货币的产生　　　　　D. 资本原始积累的完成
　　E. 资本主义生产方式确定的

2. 反映国际贸易地理方向的指标有(　　)。
　　A. 各国的出口额占世界出口总额的比重
　　B. 各国的进口额占世界进口总额的比重
　　C. 各国的制成品出口额占世界出口总额的比重
　　D. 各国的制成品进口额占世界进口总额的比重

E. 各国的进出口总量占世界进出口总量的比重

3. 影响一国对外贸易依存度的因素主要有（　　）。
   A. 国内市场的发展程度　　　　B. 国内计划的执行情况
   C. 技术贸易的开展情况　　　　D. 加工贸易的层次
   E. 汇率的变化

4. 当进口总额超过出口总额时,可称之为（　　）。
   A. 贸易顺差　　B. 贸易逆差　　C. 贸易赤字　　D. 出超
   E. 入超

5. 技术贸易的主要标的物有（　　）。
   A. 土地使用权　B. 专利　　　C. 知识　　　D. 商标
   E. 专有技术

6. 企业进入世界市场,大体要经过（　　）阶段。
   A. 产品生产　　B. 产品出口　　C. 产品营销　　D. 国外投资生产
   E. 跨国企业经营

7. 按照参加分工的各国经济发展水平,国际分工类型有（　　）。
   A. 垂直型国际分工　　　　　　B. 水平型国际分工
   C. 混合型国际分工　　　　　　D. 农业国际分工
   E. 工业国际分工

8. 国际分工是生产力发展到一定水平后,一国国内社会分工的延伸,表现为生产的（　　）。
   A. 商品化　　　B. 专业化　　　C. 市场化　　　D. 全球化
   E. 国际化

9. 影响国际分工的主要因素有（　　）。
   A. 国际生产关系决定国际分工的性质
   B. 人口、劳动规模和市场制约着国际分工的发展
   C. 资本国际化是国际分工深入发展的重要条件
   D. 上层建筑可以促进和延缓国际分工的形成和发展
   E. 各国间科学水平的较量

10. 世界市场形成的标志有（　　）。
    A. 多边贸易多边支付体系的形成
    B. 国际金本位制度的建立与世界货币的形成
    C. 资本主义的各种经济规律制约着世界市场的发展
    D. 形成了比较健全、固定的销售渠道
    E. 价值规律作用加强,形成了国际价值规律

11. 当代世界市场的基本特征体现在（　　）。
    A. 世界市场容量迅速扩大
    B. 世界市场的垄断性不断加强
    C. 世界市场的竞争日益加剧
    D. 世界市场的国际协调与管理逐步发展
    E. 世界市场的投机日益加剧

12. 世界的风险性体现在（　　）。
    A. 信用风险　　B. 商业风险　　C. 汇率风险　　D. 运输风险
    E. 政治风险

13. 世界贸易组织负责实施、管理的《服务贸易总协定》列出的国际服务贸易的形式为（　　）。
    A. 过境交付　　B. 远期支付　　C. 境外消费　　D. 商业存在
    E. 自然人流动

14. 对外贸易地理方向会受到（　　）等因素的影响。
    A. 地理位置　　　　　　　　B. 经济互补性
    C. 国际分工的形成　　　　　D. 贸易政策
    E. 运输条件

15. 社会化大生产的根本特点有（　　）。
    A. 生产技术先进　　　　　　B. 人们的消费水平提高
    C. 社会分工的深化　　　　　D. 交换的扩大
    E. 机器大工业生产

16. 影响国际分工发展的因素有（　　）。
    A. 社会生产力的发展　　　　B. 自然条件
    C. 上层建筑　　　　　　　　D. 国际生产关系的改变
    E. 资本国际化

17. 国际分工对国际贸易的影响表现在（　　）。
    A. 国际分工影响国际贸易的发展速度
    B. 国际分工影响国际贸易的地理方向
    C. 国际分工影响国际贸易的商品结构
    D. 国际分工影响各个国家对外贸易政策的制定
    E. 国际分工影响对外贸易依存度

18. 许可贸易按授权的范围可以分为（　　）。
    A. 独占许可　　　　　　　　B. 普通许可
    C. 排他性许可　　　　　　　D. 从属许可

E. 互换许可

19. 最常见的国际技术贸易方式有（　　）。
   A. 许可贸易　　　　　　　　B. 技术服务
   C. 国际合作生产　　　　　　D. 国际工程承包
   E. 商品买卖

20. 世界"封闭市场"价格一般包括（　　）。
   A. 调拨价格　　　　　　　　B. 垄断价格
   C. 区域性经济贸易集团内的价格　　D. 国际商品协定下的协定价格
   E. 技术转让价格

三、判断题(判断下列各题是否正确。正确的在题后的括号内打"√",错误的打"×")

1. 当出口额与进口额相等时,称为"贸易平衡";进口额大于出口额时,称"贸易顺差"或"贸易盈余",又称"出超";如果进口额小于出口额,称为"贸易逆差"或"贸易赤字",又称"入超"。（　）

2. 技术贸易是以有形的服务作为标的物进行的贸易。（　）

3. 商品从甲国经过乙国向丙国运送,对乙国来说是过境贸易。（　）

4. 对外贸易地理方向的越分散越好。（　）

5. 净贸易条件是出口价格指数与进口价格指数之比,计算方法为：$N=(P_X/P_M)\times 100$,式中 N——净贸易条件；P_X——出口价格指数；P_M——进口价格指数。（　）

6. 国际分工是当代国际贸易发展的主动力。（　）

7. 世界市场是世界各国进行商品、劳务交换,并进行资源配置的场所。（　）

8. 商品的国际市场价格是由世界市场上的供求关系决定的。世界市场上某种商品的供求关系及其变化均会直接影响到这种商品的国际价格。（　）

9. 如果卖方在发出货物后,货物的价格下跌,则卖方要承担价格下跌带来的风险。（　）

10. 技术贸易所有方或供应方在一定条件下将技术贸易的标的物的使用权转让给接受方使用,但技术的所有权并没有转移给技术的接受方。（　）

11. 国际贸易泛指国家(地区)与国家(地区)之间所进行的商品和劳务交换活动的总称。（　）

12. 出口与进口是对外贸易的两个组成部分。对运进商品和劳务的国家(地区)来说是出口;对运出商品和劳务的国家(地区)来说就是进口。（　）

13. 国际贸易货物结构是指一定时期内各大类货物或各种货物在整个国际贸易中的构成,即各大类货物或各种货物贸易额与整个世界出口贸易额之比,用比重

表示。( )

14．贸易条件又称贸易比价或交换比价，是指一国在对外贸易中，出口一单位商品(价格、购买力、要素)所能换回的进口商品(价格、购买力、要素)数量之间的比率。( )

15．垂直型国际分工是经济发展水平不同的国家之间的纵向分工，主要是发达国家与发展中国家之间制造业与农业、矿业的分工。( )

16．世界"封闭市场"价格是指在国际间不受垄断或国家垄断力量干扰条件下，由独立经营的买者和卖者之间进行交易的价格。( )

17．国际贸易与国际分工密切联系在一起。从最一般的意义上来说，两者的关系是分工与交换的相互关系。没有分工，就没有交换的基础和必要性；反过来，没有交换，分工也就不能存在和发展，国际贸易和国际分工是互为条件、互相促进的两个方面。( )

18．世界市场上存在着复杂性和风险性。复杂性的表现有世界市场信用、商业、汇率、运输、价格、政治和军事风险等。( )

19．商品的国际价格是指在一定条件下在世界市场上形成的市场价格，它是国内价值及国内使用价值的货币表现，亦即以货币表现的商品的国际价值及国际使用价值。( )

20．国际贸易商品结构是指初级产品和半制成品各自在国际贸易中所占的比重。( )

21．目前国际商品市场现状表现在贸易的商品结构发生巨大变化，即工业制成品贸易量的比重持续下降，而农产品和矿产品贸易量的比重相对上升。( )

22．经济全球化是外贸依存度上升的重要原因。( )

23．许可贸易是技术许可方与技术接受方签订许可合同或协议，许可方允许被许可人取得许可人所拥有的专利、商标或专有技术的使用权并得到相应的技术，被许可方则需支付技术使用费及其他报酬并承担保守技术秘密等义务。( )

24．从属许可是指在一定地域内被许可方对许可方提供的工业产权、专有技术享有独占使用权。( )

25．技术服务的内容包括咨询服务和工程服务两个部分。( )

典型习题分析与解答

一、单项选择题

1．C 2．C 3．C 4．B 5．A 6．A 7．C 8．C 9．C 10．A 11．B 12．A 13．B 14．B 15．D 16．B 17．A 18．C 19．C 20．A 21．B 22．B 23．C 24．C

二、多项选择题

1. AB 2. AB 3. ADE 4. BCE 5. BDE 6. BDE 7. ABC 8. ABE
9. ABCD 10. ABCDE 11. ABCDE 12. ABCDE 13. ACDE 14. BCD
15. CD 16. ABCDE 17. ABCDE 18. ABCDE 19. ABCDE 20. ABCD

三、判断题

1. × 2. × 3. √ 4. × 5. √ 6. √ 7. √ 8. √ 9. × 10. √
11. √ 12. × 13. √ 14. √ 15. √ 16. × 17. √ 18. × 19. ×
20. × 21. × 22. √ 23. √ 24. × 25. √

第二章 贸 易 术 语

考 试 大 纲

1. **有关贸易术语的国际贸易惯例**

   了解：
   - 《国际贸易术语解释通则®2010》、《1932年华沙—牛津规则》、《1941年美国对外贸易定义修订本》的基本内容和适用范围。

2. **对各种贸易术语的解释**

   了解：
   - FOB、CFR、CIF、FCA、CPT、CIP、EXW、FAS、DAT、DAP、DDP等贸易术语的含义和运用。

第一节 有关贸易术语的国际贸易惯例

贸易术语(trade terms)又称贸易条件、价格术语(price terms)等,它使用的是一个简短的概念(shorthand expression)和英文缩写字母来表明商品的价格构成。

一、《国际贸易术语解释通则®2010》

早在1936年,国际商会收集了一些重要贸易术语并作了统一解释,即《1936年国际贸易术语解释通则》(Incoterms 1936)。此后,随着国际贸易的发展和形势的变化,国际商会分别于1953年、1967年、1976年、1980年和1990年对Incoterms进行修订。1999年,国际商会又对Incoterms 1990作了修订,公布了新版的《2000年国际贸易术语解释通则》(以下简称《2000年通则》),成为国际商会第560号出版物(Incoterms 2000、ICC Publication No.560),该通则于2000年1月1日起生效。

为适应国际贸易的快速发展和国际贸易实践领域发生的新变化,国际商会于2007年发起对《2000年通则》进行修订的动议,并组建了修订小组。Incoterms®2010①(以下用 Incoterms 2010)的修订工作历时3年,征集了全球商界大量意见和建议,几易其稿,最终版本于2010年9月正式面世,并于2011年1月1日起生效。

相关链接:国际贸易术语解释通则最近四次的修改

(1) 国际商会1980年修订的主要原因是为了适应集装箱运输和多式联运的发展。在1980年修订本引入了货交承运人(现在为FCA)术语,其目的是为了适应在海上运输中经常出现的情况,即交货点不再是传统的FOB点(货物越过船舷),而是在将货物装船之前运到陆地上的某一点,在那里将货物装入集装箱,以便经由海运或其他运输方式(即所谓的联合或多式运输)继续运输。

(2) 1990年修订是为了适应电子数据交换(electronic data interchange, EDI)日益频繁运用的需要。

(3) 2000年的修订,对 Incoterms 1990版本的修改很少,以保证其稳定性。

(4)《国际贸易术语解释通则®2010》考虑了无关税区的不断扩大,商业交易中,电子信息使用的增加,货物运输中对安全问题的进一步关注以及运输方式的变化。《国际贸易术语解释通则®2010》更新并整合与"交货"相关的规则,将术语总数由原来的13条减至11条,并对所有规则作出更加简洁、明确的陈述。同时,《国际贸易术语解释通则®2010》首次在贸易术语中对买方与卖方不使用有性别差别的称谓。

二、《1932年华沙—牛津规则》

国际法协会于1928年在波兰华沙举行会议,制订了CIF买卖合同的统一规则,共计22条,称为《1928年华沙规则》。此后,在1930年纽约会议、1931年巴黎会议和1932年牛津会议上,相继将此规则修订为21条,称之为《1932年华沙—牛津规则》(Warsaw-Oxford Rules 1932,简称 W.O. Rules 1932)。

《华沙—牛津规则》是国际法协会专门为解释CIF而制定的。它对CIF合同的性质、特点及买卖双方的权利和义务都作了具体的规定和说明。该规则供买卖双

---

① "Incoterms"是国际商会注册商标。

方自愿采用。

三、《1941年美国对外贸易定义修订本》

早在1919年,美国九个大商业团体即共同制定了有关对外贸易定义的统一解释,即《美国出口报价及其缩写条例》(The U. S. Export Quotations and Abbreviations),供从事对外贸易人员参考使用。在1940年美国第27届全国对外贸易会议上对原定义进行了修改。1941年7月31日,由美国商会、美国进口商会协会和美国全国对外贸易协会所组成的联合委员会正式通过并采用了此项定义,定名为《1941年美国对外贸易定义修订本》(Revised American Foreign Trade Definitions 1941)。

该定义对Ex Point of Origin 原产地交货、FAS、FOB、C&F、CIF 和 Ex Dock 等六种贸易术语作了解释。值得注意的是,该定义把FOB分为六种类型。其中只有第五种,即指定的装运港船上交货(FOB Vessel)才同国际贸易中一般通用的FOB的含义大体相同,而其余五种FOB的含义则完全不同,为了具体说明买卖双方在各种贸易术语下承担的权利和义务,在此修订本所列各种贸易术语之后,一般附有注解,这些注释,实际上是表明贸易术语定义不可分割的组成部分,因此,为充分了解在各种贸易术语下买卖双方各自承担的权利和义务,不仅应考虑定义本身,还应明了附加的有关贸易术语的注释。

第二节 Incoterms 2010 概述

国际商会、国际法学会和美国的一些商业团体对一些贸易术语分别进行了规范和解释。由于《Incoterms 2010》对贸易术语的解释内容最多,应用范围也最广,所以,本书选择了《Incoterms 2010》对贸易术语的解释,加以说明。

国际贸易术语解释通则(Incoterms)是一套由三个字母组成的、反映货物买卖合同中商业实务的贸易术语。国际贸易术语解释通则主要描述了货物由卖方交付给买方过程中所涉及的工作、成本和风险。

一、《国际贸易术语解释通则2010》中11个术语的分类

《国际贸易术语解释通则2010》中的11个术语分为特征鲜明的两大类,如图2-1所示。

1. 适用于任何运输方式或多种运输方式的术语

EXW　　　工厂交货

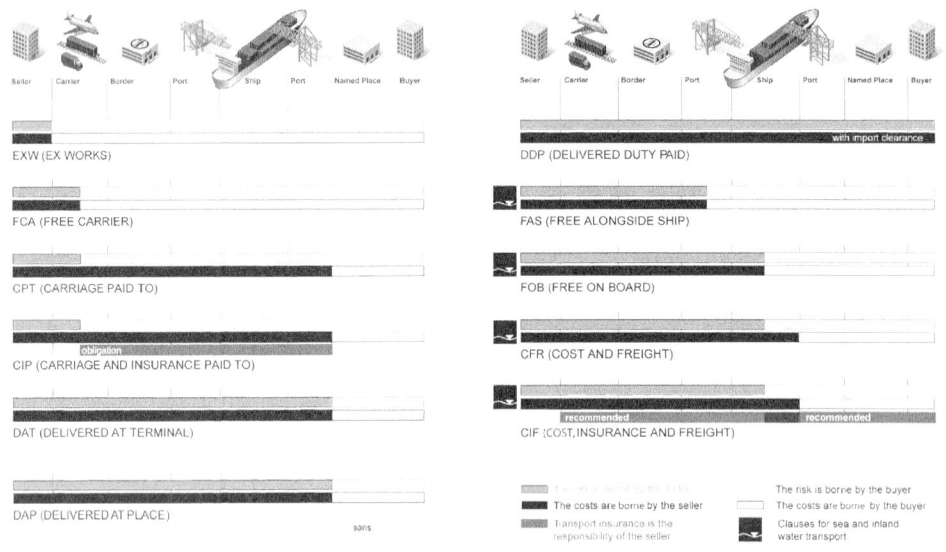

图 2-1 《国际贸易术语解释通则 2010》中 11 个术语的分类

FCA	货交承运人
CPT	运费付至
CIP	运费、保险费付至
DAT	运输终端交货
DAP	目的地交货
DDP	完税后交货

2. 适用于海运及内河水运的术语

FAS	船边交货
FOB	船上交货
CFR	成本加运费
CIF	成本、保险费加运费

第一类包括《国际贸易术语解释通则 2010》中的七个术语,不论选用何种运输方式,也不论是否使用一种或多种运输方式,均可适用。EXW、FCA、CPT、CIP、DAT、DAP 和 DDP 均属此类,甚至没有海运时也可使用这些术语。但是,重要的是要记住,在当船舶用于部分运输时,可以使用这些术语。

《国际贸易术语解释通则 2010》中的第二类术语,交货地点和将货物交至买方的地点都是港口,因此被划分为"适于海运及内河水运的术语"。FAS、FOB、CFR 和 CIF 均属此类。在最后三个术语中,在《Incoterms 2000》是以船舷作为交货点的表述,取而代之的是货物置于"船上"时构成交货。这样的规定更符合当今商业现实,且能避免那种已经过时的风险在一条假想垂直线上摇摆不定的情形出现。

《国际贸易术语解释通则 2010》中的买卖双方的责任和义务,如图 2-2 所示。

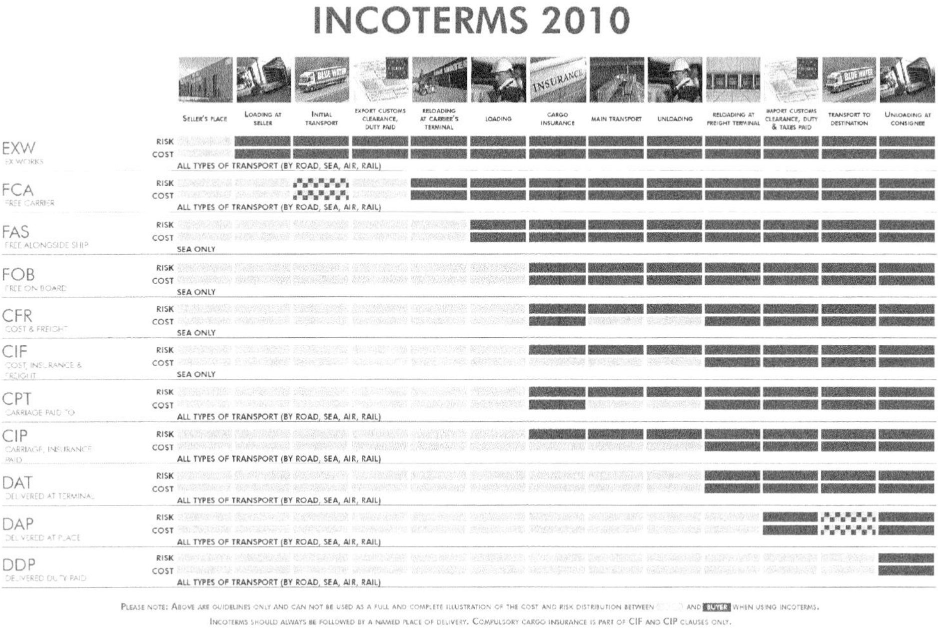

图 2-2 国际贸易术语解释通则 2010 中的买卖双方的责任和义务

二、国际贸易术语的使用

1. 在买卖合同中写入《国际贸易术语解释通则 2010 术语》

如果想在合同中使用《国际贸易术语解释通则 2010》,应在合同中用类似词句作出明确表示,如"所选用的国际贸易术语,包括指定地点,并标明国际贸易术语解释通则®2010"("[the chosen Incoterms rule including the named place, follow by] Incoterms®2010")。

2. 选择合适的国际贸易术语

对国际贸易术语的选择应适合于货物性质和运输方式,首先是考虑合同各方是否想给卖方或买方增加额外的义务,如安排运输或保险的义务等。每个术语的"使用说明"对选择术语十分有用。无论选择何种术语,买卖双方均应清楚,对其合同的解释很可能会受到所使用港口或地点特有的惯例的影响。

3. 尽可能对地点和港口作出详细说明

只有合同各方写明港口或地点,所选用的国际贸易术语才能发挥作用。而对港口或地点写得尽量确切,就更能凸显国际贸易术语的作用。

准确表述的范例如下:

"FCA 38 Cours Albert 1er,Paris,France Incoterms®2010."①

在贸易术语 EXW、FCA、DAT、DAP、DDP、FAS 和 FOB 中,指定地点是交货地点和风险从卖方转移到买方的地点。在贸易术语 CPT、CIP、CFR 和 CIF 中,指定地点与交货地点有别。在此四个贸易术语中,指定地点是目的地,其运费已经支付。如能在指明地点或目的地内明确该地点或目的地内确定的点,将更有助于避免疑问或争议。

4. 国际贸易术语是买卖合同的一项内容

国际贸易术语确实限定了买卖合同中哪方有安排运输、保险的义务,卖方何时向买方交货以及各方应当支付的费用。但国际贸易术语没有说明应付价格或支付方式。它也没有涉及货物所有权的转让或违约后果。这些问题通常依据买卖合同的明确约定或合同的适用法处理。合同各方应当清楚强制适用的本地法可能推翻买卖合同的任何条款,包括所选择的国际贸易术语在内。

三、国内贸易与国际贸易术语的关系

国际贸易术语传统上用于货物跨越国界的国际货物买卖合同。但是,在许多地区,像欧盟一样的贸易同盟已使不同成员国间的边界形式显得不再重要。因此,《国际贸易术语解释通则 2010》的副标题②正式确认这些术语对国际和国内货物买卖合同均可适用。因而,《国际贸易术语解释通则 2010》在多处明确说明,只有在适用时,才产生遵守进/出口手续要求的义务。

两种发展让 ICC 认识到应及时向此方向演进:第一,贸易方常在纯国内买卖合同中使用国际贸易术语;第二,美国国内贸易中出现了更愿意以国际贸易术语取代传统使用的《美国统一商法典》中的运输和交货术语的现象。

四、电子讯息

国际贸易术语解释通则以往的版本曾经规定诸多文件可用电子数据信息替代。《国际贸易术语解释通则 2010》的 A1 和 B1 条款则在各方约定或符合惯例的情况下,赋予电子讯息与纸质讯息同等效力。这种表述有利于新电子程序在《国际贸易术语解释通则 2010》有效期内的发展。

---

① 中文版注:"FCA"(货交承运人)是术语,"38 Cours Albert 1er,Paris,France"是地点或地址,"Incoterms®2010"是对所选的贸易术语最新版本的说明。

② 副标题为:"ICC rules for the use of domestic and international trade terms"(国际商会制订的适用国内和国际贸易的术语通则)。

五、链式销售

与特定产品的销售不同,在商品销售中,货物在运送至销售链终端的过程中常常被多次转卖。出现此种情况时,在销售链中端的卖方实际上不运送货物,因为处于销售链始端的卖方已经安排了运输。因此,处在销售链中间的卖方不是以运送货物的方式,而是以"取得"货物的方式,履行对其买方的义务。为了澄清此问题,《国际贸易术语解释通则 2010》术语中包括"取得运输中货物"的义务,并以其作为在相关术语中运输货物义务的替代义务。

小看板:《国际贸易术语解释通则 2010》术语专用词

1. 承运人(carrier)

在《国际贸易术语解释通则 2010》术语中,承运人是签约承担运输责任的一方。

2. 海关手续(customs formalities)

即为遵守任何适用的海关规定所需满足的要求,并可包括各类文件、安全、信息或实物检验的义务。

3. 交货(delivery)

在贸易法律与实务中,此概念有多种含义。但在《国际贸易术语解释通则 2010》术语中,它所指的是货物灭失与损坏的风险从卖方转移至买方的点。

4. 交货凭证(delivery document)

此词现为 A8 的标题。它是指证明已交货的凭证。在《国际贸易术语解释通则 2010》的许多术语中,交货凭证是运输凭证或对应的电子记录。但是,在使用 EXW、FCA、FAS 和 FOB 时,交货凭证可能仅仅是一张收据。交货凭证也会有其他作用,比如作为支付安排的构成部分。

5. 电子记录或程序(electronic record or procedure)

由一条或多条电子信息组成的整套信息,如适用时与对应的纸质凭证具有同等效力。

6. 包装(packaging)

此词可用于不同目的:

(1) 为满足买卖合同的要求对货物进行包装。

(2) 为适应运输需要对货物进行包装。

(3) 在集装箱或其他运载工具中装载包装好的货物。

（续上）

> 在《国际贸易术语解释通则 2010》术语中，包装所指的是以上第(1)种和第(2)种情况。《国际贸易术语解释通则 2010》中的术语不涉及各方在集装箱内的装载义务，因此，如需要的话，各方应在买卖合同中作出约定。

 相关链接：Incoterms 2010 与 Incoterms 2000 的对比分析

Incoterms 2010 中两个新增术语 DAT(运输终端交货)和 DAP(目的地交货)取代了 Incoterms 2000 中的 DAF(边境交货)、DES(目的港船上交货)、DEQ(目的港码头交货)和 DDU(未完税交货)。

在这两个新增术语中，交货都在指定目的地发生。使用 DAT 时，货物已从到达的运输工具卸下，交由买方处置(与以前的 DEQ 术语相同)。使用 DAP 时，货物同样交由买方处置，但仅需做好卸货准备(与以前的 DAF、DES 和 DDU 术语相同)。

新术语使得 Incoterms 2000 的 DES 与 DEQ 成为多余。DAT 中的指定终端很可能是港口，因此该术语可完全适用于 Incoterms 2000 的 DEQ 适用的场合。同样，DAP 中抵达的运输工具很可能是船只，指定地点也很可能是港口，因此，DAP 可完全适用于 Incoterms 2000 的 DES 适用的场合。这两个新术语和先前的术语一样，是"交货"型，由卖方承担将货物交至指定目的地的所有费用(除与进口清关①相关的费用外，如有的话)和风险。

第三节 对各种贸易术语的解释

一、EXW(EX WORKS 工厂交货)

EXW(insert named place of delivery)Incoterms 2010——EXW(插入指定交

---

① 清关：即结关，习惯上又称通关，是指进口货物、出口货物和转运货物进入一国海关关境或国境必须向海关申报，办理海关规定的各项手续，履行各项法规规定的义务；只有在履行各项义务，办理海关申报、查验、征税、放行等手续后，货物才能放行，货主或申报人才能提货。同样，载运进出口货物的各种运输工具进出境或转运，也均需向海关申报，办理海关手续，得到海关的许可。货物在清关期间，不论是进口、出口或转运，都是处在海关监管之下，不准自由流通。

货地点)国际贸易术语解释通则 2010。

该术语可适用于任何一种运输方式,也可适用于多种运输方式。它适合国内贸易,而 FCA 一般则更适合国际贸易。

"工厂交货"是指当卖方在其所在地或其他指定地点(如工厂、车间或仓库等)将货物交由买方处置时,即完成交货。卖方不需将货物装上任何前来接收货物的运输工具,需要清关时,卖方也无须办理出口清关手续。

双方在指定交货地范围内尽可能明确具体交货地点,因为在货物到达交货地点之前的所有费用和风险都由卖方承担。买方则需承担自此指定交货地的约定地点(如有的话)收取货物所产生的全部费用和风险。

1. 需要注意的问题

EXW(工厂交货)术语代表卖方最低义务,使用时需注意以下问题:

(1) 卖方对买方没有装货的义务,即使实际上卖方也许更方便这样做。如果卖方装货,也是由买方承担相关风险和费用的。当卖方更方便装货物时,FCA 一般更为合适,因为该术语要求卖方承担装货义务,以及与此相关的风险和费用。

(2) 以 EXW 为基础购买出口产品的买方需要注意,卖方只有在买方要求时,才有义务协助办理出口,即卖方无义务安排出口通关。因此,在买方不能直接或间接地办理出口清关手续时,不建议使用该术语。

(3) 买方仅有限度地承担向卖方提供货物出口相关信息的责任。但是,卖方则可能出于缴税或申报等目的,需要这方面的信息。

2. 买卖方双方义务

EXW 买卖方双方义务表,如表 2-1 所示。

表 2-1

EXW 买卖方双方义务表

A 卖方义务	B 买方义务
A1 卖方一般义务 卖方必须提供符合买卖合同约定的货物和商业发票,以及合同可能要求的其他与合同相符的证据 A1~A10 中所指的任何单证在双方约定或符合惯例的情况下,可以是同等作用的电子记录或程序	B1 买方一般义务 买方必须按照买卖合同约定支付价款 B1~B10 中所指的任何单证在双方约定或符合惯例的情况下,可以是同等作用的电子记录或程序

(续表)

A 卖方义务	B 买方义务
A2　许可证、授权、安检通关和其他手续 如适用时,经买方要求,并承担风险和费用,卖方必须协助买方取得出口许可或出口相关货物所需的其他官方授权 如适用时,经买方要求,并承担风险和费用,卖方必须提供其所掌握的该项货物安检通关所需的任何信息	B2　许可证、授权、安检通关和其他手续 如适用时,应由买方自负风险和费用,取得进出口许可或其他官方授权,办理相关货物出口的海关手续
A3　运输合同与保险合同 a) 运输合同 卖方对买方无订立运输合同的义务 b) 保险合同 卖方对买方无订立保险合同的义务。但应买方要求并由其承担风险和费用(如有的话),卖方必须向买方提供后者取得保险所需的信息	B3　运输合同与保险合同 a) 运输合同 买方对卖方无订立运输合同的义务 b) 保险合同 买方对卖方无订立保险合同的义务
A4　交货 卖方必须在指定的交付地点或该地点内的约定点(如有的话),以将未置于任何接收货物的运输工具上的货物交由买方处置的方式交货。若在指定交货地没有约定点,且有几个点可供使用时,卖方可选择最适合于其目的的点。卖方必须在约定日期或期限内交货	B4　收取货物 当卖方行为与 A4、A7 相符时,买方必须收取货物
A5　风险转移 除按照 B5 的灭失或损坏情况外,卖方承担按照 A4 完成交货前货物灭失或损坏的一切风险	B5　风险转移 买方承担按照 A4 交货时起货物灭失或损坏的一切风险 如果买方未能按照 B7 给予卖方通知,则买方必须从约定的交货日期或交货期限届满之日起,承担物灭失或损坏的一切风险,但以该项货物已清楚地确定为合同项下之货物者为限
A6　费用划分 卖方必须支付按照 A4 完成交货前与货物相关的一切费用,但按照 B6 应由买方支付的费用除外	B6　费用划分 买方必须支付 a) 自按照 A4 交货时起与货物相关的一切费用 b) 由于其未收取已处于可由其处置状态货物或未按照 B7 发出相关通知而产生的额外费用,但以该项货物已清楚地确定为合同项下之货物者为限 c) 如适用时,货物出口应交纳的一切关税、税款和其他费用及办理海关手续的费用;及 d) 对卖方按照 A2 提供协助时所产生的一切花销和费用的补偿

(续表)

A 卖方义务	B 买方义务
A7 通知买方 卖方必须给予买方其收取货物所需的任何通知	B7 通知卖方 当有权决定在约定期限内的时间和/或在指定地点内的接收点时,买方必须向卖方发出充分的通知
A8 交货凭证 卖方对买方无义务	B8 交货证据 买方必须向卖方提供其已收取货物的相关凭证
A9 查对-包装-标记 卖方必须支付为了按照 A4 进行交货,所需要进行的查对费用(如查对质量、丈量、过磅、点数的费用) 除非在特定贸易中,某类货物的销售通常不需包装,卖方必须自付费用包装货物。除非买方在签订合同前已通知卖方特殊包装要求,卖方可以适合该货物运输的方式对货物进行包装。包装应作适当标记	B9 货物检验 买方必须支付任何强制性装船前检验费用,包括出口国有关机构强制进行的检验费用
A10 协助提供信息及相关费用 如适用时,应买方要求并由其承担风险和费用,卖方必须及时向买方提供或协助其取得相关货物出口和/或进口、和/或将货物运输到最终目的地所需要的任何文件和信息,包括安全相关信息	B10 协助提供信息及相关费用 买方必须及时告知卖方任何安全信息要求,以便卖方遵守 A10 的规定 买方必须偿付卖方按照 A10 向买方提供或协助其取得文件和信息时发生的所有花销和费用

二、FCA(FREE CARRIER 货交承运人)

FCA(insert named place of delivery)Incoterms 2010——FCA(插入指定交货地点)国际贸易术语解释通则 2010。

该术语可适用于任何一种运输方式,也可适用于多种运输方式。

"货交承运人"是指卖方在卖方所在地或其他指定地点将货物交给买方指定的承运人或其他人。由于风险在交货地点转移至买方,双方应尽可能清楚地写明指定交货地内的交付点。

如果双方希望在卖方所在地交货,则应当将卖方所在地址明确为指定交货地。如果双方希望在其他地点交货,则必须确定不同的特定交货地点。

如适用时,FCA 要求卖方办理货物出口清关手续。但卖方无义务办理进口清关,支付任何进口税或办理任何进口海关手续。

FCA 买卖方双方义务表,如表 2-2 所示。

表 2-2

FCA 买卖方双方义务表

A 卖方义务	B 买方义务
A1　卖方一般义务 卖方必须提供符合买卖合同约定的货物和商业发票,以及合同可能要求的其他与合同相符的证据 A1～A10 中所指的任何单证在双方约定或符合惯例的情况下,可以是同等作用的电子记录或程序	B1　买方一般义务 买方必须按照买卖合同约定支付价款 B1～B10 中所指的任何单证在双方约定或符合惯例的情况下,可以是同等作用的电子记录或程序
A2　许可证、授权、安检通关和其他手续 如适用时,卖方必须自负风险和费用,取得所有的出口许可或其他官方授权,办理货物出口所需的一切海关手续	B2　许可证、授权、安检通关和其他手续 如适用时,应由买方自负风险和费用,取得所有进口许可或其他官方授权,办理货物进口和从他国过境运输所需的一切海关手续
A3　运输合同与保险合同 a) 运输合同 卖方对买方无订立运输合同的义务。但若买方要求,或依商业实践,且买方未适时作出相反指示,卖方可以按照通常条件签订运输合同,由买方负担风险和费用。在以上两种情形下,卖方都可以拒绝签订运输合同,如予拒绝,卖方应立即通知买方 b) 保险合同 卖方对买方无订立保险合同的义务。但应买方要求并由其承担风险和费用(如有的话),卖方必须向买方提供后者取得保险所需的信息	B3　运输合同与保险合同 a) 运输合同 除了卖方按照 A3 a) 签订运输合同情形外,买方必须自付费用签订自指定的交货地点起运货物的运输合同 b) 保险合同 买方对卖方无订立保险合同的义务
A4　交货 卖方必须在约定日期或期限内,在指定地点或指定地点的约定点(如有约定),将货物交付给买方指定的承运人或其他人 以下情况,交货完成: a) 若指定地点是卖方所在地,则当货物被装上买方提供的运输工具时 b) 在任何其他情况下,则当货物虽仍处于卖方的运输工具上,但已准备好卸载,并已交由承运人或买方指定的其他人处置时 如果买方未按照 B7 d) 明确指定交货地点内特定的交付点,且有数个交付点可供使用时,卖方则有权选择最适合其目的的交货点 除非买方另行通知,卖方可采取符合货物数量和/或性质需要的方式将货物交付运输	B4　收取货物 当货物按照 A4 交付时,买方必须收取

(续表)

A 卖方义务	B 买方义务
A5　风险转移 除按照 B5 的灭失或损坏情况外,卖方承担按照 A4 完成交货前货物灭失或损坏的一切风险	B5　风险转移 买方承担自按照 A4 交货时起货物灭失或损坏的一切风险 如果 a) 买方未按照 B7 规定通知 A4 项下的指定承运人或其他人,或发出通知;或 b) 按照 A4 指定的承运人或其他人未在约定的时间接管货物 则买方承担货物灭失或损坏的一切风险: (i) 自约定日期起,若无约定日期的,则 (ii) 自卖方在约定期限内按照 A7 通知的日期起;或若没有通知日期的,则 (iii) 自任何约定交货期限届满之日起 但以该项货物已清楚地确定为合同项下之货物者为限
A6　费用划分 卖方必须支付 a) 按照 A4 完成交货前与货物相关的一切费用,但按照 B6 应由买方支付的费用除外;及 b) 如适用时,货物出口所需海关手续费用,出口应交纳的一切关税、税款和其他费用	B6　费用划分 买方必须支付 a) 自按照 A4 交货时起与货物相关的一切费用,如适用时,A6 b)中出口所需的海关手续费用,及出口应交纳的一切关税、税款和其他费用除外 b) 由于以下原因之一发生的任何额外费用: (i) 买方未能指定 A4 项下承运人或其他人,或 (ii) 买方指定的 A4 项下承运人或其他人未接管货物,或 (iii) 买方未能按照 B7 给予卖方相应的通知,但以该项货物已清楚地确定为合同项下之货物者为限;及 c) 如适用时,货物进口应交纳的一切关税、税款和其他费用,及办理进口海关手续的费用和从他国过境运输的费用
A7　通知买方 由买方承担风险和费用,卖方必须就其已经按照 A4 交货或买方指定的承运人或其他人未在约定时间内收取货物的情况给予买方充分的通知	B7　通知卖方 买方必须通知卖方以下内容: a) 按照 A4 所指定的承运人或其他人的姓名,以便卖方有足够时间按照该条款交货 b) 如适用时,在约定的交付期限内所选择的由指定的承运人或其他人收取货物的时间 c) 指定人使用的运输方式;及 d) 指定地点内的交货点

(续表)

A 卖方义务	B 买方义务
A8 交货凭证 卖方必须自付费用向买方提供已按照 A4 交货的通常证据 应买方要求并由其承担风险和费用,卖方必须协助买方取得运输凭证	B8 交货证据 买方必须接受按照 A8 提供的交货凭证
A9 查对-包装-标记 卖方必须支付为了按照 A4 进行交货,所需要进行的查对费用(如查对货物质量、丈量、过磅、点数的费用),以及出口国有关机构强制进行的装运前检验所产生的费用 除非在特定贸易中,某类货物的销售通常不需包装,卖方必须自付费用包装货物 除非买方在签订合同前已通知卖方特殊包装要求,卖方可以适合该货物运输的方式对货物进行包装。包装应作适当标记	B9 货物检验 买方必须支付任何强制性装船前检验费用,但出口国有关机构强制进行的检验除外
A10 协助提供信息及相关费用 如适用时,应买方要求并由其承担风险和费用,卖方必须及时向买方提供或协助其取得相关货物进口和/或将货物运输到最终目的地所需要的任何文件和信息,包括安全相关信息 卖方必须偿付买方按照 B10 提供或协助取得文件和信息时所发生的所有花销和费用	B10 协助提供信息及相关费用 买方必须及时告知卖方任何安全信息要求,以便卖方遵守 A10 的规定 买方必须偿付卖方按照 A10 向买方提供或协助其取得文件和信息时发生的所有花销和费用 如适用时,应卖方要求并由其承担风险和费用,买方必须及时向卖方提供或协助其取得货物运输和出口及从他国过境运输所需要的任何文件和信息,包括安全相关信息

三、CPT(CARRIAGE PAID TO 运费付至)

CPT(insert named place of destination)Incoterms 2010——CPT(插入指定目的地)国际贸易术语解释通则 2010。

该术语可适用于任何一种运输方式,也可适用于多种运输方式。

"运费付至"是指卖方将货物在双方约定地点(如果双方已经约定了地点)交给卖方指定的承运人或其他人。卖方必须签订运输合同并支付将货物运至指定目的地所需费用。

在使用 CPT、CIP、CFR 或 CIF 术语时,当卖方将货物交付给承运人时,而不是当货物到达目的地时,即完成交货。

由于风险转移和费用转移的地点不同,该术语有两个关键点。双方应尽可能确切地在合同中明确交货地点(风险在这里转移至买方),以及指定的目的地(卖方必须签订运输合同运到该目的地)。如果运输到约定目的地涉及多个承运人,且双方不能就交货点达成一致时,可以推定:当卖方在某个完全由其选择且买方不能控制的点将货物交付给第一个承运人时,风险转移至买方。如双方希望风险晚些转移的话(如在某海港或机场转移),则需要在其买卖合同中订明。

由于卖方需承担将货物运至目的地具体地点的费用,双方应尽可能确切地在指定目的地内明确该点。卖方应取得完全符合该选择的运输合同。如果卖方按照运输合同在指定的目的地卸货发生了费用,除非双方另有约定,卖方无权向买方要求偿付。

如适用时,CPT 要求卖方办理货物的出口清关手续。但是卖方无义务办理进口清关,支付任何进口税或办理进口相关的任何海关手续。

CPT 买卖方双方义务表,如表 2-3 所示。

表 2-3

CPT 买卖方双方义务表

A 卖方义务	B 买方义务
A1 卖方一般义务 卖方必须提供符合买卖合同约定的货物和商业发票,以及合同可能要求的其他与合同相符的证据 A1~A10 中所指的任何单证在双方约定或符合惯例的情况下,可以是同等作用的电子记录或程序	B1 买方一般义务 买方必须按照买卖合同约定支付价款 B1~B10 中所指的任何单证在双方约定或符合惯例的情况下,可以是同等作用的电子记录或程序
A2 许可证、授权、安检通关和其他手续 如适用时,卖方必须自负风险和费用,取得所有的出口许可或其他官方授权,办理货物出口和交货前从他国过境运输所需的一切海关手续	B2 许可证、授权、安检通关和其他手续 如适用时,应由买方自负风险和费用,取得所有的进口许可或其他官方授权,办理货物进口和从他国过境运输所需的一切海关手续
A3 运输合同与保险合同 a) 运输合同 卖方必须签订或取得运输合同,将货物自交货地内的约定交货点(如有的话)运送至指定目的地或该目的地的交付点(如有约定)。必须按照通常条件订立合同,由卖方支付费用,经由通常航线和习惯方式运送货物。如果双方没有约定特别的点或该点不能由惯例确定,卖方则可选择最适合其目的的交货点和指定目的地内的交货点 b) 保险合同 卖方对买方无订立保险合同的义务。但应买方要求并由其承担风险和费用(如有的话),卖方必须向买方提供后者取得保险所需的信息	B3 运输合同与保险合同 a) 运输合同 买方对卖方无订立运输合同的义务 b) 保险合同 买方对卖方无订立保险合同的义务。但应卖方要求,买方必须向卖方提供其取得保险所需信息

(续表)

A 卖方义务	B 买方义务
A4 交货 卖方必须在约定日期或期限内,以将货物交给按照 A3 签订的合同承运人方式交货	B4 收取货物 当货物按照 A4 交付时,买方必须收取,并在指定目的地自承运人收取货物
A5 风险转移 除按照 B5 的灭失或损坏情况外,卖方承担按照 A4 完成交货前货物灭失或损坏的一切风险	B5 风险转移 买方承担按照 A4 交货时起货物灭失或损坏的一切风险 如买方未按照 B7 给予卖方通知,则买方必须从约定的交货日期或交货期限届满之日起,承担货物灭失或损坏的一切风险,但以该货物已清楚地确定为合同项下之货物者为限
A6 费用划分 卖方必须支付 a) 按照 A4 完成交货前与货物相关的一切费用,但按照 B6 应由买方支付的费用除外 b) 按照 A3 a)所发生的运费和其他一切费用,包括根据运输合同规定由卖方支付的装货费和在目的地的卸货费用;及 c) 如适用时,货物出口所需海关手续费用,出口应交纳的一切关税、税款和其他费用,以及按照运输合同规定,由卖方支付的货物从他国过境运输的费用	B6 费用划分 在不与 A3 a)冲突的情况下,买方必须支付: a) 自按照 A4 交货时起,与货物相关的一切费用,如适用时,按照 A6 c)为出口所需的海关手续费用,及出口应交纳的一切关税、税款和其他费用除外 b) 货物在运输途中直至到达约定目的地为止的一切费用,按照运输合同该费用应由卖方支付的除外 c) 卸货费,除非根据运输合同该项费用应由卖方支付 d) 如买方未按照 B7 发出通知,则自约定发货之日或约定发货期限届满之日起,所发生的一切额外费用,但以该货物已清楚地确定为合同项下之货物者为限;及 e) 如适用时,货物进口应交纳的一切关税、税款和其他费用,及办理进口海关手续的费用和从他国过境运输费用,除非该费用已包括在运输合同中
A7 通知买方 卖方必须向买方发出已按照 A4 交货的通知 卖方必须向买方发出任何所需通知,以便买方采取收取货物通常所需要的措施	B7 通知卖方 当有权决定发货时间和/或指定目的地或目的地内收取货物的点时,买方必须向卖方发出充分的通知

(续表)

A 卖方义务	B 买方义务
A8　交货凭证 依惯例或应买方要求,卖方必须承担费用,向买方提供其按照 A3 订立的运输合同通常的运输凭证 此项运输凭证必须载明合同中的货物,且其签发日期应在约定运输期限内。如已约定或依惯例,此项凭证也必须能使买方在指定目的地向承运人索取货物,并能使买方在货物运输途中以向下家买方转让或通知承运人方式出售货物 当此类运输凭证以可转让形式签发且有数份正本时,则必须将整套正本凭证提交给买方	B8　交货证据 如果凭证与合同相符的话,买方则必须接受按照 A8 提供的运输凭证
A9　查对-包装-标记 卖方必须支付为了按照 A4 进行交货,所需要进行的查对费用(如查对质量、丈量、过磅、点数的费用),以及出口国有关机构强制进行的装运前检验所发生的费用 除非在特定贸易中,某类货物的销售通常不需包装,卖方必须自付费用包装货物 除非买方在签订合同前已通知卖方特殊包装要求,卖方可以适合该货物运输的方式对货物进行包装。包装应作适当标记	B9　货物检验 买方必须支付任何强制性装船前检验费用,但出口国有关机构强制进行的检验除外
A10　协助提供信息及相关费用 如适用时,应买方要求并由其承担风险和费用,卖方必须及时向买方提供或协助其取得相关货物进口和/或将货物运到最终目的地所需要的任何文件和信息,包括安全相关信息 卖方必须偿付买方按照 B10 提供或协助取得文件和信息时发生的所有花销和费用	B10　协助提供信息及相关费用 买方必须及时告知卖方任何安全信息要求,以便卖方遵守 A10 的规定 买方必须偿付卖方按照 A10 向买方提供或协助其取得文件和信息时发生的所有花销和费用 如适用时,应卖方要求并由其承担风险和费用,买方必须及时向卖方提供或协助其取得货物运输和出口及从他国过境运输所需要的任何文件和信息,包括安全相关信息

四、CIP(CARRIAGE AND INSURANCE PAID TO 运费和保险费付至)

CIP(insert named place of destination)Incoterms 2010——CIP(插入指定目

的地)国际贸易术语解释通则 2010。

该术语可适用于任何一种运输方式,也可适用于多种运输方式。

"运费和保险费付至"是指卖方将货物在双方约定地点(如双方已经约定了地点)交给其指定的承运人或其他人。卖方必须签订运输合同并支付将货物运至指定目的地所需的费用。

卖方还必须为买方在运输途中货物的灭失或损坏风险签订保险合同。买方应注意到,CIP 只要求卖方投保最低险别。如果买方需要更多保险保护的话,则需与卖方明确就此达成协议,或者自行作出额外的保险安排。

在使用 CPT、CIP、CFR 或 CIF 术语时,当卖方将货物交付给承运人时,而不是当货物到达目的地时,即完成交货。

由于风险转移和费用转移的地点不同,该术语有两个关键点。双方应尽可能确切地在合同中明确交货地点(风险在这里转移至买方),以及指定目的地(卖方必须签订运输合同运到该目的地)。如果运输到约定目的地涉及多个承运人,且双方不能就特定的交货点达成一致时,可以推定:当卖方在某个完全由其选择且买方不能控制的点将货物支付给第一个承运人时,风险转移至买方。如双方希望风险晚些转移的话(如在某海港或机场转移),则需要在其买卖合同中订明。

由于卖方需承担将货物运至目的地具体地点的费用,双方应尽可能确切地在指定目的地内明确该点。卖方应取得完全符合该选择的运输合同。如果卖方按照运输合同在指定的目的地卸货发生了费用,除非双方另有约定,卖方无权向买方要求偿付。

如适用时,CIP 要求卖方办理货物的出口清关手续。但是卖方无义务办理进口清关,支付任何进口税或办理进口相关的任何海关手续。

CIP 买卖方双方义务表,如表 2-4 所示。

表 2-4

CIP 买卖方双方义务表

A 卖方义务	B 买方义务
A1　卖方一般义务 卖方必须提供符合买卖合同约定的货物和商业发票,以及合同可能要求的其他与合同相符的证据 A1~A10 中所指的任何单证在双方约定或符合惯例的情况下,可以是同等作用的电子记录或程序	B1　买方一般义务 买方必须按照买卖合同约定支付价款 B1~B10 中所指的任何单证在双方约定或符合惯例的情况下,可以是同等作用的电子记录或程序

(续表)

A 卖方义务	B 买方义务
A2　许可证、授权、安检通关和其他手续 如适用时,卖方必须自负风险和费用,取得所有的出口许可或其他官方授权,办理货物出口和交货前从他国过境运输所需的一切海关手续	B2　许可证、授权、安检通关和其他手续 如适用时,应由买方自负风险和费用,取得所有的进口许可或其他官方授权,办理货物进口和从他国过境运输所需的一切海关手续
A3　运输合同与保险合同 a) 运输合同 卖方必须签订或取得运输合同,将货物自交货地内的约定交货点(如有的话)运送至指定目的地或该目的地的交付点(如有约定)。必须按照通常条件订立合同,由卖方支付费用,经由通常航线和习惯方式运送货物。如果双方没有约定特别的点或该点不能由惯例确定,卖方则可选择最适合其目的的交货点和指定目的地内的交货点 b) 保险合同 卖方必须自付费用取得货物保险。该保险需至少符合《协会货物保险条款》(Institute Cargo Clauses,LMA/IUA)"条款(C)"(Clauses C)或类似条款的最低险别。保险合同应与信誉良好的承保人或保险公司订立。应使买方或其他对货物有可保利益者有权直接向保险人索赔 当买方要求且能够提供卖方所需的信息时,卖方应办理任何附加险别,由买方承担费用,如果能够办理,诸如办理《协会货物保险条款》(Institute Cargo Clauses,LMA/IUA)"条款(A)或(B)"(Clauses A or B)或类似条款的险别,也可同时或单独办理《协会战争险条款》(Institute War Clauses)和/或《协会罢工险条款》(Institute Strikes Clauses,LMA/IUA)或其他类似条款的险别 保险最低金额是合同规定价格另加 10%(即 110%),并采用合同货币 保险期间为货物自 A4 和 A5 规定的交货点起,至少到指定目的地止 卖方应向买方提供保单或其他保险证据 此外,应买方要求并由买方承担风险和费用(如有的话),卖方必须向买方提供后者取得附加险所需信息	B3　运输合同与保险合同 a) 运输合同 买方对卖方无订立运输合同的义务 b) 保险合同 买方对卖方无订立保险合同的义务。但应卖方要求,买方必须向卖方提供后者应买方按照 A3 b)要求其购买附加险所需信息

(续表)

A 卖方义务	B 买方义务
A4 交货 卖方必须在约定日期或期限内,以将货物交给按照 A3 签订的合同承运人方式交货	B4 收取货物 当货物按照 A4 交付时,买方必须收取,并在指定目的地自承运人收取货物
A5 风险转移 除按照 B5 的灭失或损坏情况外,卖方承担按照 A4 完成交货前货物灭失或损坏的一切风险	B5 风险转移 买方承担按照 A4 交货时起货物灭失或损坏的一切风险 如买方未按照 B7 通知卖方,则自约定的交货日期或交货期限届满之日起,买方承担货物灭失或损坏的一切风险,但以该货物已清楚地确定为合同项下之货物者为限
A6 费用划分 卖方必须支付 a) 按照 A4 完成交货前与货物相关的一切费用,但按照 B6 应由买方支付的费用除外 b) 按照 A3 a)所发生的运费和其他一切费用,包括根据运输合同规定由卖方支付的装货费和在目的地的卸货费用 c) 根据 A3 b)发生的保险费用;及 d) 如适用时,货物出口所需海关手续费用,出口应交纳的一切关税、税款和其他费用,以及按照运输合同规定,由卖方支付的货物从他国过境运输的费用	B6 费用划分 在不与 A3 a)冲突的情况下,买方必须支付: a) 自按照 A4 交货时起,与货物相关的一切费用,如适用时,按照 A6 d)为出口所需的海关手续费用,及出口应交纳的一切关税、税款和其他费用除外 b) 货物在运输途中直至到达约定目的地为止的一切费用,按照运输合同该费用应由卖方支付的除外 c) 卸货费,除非根据运输合同该项费用应由卖方支付 d) 如买方未按照 B7 发出通知,则自约定发货之日或约定发货期限届满之日起,所发生的一切额外费用,但以该货物已清楚地确定为合同项下之货物者为限 e) 如适用时,货物进口应交纳的一切关税、税款和其他费用,及办理进口海关手续的费用和从他国过境运输费用,除非该费用已包括在运输合同中;及 f) 应买方要求,按照 A3 和 B3 取得附加险别所发生的费用
A7 通知买方 卖方必须向买方发出已按照 A4 交货的通知。卖方必须向买方发出所需通知,以便买方采取收取货物通常所需要的措施	B7 通知卖方 当有权决定发货时间和/或指定目的地或目的地内收取货物的点时,买方必须向卖方发出充分的通知

(续表)

A 卖方义务	B 买方义务
A8　交货凭证 依惯例或应买方要求,卖方必须承担费用,向买方提供其按照 A3 订立的运输合同通常的运输凭证 此项运输凭证必须载明合同中的货物,且其签发日期应在约定运输期限内。如已约定或依惯例,此项凭证也必须能使买方在指定目的地向承运人索取货物,并能使买方在货物运输途中以向下家买方转让或通知承运人方式出售货物 当此类运输凭证以可转让形式签发且有数份正本时,则必须将整套正本凭证提交给买方	B8　交货证据 如果凭证与合同相符的话,买方必须接受按照 A8 提供的运输凭证
A9　查对-包装-标记 卖方必须支付为了按照 A4 进行交货,所需要进行的查对费用(如查对质量、丈量、过磅、点数的费用),以及出口国有关机构强制进行的装运前检验所发生的费用 除非在特定贸易中,某类货物的销售通常不需包装,卖方必须自付费用包装货物 除非买方在签订合同前已通知卖方特殊包装要求,卖方可以适合该货物运输的方式对货物进行包装。包装应作适当标记	B9　货物检验 买方必须支付任何强制性装船前检验费用,但出口国有关机构强制进行的检验除外
A10　协助提供信息及相关费用 如适用时,应买方要求并由其承担风险和费用,卖方必须及时向买方提供或协助其取得相关货物进口和/或货物运输到最终目的地所需要的任何文件和信息,包括安全相关信息 卖方必须偿付买方按照 B10 提供或协助取得文件和信息时发生的所有花销和费用	B10　协助提供信息及相关费用 买方必须及时告知卖方任何安全信息要求,以便卖方遵守 A10 的规定 买方必须偿付卖方按照 A10 向买方提供或协助其取得文件和信息时发生的所有花销和费用 如适用时,应卖方要求并由其承担风险和费用,买方必须及时向卖方提供或协助其取得货物运输和出口及从他国过境运输所需要的任何文件和信息,包括安全相关信息

五、DAT(DELIVERED AT TERMINAL 运输终端交货)

DAT(insert named terminal at port of destination)Incoterms 2010——DAT(插入指定港口或目的地的运输终端)国际贸易术语解释通则 2010。

该术语可适用于任何一种运输方式,也可适用于多种运输方式。

"运输终端交货"是指当卖方在指定港口或目的地的指定运输终端将货物从抵达的载货运输工具上卸下,交由买方处置时,即为交货。"运输终端"意味着任何地点,而不论该地点是否有遮盖,如码头、仓库、集装箱堆积场或公路、铁路、空运货站。卖方承担将货物送至指定港口或目的地的运输终端并将其卸下的一切风险。

由于卖方承担在特定地点交货前的风险,双方应尽可能确切地约定运输终端,或如果可能的话,明确约定在约定港口或目的地的运输终端内的特定的点。卖方应取得完全符合该选择的运输合同。

此外,如果双方希望由卖方承担由运输终端至另一地点间运送和受理货物的风险和费用,则应当使用 DAP 或 DDP 术语。

如适用时,DAT 要求卖方办理出口清关手续。但卖方无义务办理进口清关、支付任何进口税或办理任何进口海关手续。

DAT 买卖方双方义务表,如表 2-5 所示。

表 2-5

DAT 买卖方双方义务表

A 卖方义务	B 买方义务
A1 卖方一般义务 卖方必须提供符合买卖合同约定的货物和商业发票,以及合同可能要求的其他与合同相符的证据 A1~A10 中所指的任何单证在双方约定或符合惯例的情况下,可以是同等作用的电子记录或程序	B1 买方一般义务 买方必须按照买卖合同约定支付价款 B1~B10 中所指的任何单证在双方约定或符合惯例的情况下,可以是同等作用的电子记录或程序
A2 许可证、授权、安检通关和其他手续 如适用时,卖方必须自负风险和费用,取得所有的出口许可和其他官方授权,办理货物出口和交货前从他国过境运输所需的一切海关手续	B2 许可证、授权、安检通关和其他手续 如适用时,买方必须自负风险和费用,取得所有进口许可或其他官方授权,办理货物进口的一切海关手续
A3 运输合同与保险合同 a) 运输合同 卖方必须自付费用签订运输合同,将货物运至约定港口或目的地的指定运输终端 如未约定特定的运输终端或该终端不能由惯例确定,卖方则可在约定港口或目的地,选择最适合其目的的运输终端 b) 保险合同 卖方对买方无订立保险合同的义务。但应买方要求并由其承担风险和费用(如有的话),卖方必须向买方提供后者取得保险所需信息	B3 运输合同与保险合同 a) 运输合同 买方对卖方无订立运输合同的义务 b) 保险合同 买方对卖方无订立保险合同的义务。但应卖方要求,买方必须向卖方提供取得保险所需信息

(续表)

A 卖方义务	B 买方义务
A4 交货 卖方必须在约定日期或期限内,以在 A3 a)指定港口或目的地运输终端,将货物从抵达的运输工具上卸下,并交由买方处置的方式交货	B4 收取货物 当货物按照 A4 交付时,买方必须收取
A5 风险转移 除按照 B5 的灭失或损坏情况外,卖方承担按照 A4 完成交货前货物灭失或损坏的一切风险	B5 风险转移 买方承担按照 A4 交货时起货物灭失或损坏的一切风险 如果 a) 买方未按照 B2 履行义务,则承担因此造成的货物灭失或损坏的一切风险;或 b) 买方未按照 B7 通知卖方,则自约定的交货日期或交货期限届满之日起,买方承担货物灭失或损坏的一切风险 但以该货物已清楚地确定为合同项下之货物者为限
A6 费用划分 卖方必须支付 a) A3 a)发生的费用,以及按照 A4 交货前与货物相关的一切费用,但按照 B6 应由买方支付的费用除外;及 b) 如适用时,在按照 A4 交货前发生的、货物出口所需海关手续费用,出口应交纳的一切关税、税款和其他费用,以及货物从他国过境运输的费用	B6 费用划分 买方必须支付 a) 自按照 A4 完成交货之时起,与货物相关的一切费用 b) 买方未按照 B2 履行其义务或未按照 B7 发出通知导致卖方发生的任何额外费用,但以该货物已清楚地确定为合同项下之货物者为限;及 c) 如适用时,办理进口海关手续的费用,以及进口需交纳的所有关税、税款和其他费用
A7 通知买方 卖方必须向买方发出所需通知,以便买方采取收取货物通常所需要的措施	B7 通知卖方 当有权决定在约定期间内的具体时间和/或指定运输终端内的收取货物的点时,买方必须向卖方发出充分的通知
A8 交货凭证 卖方必须自付费用,向买方提供凭证,以确保买方能够按照 A4/B4 收取货物	B8 交货证据 买方必须接受按照 A8 提供的交货凭证

（续表）

A 卖方义务	B 买方义务
A9 查对-包装-标记 卖方必须支付为了按照 A4 进行交货,所需要进行的查对费用(如查对质量、丈量、过磅、点数的费用),以及出口国有关机构强制进行的装运前检验所发生的费用 除非在特定贸易中,某类货物的销售通常不需包装,卖方必须自付费用包装货物 除非买方在签订合同前已通知卖方特殊包装要求,卖方可以适合该货物运输的方式对货物进行包装。包装应作适当标记	B9 货物检验 买方必须支付任何强制性装船前检验费用,但出口国有关机构强制进行的检验除外
A10 协助提供信息及相关费用 如适用时,应买方要求并由其承担风险和费用,卖方必须及时向买方提供或协助其取得相关货物进口和/或将货物运输到最终目的地所需要的任何文件和信息,包括安全相关信息 卖方必须偿付买方按照 B10 提供或协助取得文件和信息时所发生的所有花销和费用	B10 协助提供信息及相关费用 买方必须及时告知卖方任何安全信息要求,以便卖方符合 A10 的规定 买方必须偿付卖方按照 A10 向买方提供或协助其取得文件和信息时发生的所有花销和费用 如适用时,应卖方要求并由其承担风险和费用,买方必须及时向卖方提供或协助其取得货物运输和出口及从他国过境运输所需要的任何文件和信息,包括安全相关信息

六、DAP(DELIVERED AT PLACE 目的地交货)

DAP(insert named place of destination)Incoterms 2010——DAP(插入指定目的地)国际贸易术语解释通则 2010。

该术语可适用于任何一种运输方式,也可适用于多种运输方式。

"目的地交货"是指当卖方在指定目的地将仍处于抵达的运输工具之上,且已做好卸载准备的货物交由买方处置时,即为交货。卖方承担将货物运送到指定地点的一切风险。

由于卖方承担在特定地点交货前的风险,双方应尽可能清楚地约定指定目的地内的交货点。卖方应取得完全符合该选择的运输合同。如果卖方按照运输合同在目的地发生了卸货费用,除非双方另有约定,卖方无权向买方要求偿付。

如适用时,DAP 要求卖方办理出口清关手续。但是卖方无义务办理进口清关、支付任何进口税或办理任何进口海关手续。如果双方希望卖方办理进口清关、支付所有进口关税,并办理所有进口海关手续,则应当使用 DDP 术语。

DAP 买卖方双方义务表,如表 2-6 所示。

表 2-6

DAP 买卖方双方义务表

A 卖方义务	B 买方义务
A1　卖方一般义务 卖方必须提供符合买卖合同约定的货物和商业发票,以及合同可能要求的其他与合同相符的证据 A1~A10 中所指的任何单证在双方约定或符合惯例的情况下,可以是同等作用的电子记录或程序	B1　买方一般义务 买方必须按照买卖合同约定支付价款 B1~B10 中所指的任何单证在双方约定或符合惯例的情况下,可以是同等作用的电子记录或程序
A2　许可证、授权、安检通关和其他手续 如适用时,卖方必须自负风险和费用,取得所有的出口许可和其他官方授权,办理货物出口和交货前从他国过境运输所需的一切海关手续	B2　许可证、授权、安检通关和其他手续 如适用时,买方必须自负风险和费用,取得所有进口许可或其他官方授权,办理货物进口的一切海关手续
A3　运输合同与保险合同 a) 运输合同 卖方必须自付费用签订运输合同,将货物运至指定目的地或指定目的地内的约定的点(如有的话)。如未约定特定的点或该点不能由惯例确定,卖方则可在指定目的地内选择最适合其目的的交货点 b) 保险合同 卖方对买方无订立保险合同的义务。但应买方要求并由其承担风险和费用(如有的话),卖方必须向买方提供后者取得保险所需的信息	B3　运输合同与保险合同 a) 运输合同 买方对卖方无订立运输合同的义务 b) 保险合同 买方对卖方无订立保险合同的义务。但应卖方要求,买方必须向卖方提供取得保险所需信息
A4　交货 卖方必须在约定日期或期限内,在约定的地点(如有的话)或指定目的地,以将仍处于抵达的运输工具之上且已做好卸载准备的货物交由买方处置的方式交货	B4　收取货物 当货物按照 A4 交付时,买方必须收取

(续表)

A 卖方义务	B 买方义务
A5 风险转移 除按照 B5 的灭失或损坏情况外,卖方承担按照 A4 完成交货前货物灭失或损坏的一切风险	B5 风险转移 买方承担按照 A4 交货时起货物灭失或损坏的一切风险 如果 a) 买方未按照 B2 履行义务,则承担因此造成的货物灭失或损坏的一切风险;或 b) 买方未按照 B7 通知卖方,则自约定的交货日期或交货期限届满之日起,买方承担货物灭失或损坏的一切风险 但以该货物已清楚地确定为合同项下之货物者为限
A6 费用划分 卖方必须支付 a) 因 A3 a)发生的费用,以及按照 A4 交货前与货物相关的一切费用,但按照 B6 应由买方支付的费用除外 b) 运输合同中规定的应由卖方支付的在目的地卸货的任何费用;及 c) 如适用时,在按照 A4 交货前发生的货物出口所需海关手续费用,出口应交纳的一切关税、税款和其他费用,以及货物从他国过境运输的费用	B6 费用划分 买方必须支付 a) 自按照 A4 交货时起与货物相关的一切费用 b) 在指定目的地从到达的运输工具上,为收取货物所必须支付的一切卸货费用,但运输合同规定该费用由卖方承担者除外 c) 买方未按照 B2 履行义务或未按照 B7 发出通知导致卖方发生的任何额外费用,但以该货物已清楚地确定为合同项下之货物者为限;及 d) 如适用时,办理进口海关手续的费用,以及进口需交纳的所有关税、税款和其他费用
A7 通知买方 卖方必须向买方发出所需通知,以便买方采取收取货物通常所需要的措施	B7 通知卖方 当有权决定在约定期间内的具体时间和/或指定目的地内的收取货物的点时,买方必须向卖方发出充分的通知
A8 交货凭证 卖方必须自付费用,向买方提供凭证,以确保买方能够按照 A4/B4 收取货物	B8 交货证据 买方必须接受按照 A8 提供的交货凭证
A9 查对-包装-标记 卖方必须支付为了按照 A4 进行交货,所需要进行的查对费用(如查对质量、丈量、过磅、点数的费用),以及出口国有关机构强制进行的装运前检验所发生的费用 除非在特定贸易中,某类货物的销售通常不需包装,卖方必须自付费用包装货物 除非买方在签订合同前已通知卖方特殊包装要求,卖方可以适合该货物运输的方式对货物进行包装。包装应作适当标记	B9 货物检验 买方必须支付任何强制性装船前检验费用,但出口国有关机构强制进行的检验除外

(续表)

A 卖方义务	B 买方义务
A10　协助提供信息及相关费用 如适用时,应买方要求并由其承担风险和费用,卖方必须及时向买方提供或协助其取得相关货物进口和/或将货物运输到最终目的地所需要的任何文件和信息,包括安全相关信息 卖方必须偿付买方按照 B10 提供或协助取得文件和信息时发生的所有花销和费用	B10　协助提供信息及相关费用 买方必须及时告知卖方任何安全信息要求,以便卖方遵守 A10 的规定 买方必须偿付卖方按照 A10 向买方提供或协助其取得文件和信息时发生的所有花销和费用 如适用时,应卖方要求并由其承担风险和费用,买方必须及时向卖方提供或协助其取得货物运输和出口及从他国过境运输所需要的任何文件和信息,包括安全相关信息

七、DDP(DELIVERED DUTY PAID 完税后交货)

DDP(insert named place of destination)Incoterms 2010——DDP(插入指定目的地)国际贸易术语解释通则 2010。

该术语可适用于任何一种运输方式,也可适用于多种运输方式。

"完税后交货"是指当卖方在指定目的地将仍处于抵达的运输工具上,但已完成进口清关,且已做好卸载准备的货物交由买方处置时,即为交货。卖方承担将货物运至目的地的一切风险和费用,并且有义务完成货物出口和进口清关,支付所有出口和进口的关税和办理所有海关手续。

DDP 代表卖方的最大责任。

由于卖方承担在特定地点交货前的风险和费用,双方应尽可能清楚地约定在指定目的地内的交货点。卖方应取得完全符合该选择的运输合同。如果按照运输合同卖方在目的地发生了卸货费用,除非双方另有约定,卖方无权向买方索要。

如卖方不能直接或间接地完成进口清关,则特别建议双方不使用 DDP。

如双方希望买方承担所有进口清关的风险和费用,则应使用 DAP 术语。

除非买卖合同中另行明确规定,任何增值税或其他应付的进口税款由卖方承担。

DDP 买卖方双方义务表,如表 2-7 所示。

表 2-7

DDP 买卖方双方义务表

A 卖方义务	B 买方义务
A1 卖方一般义务 卖方必须提供符合买卖合同约定的货物和商业发票,以及合同可能要求的其他与合同相符的证据 A1～A10 中所指的任何单证在双方约定或符合惯例的情况下,可以是同等作用的电子记录或程序	B1 买方一般义务 买方必须按照买卖合同约定支付价款 B1～B10 中所指的任何单证在双方约定或符合惯例的情况下,可以是同等作用的电子记录或程序
A2 许可证、授权、安检通关和其他手续 如适用时,卖方必须自负风险和费用,取得所有的进出口许可和其他官方授权,办理货物出口、从他国过境运输和进口所需的一切海关手续	B2 许可证、授权、安检通关和其他手续 如适用时,应卖方要求并由其承担风险和费用,买方必须协助卖方取得货物进口所需所有进口许可或其他官方授权
A3 运输合同与保险合同 a) 运输合同 卖方必须自付费用签订运输合同,将货物运至指定目的地或指定目的地内的约定的点(如有约定)。如未约定特定的交付点或该交付点不能由惯例确定,卖方则可在指定目的地内选择最适合其目的的交货点 b) 保险合同 卖方对买方无订立保险合同的义务。但应买方要求并由其承担风险和费用(如有的话),卖方必须向买方提供后者取得保险所需的信息	B3 运输合同与保险合同 a) 运输合同 买方对卖方无订立运输合同的义务 b) 保险合同 买方对卖方无订立保险合同的义务。但应卖方要求,买方必须向卖方提供取得保险所需信息
A4 交货 卖方必须在约定日期或期限内,在约定的地点(如有的话)或指定目的地,以将仍处于抵达的运输工具之上且已做好卸载准备的货物交由买方处置的方式交货	B4 收取货物 当货物按照 A4 交付时,买方必须收取
A5 风险转移 除按照 B5 的灭失或损坏情况外,卖方承担按照 A4 完成交货前货物灭失或损坏的一切风险	B5 风险转移 买方承担按照 A4 交货时起货物灭失或损坏的一切风险 如果 a) 买方未按照 B2 履行义务,则承担因此造成的货物灭失或损坏的一切风险;或 b) 买方未按照 B7 通知卖方,则自约定的交货日期或交货期限届满之日起,买方承担货物灭失或损坏的一切风险,但以该货物已清楚地确定为合同项下之货物者为限

(续表)

A 卖方义务	B 买方义务
A6　费用划分 卖方必须支付 a) 除 A3 a) 发生的费用，以及按照 A4 交货前与货物相关的一切费用，但按照 B6 应由买方支付的费用除外 b) 运输合同中规定的应由卖方支付的在目的地卸货的任何费用；及 c) 如适用时，在按照 A4 交货前发生的，货物进出口所需海关手续费用，出口和进口应交纳的一切关税、税款和其他费用，以及货物从他国过境运输的费用	B6　费用划分 买方必须支付 a) 自按照 A4 交货时起与货物相关的一切费用 b) 在指定目的地从到达的运输工具上，为收取货物所必须支付的一切卸货费用，但运输合同规定该费用由卖方承担者除外；及 c) 买方未按照 B2 履行义务或未按照 B7 发出通知导致卖方产生的任何额外费用，但以该货物已清楚地确定为合同项下之货物者为限
A7　通知买方 卖方必须向买方发出所需通知，以便买方采取收取货物通常所需要的措施	B7　通知卖方 当有权决定在约定期间内的具体时间和/或指定目的地内收取货物的点时，买方必须向卖方发出充分的通知
A8　交货凭证 卖方必须自付费用，向买方提供凭证，以确保买方能够按照 A4/B4 收取货物	B8　交货证据 买方必须接受按照 A8 提供的交货凭证
A9　查对-包装-标记 卖方必须支付为了按照 A4 进行交货，所需要进行的查对费用（如查对质量、丈量、过磅、点数的费用），以及进出口国有关机构强制进行的装运前检验所发生的费用 除非在特定贸易中，某类货物的销售通常不需包装，卖方必须自付费用包装货物 除非买方在签订合同前已通知卖方特殊包装要求，卖方可以适合该货物运输的方式对货物进行包装。包装应作适当标记	B9　货物检验 买方对卖方不承担义务支付任何进出口国有关机构装运前强制进行的检验费用
A10　协助提供信息及相关费用 如适用时，应买方要求并由其承担风险和费用，卖方必须及时向买方提供或协助其取得自指定目的地将货物运输到最终目的地所需要的任何文件和信息，包括安全相关信息 卖方必须偿付买方按照 B10 提供或协助取得文件和信息时所发生的所有花销和费用	B10　协助提供信息及相关费用 买方必须及时告知卖方任何安全信息要求，以便卖方遵守 A10 的规定 买方必须偿付卖方按照 A10 向买方提供或协助其取得文件和信息时产生的所有花销和费用 如适用时，应卖方要求并由其承担风险和费用，买方必须及时向卖方提供或协助其取得货物运输、进出口以及从他国过境运输所需要的任何文件和信息，包括安全相关信息

八、FAS(FREE ALONGSIDE SHIP 船边交货)

FAS(insert named port of shipment)Incoterms 2010——FAS(插入指定装运港)国际贸易术语解释通则 2010。

该术语仅用于海运或内河水运。

"船边交货"是指当卖方在指定的装运港将货物交到买方指定的船边(如置于码头或驳船上)时,即为交货。货物灭失或损坏的风险在货物交到船边时发生转移,同时买方承担自那时起的一切费用。

由于卖方承担在特定地点交货前的风险和费用,而且这些费用和相关作业费可能因各港口惯例不同而变化,双方应尽可能清楚地约定指定装运港内的装货点。

卖方应将货物运至船边或取得已经这样交运的货物。此处使用的"取得"一词适用于商品贸易中常见的交易链中的多层销售①(链式销售)。

当货物装在集装箱里时,卖方通常将货物在集装箱码头移交给承运人,而非交到船边。这时,FAS 术语不适合,而应当使用 FCA 术语。

如适用时,FAS 要求卖方办理出口清关手续。但卖方无义务办理进口清关、支付任何进口税或办理任何进口海关手续。

FAS 买卖方双方义务表,如表 2-8 所示。

表 2-8

FAS 买卖方双方义务表

A 卖方义务	B 买方义务
A1　卖方一般义务 卖方必须提供符合买卖合同约定的货物和商业发票,以及合同可能要求的其他与合同相符的证据 A1~A10 中所指的任何单证在双方约定或符合惯例的情况下,可以是同等作用的电子记录或程序	B1　买方一般义务 买方必须按照买卖合同约定支付价款 B1~B10 中所指的任何单证在双方约定或符合惯例的情况下,可以是同等作用的电子记录或程序
A2　许可证、授权、安检通关和其他手续 如适用时,卖方必须自负风险和费用,取得所有的出口许可或其他官方授权,办理货物出口所需的一切海关手续	B2　许可证、授权、安检通关和其他手续 如适用时,应由买方自负风险和费用,取得所有进口许可或其他官方授权,办理货物进口和从他国过境运输所需的一切海关手续

---

① multiple sales

(续表)

A 卖方义务	B 买方义务
A3　运输合同与保险合同 a) 运输合同 卖方对买方无订立运输合同的义务。但若买方要求，或是依商业实践，且买方未适时作出相反指示，卖方可以按照通常条件签订运输合同，由买方负担风险和费用 在以上两种情形下，卖方都可拒绝签订运输合同，如予拒绝，卖方应立即通知买方 b) 保险合同 卖方对买方无订立保险合同的义务。但应买方要求并由其承担风险和费用（如有的话），卖方必须向买方提供后者取得保险所需信息	B3　运输合同与保险合同 a) 运输合同 除了卖方按照 A3 a) 签订运输合同情形外，买方必须自付费用签订自指定的装运港起运货物的运输合同 b) 保险合同 买方对卖方无订立保险合同的义务
A4　交货 卖方必须在买方指定的装运港内的装船点（如有的话），以将货物置于买方指定的船舶旁边，或以取得已经在船边交付的货物的方式交货。在其中任何情形下，卖方都必须在约定日期或期限内，按照该港的习惯方式交货 如果买方没有指定特定的装货地点，卖方则可在指定装运港选择最适合其目的的装货点。如果双方已同意交货应当在一段时间内进行，买方则有权在该期限内选择日期	B4　收取货物 当货物按照 A4 交付时，买方必须收取
A5　风险转移 除按照 B5 的灭失或损坏情况外，卖方承担按照 A4 完成交货前货物灭失或损坏的一切风险	B5　风险转移 买方承担按照 A4 交货时起货物灭失或损坏的一切风险 如果 a) 买方未按照 B7 发出通知；或 b) 买方指定的船舶未准时到达，或未收取货物，或早于 B7 通知的时间停止装货 则买方自约定交货日期或约定期限届满之日起承担所有货物灭失或损坏的一切风险，但以该货物已清楚地确定为合同项下之货物者为限

(续表)

A 卖方义务	B 买方义务
A6　费用划分 卖方必须支付 a）按照 A4 交货前与货物相关的一切费用，但按照 B6 应由买方支付的费用除外；及 b）如适用时，货物出口所需海关手续费用，以及出口应交纳的一切关税、税款和其他费用	B6　费用划分 买方必须支付 a）自按照 A4 交货之时起与货物相关的一切费用，如适用时，A6 b）中为出口所需的海关手续费用，及出口应交纳的一切关税、税款和其他费用除外 b）由于以下原因之一发生的任何额外费用： (i) 买方未能按照 B7 发出相应的通知，或 (ii) 买方指定的船舶未准时到达，未能收取货物或早于 B7 通知的时间停止装货，但以该货物已清楚地确定为合同项下之货物者为限；及 c）如适用时，货物进口应交纳的一切关税、税款和其他费用，及办理进口货物海关手续的费用和从他国过境运输费用
A7　通知买方 由买方承担风险和费用，卖方必须就其已经按照 A4 交货或船舶未在约定时间内收取货物给予买方充分的通知	B7　通知卖方 买方必须就船舶名称、装船点和其在约定期间内选择的交货时间（如需要时）向卖方发出充分的通知
A8　交货凭证 卖方必须自付费用向买方提供已按照 A4 交货的通常证据 除非上述证据是运输凭证，否则，应买方要求并由其承担风险和费用，卖方必须协助买方取得运输凭证	B8　交货证据 买方必须接受按照 A8 提供的交货凭证
A9　查对—包装—标记 卖方必须支付为了按照 A4 进行交货，所需要进行的查对费用（如查对质量、丈量、过磅、点数的费用），以及出口国有关机构强制进行的装运前检验所发生的费用 除非在特定贸易中，某类货物的销售通常不需包装，卖方必须自付费用包装货物 除非买方在签订合同前已通知卖方特殊包装要求，卖方可以适合该货物运输的方式对货物进行包装。包装应作适当标记	B9　货物检验 买方必须支付任何强制性装船前检验费用，但出口国有关机构强制进行的检验费用除外

(续表)

A 卖方义务	B 买方义务
A10　协助提供信息及相关费用 如适用时,应买方要求并由其承担风险和费用,卖方必须及时向买方提供或协助其取得相关货物进口和/或将货物运输到最终目的地所需要的任何文件和信息,包括安全相关信息 卖方必须偿付买方按照 B10 提供或协助取得文件和信息时所发生的所有花销和费用	B10　协助提供信息及相关费用 买方必须及时告知卖方任何安全信息要求,以便卖方遵守 A10 的规定 买方必须偿付卖方按照 A10 向买方提供或协助其取得文件和信息时发生的所有花销和费用 如适用时,应卖方要求并由其承担风险和费用,买方必须及时向卖方提供或协助其取得货物运输和出口以及他国过境运输所需要的任何文件和信息,包括安全相关信息

九、FOB(FREE ON BOARD 船上交货)

FOB(insert named port of shipment)Incoterms 2010——FOB(插入指定装运港)国际贸易术语解释通则 2010。

该术语仅用于海运或内河水运。

"船上交货"是指卖方以在指定装运港将货物装上买方指定的船舶或通过取得已交付至船上货物的方式交货。货物灭失或损坏的风险在货物交到船上时转移,同时买方承担自那时起的一切费用。

卖应将货物在船上交付或者取得已在船上交付的货物。此处使用的"取得"一词适用于商品贸易中常见的交易链中的多层销售(链式销售)。

FOB 可能不适合于货物在上船前已经交给承运人的情况,如用集装箱运输的货物通常是在集装箱码头交货。在此类情况下,应当使用 FCA 术语。

如适用时,FOB 要求卖方出口清关。但卖方无义务办理进口清关、支付任何进口税或办理任何进口海关手续。

FOB 买卖方双方义务表,如表 2-9 所示。

表 2-9
FOB 买卖方双方义务表

A 卖方义务	B 买方义务
A1　卖方一般义务 卖方必须提供符合买卖合同约定的货物和商业发票,以及合同可能要求的其他与合同相符的证据 A1～A10 中所指的任何单证在双方约定或符合惯例的情况下,可以是同等作用的电子记录或程序	B1　买方一般义务 买方必须按照买卖合同约定支付价款 B1～B10 中所指的任何单证在双方约定或符合惯例的情况下,可以是同等作用的电子记录或程序

(续表)

A 卖方义务	B 买方义务
A2　许可证、授权、安检通关和其他手续 如适用时,卖方必须自负风险和费用,取得所有的出口许可或其他官方授权,办理货物出口所需的一切海关手续	B2　许可证、授权、安检通关和其他手续 如适用时,应由买方自负风险和费用,取得所有进口许可或其他官方授权,办理货物进口和从他国过境运输所需的一切海关手续
A3　运输合同与保险合同 a) 运输合同 卖方对买方无订立运输合同的义务。但若买方要求,或是依商业实践,且买方未适时作出相反指示,卖方可以按照通常条件签订运输合同,由买方负担风险和费用 在以上两种情形下,卖方都可拒绝签订运输合同,如予拒绝,卖方应立即通知买方 b) 保险合同 卖方对买方无订立保险合同的义务。但应买方要求并由其承担风险和费用(如有的话),卖方必须向买方提供后者取得保险所需的信息	B3　运输合同与保险合同 a) 运输合同 除了卖方按照 A3 a)签订运输合同情形外,买方必须自付费用签订自指定的装运港起运货物的运输合同 b) 保险合同 买方对卖方无订立保险合同的义务
A4　交货 卖方必须在指定的装运港内的装船点(如有的话),以将货物置于买方指定的船舶之上的方式,或以取得已在船上交付的货物的方式交货。在其中任何情形下,卖方都必须在约定日期或期限内,按照该港的习惯方式交货 如果买方没有指定特定的装货点,卖方则可在指定装运港选择最适合其目的的装货点	B4　收取货物 当货物按照 A4 交付时,买方必须收取
A5　风险转移 除按照 B5 的灭失或损坏情况外,卖方承担按照 A4 完成交货前货物灭失或损坏的一切风险	B5　风险转移 买方承担按照 A4 交货时起货物灭失或损坏的一切风险 如果 a) 买方未按照 B7 通知指定的船舶名称;或 b) 买方指定的船舶未准时到达导致卖方未能按 A4 履行义务,或该船舶不能够装载该货物,或早于 B7 通知的时间停止装货 买方则按下列情况承担货物灭失或损坏的一切风险: (i) 自约定之日起,或如没有约定日期的 (ii) 自卖方在约定期限内按照 A7 通知的日期起,或如没有通知日期的 (iii) 自任何约定交货期限届满之日起 但以该货物已清楚地确定为合同项下之货物者为限

(续表)

A 卖方义务	B 买方义务
A6　费用划分 卖方必须支付 a) 按照 A4 完成交货前与货物相关的一切费用,但按照 B6 应由买方支付的费用除外;及 b) 如适用时,货物出口所需海关手续费用,以及出口应交纳的一切关税、税款和其他费用	B6　费用划分 买方必须支付 a) 自按照 A4 交货之时起与货物相关的一切费用,如适用时,按照 A6 b)出口所需海关手续的费用,及出口应交纳的一切关税、税款和其他费用除外 b) 由于以下原因之一发生的任何额外费用: (i) 买方未能按照 B7 给予卖方相应的通知,或 (ii) 买方指定的船舶未准时到达,不能装载货物或早于 B7 通知的时间停止装货,但以该货物已清楚地确定为合同项下之货物者为限;及 c) 如适用时,货物进口应交纳的一切关税、税款和其他费用,及办理进口海关手续的费用和从他国过境运输费用。
A7　通知买方 由买方承担风险和费用,卖方必须就其已经按照 A4 交货或船舶未在约定时间内收取货物给予买方充分的通知	B7　通知卖方 买方必须就船舶名称、装船点和其在约定期间内选择的交货时间(如需要时),向卖方发出充分的通知
A8　交货凭证 卖方必须自付费用向买方提供已按照 A4 交货的通常证据 除非上述证据是运输凭证,否则,应买方要求并由其承担风险和费用,卖方必须协助买方取得运输凭证	B8　交货证据 买方必须接受按照 A8 提供的交货凭证
A9　查对—包装—标记 卖方必须支付为了按照 A4 进行交货,所需要进行的查对费用(如查对质量、丈量、过磅、点数的费用),以及出口国有关机构强制进行的装运前检验所发生的费用 除非在特定贸易中,某类货物的销售通常不需包装,卖方必须自付费用包装货物 除非买方在签订合同前已通知卖方特殊包装要求,卖方可以适合该货物运输的方式对货物进行包装。包装应作适当标记	B9　货物检验 买方必须支付任何强制性装船前检验费用,但出口国有关机构强制进行的检验除外

(续表)

A 卖方义务	B 买方义务
A10　协助提供信息及相关费用 如适用时,应买方要求并由其承担风险和费用,卖方必须及时向买方提供或协助其取得相关货物进口和/或将货物运输到最终目的地所需要的任何文件和信息,包括安全相关信息 卖方必须偿付买方按照 B10 提供或协助取得文件和信息时所发生的所有花销和费用	B10　协助提供信息及相关费用 买方必须及时告知卖方任何安全信息要求,以便卖方遵守 A10 的规定 买方必须偿付卖方按照 A10 向买方提供或协助其取得文件和信息时发生的所有花销和费用 如适用时,应卖方要求并由其承担风险和费用,买方必须及时向卖方提供或协助其取得货物运输和出口及从他国过境运输所需要的任何文件和信息,包括安全相关信息

十、CFR(COST AND FREIGHT 成本加运费)

CFR(insert named port of destination)Incoterms 2010——CFR(插入指定目的港)国际贸易术语解释通则 2010。

该术语仅用于海运或内河水运。

"成本加运费"是指卖方在船上交货或以取得已经这样交付的货物方式交货。货物灭失或损坏的风险在货物交到船上时转移。卖方必须签订合同,并支付必要的成本和运费,将货物运至指定的目的港。

当使用 CPT、CIP、CFR 或者 CIF 时,卖方按照所选择术语规定的方式将货物交付给承运人时,即完成其交货义务,而不是货物到达目的地之时。

由于风险转移和费用转移的地点不同,该术语有两个关键点。虽然合同通常都会指定目的港,但不一定都会指定装运港,而这里是风险转移至买方的地方。如果装运港对买方具有特殊意义,双方在合同中应尽可能准确地指定装运港。

由于卖方要承担将货物运至目的地具体地点的费用,双方应尽可能确切地在指定目的港内明确该点。卖方应取得完全符合该选择的运输合同。如果卖方按照运输合同在目的港交付点发生了卸货费用,则除非双方事先另有约定,卖方无权向买方要求补偿该项费用。

卖方需要将货物在船上交货,或以取得已经这样交付运往目的港的货物的方式交货。此外,卖方还需签订一份运输合同,或者取得一份这样的合同。此处使用的"取得"一词适用于商品贸易中常见的交易链中的多层销售(链式销售)。

CFR 可能不适合于货物在上船前已经交给承运人的情况,如用集装箱运输的货物通常是在集装箱码头交货。在此类情况下,应当使用CPT术语。

如适用时,CFR要求卖方办理出口清关。但卖方无义务办理进口清关、支付任何进口税或办理任何进口海关手续。

CFR买卖方双方义务表,如表2-10所示。

表2-10

CFR买卖方双方义务表

A 卖方义务	B 买方义务
A1 卖方一般义务 卖方必须提供符合买卖合同约定的货物和商业发票,以及合同可能要求的其他与合同相符的证据 A1～A10中所指的任何单证在双方约定或符合惯例的情况下,可以是同等作用的电子记录或程序	B1 买方一般义务 买方必须按照买卖合同约定支付价款 B1～B10中所指的任何单证在双方约定或符合惯例的情况下,可以是同等作用的电子记录或程序
A2 许可证、授权、安检通关和其他手续 如适用时,卖方必须自负风险和费用,取得所有的出口许可或其他官方授权、办理货物出口所需的一切海关手续	B2 许可证、授权、安检通关和其他手续 如适用时,应由买方自负风险和费用,取得所有的进口许可或其他官方授权,办理货物进口和从他国过境运输所需的一切海关手续
A3 运输合同与保险合同 a) 运输合同 卖方必须签订或取得运输合同,将货物自交货地内的约定交货点(如有的话)运送至指定目的港或该目的港的交付点(如有约定)。必须按照通常条件订立合同,由卖方支付费用,经由通常航线,由通常用来运输该类商品的船舶运输 b) 保险合同 卖方对买方无订立保险合同的义务。但应买方要求并由其承担风险和费用(如有的话),卖方必须向买方提供后者取得保险所需信息	B3 运输合同与保险合同 a) 运输合同 买方对卖方无订立运输合同的义务 b) 保险合同 买方对卖方无订立保险合同的义务。但应卖方要求,买方必须向卖方提供取得保险所需信息
A4 交货 卖方必须以将货物装上船,或者以取得已装船货物的方式交货。在其中任何情况下,卖方都必须在约定日期或期限内,按照该港的习惯方式交货	B4 收取货物 当货物按照A4交付时,买方必须收取,并在指定的目的港自承运人收取货物

(续表)

A 卖方义务	B 买方义务
A5　风险转移 除按照 B5 的灭失或损坏情况外,卖方承担按照 A4 完成交货前货物灭失或损坏的一切风险	B5　风险转移 买方承担按照 A4 交货时起货物灭失或损坏的一切风险 如买方未按照 B7 通知卖方,则买方从约定的交货日期或交货期限届满之日起,承担货物灭失或损坏的一切风险,但以该货物已清楚地确定为合同项下之货物者为限
A6　费用划分 卖方必须支付 a) 按照 A4 完成交货前与货物相关的一切费用,但按照 B6 应由买方支付的费用除外 b) 按照 A3 a)所发生的将货物装上船的运费和其他一切费用,包括将货物装上船和根据运输合同规定由卖方支付的在约定卸载港的卸货费;及 c) 如适用时,货物出口所需海关手续费用,出口应交纳的一切关税、税款和其他费用,以及按照运输合同规定,由卖方支付的货物从他国过境运输的费用	B6　费用划分 在不与 A3 a)冲突的情况下,买方必须支付 a) 自按照 A4 交货时起与货物相关的一切费用,如适用时,按照 A6 c)为出口所需的海关手续费用,及出口应交纳的一切关税、税款和其他费用除外 b) 货物在运输途中直至到达约定目的港为止的一切费用,按照运输合同该费用应由卖方支付者的除外 c) 包括驳运费和码头费在内的卸货费,除非根据运输合同该费用应由卖方支付者外 d) 如买方未按照 B7 发出通知,则自约定运输之日或约定运输期限届满之日起,所发生的一切额外费用,但以该货物已清楚地确定为合同项下之货物者为限;及 e) 如适用时,货物进口应交纳的一切关税、税款和其他费用,及办理进口海关手续的费用和从他国过境运输费用,除非该费用已包括在运输合同中
A7　通知买方 卖方必须向买方发出所需通知,以便买方采取收取货物通常所需要的措施	B7　通知卖方 当有权决定货物运输时间和/或指定目的港内收取货物点时,买方必须向卖方发出充分的通知
A8　交货凭证 卖方必须自付费用,不得延迟地向买方提供到约定目的港的通常的运输凭证 此运输凭证必须载明合同中的货物,且其签发日期应在约定运输期限内,并使买方能在指定目的港向承运人索取货物。同时,除非另有约定,该项凭证应能使买方在货物运输途中以向下家买方转让或通知承运人的方式出售货物 当此类运输凭证以可转让形式签发并有数份正本时,则必须将整套正本凭证提交给买方	B8　交货证据 如果凭证与合同相符的话,买方必须接受按照 A8 提交的运输凭证

(续表)

A 卖方义务	B 买方义务
A9 查对-包装-标记 卖方必须支付为了按照 A4 进行交货,所需要进行的查对费用(如查对质量、丈量、过磅、点数的费用),以及出口国有关机构强制进行的装运前检验所发生的费用 除非在特定贸易中,某类货物的销售通常不需包装,卖方必须自付费用包装货物。除非买方在签订合同前已通知卖方特殊包装要求,卖方可以适合该货物运输的方式对货物进行包装。包装应作适当标记	B9 货物检验 买方必须支付任何强制性装船前检验费用,但出口国有关机构强制进行的检验除外
A10 协助提供信息及相关费用 如适用时,应买方要求并由其承担风险和费用,卖方必须及时向买方提供或协助其取得相关货物进口和/或将货物运输到最终目的地所需要的任何文件和信息,包括安全相关信息 卖方必须偿付买方按照 B10 提供或协助取得文件和信息时所发生的所有花销和费用	B10 协助提供信息及相关费用 买方必须及时告知卖方任何安全信息要求,以便卖方遵守 A10 的规定 买方必须偿付卖方按照 A10 向买方提供或协助其取得文件和信息时发生的所有花销和费用 如适用时,应卖方要求并由其承担风险和费用,买方必须及时向卖方提供或协助其取得货物运输和出口及从他国过境运输所需要的任何文件和信息,包括安全相关信息

十一、CIF(COST INSURANCE AND FREIGHT 成本、保险费加运费)

CIF(insert named port of destination)Incoterms 2010——CIF(插入指定目的港)国际贸易术语解释通则 2010。

该术语仅用于海运或内河水运。

"成本、保险费加运费"是指卖方在船上交货或以取得已经这样交付的货物方式交货。货物灭失或损坏的风险在货物交到船上时转移。卖方必须签订合同,并支付必要的成本和运费,以将货物运至指定的目的港。

卖方还要为买方在运输途中货物的灭失或损坏风险办理保险。买方应注意到,在 CIF 下卖方仅需投保最低险别。如买方需要更多保险保护的话,则需与卖方明确达成协议,或者自行作出额外的保险安排。

当使用 CPT、CIP、CFR 或者 CIF 时,卖方按照所选择的术语规定的方式将货物交付给承运人时,即完成其交货义务,而不是货物到达目的地之时。

由于风险转移和费用转移的地点不同,该术语有两个关键点。虽然合同通常都会指定目的港,但不一定都会指定装运港,而这里是风险转移至买方的地方。如果装运港对买方具有特殊意义,双方在合同中应尽可能准确地指定装运港。

由于卖方需承担将货物运至目的地具体地点的费用,双方应尽可能确切地在指定目的港内明确该点。卖方应取得完全符合该选择的运输合同。如果卖方按照运输合同在目的港发生了卸货费用,则除非双方事先另有约定,卖方无权向买方要求补偿该项费用。

卖方需要将货物在船上交货,或以取得已经这样交付运往目的港的货物方式交货。此外,卖方还需签订一份运输合同,或者取得一份这样的合同。此处使用的"取得"一词适用于商品贸易中常见的交易链中的多层销售(链式销售)。

CIF 可能不适合于货物在上船前已经交给承运人的情况,如用集装箱运输的货物通常是在集装箱码头交货。在此类情况下,应当使用 CIP 术语。

如适用时,CIF 要求卖方办理出口清关。但卖方无义务办理进口清关、支付任何进口税或办理任何进口海关手续。

CIF 买卖方双方义务表,如表 2-11 所示。

表 2-11

CIF 买卖方双方义务表

A 卖方义务	B 买方义务
A1 卖方一般义务 卖方必须提供符合买卖合同约定的货物和商业发票,以及合同可能要求的其他与合同相符的证据 A1~A10 中所指的任何单证在双方约定或符合惯例的情况下,可以是同等作用的电子记录或程序	B1 买方一般义务 买方必须按照买卖合同约定支付价款 B1~B10 中所指的任何单证在双方约定或符合惯例的情况下,可以是同等作用的电子记录或程序
A2 许可证、授权、安检通关和其他手续 如适用时,卖方必须自负风险和费用,取得所有的出口许可或其他官方授权,办理货物出口所需的一切海关手续	B2 许可证、授权、安检通关和其他手续 如适用时,应由买方自负风险和费用,取得所有的进口许可或其他官方授权,办理货物进口和从他国过境运输所需的一切海关手续

(续表)

A 卖方义务	B 买方义务
A3　运输合同与保险合同 a）运输合同 卖方必须签订或取得运输合同，将货物自交货地内的约定交货点（如有的话）运送至指定目的港或该目的港的交付点（如有约定）。必须按照通常条件订立合同，由卖方支付费用，经由通常航线，由通常用来运输该类商品的船舶运输 b）保险合同 卖方必须自付费用取得货物保险。该保险需至少符合《协会货物保险条款》（Institute Cargo Clauses，LMA/IUA）"条款（C）"（Clauses C）或类似条款的最低险别。保险合同应与信誉良好的承保人或保险公司订立。应使买方或其他对货物有可保利益者有权直接向保险人索赔 当买方要求且能够提供卖方所需的信息时，卖方应办理任何附加险别，由买方承担费用，如果能够办理，诸如《协会货物保险条款》（Institute Cargo Clauses，LMA/IUA）"条款（A）或（B）"（Clauses A or B）或类似条款的险别，也可同时或单独办理《协会战争险条款》（Institute War Clauses）和/或《协会罢工险条款》（Institute Strikes Clauses，LMA/IUA）或其他类似条款的险别 保险最低金额是合同规定价格另加10%（即110%），并采用合同货币 保险期间应从货物自 A4 和 A5 规定的交货点起，至少到指定目的港止 卖方应向买方提供保单或其他保险证据 此外，应买方要求并由买方承担风险和费用（如有的话），卖方必须向买方提供后者取得附加险所需信息	B3　运输合同与保险合同 a）运输合同 买方对卖方无订立运输合同的义务 b）保险合同 买方对卖方无订立保险合同的义务。买方必须向卖方提供后者应买方按照 A3 b）要求其购买附加险所需信息
A4　交货 卖方必须以将货物装上船，或以取得已经这样交付的货物的方式交货。在其中任何情况下，卖方都必须在约定日期或期限内，按照该港的习惯方式交货	B4　收取货物 当货物按照 A4 交付时，买方必须收取，并在指定的目的港自承运人收取货物

(续表)

A 卖方义务	B 买方义务
A5　风险转移 除按照 B5 的灭失或损坏情况外,卖方承担按照 A4 完成交货前货物灭失或损坏的一切风险	B5　风险转移 买方承担按照 A4 交货时起货物灭失或损坏的一切风险 如买方未按照 B7 通知卖方,则买方必须从约定交货日期或交货期限届满之日起,承担货物灭失或损坏的一切风险,但以该货物已清楚地确定为合同项下之货物者为限
A6　费用划分 卖方必须支付 a) 按照 A4 完成交货前与货物相关的一切费用,但按照 B6 应由买方支付的费用除外 b) 按照 A3 a)所发生的运费和其他一切费用,包括将货物装上船和根据运输合同规定由卖方支付的和在约定卸载港的卸货费 c) 按照 A3 b)规定所发生的保险费用;及 d) 如适用时,货物出口所需海关手续费用,出口应交纳的一切关税、税款和其他费用,以及按照运输合同规定,由卖方支付的货物从他国过境运输的费用	B6　费用划分 在不与 A3 a)冲突的情况下,买方必须支付 a) 自按照 A4 交货时起,与货物相关的一切费用,如适用时,按照 A6 d)为出口所需的海关手续费用,及出口应交纳的一切关税、税款和其他费用除外 b) 货物在运输途中直至到达目的港为止的一切费用,按照运输合同该费用应由卖方支付的除外 c) 包括驳运费和码头费在内的卸货费,除非根据运输合同该费用应由卖方支付者外 d) 如买方未按照 B7 发出通知,则自约定运输之日或约定运输期限届满之日起,所发生的一切额外费用,但以该货物已清楚地确定为合同项下之货物者为限;及 e) 如适用时,货物进口应交纳的一切关税、税款和其他费用,及办理进口海关手续的费用和从他国过境运输费用,除非该费用已包括在运输合同中;及 f) 按照 A3 b)和 B3 b)应卖方要求办理附加险所产生的费用
A7　通知买方 卖方必须向买方发出所需通知,以便买方采取收取货物通常所需要的措施	B7　通知卖方 有权决定货物运输时间和/或指定目的港内收取货物点时,买方必须向卖方发出充分的通知

(续表)

A 卖方义务	B 买方义务
A8 交货凭证 卖方必须自付费用,不得延迟地向买方提供到约定目的港的通常的运输凭证 此运输凭证必须载明合同中的货物,且其签发日期应在约定运输期限内,并使买方能在指定目的港向承运人索取货物。同时,除非另有约定,该项凭证应能使买方在货物运输途中以向下家买方转让或通知承运人的方式出售货物 当此类运输凭证以可转让形式签发并有数份正本时,则必须将整套正本凭证提交给买方	B8 交货证据 如果凭证与合同相符的话,买方必须接受按照 A8 提交的运输凭证
A9 查对-包装-标记 卖方必须支付为了按照 A4 进行交货,所需要进行的查对费用(如查对质量、丈量、过磅、点数的费用),以及出口国有关机构强制进行的装运前检验所发生的费用 除非在特定贸易中,某类货物的销售通常不需包装,卖方必须自付费用包装货物 除非买方在签订合同前已通知卖方特殊包装要求,卖方可以适合该货物运输的方式对货物进行包装。包装应作适当标记	B9 货物检验 买方必须支付任何强制性装船前检验费用,但出口国有关机构强制进行的检验除外
A10 协助提供信息及相关费用 如适用时,应买方要求并由其承担风险和费用,卖方必须及时向买方提供或协助其取得相关货物进口和/或将货物运输到最终目的地所需要的任何文件和信息,包括安全相关信息 卖方必须偿付买方按照 B10 提供或协助取得文件和信息时所发生的所有花销和费用	B10 协助提供信息及相关费用 买方必须及时告知卖方任何安全信息要求,以便卖方遵守 A10 的规定 买方必须偿付卖方按照 A10 向买方提供或协助其取得文件和信息时发生的所有花销和费用 如适用时,应卖方要求并由其承担风险和费用,买方必须及时向卖方提供或协助其取得货物运输和出口及从他国过境运输所需要的任何文件和信息,包括安全相关信息

典 型 习 题

一、**单项选择题**(下列每题的选项中,只有 1 个是正确的,请将其代号填在括号内)

1. 以 CFR 贸易术语成交时,应由(   )。

A. 买方办理租船订舱并保险

B. 卖方办理租船订舱并保险

C. 卖方办理租船订舱,买方办理保险

D. 买方办理租船订舱,卖方办理保险

2. CIF 条件下交货,(　　)。

A. 卖方在船边交货　　　　　　B. 卖方在装运港船上交货

C. 卖方在目的港交货　　　　　　D. 卖方在目的地交货

3. 根据《Incoterms 2010》的规定,采用 FOB 或 CIF 术语成交,货物在海运途中损坏、灭失的风险(　　)。

A. 均由卖方承担

B. 均由买方承担

C. 前者由卖方承担,后者由买方承担

D. 前者由买方承担,后者由卖方承担

4. (　　)是有关贸易术语的国际贸易惯例中,包含内容最多、使用范围最广和影响最大的一种。

A.《1932 年华沙—牛津规则》

B.《国际贸易术语解释通则 2010》

C.《联合国国际货物销售合同公约》

D.《1941 年美国对外贸易定义修订本》

5. 按照《国际贸易术语解释通则 2010》的解释,买卖双方费用与风险划分的地点相分离的术语是(　　)。

A. E 组术语　　B. F 组术语　　C. C 组术语　　D. D 组术语

6. 卖方不负责办理出口手续及支付相关费用的术语是(　　)。

A. FCA　　　　B. FAS　　　　C. FOB　　　　D. EXW

7. 由买方负责出口清关手续,并承担相关费用的贸易术语是(　　)。

A. FCA　　　　B. FAS　　　　C. EXW　　　　D. FOB

8. 按照《1932 年华沙—牛津规则》的规定,如果该规则与合同具体内容发生矛盾,应该(　　)。

A. 以协议为准　B. 以合同为准　C. 以规则为准　D. 无明确规定

9. 大连某进出口公司对外以 CFR 报价,如果该公司采用多式联运,应采用(　　)术语为宜。

A. FCA　　　　B. CIP　　　　C. DDP　　　　D. CPT

10. 按照《国际贸易术语解释通则 2010》的解释,下列贸易术语中,由卖方负责办理进口通关手续的是(　　)。

A. DAT   B. DAP   C. EXW   D. DDP

11. 由卖方办理投保手续的贸易术语是(　　)。
    A. FOB   B. FCA   C. EXW   D. CIF

12. 《Incoterms 2010》于(　　)起生效。
    A. 2010年1月1日   B. 2010年10月1日
    C. 2011年1月1日   D. 2011年10月1日

13. 在采用FOB交货时,买卖双方风险的转移是在(　　)。
    A. 工厂   B. 码头   C. 装运港船舷   D. 装运港船上

14. 卖方想要承担最低的合同义务时,最好采用(　　)术语。
    A. EXW   B. FCA   C. CIF   D. DDP

15. 在进出口贸易实践中,对当事人行为无强制性约束的规范是(　　)。
    A. 国内法   B. 国际法
    C. 国际贸易惯例   D. 国际条约

16. CFR贸易术语是指(　　)。
    A. 装运港码头交货   B. 目的港码头交货
    C. 成本加运费加保险费   D. 成本加运费

17. 在《国际贸易术语解释通则2010》术语中,(　　)是签约承担运输责任的一方。
    A. 报关行   B. 买方   C. 保险人   D. 承运人

18. (　　)是指为遵守任何适用的海关规定所需满足的要求,并可包括各类文件、安全、信息或实物检验的义务。
    A. 海关手续   B. 交货凭证   C. 出口单证   D. 承运人委托书

19. (　　)是指卖方在卖方所在地或其他指定地点将货物交给买方指定的承运人或其他人。
    A. FCA   B. DAT   C. DAP   D. DDP

20. (　　)是指当卖方在指定港口或目的地的指定运输终端将货物从抵达的载货运输工具上卸下,交由买方处置时,即为交货。
    A. FCA   B. DAT   C. DAP   D. DDP

21. 在实际业务中,FOB条件下,买方常委托卖方代为租船、订舱,其费用由买方负担,如到期订不到舱,租不到船,(　　)。
    A. 卖方不承担责任,其风险由买方承担
    B. 卖方承担责任,其风险也由卖方承担
    C. 买卖双方共同承担责任、风险
    D. 双方均不承担责任,合同停止履行

22. 根据《Incoterms 2010》的解释,按 CFR 术语成交,卖方无义务(　　)。
    A. 提交货运单据　　　　　　　B. 租船订舱
    C. 办理货运保险　　　　　　　D. 取得出口许可证

23. 某公司与国外一家公司以 EXW 条件成交了一笔买卖,在这种情况下,其交货地点是在(　　)。
    A. 出口国港口船上　　　　　　B. 进口国港口船上
    C. 出口商工厂　　　　　　　　D. 进口商仓库

24. 按 CIF 术语成交的合同,货物在运输途中因火灾被焚,应由(　　)。
    A. 卖方负担货物损失　　　　　B. 卖方负责请求保险公司赔偿
    C. 买方负责请求保险公司赔偿　D. 船公司负担货物损失

25. 按照《Incoterms 2010》的解释,CIF 与 CFR 的主要区别在于(　　)。
    A. 办理租船订舱的责任方不同
    B. 办理货运保险的责任方不同
    C. 风险划分的界限不同
    D. 办理出口手续的责任方不同

26. 《1932 年华沙—牛津规则》是国际法协会专门为解释(　　)的规则。
    A. FOB　　　　B. CIF　　　　C. CFR　　　　D. FCA

27. 一般情况下,在以 FOB 贸易术语成交的合同中,货物的价格构成是(　　)。
    A. 货物成本　　　　　　　　　B. 货物成本＋运费
    C. 货物成本＋保险费　　　　　D. 货物成本＋运费＋保险费

28. 我国甲公司欲与德国乙公司签订销售合同进口机器到中国,拟采取海运方式,乙公司承担将货物运至指定目的地的运费并支付保险,根据《Incoterms 2010》,应采用的贸易术语是(　　)。
    A. EXW　　　　B. CFR　　　　C. CIF　　　　D. FOB

29. 我国甲公司欲与法国乙公司签订销售合同出口服装到法国,拟采用海陆联运方式,甲公司将货物运至目的地运费并支付保险,根据《Incoterms 2010》,应采用的贸易术语是(　　)。
    A. FOB　　　　B. CIF　　　　C. EXW　　　　D. CIP

30. 我国甲公司欲与英国乙公司签订销售合同出口计算机到英国,拟采取空运方式,甲公司承担将货物运至目的地运费但不负责保险,根据《Incoterms 2010》,应采用的贸易术语是(　　)。
    A. CPT　　　　B. CFR　　　　C. FOB　　　　D. FAS

31. 下列贸易术语中,需要由卖方办理进口通关手续的是(　　)。

A. DAT　　　　B. DAP　　　　C. DDP　　　　D. CIP

二、**多项选择题**(下列每题的选项中,至少有2个是正确的,请将其代号填在括号内)

1. FCA、CPT、CIP三种术语是分别从FOB、CFR、CIF三种术语发展起来的,其责任划分的基本原则是相同的,但也有区别,其区别主要有(　　)。
   A. 适用的运输方式不同　　　　B. 交货和风险转移的地点不同
   C. 运输费用负担不同　　　　　D. 运输单据不同
   E. 报检方式不同

2. 下列各项中,属于贸易术语性质的有(　　)。
   A. 表示交货条件　　　　　　　B. 表示成交价格的构成因素
   C. 表示付款条件　　　　　　　D. 表示运输条件
   E. 表示加工贸易方式

3. 按照《国际贸易术语解释通则2010》的解释,如果卖方不能取得进口许可证,宜采用的术语有(　　)。
   A. EXW　　　　B. DDP　　　　C. CIF　　　　D. CFR
   E. FOB

4. 下列各项中,只适用海运的价格术语有(　　)。
   A. FOB　　　　B. FAS　　　　C. CIP　　　　D. CIF
   E. CFR

5. 下列各项中,与贸易术语的国际贸易惯例有关的有(　　)。
   A.《国际贸易术语解释通则2010》
   B.《1932年华沙—牛津规则》
   C.《1941年美国对外贸易定义修订本》
   D.《汉堡规则》
   E.《UCP 600》

6. 在使用集装箱海运的出口贸易中,卖方采用FCA贸易术语比采用FOB贸易术语更为有利的具体表现有(　　)。
   A. 可以提前转移风险
   B. 可以提早取得运输单据
   C. 可以提早交单结汇,提高资金的周转率
   D. 可以减少卖方的风险责任
   E. 运价可以高一点

7. 贸易术语是表示商品价格的构成以及买卖双方在货物交接过程中有关(　　)方面的划分。

A. 手续　　　　B. 风险　　　　C. 费用　　　　D. 质量

E. 责任

8. 贸易术语在国际贸易中的主要作用有（　　）。

A. 简化交易手续　　　　　　　B. 明确交易双方责任

C. 缩短磋商时间　　　　　　　D. 节省费用开支

E. 明确风险划分界限

9. 采用 CPT 术语时，交易双方应注意的有（　　）。

A. 风险的划分界限问题　　　　B. 责任的划分问题

C. 费用负担的划分问题　　　　D. CPT 与 CFR 的异同点

E. 商品的重量问题

10. 国际贸易惯例是指在国际贸易的长期实践中，具有普遍意义的习惯做法。目前，有关贸易术语的成文国际贸易惯例主要有（　　）。

A.《1932 年华沙—牛津规则》

B.《1994 年美国对外贸易定义修正本》

C.《联合国国际货物销售合同公约》

D.《跟单信用证统一惯例》

E.《国际贸易术语解释通则 2010》

11. 在《国际贸易术语解释通则 2010》中，最常用的六种贸易术语除 FOB、CFR 和 CIF 外，还有（　　）。

A. FCA　　　　B. EXW　　　　C. CPT　　　　D. CIP

E. DDU

12. FOB、CFR、CIF 贸易术语在运输方式、交货地点和风险划分方面的相同点有（　　）。

A. 适用于海运或内河水运　　　B. 在装运港完成交货

C. 在目的地完成交货　　　　　D. 在目的港完成交货

E. 以装运港船上为界

13. 根据《国际贸易术语解释通则 2010》的规定，FCA、CPT、CIP 贸易术语的相同点有（　　）。

A. 在目的地完成交货　　　　　B. 适用于各种运输方式

C. 风险划分以货交承运人为界　D. 风险划分以装运港船上为界

E. 风险划分以装运港船边为界

14. FOB、CFR、CIF 和 FCA、CPT、CIP 的主要区别有（　　）。

A. 风险划分的界限不同　　　　B. 适用的运输方式不同

C. 货运单据不同　　　　　　　D. 国际结算的方式不同

E. 装卸费用的负担不同

15. 根据《国际贸易术语解释通则 2010》解释,FOB、CFR、CIF 术语仅适用于海运或内河水运输,如果双方当事人无意以船上为界交货,则应改用(　　)术语。

　　A. FAS　　　　B. FCA　　　　C. CPT　　　　D. CIP
　　E. DDP

16. FCA 适用的运输方式有(　　)。

　　A. 公路　　　　B. 铁路　　　　C. 河、海运　　　　D. 航空运输
　　E. 多式联运

17. 国际贸易术语是以不同的交货地点为标准,用简短的概念或英文缩写的字母表示的术语。它可以明确表示(　　)。

　　A. 商品的价格构成　　　　B. 货物风险的划分
　　C. 买卖双方在交易中的权利义务　　D. 买卖双方在交易中的费用分担
　　E. 合同法律适用

18. 可适用于多种运输方式的贸易术语有(　　)。

　　A. FCA　　　　B. CPT　　　　C. CIP　　　　D. DDP
　　E. DAP

19.《Incoterms 2010》中两个新增术语 DAT(运输终端交货)和 DAP(目的地交货)取代了《Incoterms 2000》中的(　　)。

　　A. DDP　　　　B. DDU　　　　C. DEQ　　　　D. DES
　　E. DAF

20. 在使用(　　)术语时,当卖方将货物交付给承运人时,而不是当货物到达目的地时,即完成交货。

　　A. DDP　　　　B. CPT　　　　C. CIP　　　　D. CFR
　　E. CIF

21. 在装运港交货的贸易术语有(　　)。

　　A. FCA　　　　B. FAS　　　　C. FOB　　　　D. CFR
　　E. CIF

22. 货交承运人的贸易术语有(　　)。

　　A. FOB　　　　B. FCA　　　　C. CIF　　　　D. CPT
　　E. CIP

23. 采用 FOB 术语成交时,买方应负的责任有(　　)。

　　A. 租船订舱
　　B. 办理保险
　　C. 承担货物装上船后的一切费用和风险

D. 办理进口清关手续

E. 支付运费

24. 下列有关英国某公司业务员出口到我国上海某货物的报价中,正确的有( )。

　　A. 每公吨 50 美元 CIF 上海　　B. 每公吨 50 美元 FCA 上海

　　C. 每公吨 50 美元 FOB 上海　　D. 每公吨 50 美元 CFR 上海

　　E. 每公吨 50 美元 FCA 伦敦

25. 采用 CIP 术语成交时,卖方应承担的责任有( )。

　　A. 订立运输合同　　B. 办理货运保险

　　C. 承担货交承运人控制之前的风险　　D. 适用于各种运输方式

　　E. 办理出口所需的一切手续

26. 采用 FCA 条件时,卖方应承担的责任有( )。

　　A. 订立运输契约　　B. 按时接货

　　C. 办理出口手续　　D. 提交交货凭证

　　E. 办理进口手续

27. 采用 CPT 术语成交时,买方应承担的责任有( )。

　　A. 订立运输契约

　　B. 办理货运保险

　　C. 办理进口手续

　　D. 承担货交承运人控制之后的风险

　　E. 承担货交承运人控制之前的风险

三、**判断题**(判断下列各题是否正确。正确的在题后的括号内打"√",错误的打"×")

1. 使用 EXW 术语,卖方在其所在地或其他指定地点(如工厂、车间或仓库等)将货物交由买方处置时,即完成交货。　　　　　　　　　　　　　( )

2. 按 CFR 条件,卖方无需办理保险,也不要支付保险费。而按 CIF 条件,卖方不仅要办理保险,还要支付保险费。因此,对卖方来说,采用 CIF 条件相对于 CFR 条件所承担的风险要大。　　　　　　　　　　　　　　　　　　( )

3. 我国从大阪进口货物,如按 FOB 条件成交,需由我方派船到大阪口岸接运货物;而按 CIF 条件成交,则由出口方洽租船舶将货物运往中国港口,可见,我方按 FOB 进口承担的货物运输风险比按 CIF 进口承担的风险大。　　　　( )

4. FOB 和 FCA 均由买方订舱。　　　　　　　　　　　　　　　　　( )

5. 按 CIF 术语成交,尽管价格中包括至指定目的港的运费和保险费,但卖方不承担货物必然到达目的港的责任。　　　　　　　　　　　　　　　( )

6. 国际贸易术语是用简单的概念或字母缩写来表示价格的构成。　　（　　）

7. 按 CFR 条件，卖方安排装运，但并不承担把货物送到目的港的义务。
（　　）

8. CFR 就是《Incoterms 1980》及先前版本中的 C&F，由于"&"符号不便于电子数据交换，故改为 CFR。　　（　　）

9. CIF 术语要求买方办理货物出口清关手续。　　（　　）

10. 按对 CIF 术语的传统解释，CIF 属象征性交货，卖方负有向买主提交约定的装运单据的义务，买方则负有凭装运单据付款的义务。　　（　　）

11. EXW 术语下卖方承担最大责任，而 DDP 术语下卖方承担最小责任。
（　　）

12.《Incoterms 1980》引入了货交承运人（现在为 FCA）术语，其目的是为了适应在海上运输中经常出现的情况，即交货点不再是传统的 FOB 点（货物越过船舷），而是在将货物装船之前运到陆地上的某一点，在那里将货物装入集装箱，以便经由海运或其他运输方式（即所谓的联合或多式运输）继续运输。　　（　　）

13. CIF、FOB、CFR 术语中卖方和买方之间风险转移在装船港船上。　　（　　）

14. 在《国际贸易术语解释通则 2010》的 11 种贸易术语中，买卖双方交接的单据，可以是纸单据，也可以是电子单据。　　（　　）

15. 按 CFR 条件成交时，卖方需向买方提供保险单据。　　（　　）

16. 国际贸易惯例具有强制性和法律约束力。　　（　　）

17. 在 CIF 条件下，由卖方办理投保，而 CFR 为买方办理投保，因此货物运输途中的风险前者由卖方承担，后者则由买方承担。　　（　　）

18. 按 CIF 成交，尽管价格中包括到指定目的港的运费、保险费，但卖方不承担货物必然到达目的港的责任。　　（　　）

19. CFR 条件下，出口方有义务在货物装运完毕的情况下向进口方及时发出装运通知以便进口商保险。　　（　　）

20. 在象征性交货方式下，卖方只负责交货、交单，不保证到货。　　（　　）

21. 在货物以海运方式运输的条件下，出口应尽量争取 CIF 成交，进口则应尽量选用 FOB 术语。　　（　　）

22.《Incoterms 2010》的贸易术语中，买卖双方交接的单据，可以是纸单据，也可以是电子单据。　　（　　）

23. DDP 是价格最高的贸易术语。　　（　　）

24.《国际贸易术语解释通则 2010》中的第二类术语，交货地点和将货物交至买方的地点都是港口，因此被划分为"适于海运及内河水运的术语"。DDP、FOB、CFR 和 CIF 均属此类。　　（　　）

25. 如果想在合同中使用《国际贸易术语解释通则 2010》,应在合同中用类似词句作出明确表示,如"所选用的国际贸易术语,包括指定地点,并标明国际贸易术语解释通则®2010"。( )

26. 使用 DAT 时,货物已从到达的运输工具卸下,交由买方处置。( )

27. 使用 DAP 时,货物同样交由买方处置,但仅需做好卸货准备。( )

28. 《国际贸易术语解释通则 2010》的 A1 和 B1 条款则在各方约定或符合惯例的情况下,赋予电子讯息与纸质讯息不具有同等效力。( )

29. 在《国际贸易术语解释通则 2010》的术语中,交货凭证是运输凭证或对应的电子记录。( )

30. "运费和保险费付至"是指卖方将货物在双方约定地点(如双方已经约定了地点)交给其指定的承运人或其他人。卖方必须签订运输合同并支付将货物运至指定目的地的所需费用。( )

31. 在 CIF 条件下由卖方负责办理货物运输保险,在 CFR 条件下是由买方投保,因此,运输途中货物灭失和损失的风险,前者由卖方负责,后者由买方负责。( )

32. 按照《Incoterms 2010》的规定,按 CIF 术语成交,海运途中的风险由买方承担,卖方对货物的延误或灭失不承担责任,因此,合同中如果作出相反的规定是无效的。( )

典型习题分析与解答

一、单项选择题

1. C 2. B 3. B 4. B 5. C 6. D 7. C 8. B 9. D 10. D 11. D 12. C 13. D 14. A 15. C 16. D 17. D 18. A 19. A 20. B 21. A 22. C 23. C 24. C 25. B 26. B 27. A 28. C 29. D 30. A 31. C

二、多项选择题

1. ABCD 2. AB 3. ACDE 4. ABDE 5. ABC 6. ABCD 7. ABCE 8. ABCDE 9. ABCD 10. ABE 11. ACD 12. ABE 13. BC 14. ABCE 15. BCD 16. ABCDE 17. ABCD 18. ABCDE 19. BCDE 20. BCDE 21. BCDE 22. BDE 23. ABCDE 24. ADE 25. ABCDE 26. CD 27. AE

三、判断题

1. √ 2. × 3. × 4. √ 5. √ 6. × 7. √ 8. √ 9. × 10. √ 11. × 12. × 13. √ 14. √ 15. × 16. × 17. × 18. √ 19. √ 20. √ 21. √ 22. √ 23. √ 24. × 25. √ 26. √ 27. √ 28. × 29. √ 30. √ 31. × 32. ×

第三章 国际贸易方式

考 试 大 纲

了解：
> 经销、代理、寄售、拍卖、招投标、商品期货交易、对等贸易、加工贸易、展卖、租赁贸易等各类国际贸易模式的概念、种类和运作方式。

第一节 经 销 方 式

一、经销的概念

经销(distributorship)是指出口商通过与国外经销商订立经销协议建立一种长期稳定的购销关系,利用国外经销商的销售渠道在国外市场推销自己的商品,取得其在国外市场的份额,扩大产品出口的方式。经销方式是出口商将产品卖给国外经销商,双方构成的是一种买卖关系,国外经销商自行销售商品,自负盈亏,承担经营风险。

按经销商所持有的权限的不同,经销方式可分为两种:一种是一般经销;另一种是独家经销。一般经销的方式下,经销商享有经销权却不享有独家专营权,也就是出口供货商在一定地区、一定时期内,可以确定多家经销商来经销同类商品。独家经销(sole distribution)又称包销(exclusive sales),是指经销商在协议规定的期限和地域内,对指定的某一种商品或某一类商品享有独家专营权。独家经销实质上是出口供货商给予经销商的一种专卖权。在独家经销方式下,出口商与独家经销商的关系是买卖关系,即独家经销商对其经销商品自垫资金买断,自行销售,承担经营风险和自负盈亏。

采用独家经销方式对出口商来说各有利弊。独家经销方式分析表,如表 3-1 所示。

表 3-1

独家经销方式分析表

有 利 方 面	不 利 方 面
1. 独家经销方式确定了出口商和国外经销商在一定时期内固定的经销关系和共同利益,经销商愿意承担销售前的宣传推广工作及销售后的服务工作,出口商也愿意多花力量帮助和培养经销商	1. 若独家经销商资信不佳,在经销时同时经销其他企业的同类商品,使他无法专心经营约定的商品和经营能力有限,就可能出现"包而不销"的情况,从而给出口商带来不利的影响
2. 可以避免国外客户在分散经营时可能发生的相互碰头、相互竞争的情况,从而有助于稳定出口商品的销售价格	2. 独家经销商有可能凭借其独家经营的地位,操纵价格、控制市场,甚至对出口商供应的商品故意挑剔或进行压价
3. 按照独家经销协议的要求,便于出口商有计划地安排出口商品的生产和组织出口货源,销售量也可以得到一定的保证	3. 由于出口商将独家经销权给了独家经销商,一旦市场情况发生变化,独家经销商不积极销售产品,出口商又不能同其他客户联系成交,将使市场开拓非常被动
4. 稳定的出口货源,有助于调动独家经销商的积极性,不断开阔销售渠道,加强出口商品在海外市场上的竞争,从而有利于巩固、发展国外市场和扩大销路	

二、独家经销协议

独家经销协议(exclusive sales agreement 或 exclusive distributorship agreement)是采用独家经销方式时,有关出口商和独家经销商从法律上确定双方关系的契约,体现了双方的权利与义务。

独家经销协议的主要内容如下:

(1) 关于独家经销商专卖权给予的规定。

(2) 独家经销时间的条款。

(3) 独家经销地区的条款。

(4) 独家经销的商品品种、商品名称和规格的确定。

(5) 最低购买的商品数量和金额。

(6) 有关独家经销商提供市场情报,宣传推广,售后服务,出口商商标权与专利权保护等事项的规定。

在独家经销协议签订时,要注意独家经销商的授予是否会触犯所在国家或地区反不正当竞争的法规,以避免法律纠纷。

第二节 代理方式

一、代理的概念

代理(agency)是指代理人(agent)根据委托人的授权,代表委托人(principal)与第三人订立合同或实施其他法律行为,而由委托人承担由此而产生的权利和义务。国际贸易中的许多业务都是通过代理人进行的,其中包括采购、销售、运输保险和广告等方面的代理人。在国际贸易中,商业上的代理是指委托人授权代理人代表他向第三者招揽生意,签订合同或办理与交易有关的各项事宜。按照国际上的一般解释,代理人是作为委托人的国外代表,他和委托人的关系是委托代理关系。

代理方式可分为一般代理和独家代理两种。

二、代理的种类

1. 一般代理

一般代理又称佣金代理(commission agency),是指不授予专营权的代理。采用这种代理方式时,委托人在同一市场上可同时委托若干个代理人为其服务,在代理协议有效期内,代理人按照协议规定和委托人提出的交易条件,代表委托人在指定地区开展各项代理业务,提供市场信息和商业行情,介绍客户,开展广告宣传,洽谈生意及售后服务等。代理人按协议规定获得佣金。

2. 独家代理

独家代理(exclusive agency 或 sole agency)是指出口商授予国外代理商在约定的地区和一定的时期内独家推销指定商品的专营权利。独家代理与委托人之间的关系,不是买卖关系,而是委托代理关系。在独家代理方式下,独家代理人是以代理的身份出现的,他不负履行责任,也不计算盈亏,而是从中赚取佣金。根据国际市场的一般惯例,在独家代理的情况下,凡是委托人在该约定地区发生的交易,只要是属独家代理人所代理的商品,则不论其是否通过该独家代理人之手,委托人都应给他约定的佣金。在我国的出口业务中,独家代理的期限一般为1年。

三、代理协议

代理业务的双方要订立代理协议,代理协议规定出口商和代理商之间的权利和义务。销售代理协议主要包括代理的商品、区域和约定的时期及委托人(出口商)和代理人双方的权利与义务两大部分。

代理人的权利与义务一般应包括下述内容：

(1) 明确规定代理人的权利范围。

(2) 代理人在一定时期内推销的商品有一个最低代销额。

(3) 代理人应在代理权行使的范围内,有义务保护委托人的合法权益和知识产权。

(4) 规定代理人承担市场调研和广告宣传的义务。

委托人的权利主要体现在对于客户的订单有权接受或拒绝,代理人在代理区域内收集的客户订单转给委托人后,委托人有决定接受或拒绝的权利,但对于代理人在授权范围内按委托人规定的客户而订立的合同,委托人应保证执行。

委托人的基本义务是维护代理人的合法权利,委托人有义务及时将区域内客户的询价或订单转给代理人,在独家代理的情况下,委托人须维护代理人的专营权。

另外,在许多代理人协议中,还规定委托人应向代理人提供广告资料,包括样本、样品目录等推销产品所需的材料等。

委托人还要保证按协议规定的条件向代理人支付佣金。

第三节 寄售方式

一、寄售的概念

寄售(consignment)是指出口商先将待售商品运到国外,委托当地代销商按照寄售协议约定的条件和办法代为销售的一种贸易方式。其基本做法是:寄售人(consignor)把商品运交国外代销人(consignee),由代销人在当地出售商品,所得货款则由代销人在扣除佣金和有关费用之后,通过银行交给寄售人。寄售人同代销人之间并不是买卖关系,代销人只是根据寄售人的委托照管货物并按寄售人的指示出售货物。

寄售不同于一般的贸易方式,具有下述特点:

(1) 寄售是一种委托代售关系,寄售人是委托人,代销人是受托人。代销人只能根据寄售协议或寄售人的指示代为销售或处置货物,但他并不拥有货物所有权,货物出售之前的所有权属于寄售人。

(2) 寄售是先出运、后成交的贸易方式,属于现货买卖。在国际贸易中,出口商一般是在签订买卖合同之后才出运货物,履行约定的交货义务,但寄售则不然,它是先将货物运至国外,再由代销商向当地买主销售。寄售是指在国外市场推销现货,因而具有凭实物买卖的特点。国际贸易中的多数商品是凭样品、规格、等级、牌号或说明书买卖,但有些难以划分规格、等级和标准的商品,或单凭"小样"难以成交,而必须凭实物买卖的商品,则可采用寄售方式让买方看货成交,按质论价。

(3) 货物风险和出口费用由寄售人承担。代销人仅收取代销佣金而不对交易的盈亏负责,对货物可能产生的费用风险也不承担责任。

通过寄售方式出口货物既有优点又有缺点。寄售方式出口货物分析表,如表3-2所示。

表3-2

寄售方式出口货物分析表

寄售方式的主要优点	寄售方式的主要缺点
1. 有利于利用国外的销售渠道和调动国外代销人推销商品的积极性。在寄售方式下,代销人不垫付资金,不承担贸易风险,因此,一些资金不足的客户乐意为货主推销商品,这就有利于货主利用代销人的贸易渠道来推销自己的商品	1. 承担的贸易风险大。采用寄售方式,寄售人要承担待售货物出售前的一切风险,其中包括货物在运输和储存当中的风险,价格变动的风险,货物不能出售的风险,以及代销人资信不佳而招致的其他损失
2. 为买主提供了便利,有助于调动国外买方订购商品的积极性。在寄售方式下,买方可根据需要就近采购,随时买随时有。买后立即办理付款和提货手续,这既能缩短从订约到到货的时间,又可避免垫付资金和承担货物在运输途中的费用与风险	2. 负担的费用多。在寄售方式下,待售货物出售前的一切费用开支,如运费、保险费、储存费、税收、代销人的报酬以及其他杂项费用,概由寄售人负担
3. 有利于开拓市场和扩大销路。寄售方式既便于与当地用户和实销户建立联系和发展贸易关系,便于进行广告宣传,又便于推销新商品,开辟新市场,并根据当地消费者的意愿和要求改进商品品质,包装条件,不断扩大销售范围	3. 不利于寄售人的资金周转。由于寄售方式是先出运、后成交,不仅出售前要垫付各种费用,而且一般要等货物出售后才能收回货款,这就需要经常垫付和积压大量流动资金,从而影响资金的周转
4. 有利于随行就市和提高出售价格。采用寄售方式,可以根据国外市场的需求情况和容纳量,事先有计划地在国外市场上存放一些待售的商品,以便在当地市场货源供不应求和价格上涨时,及时抓住有利时机,充分利用市场行情,抢先成交,抛售现货,卖上好的价钱	

二、寄售协议

寄售协议是寄售人和代销人之间为了执行寄售业务而签订的书面协议。寄售的商品品种不同,协议有效期间的长短不一及协议双方的情况和具体要求各异。因此,寄售协议中所列明的各项寄售条件也不同,但是,寄售协议的主要内容中一般都明确规定双方的权利、义务和有关寄售的条件和具体做法。

寄售协议一般包含以下内容:

(1) 协议名称的确定。
(2) 双方的权利、责任和义务。
(3) 寄售期限、区域和商品。
(4) 关于寄售货物的定价办法。
(5) 关于费用和风险的负担问题。
(6) 关于货款的收付方式。
(7) 关于代销人的报酬。

第四节 拍卖方式

一、拍卖的概念

拍卖(auction)是一种由拍卖行组织的,在一定时间和地点,按照一定的章程和规则,买卖某种特定商品的交易。

国际市场上采用拍卖方式出售的商品,主要有羊毛、毛皮、茶叶、烟草、香料、蔬菜、水果等农畜产品和黄金、古玩、地毯和艺术品等某些贵重商品。这些商品的特性一般是规格复杂、不易标准化,或难以久存,或有拍卖习惯。

拍卖是指由货主委托拍卖行进行的,按照一定的规章,通过公开竞购等办法,把货物卖给出价最高的人的一种方式。参与拍卖的买主,通常须向拍卖行交存一定数额的履约保证金。

二、拍卖的形式

拍卖的形式有买主叫价拍卖、卖主叫价拍卖和招标式拍卖三种。

1. 买主叫价拍卖

买主叫价拍卖是指由拍卖人宣布预定的最低价格后,由买主相继竞相加价,直至出价最高时,由拍卖人以击槌动作表示接受、宣告交易达成的一种拍卖形式。买主叫价拍卖又称增价拍卖,或称英格兰式拍卖。

2．卖主叫价拍卖

卖主叫价拍卖是指由拍卖人先开出最高价格,然后由拍卖人逐渐减低叫价,直到有人表示接受而达成交易的一种拍卖形式。卖主叫价拍卖又称减价拍卖,或称"荷兰式拍卖"。减价拍卖经常用于拍卖农副产品,如拍卖鲜活商品和水果、蔬菜等。

3．招标式拍卖

招标式拍卖是指由拍卖人事先公布每批商品的具体情况和拍卖条件,然后,竞买者在规定的时间内将密封标书递交拍卖人,由拍卖人选择条件最合适的标书接受而达成交易的一种拍卖形式。招标式拍卖又称密封递价拍卖。

三、拍卖的基本程序

(1) 拍卖准备。
(2) 预先看货。
(3) 正式拍卖。
(4) 成交与交货。
(5) 付款与提货。

拍卖行为交易的达成提供了服务,它要收取一定的报酬。收取的报酬,称为佣金(commission)或经纪费(brokerage)。

国际贸易中的拍卖是一种公开竞买的现货交易。拍卖采用事先看货,当场叫价,落槌成交的做法。拍卖不同于一般的进出口交易,这不仅体现在交易磋商的程序和方式上,也表现在合同的成立和履行等方面。许多国家的买卖法中对拍卖业务有专门的特殊规定,此外,各拍卖行还订有自己的章程和规则,供拍卖时采用。

第五节 招标与投标

一、招标与投标的概念

招标(invitation to tender)是指招标人(买方)发出招标通告或招标单,说明拟采购的商品品种、规格、数量及其他条件,邀请卖方按照规定的时间、地点进行投标。

投标(submission of tender)则是指投标人(卖方)应招标通告的邀请,根据招标人所规定的招标条件,在规定的时间期限和地点,向招标人递价,争取中标以达成交易。

招标与投标是一种有组织的,并按一定的交易条件,在特定地点进行交易的方式。就采购商或业主而言的招标,对出口商或承包商对应的是投标。招标和投标是一种贸易方式的两个方面,有招标才有投标,投标是针对招标的响应行动。随着各国全球经济一体化进程的加快,招标与投标在世界经济活动中的应用日益普遍。许多发展中国家均通过招标方式来采购物资、器材、设备或招商兴建工程项目。在一些发达国家政府和公共事业部门采购的货物有相当数量也采用招标方式购得。国际金融组织的贷款项目规定,凡是利用其提供的资金进行采购或兴建某项工程时,必须采用国际公开招标的方式。

招标与投标业务是一种竞卖方式,一般来说,卖方竞争对于买方是利的,使他对于供货来源有较多的比较和选择,在竞争激烈的情况下,买方还可以较为优惠的价格购进所需物资,这也是招标投标方式在大宗物资的采购中广泛运用的原因之一。

招标与投标同一般进出口贸易方式的做法不同。双方当事人不必经过交易磋商,而是由各投标人应邀同时采取一次递价的办法。而投标人能否中标,主要取决于投标时的递价是否有竞争力。因此,采用这种方式,投标人之间的竞争十分激烈,而招标人则处于较主动地位。

二、招标与投标的基本做法

首先,由招标人发出招标通告,制定招标文件(bidding documents)或称标书,说明拟采购的商品或拟兴建的工程项目的各种交易条件,邀请各方面的卖方或承包商在规定时间和地点内,采取一次递价办法进行投标,然后由招标人开标(opening of tender),将各投标人的递价进行比较,从中选择对其最有利者达成交易。

招标可以采用公开招标或非公开招标两种方法。如系公开招标,则应在规定的日期和地点,由投标人参加的情况下,当众拆开密封的投标文件,宣读文件内容。如系不公开招标,则由招标人自行选定投标人。在此情况下,投标人能否中标,除了取决于投标递价外,还取决于招标人与投标人之间的政治、经济关系及其他因素。

在得出评标结果后,进入招标和投标活动的最后阶段,即签订协议阶段。具体做法是:招标人以书面形式通知中标人,中标人在规定的时间内到招标人所在地与招标人签订买卖协议或项目承包协议,同时按规定缴付履约保证金。这些协议条款与普通货物买卖协议或承包项目的协议基本相同。在贷款项目下,招投标双方签订的协议需在贷款人批准的情况下,才正式生效。

第六节 商品期货交易

一、商品期货交易的概念

商品期货交易是在商品交易所(commodity exchange)实货交易的基础上发展起来的一种特殊的交易方式,交易的双方一般都没有卖出或买进真正货物的要求,交易的结果,可以不发生实际货物的转移,而只是买进和卖出同等数量的期货合同,从中取得或支付价格差额。因此,商品期货交易又称期货合同交易或纸合同交易。

在商品交易所进行的这种期货交易,不同于一般贸易中所说的远期实货交易,因为,后者的卖方仍需按合同规定的交货期限向买方提交合格的货物,才能完成交货义务。

商品期货交易市场(futures market)与现货市场既有联系又有区别。期货交易与现货交易的标的物相同,现货市场的交易价格是期货市场交易价格的基础。

二、商品期货交易的特点

(1) 以标准合同作为交易的标的。
(2) 特殊的清算制度。
(3) 严格的保证金制度。

三、投机交易

投机商谋求的是在价低时买进期货合约,在价高时抛出对冲,即贱买贵卖,以获取两次交易的差价,期货市场上重要的投机活动是买空和卖空。

买空(long,bull)又称多头,做多头的投机商在预计价格将出现上涨,即牛市时,先买进期货合约,使自己处于多头部位(long position)。

卖空(short,bear)又称空头,做空头者则是估计行市看跌,即将出现熊市,先抛出期货合约,使自己处于空头部位(short position)。

四、套期保值

套期保值(hedging)是指将期货交易与现货交易结合起来进行的一种市场行为,即在买进(或卖出)实物的同时或前后,在期货交易所卖出(或买进)相等数量的期货合同作为保值,其目的在于通过期货交易转移现货交易的价格风险。套期保值之所以能起到转移现货价格波动的风险,这是因为同一种商品的实际市场价格和期货市场价格变化的趋势基本上是一致的,涨时俱涨,落时俱落,套期保值可分为卖期保值(selling hedging)和买期保值(buying hedging)两种。

卖期保值是指套期保值根据现货交易情况,先在期货市场上卖出期货合同(或称建立空头交易部位),然后再以多头进行平仓的做法。由于保值者处于卖方地位,所以称其为卖期保值。

买期保值与卖期保值正好相反,是指套期保值者根据现货交易情况,先在期货市场上买入期货合同(或称建立多头交易部位)然后再以卖出期货合同进行平仓的做法。由于保值者处于买方地位,所以称其为买期保值。

套期保值可以在一定程度上转移或减少风险,但是,如果处理不当,可能会事与愿违。

第七节 对等贸易

一、对等贸易的概念

对等贸易(counter trade)是指由贸易双方在达成贸易协议时,规定一方的进口产品可以部分或者全部以出口产品来支付,它是一种买卖互为条件的国际贸易的交易方式。在对等贸易中,一方既是买方,又是卖方,双方都是既买又卖。

对等贸易对于许多发展中国家来说,在外汇短缺的情况下,用国内的产品换取本国生产建设所急需的技术、设备和物资,可以提升产品的升级换代,带动国内产品的出口。对于发达国家来讲,通过开展对等贸易,可以扩大机器设备和技术的输出,用比较好的价格获得国内生产所需的原材料和产品。目前,世界上许多国家都开展了各种形式的对等贸易。

二、对等贸易的种类

常见的对等贸易有以下三种。

1. 易货贸易

易货贸易是指以物易物,即货物出口的一方在进口某一价值货物的同时,向对方提供等值的出口货物,通常不涉及第三方的方式。易货贸易(barter trade)的优点是以进带出,也可利用出口带动进口。由于易货贸易受到交易产品的限制,确定货物价值的困难等因素约束,达成交易较难。

现在的易货贸易针对传统易货贸易的缺陷,采用了一些比较灵活的方式,即易货记账方式。交易双方在进出口时,双方都将易货的货值记账,货款相互抵冲。如易货的价值有差异时,记在账上,下笔交易时进行平衡,也可在一定期限内进行平衡,平衡时如有差异,再以货物支付或以现汇支付。

2. 互购方式

互购方式(counter purchase)是由交易双方分别签订两个独立的交换货物合同,这两份合同由互购协定书联系起来的方式。先行进口的一方在购进对方货物的情况下,在约定的时间向对方出口货物作为交换。与易货贸易不同的是,互购方式下,每个合同都以货币支付,是一种现汇交易。

由于双方都承担互购义务,实际上还是相互购买对方货物,这在一定程度上可以解决在支付能力不足的情况下能够进口到所需的货物,同时通过互购方式出口货物,拓展国际市场。

互购又称对购(reciprocal trade)或平行交易(parallel trade)。

3. 回购方式

在我国,回购(buy back)又称补偿贸易(compensation trade),是指在信贷的基础上,进口机器设备、器材或技术,而用该进口机器设备和技术生产的产品来分期偿还进口货物的全部或一部分的货款。它是一种与进口密切结合的信贷交易,是利用外资的一种方式。补偿贸易最基本的形式是直接用产品偿还,也可以是其他的产品或劳务,即间接补偿。

采用回购方式,对机器设备和技术的出口方来说,在进口方支付能力不足的情况下,可以扩大设备和技术出口;就机器设备和技术的进口方而言,则可利用国外的资金技术和销售渠道来提高出口商品的生产能力和竞争能力,而且还可建立回购产品分销渠道,扩大出口。

第八节 加 工 贸 易

一、加工贸易的概念

我国《加工贸易审批管理暂行办法》规定,加工贸易是指从境外保税进口全部或部分原辅材料、零部件、元器件、包装物料(下称进口料件),经境内企业加工或装配后,将制成品复出口的经营活动,加工贸易有来料加工和进料加工。

二、加工贸易货物的特征

1. 两头在外的特征

加工贸易最基本的特征是"两头在外"的特征。即其用以加工成品的全部或部分料件采购自境外,而其加工成品又销往境外的货物流向上的特征。

2．加工增值的特征

加工增值是加工贸易得以发生的企业方面的根本动因。企业对外签订加工贸易合同的目的在于通过加工使进口料件增值,并从中赚取差价或工缴费。

3．料件保税的特征

我国海关现行的法规规定,海关对进口料件实施保税监管。即对其进口料件实施海关监管下的暂缓缴纳各种进口税费的制度。料件的保税可以降低企业的运行成本,增强出口成本的竞争力。

三、加工贸易的种类

1．来料加工

1) 来料加工的定义

来料加工(processing with supplied material)是指进口料件由境外企业提供,经营企业不需要付汇进口,按照境外企业的要求进行加工或者装配,只收取加工费,制成品由境外企业销售的经营活动。

2) 来料加工的特点

来料加工的主要特点有:

(1) 由外商提供全部或部分料件,加工方无需用外汇购买进口料件。

(2) 来料加工的料件进口和成品出口系同一协议及同一客户。

(3) 来料加工出口的成品,加工方不负责销售,由外商自行销售。

(4) 外商提供的进口料件及加工的成品,加工方只拥有使用保管权以及根据合同规定所赋予的代办运输权、报关权;而不拥有所有权。

(5) 加工方只收取合同规定的工缴费;不参与外商经营该业务所得利润的分配,也不承担在开展此业务过程中产生的经济风险。

3) 按来料加工按工缴费的构成划分

(1) 全部来料。外商提供全部料件,委托加工方加工,加工方收取工缴费。

(2) 部分来料。外方提供部分料件,其余部分料件由加工方在国内市场采购。出口成品中,除加工方应得的工缴费以外,还应包括国内采购的料件费。

4) 来料加工的管理

(1) 税收规定。

① 来料加工项下外商提供进口用于加工装配返销出口产品的料件可以全额保税。

② 来料加工项下进口直接用于加工生产出口产品而在生产过程中消耗掉的燃料、磨料、触媒剂、催化剂和洗涤剂可以全额保税。

③ 来料加工项下加工成品出口,免于缴纳出口关税。

④ 来料加工保税料件纳入银行保证金台账制度。

(2) 监管规定。来料加工合同必须按权限经过商务主管部门的审批,取得加工贸易业务批准证。来料加工由海关进行监管。

国家明令禁止进口的商品不得搞来料加工。产品为国家明令禁止出口的不得搞来料加工。有些商品的来料加工必须经有关主管部门专题审批;有些商品需要领进出口许可证,海关凭许可证接受合同备案,凭许可证放行进出口。

由于来料加工因系外商提供原辅料,加工贸易企业不付外汇,所以在产品成本核算中无原材料成本账,这就给用审计手段查账带来了困难。为解决这一问题,来料加工在工作中要加强以下管理:

① 专库存放。

② 专账登记。

③ 专人管理。

④ 专料专用。

2. 进料加工

1) 进料加工定义

进料加工(processing with imported materials)是指进口料件由经营企业付汇进口,制成品由经营企业外销出口的经营活动。进料加工可分为进料加工对口合同和进料加工非对口合同。

(1) 进料加工对口合同。进料加工对口合同是指拥有进出口经营权的企业对外签订进口料件合同和相应的出口成品合同(包括不同客户的对口联号合同),进口料件生产的成品、数量及销售流向都在进出口合同中予以确定。

(2) 进料加工非对口合同。进料加工非对口合同又称备料加工合同,是指拥有进出口经营权的企业对外签订进口料件合同,在向海关备案时尚未签订出口成品合同,进口料件生产的成品、数量及销售流向均未确定。

2) 进料加工特点

进料加工的主要特点有:

(1) 外汇购买、产品外销。

(2) 自行生产、自行销售。

(3) 自负盈亏,风险自担。

3) 进料加工的管理

(1) 税收规定。

① 进料加工对口合同进口料件全额保税。

② 进料加工非对口合同定额保税,即进口国家规定的几种商品先征5%,保税

95％；进口其他料件先征15％，保税85％，出口后多出口的可以退税，少出口的要补税。

③ 进料加工项下进口直接用于加工出口产品在生产过程中消耗掉的磨料、燃料、触媒剂、催化剂和洗涤剂可以按料件的保税额度保税。

④ 进料加工出口产品免征出口税。

⑤ 进料加工保税料件纳入银行保证金台账制度。

(2) 监管规定。进料加工合同必须按权限经过商务主管部门的审批，取得加工贸易业务批准证。进料加工由海关进行监管。

国家明令禁止进口的商品不得搞进料加工，产品为国家明令禁止出口的不得搞进料加工。有些商品的进料加工必须经有关主管部门专题审批；有些商品需要领进出口许可证，海关凭许可证接受合同备案，凭许可证放行进出口。

进料加工进口其他料件，除国家另有规定者外，免领进口许可证件；进料加工出口产品同一般贸易出口一样，需要出口许可证件的必须申领出口许可证件。

四、加工贸易协议的签订

加工贸易协议，在性质上不同于买卖合同，其基本内容如下：

(1) 合同的标的。

(2) 来料、来件约定。

(3) 提交成品约定。

(4) 物料消耗和残次品率的约定。

(5) 工缴费的约定。

(6) 运输和保险问题的约定。

(7) 付款方式的约定。

(8) 机器设备和技术提供的约定。

(9) 知识产权的约定。

特别提示：进料加工与来料加工的区别

1. 原材料、零部件和产品的所有权不同。
2. 我国外贸公司或企业所处的地位不同。
3. 两者间的贸易性质不同。
4. 产品的销售方式不同。

小看板：加工贸易业务中涉及的术语

1. 加工贸易货物。加工贸易货物是指加工贸易项下的进口料件、加工成品以及加工过程中产生的边角料、残次品、副产品等。

2. 加工贸易企业。加工贸易企业包括经海关注册登记的经营企业和加工企业。

（1）经营企业。经营企业是指负责对外签订加工贸易进出口合同的各类进出口企业和外商投资企业，以及经批准获得来料加工经营许可的对外加工装配服务公司。

（2）加工企业。加工企业是指接受经营企业委托，负责对进口料件进行加工或者装配，且具有法人资格的生产企业，以及由经营企业设立的虽不具有法人资格，但实行相对独立核算并已经办理工商营业证（执照）的工厂。

3. 单位耗料量。单位耗料量是指加工贸易企业在正常生产条件下加工生产单位出口成品所耗用的进口料件的数量，简称单耗。

4. 深加工结转。深加工结转是指加工贸易企业将保税进口料件加工的产品转至另一加工贸易企业进一步加工后复出口的经营活动。

5. 承揽企业。承揽企业是指与经营企业签订加工合同，承接经营企业委托的外发加工业务的生产企业。承揽企业须经海关注册登记，具有相应的加工生产能力。

6. 外发加工。外发加工是指经营企业因受自身生产特点和条件限制，经海关批准并办理有关手续，委托承揽企业对加工贸易货物进行加工，在规定期限内将加工后的产品运回本企业并最终复出口的行为。

7. 核销。核销是指加工贸易经营企业加工复出口或者办理内销等海关手续后，凭规定单证向海关申请解除监管，海关经审查、核查属实且符合有关法律、行政法规、规章的规定，予以办理解除监管手续的行为。

第九节　展　　卖

一、展览会的基本概念

展卖是利用展览会和博览会的形式出售商品，将展览与销售结合起来的贸易方式。会展是重要的市场交易平台,它是企业经济贸易交流的重要载体。参展商之间、参展商与客户之间通过展览这个平台形成一种信息交流。通过展览,参展商可以看到业内的新产品与行业的发展方向,因此,会展还是行业交流的重要场所。从经济学理论来分析,会展经济的最大作用是它可以降低交易成本。所谓交易成本,是指一项市场交易所花费的时间与精力等非生产性支出。具体来说,交易成本是在市场交换过程中所产生的各种费用,包括运输费用、谈判所花费的时间、信息成本、监督和管理成本等。

在中文里,展览会名称有博览会、展览会、展览、展销会、博览展销会、看样订货会、展览交流会、交易会、贸易洽谈会、展示会和展评会等。

1. 展览会

从字面上理解,展览会也就是陈列、观看的聚会。展览会是在集市、庙会形式上发展起来的层次更高的展览形式。在内容上,展览会不再局限于集市的贸易或庙会的贸易和娱乐,而扩大到科学技术、文化艺术等人类活动的各个领域。在形式上,展览会具有正规的展览场地、现代的管理组织等特点。在现代展览业中,展览会是使用最多、含义最广的展览名称,从广义上讲,它可以包括所有形式的展览会;从狭义上讲,展览会又指以贸易和宣传性质的展览,包括交易会、贸易洽谈会、展销会、看样订货会和成就展览等。展览会的内容一般限一个或几个相邻的行业,主要目的是宣传、进出口和批发等。

2. 博览会

中文的博览会是指规模庞大、内容广泛、展出者和参观者众多的展览会。一般认为,博览会是高档次的,对社会、文化以及经济的发展能产生影响并能起到促进作用的展览会。

二、展览会的基本划分

1. 贸易型和消费型

按展览性质,可以分为贸易型和消费型。贸易型展览是为产业(即制造业、商业等行业)举办的展览。展览的主要目的在于交流信息和贸易洽谈。消费型展览基本上都展出消费品,目的主要是直接销售。展览的性质由展览组织者决定,可以通过参观者的成分反映出来,对工商界开放的展览是贸易型展览,对公众开放的展览是消费型展览。具有贸易和消费两种性质的展览称为综合性展览。经济越不发达的国家,展览的综合性倾向越重;反之,经济越发达的国家,展览的贸易和消费性质分得越清。

2. 综合展览和专业展览

从展览的内容上可分为综合展览和专业展览两类。综合展览是指包括全行业或数个行业的展览会,又称横向型展览会,如工业展、轻工业展;专业展览是指展示某一行业甚至某一项产品的展览会,如钟表展、地毯展等。专业展览会的突出特征之一是常常同时举办讨论会、报告会,用以介绍新产品、新技术等。

另外,在展会规模上可分为国际、国家、地区、地方展,以及单个公司的独家展。不同规模的展览有不同的特色和优势展览时间。在展览的时间上有定期展和不定期展。定期的有一年四次、一年两次、一年一次和两年一次等,不定期展则是视需要而定。展览会有长期和短期之分:长期展可以是三个月、半年甚至常设,短期展一般不超过一个月。在发达国家,专业展览会一般是三天。

三、企业参加展览会的目标

1. 基本目标

企业通过展览会可以开发新市场、寻找进出口贸易机会、了解产业和行业发展趋势、了解市场竞争情况、了解公司所处行业的状况、检验自身的竞争能力、寻求合作机会、向市场介绍本公司及其产品。

2. 交流目标

企业通过展览会可以集中收集市场信息、接触新客户、了解客户需要、挖掘现有客户的潜力、建立业务关系、加强与新闻媒体的关系、训练职员调研及营销技能。

3. 价格目标

企业通过展览会可以试探定价余地,将产品和服务推向市场。

4. 销售目标

企业通过展览会可以增强公司形象宣传、扩大销售网络、寻找新的代理、测试减少贸易层次效果。

5. 产品目标

企业通过展览会可以推出新产品、介绍新发明、了解新产品推销的成果、了解市场对产品系列的接受程度、扩大产品系列。

四、展卖方式

展卖方式灵活,可由货主自己举行,也可由货主委托他人举办。国际贸易中,展卖可在国外举行,也可在国内举行。在国外举行的展卖业务按其买卖方式可分为两种:一种是通过签约的方式将货物卖给国外客户,由客户在国外举办展览会或博览会,货款在展卖后结算;另一种是由货主与国外客户合作,在展卖时货物所有权仍属货主,并由货主决定价格,货物出售后,国外客户收取一定的佣金或手续费作为补偿,展卖结束后,未售出的货物折价处理或转为寄售。

展卖方式按形式分,又可分为国际博览会和国际展览会。从展览分类中可以看到,虽然都名曰博览会或展览会,但其中大有区别。展览主题不同,展出者的构成不同,与会者、参观者构成不同,由此所构成的目标市场不同,以及地域展在国的市场情况不同,这就需要企业从中选择最能实现自己展出目标的展览会。如果为专门推销某类商品寻求经销代理,参加相应的专业性展览会最适当。如果要在某国推出本地区产品形象,那么,参加博览会并独设一馆会有较大效果。如果旨在试销某些新产品,则可在展览会上租用少量摊位,带上交易员和产品专家进行面对面接洽,会有收获。参加展览不是面向社会大众进行宣传,而是为了实实在在的产品交易,因此,要把选择展览会当作寻求产品目标市场一样地慎重从事。企业在展览前要尽可能多地了解展览会资料。

国际上著名的博览会,如汉诺威、莱比锡、布鲁塞尔、里昂、巴黎、蒙特利尔、纽约、香港博览会大多都是综合性的博览会。随着国际贸易关系和技术的日益发展,通过博览会和展览会进行的展卖方式在国际市场上的地位日益重要。它为买卖双方了解市场,建立商品和技术联系提供了有利条件,成为各国商人签订贸易合同的重要场所。

随着信息技术的推广应用,利用互联网的信息传播优势,开展网上会展是展卖方式的一个新的应用平台。在会展期间,会展平台将同时对外进行网络会展,参加网络展览的公司及产品信息将在网上会展中展示,同时,浏览者可以通过各种信息搜索机制快速寻找中意的展品信息并进一步与该公司取得联系。另外,平台将不间断地播放参加网络会展的公司预定的多种网络广告,以加强产品的推广;在网下会展结束后,网上会展依然继续,从而将有效地延长会展时间,让更多的企业和客户达成合作。同时,网络平台将充分利用互联网的信息传播优势,建立展商信息维护功能,展商可以通过各自的身份进入信息管理中心,对公司或产品信息进行更新等维护,从而确保网络展览的信息长期有效。

第十节 租赁贸易

租赁贸易(leasing)是当代经济交易中最为活跃的一种贸易方式。发达国家的固定资产投资,有相当比例是通过租赁贸易方式实现的,在国内和国际贸易中,租赁市场都是一个对供需双方十分具有吸引力的市场。

一、租赁贸易的定义

租赁贸易是指出租人在一定时间内把租赁物租借给承租人使用,承租人分期付给一定租赁费的融资与融物相结合的经济活动。根据租约规定,出租人定期收取租金,并保持对租赁物的所有权;承租人通过租金缴纳,从而取得租赁物的使用权。

二、当代租赁贸易的特点

(1) 租赁是所有权和使用权相分离的一种物资流动形式。
(2) 租赁是融资与融物相结合,物资与货币结合交流的运动形式。
(3) 租赁是国内外贸易中的辅助渠道。

三、租赁贸易的作用

租赁贸易实质上是出租人向承租人提供信贷的一种交易方式。从利用外资、引进设备的角度看,它与一般的中长期信贷和延期付款有相似之处,但对供需双方来说,有其特有的优越性。

1. 对承租人的作用

租赁的设备不作为企业的负债记录,不影响企业的举债能力。即使企业能以自有资金购入设备,若改用租赁方式,则可增强流动资金的周转能力,改善企业的资产质量。承租人支付的租金可列入生产或经营成本,从而降低了企业应税的数额。承租人可按自身需要选择生产厂商和所需设备,确定技术指标。而租赁公司作为市场中的大买家,往往拥有优越的谈判地位,能以相对优惠的价格购进设备,从而降低承租人支付的租金。

以租赁方式引进设备,承租人只需和租赁公司达成协议,而落实资金和采购设备均由租赁公司负责,故业务环节减少,设备到位所需时间较短。承租人可以分享租赁公司所享受的减免税优惠以及所具有的资金运作优势,从而降低租金支出。承租人所支付的租金,包括设备价款、利息和租赁手续费。租金在租赁期内一般固定不变,而中长期贷款的利率往往是浮动的,有上升的趋势。

国际市场是买方市场,承租人作为用户,具有一定的优势,充分利用这一优势,在一定条件下,比起直接获得国外出口信贷,更具现实性且更为经济,比起外商直接投资,在收益分配和经营控制上更有利于设备引进方。

2. 对出租人的作用

出租人购买设备开展租赁业务,作为设备所有人,可享受投资减税待遇,以及折旧或按政策加速折旧的优惠。金融租赁公司作为出租人,租赁贸易也是一种金融业务,由此扩大了资金投放市场。由于拥有设备所有权和应收租主的承诺贷款风险较小,专业租赁公司作为出租人,一般只需支付所购设备款项的20%~40%,其余部分则以设备所有权和租金受让权作为抵押,由银行等金融机构提供贷款,但出租人仍享有全部减税利益。一些大型制造公司往往附设租赁公司,通过以租代销扩大出口业务。特别对于一些售价高、相对陈旧老化的设备，租赁是一种行之有效的促销方式。

四、租赁贸易的形式

1. 金融租赁

金融租赁（financial lease）又称融资性租赁，是指承租人选定机器设备，由出租人购置后出租给承租人使用，承租人按期交付租金。租赁期满后租赁设备通常采取三种处理方法，即退租、续租和转移给承租人。

金融租赁在整个设备使用期内只租给一个用户，租赁公司按设备成本利息加上费用，分摊成租金向承租人收取，故而又称为完全支付租赁或一次性租赁。这是最基本的租赁形式。

2. 经营租赁

经营租赁（operating lease）是指租赁公司购置设备，出租给承租人使用，出租人负责维修、保养和零部件更换等工作，承租人所付租金包括维修费。

这种形式的租赁期限较短，在设备使用的有效期内，不仅仅租给一个用户，每个用户所缴付的租金只相当于设备投资的一部分，又称不完全支付租赁。对承租人来说，这种租赁方式和提供的服务，使他获得了始终保持正常运转的高新技术设备，但租金也比较高。经营租赁的标的物是通用设备。当承租人只需短期使用某种通用设备时，往往采用这种租赁方式。经营租赁的出租人通常是生产制造商兼营的租赁公司或者专业租赁公司。

3. 转租租赁

我国在以租赁方式引进国外设备时，往往由我国的租赁公司作为承租人向国外租赁公司租用设备，然后再将该设备转租给国内用户。经营转租业务的租赁公司，一方面，为用户企业提供了信用担保，即以自己的名义承担了支付租金的责任；另一方面，又为用户承办涉外租赁合同的洽谈和签订，以及各项进口手续和费用。

我国租赁公司除办理转租赁外，也作为中介机构为国内用户企业介绍国外租赁公司，由用户企业与国外公司直接签约。我国租赁公司开立保函，为国内承租人定期支付租金作保。

4. 回租租赁

承租人向出租人租赁原来属于自己的设施。一般做法是先由承租人和出租人签订租赁协议，然后再签订买卖合同，由出租人购进标的物，将其租给承租人，即原物主。这种租赁方式主要用于不动产，由于承租人缺少资金而出售不动产以筹措所需资金。

回租租赁均为融资租赁。标的物的售价将分摊在各期租金中，故在回租租赁业务中,标的物的售价往往并不反映真正的市场价,而更多取决于承租人所需资金的数额。当然也不可能超过其真正的市场价。

典 型 习 题

一、单项选择题(下列每题的选项中,只有 1 个是正确的,请将其代号填在括号内)

1. 享有独家专营权的贸易方式是(　　)。
   A. 包销　　　　B. 定销　　　　C. 经销　　　　D. 代理
2. 下列关于独家代理和包销两种贸易方式的表述中,正确的是(　　)。
   A. 前者是买卖关系,后者是代理关系
   B. 前者是代理关系,后者是买卖关系
   C. 都是代理关系
   D. 都是买卖关系
3. (　　)是指以物易物,即货物出口的一方在进口某一价值货物的同时,向对方提供等值的出口货物,通常不涉及代理方。
   A. 补偿贸易　　B. 易货贸易　　C. 抵销贸易　　D. 互购贸易
4. (　　)是指不享有独家经营权的代理。
   A. 购货代理　　B. 独家代理　　C. 一般代理　　D. 销售代理
5. (　　)是指代理人在指定地区和规定的期限内享有代销指定商品的专营权。
   A. 总代理　　　B. 独家代理　　C. 一般代理　　D. 指定代理
6. 来料加工项下进口直接用于加工生产的出口产品而在生产中消耗掉的燃料、磨料、触媒剂(　　)。
   A. 可以全额保税
   B. 可以差额保税
   C. 不可以保税
   D. 有时可以全额保税,有时可以差额保税
7. 进料加工是指(　　)进口部分原材料、零部件、元器件、包装物料、辅助材料(简称料件)加工成品或半成品后销往国外的一种贸易方式。
   A. 国外客户购买后提供给有关经营单位
   B. 可由国外客户购买后提供也可由我国有关经营单位用外汇购买
   C. 我国加工单位用外汇购买

D. 我国有关经营单位用外汇购买

8. 在国际贸易中,我们经常采取一种有别于通常的代理销售的贸易方式,是指委托人(货主)先将货物运往拟销售地点,委托国外一个代销人(受托人),按照协议规定的条件,由代销人代替货主进行销售,在货物售出后,由代销人向货主结算货款,这种贸易方式我们称为(　　)。

　　A. 包销　　　　B. 代理　　　　C. 寄售　　　　D. 拍卖

9. 拍卖的特点是(　　)。

　　A. 卖主之间的竞争　　　　　　B. 买主之间的竞争
　　C. 买主与卖主之间的竞争　　　D. 拍卖行与拍卖行之间的竞争

10. 属于公开竞买的贸易方式是(　　)。

　　A. 寄售　　　　B. 拍卖　　　　C. 包销　　　　D. 代理

11. 投标人发出的标书是一项(　　)。

　　A. 不可撤销的发盘　　　　B. 可撤销的发盘
　　C. 可随时修改的发盘　　　D. 有条件的发盘

12. 某进出口公司6月间在现货市场上出售钢板一批,进货价为每吨1 150美元,9月份交货,为了避免市场价格下跌的风险,该公司以相同价格和数量在期货市场购进9月份交割的期货合同,这种做法被称为(　　)。

　　A. 卖期保值　　B. 买期保值　　C. 多头　　　　D. 空头

13. 加工贸易属于(　　)的范畴。

　　A. 技术贸易　　B. 货物贸易　　C. 服务贸易　　D. 信息贸易

14. 来料加工和进料加工(　　)。

　　A. 均是一笔交易
　　B. 均是两笔交易
　　C. 前者是一笔交易,后者是两笔交易
　　D. 前者是两笔交易,后者是一笔交易

15. 以材料或半成品委托他人加工,而付给的加工费用,称为(　　)。

　　A. 料件费　　　B. 利润　　　　C. 成本　　　　D. 工缴费

16. 招标公告出来后,研究并编写标书处于招标、投标的(　　)阶段。

　　A. 招标　　　　B. 投标　　　　C. 开标　　　　D. 中标

17. 寄售协议中双方当事人之间的关系属于(　　)。

　　A. 代理关系　　　　　　　　B. 买卖关系
　　C. 委托与受托关系　　　　　D. 上下级关系

18. 补偿贸易是买方以(　　)形式从卖方购进机器设备等。

　　A. 赊销　　　　B. 代销　　　　C. 返销　　　　D. 信贷

19. (　　)是指租赁公司购置设备,出租给承租人使用,出租人负责维修、保养和零部件更换等工作,承租人所付租金包括维修费。
    A. 经营租赁　　B. 转租租赁　　C. 回租租赁　　D. 金融租赁

20. 寄售人与代销人之间是(　　)。
    A. 委托与托受关系　　　　　　B. 买卖关系
    C. 包销代理关系　　　　　　　D. 一般经销关系

21. "投机商人预计未来价格将出现上涨时,先买进期货合同,等价格上涨后再卖出对冲,从中获利"的投机行为称为(　　)。
    A. 出头　　　B. 多头　　　C. 进头　　　D. 空头

22. 寄售情况下,代销人(　　)。
    A. 与寄售人各承担销售费用的50%
    B. 独立承担销售费用
    C. 不承担任何销售费用
    D. 与寄售人共同协商各自承担的比例

23. "荷兰式拍卖"是一种(　　)。
    A. 增价拍卖　　　　　　　　　B. 减价拍卖
    C. 密封递价拍卖　　　　　　　D. 招标式拍卖

24. "投机商人预计未来价格将出现下跌时,先抛出期货合同,等价格下跌到一定程度再补进对冲,从中赚取差价"的投机行为称为(　　)。
    A. 出头　　　B. 空头　　　C. 进头　　　D. 多头

25. (　　)又称融资性租赁,是指承租人选定机器设备,由出租人购置后出租给承租人使用,承租人按期交付租金。
    A. 经营租赁　　B. 转租租赁　　C. 回租租赁　　D. 金融租赁

26. 补偿贸易(compensation trade)是指在(　　)的基础上,进口机器设备、器材或技术,而用该进口机器设备和技术生产的产品来分期偿还进口货物的全部或一部分的货款。
    A. 赊销　　　B. 代销　　　C. 返销　　　D. 信贷

27. 回购在我国又称为(　　)。
    A. 寄售　　　B. 拍卖　　　C. 包销　　　D. 补偿贸易

二、**多项选择题**(下列每题的选项中,至少有2个是正确的,请将其代号填在括号内)

1. 代理中,代理人不妥当的行为有(　　)。
    A. 向委托人公开一切重要过程
    B. 向委托人公开买主的有关资料

C. 未经委托人的允许,充当买主的代理人
   D. 决定接受订单
   E. 未经委托人的授权,代理人对所代销的商品给买主保证和承诺
2. 当代国际博览会和国际展览会具有的性质有（　　）。
   A. 商品交易　　B. 介绍产品　　C. 介绍技术　　D. 广告宣传
   E. 开拓市场
3. 投标文件的内容一般包括（　　）。
   A. 投标价格　　　　　　　　B. 商品的各项交易条件
   C. 用于评标的技术性能指标　D. 投标人的资格文件
   E. 投标担保
4. （　　）商品适于减价拍卖。
   A. 花卉　　B. 蔬菜　　C. 古董　　D. 工艺品
   E. 观赏鱼类
5. 对等贸易的具体形式有（　　）。
   A. 易货贸易　B. 互购　　C. 加工贸易　D. 产品回购
   E. 套期保值
6. 加工贸易包括（　　）加工。
   A. 来料　　B. 租赁贸易　C. 进料　　D. 寄售
   E. 展卖
7. 加工贸易的特征有（　　）。
   A. 经营企业和生产企业不承担风险
   B. 两头在外
   C. 加工增值
   D. 物件保税
   E. 无需政府补贴
8. 加工贸易货物的特点有（　　）。
   A. 独家经营
   B. 利用进口料件加工的成品必须复运出境
   C. 加工企业总经销
   D. 出口成品与进口料件直接相关,是对进口料件本身进行加工得到的产品
   E. 暂免纳税
9. 来料加工的主要特点有（　　）。
   A. 由外商提供全部或部分料件,不占用我方外汇

B. 料件进口和成品出口不是同一客户

C. 来料加工出口的成品,由外商自行销售

D. 我方只收取工缴费

E. 外商提供的进口料件和加工的成品,我方不拥有所有权

10. 进料加工合同可分为( )。

　　A. 来料加工合同　　　　　　B. 备料加工合同

　　C. 出料加工合同　　　　　　D. 进料加工对口合同

　　E. 进料加工非对口合同

11. 国际贸易的主要方式有( )。

　　A. 代理　　　B. 期货交易　　C. 加工贸易　　D. 拍卖

　　E. 报关

12. 独家经销是指经销商在( )享有独家专营权。

　　A. 协议规定的期限　　　　　B. 协议规定的地域

　　C. 所有商品　　　　　　　　D. 某一类商品

　　E. 终生

13. 寄售方式的主要优点有( )。

　　A. 有利于利用国外的销售渠道和调动国外代销人推销商品的积极性

　　B. 为买主提供了便利,有助于调动国外买方订购商品的积极性

　　C. 有利于开拓市场和扩大销路

　　D. 有利于寄售人的资金周转

　　E. 有利于随行就市和提高出售价格

14. 拍卖经过的程序有( )。

　　A. 拍卖准备　　B. 预先看货　　C. 正式拍卖　　D. 成交与交货

　　E. 付款与提货

15. 国际竞争性招标的做法有( )。

　　A. 公开招标　　　　　　　　B. 选择性招标

　　C. 无限竞争性招标　　　　　D. 有限竞争性招标

　　E. 以上都是

16. 补偿贸易的种类很多,按补偿的内容来划分,主要的补偿方法有( )。

　　A. 以直接产品补偿　　　　　B. 以其他产品补偿

　　C. 以劳务补偿　　　　　　　D. 以外汇补偿

　　E. 以利润补偿

17. 对等贸易有( )。

　　A. 易货贸易　　B. 补偿贸易　　C. 互购方式　　D. 寄售方式

E. 来料加工

18. 下列关于招标业务的描述中,正确的有(　　)。
    A. 招标业务双方当事人之间为买卖关系
    B. 招标、投标属于竞卖性质
    C. 招标业务中一般没有还盘环节
    D. 在招标过程中,投标人一般处于被动地位
    E. 招投标文件即为当事人双方的买卖合同,无需另外签订

19. 下列关于拍卖业务的描述中,恰当的有(　　)。
    A. 拍卖是一种公开竞买的现货交易
    B. 参与拍卖的买主,一般须向拍卖机构缴存一定数额的保证金
    C. 拍卖有自己的法律和规章
    D. 拍卖是在一定的场所内有组织地进行的
    E. 拍卖是一种不太常见,很少使用的贸易方式

20. 根据协议,获得某地区商品专营权的有(　　)。
    A. 寄售商　　　B. 包销商　　　C. 独家代理商　　　D. 拍卖商
    E. 独家经销商

21. 在寄售协议中,应具体规定寄售货物的作价办法,寄售人通常采取的授权代销人掌握价格的办法有(　　)。
    A. 规定最低限价
    B. 规定最高限价
    C. 按当地市价出售
    D. 销售价格必须征得寄售人的同意
    E. 销售价格必须征得代销人的同意

22. 开展展卖业务时应注意(　　)。
    A. 选择适当的展卖商品　　　B. 选择好合作的客户
    C. 尽量拉长展出的时间　　　D. 选择合适的展出地点
    E. 选择适当的展卖时机

23. 进料加工的主要特点有(　　)。
    A. 外汇购买、产品外销　　　B. 自行生产、自行销售
    C. 自负盈亏,风险自担　　　D. 我方只收取工缴费
    E. 外商提供的进口料件和加工的成品,我方不拥有所有权

24. 采用独家经销方式对出口商带来的不利因素有(　　)。
    A. 国外客户可分散经营、相互竞争
    B. 可能出现"包而不销"的情况,从而给出口商带来不利的影响

C. 独家经销商有可能操纵价格、控制市场,对出口商供应的商品故意挑剔或进行压价

D. 一旦市场情况发生变化,独家经销商不积极销售产品,对市场开拓造成被动

E. 稳定的出口货源,调动独家经销商的积极性

25. 拍卖的出价方法通常有(　　)。

  A. 公开竞买法　　　　　　　B. 有限竞买法

  C. 增价拍卖法　　　　　　　D. 减价拍卖法

  E. 密封递价法

26. 期货市场的特征有(　　)。

  A. 以标准合同作为交易的客体

  B. 特殊的清算方法

  C. 严格的押金制度

  D. 对每天价格波动幅度有一定限制

  E. 对每个人允许占有的合同量有一定限制

三、判断题(判断下列各题是否正确。正确的在题后的括号内打"√",错误的打"×")

1. 一般经销与包销的不同之处在于:一般经销人享有专营权,而包销人则不享有专营权。（　　）

2. 来料加工方式中,料件和加工后成品的所有权属于外商,而不属于来料加工厂。（　　）

3. 进料加工是指进口料件由经营企业付汇进口,制成品由经营企业外销出口的经营活动。（　　）

4. 一般来说,展览会是定期和有固定地点的,而博览会则是不定期和没有固定地点的。（　　）

5. 从交易规章制度上看,套期保值交易通常要受到交易量的限制,而投机性交易却不受交易量的限制。（　　）

6. 互购贸易是把先后两笔不一定等值的现汇交易结合在一起,一般对后出口一方比较有利。（　　）

7. 补偿贸易中,贸易双方都十分关心生产情况,机器设备和技术的出口方必须承诺回购进口方的产品和服务。（　　）

8. 在对等贸易中,一方既是买方,又是卖方,双方都是既买又卖。（　　）

9. 寄售中的双方当事人是买卖关系。（　　）

10. 代理人在一定时期内推销的商品有一个最高代销额。（　　）

11. 寄售是先出运,后成交的贸易方式,属于现货买卖。　　　　　　（　）
12. 寄售是先出运,后成交的贸易方式,属于期货买卖。　　　　　　（　）
13. 在寄售协议中,不能对寄售期限、委托寄售的商品及销售的地区作出明确的规定。　　　　　　　　　　　　　　　　　　　　　　　　（　）
14. 买主叫价拍卖又称荷兰式拍卖。　　　　　　　　　　　　　　（　）
15. 招标人发出的标书,在送达投标人时失效。　　　　　　　　　　（　）
16. 招标与投标同一般进出口贸易方式的做法不同,采用这种方式,双方当事人不必经过交易磋商,而是由各投标人应邀同时采取一次递价的办法。（　）
17. 期货交易都是先清算,后成交。　　　　　　　　　　　　　　　（　）
18. 套期保值的基本做法是期货交易者在购进(或出售)现货的同时,在期货市场上出售(或购进)同等数量的期货。　　　　　　　　　　　　　（　）
19. 卖期保值是指套期保值根据现货交易情况,先在期货市场上卖出期货合同(或称建立空头交易部位)然后再以多头进行平仓的做法。由于保值者处于卖方地位,所以称其为卖期保值。　　　　　　　　　　　　　　　　（　）
20. 金融租赁是指承租人选定机器设备,由出租人购置后出租给承租人使用,承租人按期交付租金。　　　　　　　　　　　　　　　　　　　（　）
21. 采用寄售方式,寄售人要承担待售货物出售前的一切风险,其中包括货物在运输和储存当中的风险、价格变动的风险、货物不能出售的风险,以及代销人资信不佳而招致的其他损失。　　　　　　　　　　　　　　　　（　）
22. 由于出口商将独家经销权给了独家经销商,一旦市场情况发生变化,独家经销商不积极销售产品,出口商又不能同其他客户联系成交,对市场开拓造成很大被动。　　　　　　　　　　　　　　　　　　　　　　　　　（　）
23. 外发加工是指加工贸易企业将保税进口料件加工的产品转至另一加工贸易企业进一步加工后复出口的经营活动。　　　　　　　　　　　　（　）
24. 在加工贸易中,承揽企业是指与经营企业签订加工合同,承接经营企业委托的外发加工业务的生产企业。承揽企业须经海关注册登记,具有相应的加工生产能力。　　　　　　　　　　　　　　　　　　　　　　　　（　）
25. 回租租赁均为融资租赁。标的物的售价将分摊在各期租金中。故在回租租赁业务中,标的物的售价往往并不反映真正的市场价,而更多取决于承租人所需资金的数额。当然也不可能超过其真正的市场价。　　　　　　　（　）
26. 按国际招标惯例,如招标人在评标过程中认为所有的投标均不理想从而不想选定中标人,也可宣布招标失败,拒绝全部投标。　　　　　　　（　）
27. 单位耗料量是指加工贸易企业在正常生产条件下加工生产单位出口成品所耗用的进口料件的数量,简称单耗。　　　　　　　　　　　　　（　）

28. 加工贸易货物仅指加工贸易项下的进口料件。（　）

29. 加工贸易料件的保税可以降低企业的运行成本,增强出口成本的竞争力。
（　）

30. 独家经销时,若独家经销商资信不佳,在经销时同时经销其他企业的同类商品,使他无法专心经营约定的商品和经营能力有限,就可能出现"包而不销"的情况,从而给出口商带来不利的影响。（　）

31. 在国际贸易中,商业上的经销是指委托人授权代理人代表他向第三者招揽生意,签订合同或办理与交易有关的各项事宜。（　）

32. 拍卖行为交易的达成提供了服务,它要收取一定的报酬。收取的报酬称为佣金(commission)或经纪费(brokerage)。（　）

33. 随着信息技术的推广应用,利用互联网的信息传播优势,开展网上会展是展卖方式的一个新的应用平台。（　）

34. 易货贸易的优点是以进带出,也可利用出口带动进口。（　）

35. 招标人一般不接受两个或两个以上并列厂商的投标。（　）

典型习题分析与解答

一、单项选择题

1. A　2. B　3. B　4. C　5. B　6. A　7. D　8. C　9. B　10. B　11. A　12. B　13. B　14. C　15. D　16. B　17. C　18. D　19. A　20. A　21. B　22. C　23. B　24. B　25. D　26. D　27. D

二、多项选择题

1. CDE　2. ABCDE　3. ABCDE　4. ABE　5. ABD　6. AC　7. BCD　8. BDE　9. ACDE　10. BDE　11. ABCD　12. ABD　13. ABCE　14. ABCDE　15. ABCDE　16. ABC　17. ABC　18. ABD　19. ABCD　20. BCE　21. ACD　22. ABDE　23. ABC　24. BCD　25. CDE　26. ABCDE

三、判断题

1. ×　2. √　3. √　4. ×　5. ×　6. ×　7. √　8. √　9. ×　10. ×　11. √　12. ×　13. ×　14. ×　15. ×　16. √　17. ×　18. √　19. √　20. √　21. √　22. √　23. ×　24. √　25. √　26. √　27. √　28. ×　29. √　30. √　31. ×　32. √　33. √　34. √　35. √

第四章　国际贸易进出口合同的主要条款

考 试 大 纲

1. **进出口合同概要**
   了解：进出口合同概要
   - 书面合同的形式、书面合同的内容、书面合同的格式。
2. **进出口合同的条款**
   掌握：
   - 进出口合同中品质、数量、包装、价格、装运、运输保险、支付、商品检验检疫、索赔、不可抗力、仲裁条款的主要内容、约定惯例、使用时的注意事项。

第一节　进出口合同概要

一、书面合同的形式

国际货物买卖合同在名称或形式上没有特别的限制。从事国际贸易的买卖双方除可采用正式的合同（contract）、确认书（confirmation）和协议书（agreement）之外，还可采用备忘录（memorandum）、订货单（order）和报价单（quotation sheet）等。

在我国外贸实践中，采用合同和确认书两种形式居多。从法律效力来看，这两种形式的书面合同没有区别，所不同的只是格式内容的繁简有所差异。合同又可分为销售合同和购货合同。前者是指卖方草拟提出的合同；后者是指买方草拟提出的合同。确认书是合同的形式，分为销售确认书和购货确认书。前者是指卖方草拟提出的合同；后者是指买方草拟提出的合同。

在我国对外贸易的业务中，合同或确认书通常都制作一式两份，由双方合法代表分别签字后各执一份，作为合同订立的证据和履行合同的依据。

二、书面合同的内容

1. 合同的约首

约首是指合同的首部,一般包括合同名称、合同编号、缔约双方的名称和地址、签约时间、签约地点以及合同序言等内容。

2. 合同的本文

本文是指合同的主体,是对交易双方经过磋商达成一致意见的交易条件以合同条款的形式予以确认。

合同基本条款包括品名、品质、规格、数量(或重量)、包装、价格、交货条件、运输、保险、支付、检验检疫、索赔、不可抗力和仲裁等项内容。有时为了满足某笔交易的特殊需要,也可订立特殊条款,这些特殊条款也作为合同本文的一部分。

3. 合同的约尾

约尾是指合同的尾部,通常注明合同的份数、使用的文字及其效力、双方当事人签字等项内容。

为了提高履约率,我们规定合同内容时,应当考虑周全。力求使合同的条款明确、具体、严密和相互衔接,且与磋商的内容要一致,以利合同的履行。

三、书面合同的格式

(一) 书面合同样式

书面出口合同样式,如表 4-1 所示。

表 4-1

出口合同样式

上海申江进出口有限公司

SHANGHAI SHENJIANG IMP. & EXP. CO., LTD.

NO. 27 ZHONGSHAN ROAD(E. 1), SHANGHAI CHINA

售货确认书

SALES CONFIRMATION

编号:SC0701260

No.:＿＿＿＿＿

日期:DEC.1,2009

Date:＿＿＿＿＿

Tel:0086 - 21 - 66080888

Fax:0086 - 21 - 66081888

TO Messrs:

SAKULA CO.,LTD.

ITC BUILDING 6TH FLOOR SUITE 602

1 - 8 - 4 CHOME ISOBE-DORI CHUO-KU KOBE JAPAN

Tel:0081 - 78 - 362 - 1444

Fax:0081 - 78 - 362 - 1445

谨启者:兹确认授予你方下列货品,其成交条款如下:

Dear Sirs: We hereby confirm having sold to you the following goods on the terms and conditions as specified below:

(1) 货物名称及规格 Name of Commodity and Specification	(2) 数量 Quantity	(3) 单价 Unit Price	(4) 总价 Amount
LACE BELT 1) MATERIAL: PU 2) SIZE: 100×4.8 CM 3) OUTER PACKING: 150 PCS/CTN	3,000PCS	CIF KOBE USD12.00	USD36,000.00
FASHION BELT 1) SIZE: 105×8 CM 2) MATERIAL: PU, NEEDLE BUCKLE 3) OUTER PACKING: 120 PCS/CTN	4,800PCS	USD15.00	USD72,000.00
DIAMANTE BELT 1) SIZE: 105×3.8 CM 2) MATERIAL: METALLIC PU WITH NEEDLE BUCKLE 3) OUTER PACKING: 100 PCS/CTN	500PCS	USD30.00 TOTAL	USD15,000.00 USD123,000.00
TOTAL AMOUNT IN WORDS: SAY US DOLLARS ONE HUNDRED AND TWENTY THREE THOUSAND ONLY			

(5) 装运期限:
　　Time of Shipment: LATEST DATE OF SHIPMENT 100228
(6) 装运港:
　　Port of Loading: SHANGHAI PORT
(7) 目的港:
　　Port of Destination: KOBE PORT
(8) 分批装运:
　　Partial Shipment: ALLOWED
(9) 转船:
　　Transshipment: ALLOWED
(10) 付款条件:
　　Terms of Payment: IRREVOCABLE L/C AT SIGHT
(11) 运输标志:
　　Shipping Marks: WILL BE INDICATED IN THE LETTER OF CREDIT
(12) 保险:
　　Insurance: The Seller should cover insurance for 110% of the total invoice value against. All Risks as per Ocean Marine Cargo Clauses of PICC dated 1/1/1981.
(13) 仲裁:
　　Arbitration: All disputes arising from the execution of, or in connection with this Sales Confirmation, shall be settled amicably through friendly negotiation. In case no settlement can be reached through negotiation, the case shall then be submitted to China International Economic and Trade Arbitration Commission, Shanghai Commission for arbitration in accordance with

Rules of Arbitration of China International Economic and Trade Arbitration Commission. The award made by the Commission should be accepted as final and binding upon both parties.

REMARKS：

买方须于2009年12月20日前开出本批交易的信用证（或通知销售方进口许可证号码）。否则，销售方有权不经过通知取消本确认书，或向买方提出索赔。

The Buyer shall establish the covering Letter of Credit（or notify the Import License Number）before <u>DEC. 20，2009</u>, falling which the Seller reserves the right to rescind w1thout further notice，or to accept whole or any part of this Sales Confirmation non-fulfilled by the Buyer，or，to lodge claim for direct losses sustained，if any.

凡以CIF条件成交的业务，保额为发票价的<u>110%</u>，投保险别以售货确认书中所列行的为限，买方如果要求增加保额或保险范围，应于装船前经卖方同意，因此而增加的保险费由买方负责。

For transactions conclude on CIF basis，it is understood that the insurance amount will be for <u>110%</u> of the invoice value against the risks specified in Sales Confirmation. If additional insurance amount or coverage is required，the buyer must have consent of the Seller before Shipment，and the additional premium is to be borne by the Buyer.

品质/数量异议：如买方提出索赔，凡属品质异议，须于货到目的口岸之<u>60</u>日内提出。凡属数量异议，须于货到目的口岸之<u>30</u>日内提出，对所装货物所提任何异议属于保险公司、轮船公司等其他有关运输或邮递机构的责任范畴，卖方不负任何责任。

QUALITY,/QUANTITY DISCRFPANCY：In case of quality discrepancy, claim should be filed by the Buyer within <u>60</u> days after the arrival of the goods at port of destination; while for quantity discrepancy, claim should be filed by the Buyer within：<u>30</u> days after the arrival of the goods at port of destination. It is understood that the seller shall not he liable for any discrepancy of the goods shipped due to causes for which the Insurance Company, Shipped Company other transportation organization/or Post Office are liable.

本确认书内所述全部或部分商品，如因人力不可抗拒的原因，以致不能履约或延迟交货，卖方概不负责。

The Seller shall not be held liable for failure of delay in delivery of the entire lot or a portion of the goods under this Sales Confirmation in consequence of any Force Majeure incidents.

买方在开给卖方的信用证上请填注本确认书号码。

The Buyer is requested always to quote THE NUMBER OF THIS SALES CONFIRMATION in the Letter of Credit to be opened in favour of the Seller.

买方收到本售货确认书后请立即签回一份，如买方对本确认书有异议，应于收到后五天内提出，否则认为买方已同意接受本确认书所规定的各项条款。

The buyer is requested to sign and return one copy of the Sales Confirmation immediately after the receipt of same. Objection, if any, should be raised by the Buyer within five days after the receipt of this Sales Confirmation, in the absence of which it is understood that the Buyer has accepted the terms and condition of the Sales Confirmation.

买 方 　　　　　　　　　　卖 方

THE BUYER　　　　　　　　　　　　　　THE SELLER

(二) 合同项目解析
一般的销售合同由三部分构成。

1. 约首
SALES CONFIRMATION ——① 合同名称
SC0701260 ——② 合同编号
DEC.1,2009 ——③ 合同日期
The Seller：SHANGHAI SHENJIANG IMP. & EXP. CO.，LTD.
Address：NO.27 ZHONGSHAN ROAD(E.1)，SHANGHAI CHINA
The Buyer：SAKULA CO.,LTD.
Address：ITC BUILDING 6TH FLOOR SUITE 602
1-8-4 CHOME ISOBE-DORI CHUO-KU KOBE JAPAN
⎬ ④ 合同当事人

2. 正文
1) 品质条款(quality)
LACE BELT
(1) MATERIAL：PU
(2) SIZE：100×4.8 CM
FASHION BELT
(1) SIZE：105×8 CM
(2) MATERIAL：PU，NEEDLE BUCKLE
DIAMANTE BELT
(1) SIZE：105×3.8 CM
(2) MATERIAL：METALLIC PU WITH NEEDLE BUCKLE
⎬ 货物名称及规格

2) 数量条款(quantity)
LACE BELT　　　3,000　　　　PCS
FASHION BELT　4,800　　　　PCS　　① 数量　② 计量单位
DIAMANTE BELT　500　　　　 PCS

3) 价格条款(price)
Unit Price　　　　　　　　　　　　Amount
　　CIF KOBE——① 价格术语
LACE BELT　　　USD12.00　　　　USD36,000.00
FASHION BELT　USD15.00　② 单价　USD72,000.00
DIAMANTE BELT USD30.00　　　　USD15,000.00
　　　　　　　　　　　　　　　　　USD123,000.00——③ 合同金额(小写)
TOTAL AMOUNT IN WORDS：——④ 合同金额(大写)
SAY US DOLLARS ONE HUNDRED AND TWENTY THREE THOUSAND ONLY

4) 包装条款(packing)
LACE BELT
(3) OUTER PACKING：150PCS/CTN
(4) 总价(amount)

5) 装运条款(shipment)
(5) 装运期限：
Time of Shipment：LATEST DATE OF SHIPMENT 100228

（6）装运港：
Port of Loading：SHANGHAI PORT
（7）目的港：
Port of Destination：KOBE PORT
（8）分批装运：
Partial Shipment：ALLOWED
（9）转船：
Transshipment：ALLOWED
6）支付条款（payment）
Terms of Payment：IRREVOCABLE L/C AT SIGHT
7）保险条款（insurance）
The Seller should cover insurance ——① 投保人
for 110％ of the total invoice value ——② 保险金额
against. All Risks as per Ocean Marine Cargo Clauses ——③ 投保险别
of PICC dated 1/1/1981. ——④ 保险条款及生效时间
8）仲裁条款（arbitration）

All disputes arising from the execution of，or in connection with this Sales Confirmation，shall be settled amicably through friendly negotiation. In case no settlement can be reached through negotiation，the case shall then be submitted to China International Economic and Trade Arbitration Commission，Shanghai Commission for arbitration in accordance with Rules of Arbitration of China International Economic and Trade Arbitration Commission. The award made by the Commission should be accepted as final and binding upon both parties.

包含争议解决方式、提请仲裁的仲裁地点、仲裁机构、仲裁规则、裁决效力等内容。

9）备注（remarks）

索赔、品质/数量异议、人力不可抗拒条款，可以在这里列出，也可以单独列出一个条款。

3．约尾

1．买方收到本售货确认书后请立即签回一份，如买方对本确认书有异议，应于收到后五天内提出，否则认为买方已同意接受本确认书所规定的各项条款。

The buyer is requested to sign and return one copy of the Sales Confirmation immediately after the receipt of same. Objection，if any，should be raised by the Buyer within five days after the receipt of this Sales Confirmation，in the absence of which it is understood that the Buyer has accepted the terms and condition of the Sales Confirmation. ——合同份数及归属

2．

买　方 　　　　　　　　　　卖　方
THE BUYER　　　　　　　　　　　　　　　THE SELLER

——合同双方签字确认

第二节　进出口合同的条款

进出口合同的条款包括品质、数量、包装、价格、装运、保险、支付、检验检疫、争议索赔、不可抗力和仲裁等。这些栏目的定义要非常清晰,在买卖合同中应作出明确、具体的规定。

一、品质条款

1. 商品品质的含义和主要内容

商品的交易,首先要明确交易的具体商品名称和质量。商品名称和质量简称品质。

品名条款是国际货物买卖合同中主要条款之一。品名条款首先要列明商品的名称。有的商品,如有需要,也可概括性地描述其有关的具体品种、等级或型号,也有的包括商品的具体品质规格,在这种情况下,实际上是品名条款和品质条款的合并。

品名的描述必须明确、具体,切忌笼统,不要加入一些不必要的描述性的词句。品名的定义尽可能使用国际上通用的名称,如果需要使用地方性的名称,交易双方应事先就含义取得共识。对于某些新商品的定名及译名应力求符合国际上的习惯称呼,做到准确、易懂。另外,从方便进出口、减低关税和节省运费开支的角度考虑,在同一商品存在名称不同的情况下,选用合适的品名也很必要。

商品的品质是商品内在素质和外观形态的综合。商品的内在素质是指商品的物理性能、化学成分、生物特征和机械指标等自然属性;商品的外观形态是指商品的外形、色泽、款式和透明度等由感官获得的外部特征。

国际货物买卖中,由于交易的商品种类繁多,市场交易习惯不相同,在表示商品品质的方法上也不全相同。总体来说,大致可分为以实物表示和凭说明约定两大类。

以实物表示商品品质,主要有看货成交和凭样品买卖两种。由于在国际贸易中,交易双方地处不同国家,相距遥远,买方到卖方所在地看货很不方便,所以这种交易方式较少使用。

2. 以实物表示商品品质

以实物表示商品品质通常包括以成交商品的实际品质(actual quality)和凭样品(sample)两种表示方法。前者为看货买卖(sale by actual quality);后者为凭样品买卖(sale by sample)。

1）看货买卖

看货买卖一般是在现场进行，或者在卖方或买方所在地进行，通常是先由买方或其代理人在卖方所在地验看货物，达成交易后，卖方即应按验看过的商品交付货物。只要卖方交付的是验看过的商品，买方就不得对品质提出异议。这种方法多用于寄售、拍卖和展卖业务中。

2）凭样品买卖

凭样品买卖是指卖方或买方先提交若干个能代表商品品质的少量实物，议定品质和价格，然后由卖方批量交货。这些能够代表商品品质的少量实物被称为样品，是将来交货时确定货物品质的标准，卖方必须保证以后交付的货物品质与样品一致。这种做法尤其适用于品质很难用文字说明的货物。

凭样品买卖时根据样品的提供者的不同，可分为以下几种。

（1）凭卖方样品买卖(sale by seller's sample)，即卖方提供的样品能代表日后整批交货的少量实物，又称代表性样品(representative sample)。代表性样品也就是原样(original sample)，或称为标准样品(type sample)。在向买方递送代表性样品时，应留存一份或数份同样的样品，即复样(duplicate sample)，或称留样(keep sample)，以备将来组织生产、交货或处理质量纠纷时作核对之用。

（2）凭买方样品成交(sale by buyer's sample)，又称来样成交或来样制作，是指以买方提供的样品作为交货品质依据的交易。在合同中，一般规定"品质以买方样品为准"(quality as per buyer's sample)。此时，卖方所交整批货的品质，必须与买方样品相符。

（3）凭对等样品成交(sale by counter sample)。在凭买方样品买卖中，要求卖方所交整批货的品质必须与买方样品一致，从而避免交货时双方对样品品质理解不同而产生纠纷。卖方往往要根据买方提供的样品，加工复制出一个类似的样品交买方确认，这种经确认后的样品称为对等样品或回样(return sample)，又称确认样品(confirming sample)。实际上，对等样品改变了交易的性质，即由凭买方样品买卖变成了凭卖方样品买卖，使卖方处于较有利的地位。

作为样品，一般都反映其所代表的商品的整体质量。但也有一些样品，它们只被用作反映某些商品的一个或几个方面的部分质量，而不反映全部质量。例如，色彩样品(colour sample)只表示商品的色彩；花样款式样品(pattern sample)只表示商品的花样款式。至于该商品的其他质量内容，则用文字说明来表示。卖方将文字说明的质量内容连同上述样品提交买方，凭以磋商交易；一旦成交，该文字说明和样品将作为日后制作成品、履约交货的质量依据。

买卖双方必要时，还可封样(sealed sample)，即由第三方或公证机关在一批货物中抽取同样质量的样品若干份,每份样品采用铅丸、钢卡、封条、封识章、不干胶印纸以及火漆等各种方法加封识别,由第三方或公证机关留存一份备案,其余供当事人使用。有时,封样也可由出样人或买卖双方会同加封。

由于凭样品买卖要求交货方以品质与样品完全一致,有时难以做到,交易中易发生纠纷。特别是在市场行情剧变时,买方往往会苛求"货"、"样"一致的标准而拒收货物。因此,在使用这种方法时,应注意做好以下几项工作:

(1) 凡凭样品买卖,卖方交货品质必须与样品完全一致。

(2) 以样品表示品质的方法,只能酌情采用。凡能用科学的指标表示商品品质时,就不宜采用此方法。

(3) 采用凭样成交而对品质无绝对把握时,应在合同条款中相应作出灵活的规定。"品质与样品大致相同"(quality shall be about equal to the sample)或"品质与样品相似"(quality is nearly same as the sample),以利于卖方日后交货。

(4) 提供的商品要有代表性。应在大批货物中选择品质中等的实物作为样品,避免由于样品与日后所交货物品质不一致,引起纠纷,造成经济损失。

(5) 寄发样品和留存复样,要注意编号和注明日期,以便日后查找。

(6) 采用凭买方样品成交时,应规定知识产权问题。

(7) 如果提交对方的样品不是标准样品,应注明"仅供参考"(for reference only)字样。

3. 凭说明表示商品品质

凭说明表示品质是指用文字、图表、图片、相片、光盘和多媒体展示等方式来说明成交商品的品质,在这类表示品质的方法中,可细分为如下几种。

1) 凭规格买卖(sale by specification)

商品的规格(specification)是指一些足以反映商品品质的主要指标,如化学成分、含量、纯度、性能、容量、长短粗细等。

2) 凭等级买卖(sale by grade)

商品的等级(grade goods)是指同一类商品,按规格上的差异,分为品质优劣各不相同的若干等级。通常用甲、乙、丙、丁、1、2、3、4、大、中、小等表示。

3) 凭标准买卖(sale by standard)

商品的标准是指将商品的规格和等级标准化,作为产品品质评定和检验的依据。标准可分为国际标准、国家标准、部颁标准、行业标准和企业标准等多项。有些商品习惯于凭标准买卖,使用某种标准作为说明和评定商品品质的依据。

在国际贸易中,对于某些品质变化较大而难以规定统一标准的农副产品,往往采用"良好平均品质"(fair average quality, FAQ)这一术语来表示其品质。"良好平均品质"是指一定时期内某地出口货物的平均品质水平,一般是指中等货。在我国,出口的农副产品中,用FAQ来说明品质,一般是指"大路货",在标明大路货的同时,通常还约定具体规格作为品质依据。

4) 凭说明书买卖(sale by descriptions)

在国际贸易中,有些技术密集型产品,如机器、电器、仪器、仪表、计算机及辅助设备和大型成套设备等,因其结构复杂,对材料和设计的要求严格,安装、调试、使用和维修保养都有严格的操作规程和性能要求,对这类商品的品质,通常以说明书并附以图样、照片、设计图纸、分析表及各种数据来说明具体性能和结构特点。按此方式进行交易,称为凭说明书和图样买卖。

5) 凭商标或品牌买卖(sale by trade mark or brand)

商标或品牌自身实际上是一种品质象征,拥有良好品牌的产品,在国际市场不仅好销,而且其售价远远高于其他同类产品,一些名牌产品的制造者为了维护商标的声誉,对产品都规定了严格的品质控制,以保证其产品品质达到一定的标准。因此,人们在交易时只凭商标或品牌进行买卖,毋需对品质提出详细要求。但是,如果一种品牌的商品同时有许多种不同型号或规格,为了明确起见,就必须在规定品牌的同时,明确规定型号或规格。

6) 凭产地名称买卖(sale by the name of origin)

在国际货物买卖中,有些货物,特别是农副产品,因产区的自然条件和传统加工工艺等因素,在品质方面具有其他产区的产品所不具有的独特风格和特色,对于这类产品,一般也可用产地名称来表示品质,如我国的"嘉定大蒜"、"四川榨菜"等。

4. 品质条款的约定

品质条款是国际货物买卖合同的主要条款之一,是买卖双方就商品品名、质量、规格、等级、标准、商标和品牌等的具体规定。品质条款的内容及繁简,应视商品特性而定。

在国际贸易中,为保证合同的顺利履行,避免因交货品质与买卖合同稍有不符而造成违约,可以在合同品质条款中作出某些变通规定。常见的有下列一些变通规定办法:

(1) 加订交货品质与样品(quality to be considered and being special to the sample)的条文。

(2) 规定品质公差(quality tolerance)。品质公差是指国际上公认的产品品质的误差。虽然卖方在这种公认的品质公差范围内交货不算违约,但为了明确起见,最好在合同品质条款中订明一定幅度的公差。例如,尺码或重量允许$\pm 3\% \sim 5\%$的合理公差等。

（3）卖方交货的商品在规定一定的差异范围内,都算合格,即对品质指标的规定允许有一定的差异范围。为了体现按质论价,在使用品质机动幅度时,有些货物也可根据交货货品的情况适当调整价格,即所谓的品质增减价款。这一品质增减价款是指对约定的机动幅度内的品质差异,可按照实际交货品质规定予以增价或减价。

（4）规定品质规格的上下极限。对所交货物的品质规格,规定上下极限,即最大、最高、最多为多少,最小、最低、最少为多少。卖方交货只要没有超过规定的极限,买方就无权拒收。

（5）品质条件应明确具体。不宜采用诸如"大约"、"左右"、"合理误差"之类的笼统含糊字眼,以避免在交货的品质上引起争议。

二、数量条款

1. 商品数量的含义和主要内容

商品的数量是国际货物买卖合同中的主要条款之一。

在国际贸易中,由于商品的种类、特性和各国度量衡制度的不同,所以,计量单位和计量方法也多种多样。了解各种度量衡制度,熟悉各种计量单位的特定含义和计量方法,是从事对外经贸人员所必须具备的基本常识和技能。

1）计量单位

国际贸易中使用的计量单位很多,究竟采用何种计量单位,除主要取决于商品的种类和特点外,也取决于交易双方的意愿。

（1）按品种确定计量单位。国际贸易中的不同商品,需要采用不同的计量单位,通常使用的有下列几种：

① 按重量（weight）计算。按重量计算多用于农副产品、矿产品和工业制成品。按重量计量的常用单位有吨（米制吨）（metric ton）、吨（英）或长吨（美）[1][ton(UK)or long ton(US)]、吨（美）或短吨（英/美）[2][ton(US) or short ton(UK/US)]、公斤（kilogram）、克（gram）、磅（pound）[3]、盎司（常衡）[4]（ounce）等。

② 按数量（number）计算。按数量计算多用于工业制成品,尤其是日用消费品、轻工业品、机械产品以及一部分土特产品。按数量计算所使用的计量单位有件（piece）、双（pair）、套（set）、打（dozen）、卷（roll）、令（ream）和罗（gross）等。

③ 按长度（length）计算。按长度计算多用于金属绳索、丝绸、布匹等类商品的

---

[1] $1.016\,047 \times 10^3$ kg
[2] $0.907\,184\,7 \times 10^3$ kg
[3] $0.453\,592\,37$ kg
[4] $2.834\,952 \times 10^{-2}$ kg

交易中。通常采用的长度计量单位有米(metre)、英尺[①](foot)、码[②](yard)等。

④ 按面积(area)计算。按面积计算多用于玻璃板、地毯等商品的交易中。通常采用的面积计量单位有平方米(square metre)、平方英尺[③](square foot)、平方码[④](square yard)等。

⑤ 按体积(volume)计算。按体积成交的商品比较有限,适用于木材、天然气和化学气体等。通常采用的体积计量单位有立方米(cubic metre)、立方英尺[⑤](cubic foot)、立方码[⑥](cubic yard)等。

⑥ 按容积(capacity)计算。容积计量单位多用于小麦、谷物和大部分的液体商品。通常采用的容积计量单位有蒲式耳(英)[⑦][bushel(UK)]、蒲式耳(美)[⑧][bushel(US)]、升[⑨](litre)、加仑(英)[⑩][gallon(UK)]、加仑(美)[⑪][gallon(US)]等。

由于世界各国的度量衡制度不同,以致同一计量单位所表示的数量不一。在国际贸易中,通常采用公制[米制(the metric system)]、英制(the british system)、美制(the US system)和国际标准计量组织在公制基础上颁布的国际单位制。根据《中华人民共和国计量法》规定:"国家采用国际单位制。国际单位制计量单位和国家选定的计量单位为国家法定计量单位"。目前除了个别特殊领域外,一般不允许使用非法定计量单位。我国出口商品,除照顾对方国家贸易习惯约定采用公制、英制或美制计量单位外,应使用我国法定计量单位。我国进口的机器设备和仪器等应要求使用我国法定计量单位,否则,一般不许进口,如确有特殊需要,也必须经有关标准计量管理部门批准。

上述不同的度量衡制度,导致同一计量单位所表示的数量有差异。例如,就表示重量的吨而言,实行公制的国家一般采用吨,每吨为1 000公斤;实行英制的国家一般采用长吨,每长吨为1 016公斤;实行美制的国家一般采用短吨,每短吨为907公斤。此外,有些国家对某些商品还规定有自己习惯使用的或法定的计量单位。

---

① 0.304 8 m
② 0.914 4 m
③ $9.290\ 304 \times 10^{-2}$ m²
④ $8.361\ 274 \times 10^{-1}$ m²
⑤ $2.831\ 685 \times 10^{-2}$ m³
⑥ 0.764 555 m³
⑦ $3.636\ 872 \times 10^{-2}$ m³
⑧ $3.523\ 907 \times 10^{-2}$ m³
⑨ 10^{-3} m³
⑩ $4.546\ 092 \times 10^{-3}$ m³
⑪ $3.785\ 412 \times 10^{-3}$ m³

为了解决由于各度量衡不一带来的弊端,国际标准计量组织在各国广为通用的公制的基础上采用国际单位制(SI)。国际单位制的实施和推广标志着计量的日趋国际化和标准化。现在已有越来越多的国家采用国际单位制。

(2) 计算重量的方法。在国际贸易中,按重量计量的商品很多,根据一般商业习惯,通常计算重量方法有下列几种:

① 毛重(gross weight)。毛重是指商品本身的重量加上包装材料的重量。这种计重办法一般适用于价值较低的商品。

② 净重(net weight)。净重是指商品本身的重量,不包括皮重。净重是国际贸易中最常见的计重办法。

净重的计算方法是用货物的毛重减去皮重(包装的重量)。国际上,皮重的计重办法通常有下列几种计算方法:

A. 按实际皮重(actual tare)计算:即对全部货物的包装的重量,经过衡量后汇总。

B. 按平均皮重(average tare)计算:有些商品所使用的包装比较单一,重量相差不大,就可以从整货物中抽出一定的件数,称出其皮重,然后求出平均重量,再乘以总件数,即可求得整批货物的皮重。近年来,随着技术的发展和包装用料及规格的标准化,用平均皮重计算的做法已日益普遍,有人把它称为标准皮重。

C. 按习惯皮重(customary tare)计算:一些商品,由于其所使用的包装材料和规格已比较定型,皮重已为市场所公认。因此,只要按照市场习惯上公认的皮重乘以总件数即可。

D. 按约定皮重(computed tare)计算:即不需要经过实际衡量,而是以买卖双方事先约定的皮重计算。

③ 公量(conditioned weight)。有些商品,吸湿性比较强,对这些商品在计算重量时,一般使用科学的方法,先抽去商品中的水分后衡量,取得商品的干净重,再加上国际公定回潮率与干净重的乘积所得出的重量,求得商品的重量。这类商品的计量得出的重量,即为公量。公量一般用于经济价值较高,而含水成分受环境影响较大且很不稳定的商品,如羊毛、生丝、棉花等。

计算公式为:

公量=[商品实际重量÷(1+实际回潮率)]×(1+公定回潮率)

=商品干净重×(1+公定回潮率)

④ 理论重量(theoretical weight)。对于有些有固定和统一规格的商品,只要规格一致、尺寸相符、每件重量大体相同,一般都可以从件数推算出总量。这种计量方式适用于钢板和马口铁等商品。

⑤ 法定重量(legal weight)和实物净重(net net weight)。一些国家的海关法规定,在征收从量税时,商品的重量是以法定重量计算的。所谓法定重量,是指商品加上直接接触商品的包装物料,如销售包装等的重量。除去这部分重量所表示出来的纯商品的重量,称为实物净重。

2. 数量条款的约定

买卖合同中的数量条款主要包括成交商品的数量和计量单位,按重量成交的商品,还需订明计算重量的方法。数量条款的内容及繁简,应视商品的特性而定。国际货物买卖合同中规定数量机动幅度条款主要包括以下几项。

1) 溢短装

在合同中规定卖方交货的数量可按照一定的机动幅度多交或少交若干数量(增减幅度以数量的百分比表示)的条款,称为溢短装(more or less clause)条款。例如,10 000 平方米,卖方可溢短装 5%(10 000 square metre 5% more or less at seller's option),卖方只要在 10 000 平方米上下幅度内交货即可。

对机动幅度范围内超出或低于合同数量的多装或少装部分,一般是按合同价格计算,这是比较常见的做法。但是,数量的溢短装在一定条件下关系到买卖双方的利益,在按合同价格计价的条件下,为了防止有权选择多装或少装的一方当事人利用行市的变化,有意多装或少装以获取额外的好处,也可以在合同中规定,多装或少装的部分,不按合同价格计价而按装船时或货到时的市价计算,以体现公平合理的原则。

溢短装条款通常由卖方决定。但在买方派船装运的情况下,为适应船只的运载能力,也可规定由买方决定。在特殊情况下,某些散装货可由船方选择。

2) 约量

在交货数量前加上"约"、"大约"、"左右"、"近似"等规定数量机动幅度,可以少交或多交约定数量的百分比。但国际上对约量(about circa, approximate)的含义解释不一,有的解释为 2.5%,有的解释为 5%。国际商会《跟单信用证统一惯例》(UCP600)则认为,凡"约"、"大约"视为不超过 10% 的增减幅度。不同的解释和理解容易引起纠纷,为了便于履行合同和避免引起争议,进出口合同中的数量条款应当明确具体,比如,在规定成交商品数量时,应一并规定该商品的计量单位。对按重量计算的商品,还应规定计算重量具体方法。某些商品,如需要规定数量机动幅度时,则数量机动幅度是多少,由谁来掌握这一机动幅度以及溢短装部分如何作价,都应在条款中具体订明。

三、包装条款

1. 包装的含义和内容

商品包装是商品生产的一个重要环节,是商品生产完成后进入流通领域和消费领域的必要阶段。只有完成包装,才能实现商品的使用价值和价值。这是因为,包装是保护商品在流通过程中完好和数量完整的重要措施,有些商品甚至根本离不开包装,它与包装成为不可分割的统一整体。

经过适当包装的商品,保护了商品在流通过程中完好和数量完整性,便于运输、储存、清点、陈列和携带等。

在国际货物买卖中,包装还是说明货物的重要组成部分,包装条件是买卖合同中的主要条件之一。

根据商品特性,进出口货物就是否需要加上包装,分为裸装(nude cargo)、散装(cargo in bulk)和包装货物(packed cargo)三种。

货物包装的作用主要有三个方面:
(1) 良好的包装,可以保护商品在流动过程中品质完好和数量完整;
(2) 便于货物的储存、保管、运输、装卸、计数和销售;
(3) 宣传美化商品,提高商品身价,吸引顾客,扩大销路,增加售价。

2. 包装的分类

根据包装在流通过程中所起作用的不同,可分为运输包装(即外包装)和销售包装(即内包装)两种类型。前者的主要作用在于保护商品和防止出现货损货差,后者起到保护商品的作用和促销的功能。

1) 运输包装

运输包装的主要作用在于保护商品,适应各种不同的运输方式的要求,便于各环节有关人员进行操作的要求,在保证包装牢固的前提下节省费用。

运输包装根据包装方法的不同,分为单件运输包装和集合运输包装两种。

(1) 单件运输包装。运输包装是指货物在运输过程中作为一个计件单位的包装。

(2) 集合运输包装。集合运输包装又称成组化运输包装,是指在单件运输包装的基础上,为了适应运输、装卸作业现代化的要求,将若干单件运输包装组合成一件大包装或装入一个大的包装容器内。目前,集合运输包装有集装箱、托盘和集装包、集装袋等。

① 集装箱(container)。集装箱又称货箱或货柜。根据 ISO 及大多数标准术语的定义,集装箱是一种运输设备(transport equipment),在运输实践中又分为 S. O. C. (shipper's own container)和 C. O. C. (carrier's own container)两种情况来处理。

根据《国际标准化组织 104 技术委员会》(International-Organization for Standardization Technical Committee 104,简称 ISO – 104)的规定,集装箱应具有如下条件:

A. 具有耐久性,其坚固强度足以反复使用。

B. 便于商品运送而专门设计的,在一种或多种运输方式中运输无需中途换装。

C. 设有便于装卸和搬运,特别是便于从一种运输方式转移到另一种运输方式的装置。

D. 设计时应注意到便于货物装满或卸空。

E. 内容积为 1 m³ 或 1 m³ 以上。

承运人提供的集装箱(C.O.C.)应能满足抵抗海上运输中所遇到的可预见的风险的条件和能满足货物运输所需要的条件。货主箱(S.O.C.)则应能满足抵抗海上运输中可能遇见的风险的条件。

目前,使用的国际集装箱规格尺寸主要是四种箱型,即 A 型、B 型、C 型和 D 型。另外,为了便于计算集装箱数量,可以以 20 ft 的集装箱作为换算标准(twenty-foot equivalent unit,TEU),并以此作为集装箱船载箱量、港口集装箱吞吐量、集装箱保有量等的计量单位。其相互关系为:40 ft 集装箱=2 TEU,30 ft 集装箱=1.5 TEU,20 ft 集装箱=1 TEU,10 ft 集装箱=0.5 TEU。另外,实践中人们有时将 40 ft 集装箱称为 FEU(forty-for equivalent Unit)。

目前,世界上最通用的集装箱有 40 英尺(8×8×40)和 20(8×8×20)英尺两种。20 英尺集装箱的载货后重量,最多可达 24 吨,其容量最大为 38 立方米。40 英尺集装箱的载货后重量,最多可达 30.48 吨,其容量最大为 68 立方米。

集装箱的种类比较多。集装箱的分类表,如表 4-2 所示。

表 4-2

集装箱的分类表

集装箱分类	英 文 名 称
干货集装箱	Dry Cargo Container
冷藏集装箱	Reefer Container
散货集装箱	Bulk Cargo Container
框架集装箱	Flat Rack Container
敞顶集装箱	Open Top Container
牲畜集装箱	Pen Container
罐式集装箱	Tank Container
平台集装箱	Platform Container
汽车集装箱	Car Container

② 托盘(pallet)。托盘是按一定规格制成的单层或双层平板载货工具。在平板上将若干单件包装的商品，放在托盘上，然后用绳索、收缩或拉伸薄膜等物料，将商品与托盘组合加固起来，组成一个运输单位，便于在运输中使用机械设备进行搬运和装卸。托盘货物一般重1～1.5吨。托盘的制作材料通常以木制为主，也有用金属或塑料制成的。常见的托盘有平板托盘(flat pallet)和箱型托盘(box pallet)等。托盘有回收周转使用和一次性使用两种。托盘的规格按国际标准化组织(ISO)规定有80×100、80×120和100×120三种。托盘下面有插口，供铲车装卸使用。托盘的使用主要为便于计数、装卸、运输和存储。

③ 集装包和集装袋(flexible container)。集装包和集装袋一般是指用合成纤维或复合材料编织成的圆形大袋或方形大包。集装包和集装袋一般可容纳1～4吨的货物，最多可达13吨，有回收周转使用和一次性使用两种。集装包和集装袋主要用于装载粉粒状货物，如化肥、矿砂、水泥、面粉和食糖等。

2) 销售包装

销售包装通常又称小包装或内包装，是指直接接触商品、随商品进入零售市场，面对消费者的包装。这类包装除必须具有保护商品的功能外，更应具有促销的功能。

销售包装按其形式和作用可以分为四类：

(1) 便于陈列展览类：堆叠式、可挂式和展开式等。

(2) 便于识别商品类：透明式、开窗式和习惯包装等。

(3) 便于消费使用类：携带式、易开式和喷雾包装等。

(4) 其他类：配套包装、组合包装、复用包装和礼品包装等。

销售包装设计必须主题突出，文字说明要同画面配合，使用外文要准确，包装装潢造型要美观大方，设计要突出商标。文字、图案、数字和包装装潢，都要注意进口国当地的习惯爱好和有关法律规定。

3. 条码技术在商品包装上的应用

现代商品包装上还应印上条码。条码样式，如图4-1所示。

条码是由一组配有数字的、黑白及粗细不等的平行条纹所组成的，它是一种利用光电扫描阅读设备为计算机输入数据的特殊代码语言。

1) 条码应用的优越性

条码的应用有如下优越性：

(1) 可靠准确。

图4-1 条码样式

(2) 数据输入速度快。

(3) 经济便宜。

(4) 灵活、实用。

(5) 自由度大。

(6) 设备简单。

(7) 易于制作。

2) 条码的构成

现代商品包装上使用的条码,在国际上通用的有两种:一种是 UPC 码(统一产品代码),由美国和加拿大组织的统一编码委员会(universal code council,UCC)编制;另一种是 EAN 码,由英、法、德等欧共体 12 国成立的欧洲物品编码协会(european article number association,EAN)编制。虽然在 1981 年,EAN 改名为国际货品编码协会(international article number association),但仍保留原简称。

EAN 码系统是 1977 年在引进 UPC 码的基础上发展起来的,与 UPC 系统兼容。EAN 系统能识别 UPC 码,但 UPC 系统则不兼容 EAN 码。

UPC 码有标准码和缩位码,标准码由 12 位数字构成,缩位码由 7 位数字构成,最后一位均为校验位。当 UPC 作为 12 位进行解码时,定义如下:第 1 位数字为编码系统代码,第 2~6 位为生产厂家代码,第 7~11 为厂家产品代码,第 12 位为校验位(used for error detection),用于校验厂商识别代码、商品项目代号正确性。

EAN 码也有标准码和缩位码,标准码由 13 位数字构成,缩位码由 8 位数字构成,最后一位均为校验位。

不同国家(地区)的条码组织对 13 位代码的结构有不同的划分。在中国大陆,EAN/UCC-13 代码分为三种结构,每种代码结构由三部分组成,如表 4-3 所示。

表 4-3

EAN/UCC-13 代码的三种结构

结构种类	厂商识别代码	商品项目代码	校验码
结构一	$X_{13} X_{12} X_{11} X_{10} X_9 X_8 X_7$	$X_6 X_5 X_4 X_3 X_2$	X_1
结构二	$X_{13} X_{12} X_{11} X_{10} X_9 X_8 X_7 X_6$	$X_5 X_4 X_3 X_2$	X_1
结构三	$X_{13} X_{12} X_{11} X_{10} X_9 X_8 X_7 X_6 X_5$	$X_4 X_3 X_2$	X_1

注:$X_i (i=1\sim13)$ 表示从右至左的第 i 位数字代码。

(1) 前缀码。前缀码由 2~3 位数字($X_{13} X_{12}$ 或 $X_{13} X_{12} X_{11}$)组成,是 EAN 分配给国家(或地区)编码组织的代码。前缀码由 EAN 统一分配和管理,截至 2003 年 7 月,全球共有 101 个国家(或地区)编码组织代表 103 个国家(或地区)加入 EAN International,成为 EAN 的成员组织。

EAN 已分配前缀码,如表 4-4 所示。

表 4-4

EAN 已分配前缀码

前缀码	编码组织所在国家(或地区)/应用领域	前缀码	编码组织所在国家(或地区)/应用领域	前缀码	编码组织所在国家(或地区)/应用领域
00～13	美国和加拿大	20～29	店内码	30～37	法国
380	保加利亚	383	斯洛文尼亚	385	克罗地亚
387	波黑	40～44	德国	45,49	日本
460～469	俄罗斯	470	吉尔吉斯斯坦	471	中国台湾
474	爱沙尼亚	475	拉脱维亚	476	阿塞拜疆
477	立陶宛	478	乌兹别克斯坦	479	斯里兰卡
480	菲律宾	481	白俄罗斯	482	乌克兰
484	摩尔多瓦	485	亚美尼亚	486	格鲁吉亚
487	哈萨克斯坦	489	中国香港特别行政区	50	英国
520	希腊	528	黎巴嫩	529	塞浦路斯
531	马其顿	535	马耳他	539	爱尔兰
54	比利时和卢森堡	560	葡萄牙	569	冰岛
57	丹麦	590	波兰	594	罗马尼亚
599	匈牙利	600、601	南非	608	巴林
609	毛里求斯	611	摩洛哥	613	阿尔及利亚
616	肯尼亚	619	突尼斯	621	叙利亚
622	埃及	624	利比亚	625	约旦
626	伊朗	627	科威特	628	沙特阿拉伯
629	阿拉伯联合酋长国	64	芬兰	690～695	中国(大陆)
70	挪威	729	以色列	73	瑞典
740	危地马拉	741	萨尔瓦多	742	洪都拉斯
743	尼加拉瓜	744	哥斯达黎加	745	巴拿马
746	多米尼加	750	墨西哥	759	委内瑞拉
76	瑞士	770	哥伦比亚	773	乌拉圭

(续表)

前缀码	编码组织所在国家(或地区)/应用领域	前缀码	编码组织所在国家(或地区)/应用领域	前缀码	编码组织所在国家(或地区)/应用领域
775	秘鲁	777	玻利维亚	779	阿根廷
780	智利	784	巴拉圭	786	厄瓜多尔
789、790	巴西	80～83	意大利	84	西班牙
850	古巴	858	斯洛伐克	859	捷克
860	南斯拉夫	865	蒙古	867	朝鲜
869	土耳其	87	荷兰	880	韩国
884	柬埔寨	885	泰国	888	新加坡
890	印度	893	越南	899	印度尼西亚
90、91	奥地利	93	澳大利亚	94	新西兰
955	马来西亚	958	中国澳门特别行政区	977	连续出版物
978、979	图书	980	应收票据	981、982	普通流通券
99	优惠券				

说明：
1. 各国家或地区编码组织负责指导本国或本地区范围内对前缀码 20～29、980、981、982、99 的应用。
2. 在中国大陆，当 $X_{13}X_{12}X_{11}$ 为 690、691 时，EAN/UCC-13 代码采用结构一；当 $X_{13}X_{12}X_{11}$ 为 692、693、694 时，采用结构二。

需要指出的是，随着世界经济一体化发展，前缀码一般并不一定代表产品的原产地，而只能说明分配和管理有关厂商识别代码的国家(或地区)编码组织。

（2）厂商识别代码。厂商识别代码用来在全球范围内唯一标识厂商，其中包含前缀码。在中国大陆，厂商识别代码由 7～9 位数字组成，由中国物品编码中心负责注册分配和管理。

（3）商品项目代码。商品项目代码由 3～5 位数字组成，由获得厂商识别代码的厂商自己负责编制。由于厂商识别代码的全球唯一性，因此，在使用同一厂商识别代码的前提下，厂商必须确保每个商品项目代码的唯一性，对不同的商品项目必须编制不同商品项目代码，这样才能保证每种商品的项目代码的全球唯一性。

（4）校验码。校验码为 1 位数字，用来校验编码 X_{13}～X_2 的正确性。校验码是根据 X_{13}～X_2 的数值按一定的数学算法计算而得的。

厂商在对商品项目编码时，不必计算校验码的值，该值由制作条码原版胶片或直接打印条码符号的设备自动生成。

常用的条码使用流程为：第一,向编码中心及各地分支机构申请厂商代码;第二,编码中心核发号码给申请者;第三,厂商自行设定商品代号;第四,交付印刷;第五,包装出货,分发商品基本资料一览表。

3) 编码原则

厂商应根据需要选择申请适宜的代码结构,遵循三项基本的编码原则,即唯一性原则、无含义性原则和稳定性原则编制商品标识代码,这样就能保证商品标识代码在全世界范围内是唯一、通用、标准,就能作为全球贸易中信息交换、资源共享的关键字和"全球通用的商业语言"。

(1) 唯一性原则。唯一性原则是商品编码的基本原则,也是最重要的一项原则。对同一商品项目的商品必须分配相同的商品标识代码。基本特征相同的商品视为同一商品项目,基本特征不同的商品视为不同的商品项目。对不同商品项目的商品必须分配不同的商品标识代码。商品的基本特征一旦确定,只要商品的一项基本特征发生变化,就必须分配一个不同的商品标识代码。

(2) 无含义性原则。无含义性原则是指商品标识代码中的每一位数字一般不表示任何与商品有关的特定信息,即既与商品本身的基本特征无关,又与厂商性质、所在地域和生产规模等信息无关。这样有利于充分利用一个国家(地区)的厂商代码空间。厂商在申请厂商代码后编制商品项目代码时,最好使用无含义的流水号,即连续号,这样在自己的厂商代码下能够最大限度地利用商品项目代码的编码容量。

(3) 稳定性原则。稳定性原则是指商品标识代码一旦分配,若商品的基本特征没有发生变化,就应保持标识代码不变。一般情况下,当商品项目的基本特征发生了明显的、重大的变化,就必须分配一个新的商品标识代码。商品代码一经分配,就不能再改,当这一商品不再生产,其相应的代码应保存起来,不得分配给其他的商品使用。这样有利于生产和流通各环节的管理信息系统数据保持一定的连续性和稳定性。

在20世纪90年代发明了二维条码。二维条码除了具有一维条码的优点外,同时还有信息量大、可靠性高、保密和防伪性强等优点。二维条码作为一种新的信息存储和传递技术,从诞生之时就受到了国际社会的广泛关注。经过几年的努力,现已应用在国防、公共安全、交通运输、医疗保健、工业、商业、金融、海关及政府管理等多个领域。

二维条码根据构成原理、结构形状的差异,可分为两大类型：一类是行排式二维条码(2D stacked bar code);另一类是矩阵式二维条码(2D matrix bar code)。目前,二维条码主要有 PDF417 码(Portable Data File 417)、Code 49 码、Code 16K

码、Data Matrix 码、Maxi Code 码、QR Code 码、Code One 码等。几种常见的二维条码图形符号,如图 4-2 所示。

图 4-2 几种常见的二维条码图形符号

4. 射频识别技术的应用

条码技术自 1949 年开始真正推广应用,走过了半个多世纪的历程,在现代社会里已无处不在。然而,随着无线射频识别(radio frequency identification,RFID)技术的兴起,这种电子标签将会得到越来越广泛的使用,并将最终取代条码的使用。供应链问题的最新和最具革命性的解决办法之一是 RFID。

1) RFID 工作原理和系统组成

最基本的 RFID 系统由三部分组成:

(1) 标签(Tag):由耦合元件及芯片组成,每个标签具有唯一的电子编码,像条码一样附着在物体上来标识目标对象。

(2) 阅读器(Reader):读取(有时还可以写入)标签信息的设备,可设计为手持式或固定式。

(3) 天线(Antenna):在标签和读取器间传递射频信号。

电子标签中一般保存有约定格式的电子数据,在实际应用中,电子标签附着在待识别物体的上面。阅读器通过天线发送出一定频率的射频信号,当标签进入磁场时产生感应电流从而获得能量,这时阅读器即可无接触地读取并识别电子标签中所保存的电子数据,从而达到自动识别体的目的。通常,阅读器与电脑相连,所读取的标签信息被传送到电脑上进行下一步处理。

RFID 标签可分为被动标签(passive tags)和主动标签(active tags)两种。主动标签自身带有电池供电,读/写距离较远,同时体积较大,与被动标签相比成本更高,又称有源标签。被动标签自身不带有电池,由阅读器产生的磁场中获得工作所需的能量,成本要比主动标签低很多,并具有很长的使用寿命。被动标签比主动标签更小也更轻,读写距离则较近,又称无源标签。

RFID 系统的工作频率,即通常阅读器发送时所使用的频率称为 RFID 系统的工作频率。该工作频率基本上划分为三个范围:低频(30 kHz~300 kHz)、高频(3 MHz~30 MHz)和超高频(300 MHz~3 GHz)。常见的工作频率有低频 125 kHz、134.2 kHz 及高频 13.56 MHz 等。

RFID 阅读器通过使用防冲撞技术,可以同时处理多个标签,如 TI 的 13.56 MHz 系统每秒钟能处理大约 50 张标签。

2) RFID 技术使用的优点

条码是一种应用非常广泛的自动识别技术,但 RFID 与之相比优势非常明显,具体体现如下:

(1) 不需要光源,甚至可以透过外部材料读取数据。

(2) 标签芯片与自带天线全封闭、防尘、防水、防静电,不怕弯曲,能在恶劣环境下工作。

(3) 具有小、薄、柔韧性、可植入多种材料内部的特性,能够轻易嵌入或附着在不同形状、类型的产品上。

(4) 读取距离更远。

(5) 可以写入及存取数据,与条码打印相比写入时间更少。

(6) 标签的内容可以动态改变,反复使用(擦写 10 万次,读无限次)。

(7) 读取快速,一次可同时识别几十甚至上百个标签。

(8) 标签的数据存取有密码保护,电子标签其复制难度高,安全性能高。

(9) 使用寿命长,无机械磨损,无机械故障,不怕恶劣环境。

(10) 可以对 RFID 标签所附着的物体进行追踪定位。

3) RFID 技术应用领域

20 多年前,得益于沃尔玛等零售商的大力推动,条码技术得到了迅速普及。沃尔玛也正是得益于条码技术,打造了其在供应链与物流管理领域的独特核心竞争力。20 年后的今天,沃尔玛又一次引领技术更新的潮流。2004 年 4 月的第一周,沃尔玛开始了其第一次 RFID 的上线测试。共有 1 个分销中心、7 家连锁店以及 21 种由伙伴供应商提供的产品被用于这次小规模的测试中。

沃尔玛设定了一个目标,在 2005 年 1 月,其前 100 个供应商都要在发给沃尔玛的箱子和托盘上粘贴 RFID 标签。

RFID 系统的典型应用有下列方面:

（1）物流和供应链管理。

（2）生产制造和配送。

（3）在航空行李处理、邮件/快运包裹处理、文档追踪/图书馆管理、动物身份标识、运动计时、门禁控制/电子门票和道路自动收费等领域，RFID技术也有非常广泛的应用。

5．商品运输包装的标志

为了在商品的储运中易于辨认，在运输包装的外面书写、压印、刷制一定的图形、文字和数字，就称为商品运输包装标志。

运输包装上的标志，按用途可分三种。

1）运输标志

运输标志（shipping mark）又称唛头，通常是由一个简单的几何图形和一些字母、数字及简单的文字组成。其主要内容包括：

（1）目的地的名称或代号。

（2）收、发货人的代号。

（3）件号和批号。

此外，有的运输标志还包括原产地、合同号、许可证号和体积与重量等内容。

运输标志的内容繁简不一，由买卖双方根据商品特点和具体要求商定。

鉴于运输标的内容差异较大，为适应运量增加，运输方式变革和电子计算机在运输与单据流转方面应用的需要，联合国欧洲经济委员会简化国际贸易程序工作组在国际标准化组织和国际货物装卸协调协会的支持下，制定了一项运输标志向各国推荐使用。该标准运输标志包括：

（1）收货人或买方名称的英文缩写字母或简称。

（2）参考号，如运单号、订单号或发票号。

（3）目的地。

（4）件号。

至于根据某种需要而须在运输包装上刷写的其他内容，如许可证号等，则不作为运输标志必要组成部分。

现列举标准化运输标志实例如下：

XYZ	收货人代号
1234	参考号
LONDON	目的地
1/100	件数代号

2）指示性标志

指示性标志（indicative mark）是提示人们在装卸、运输和保管过程中需要注意的事项,一般都是以简单、醒目的图形和文字在包装上标出。指示性标志主要用于易碎、易损、易变质的商品运输中。国际标准化组织、国际航空运输协会和国际铁路货运会议分别制定了包装储运指示性标志,建议各国采用。我国参照采用国际标准 ISO780—1997《包装—搬运图示标志》制定了我国自己的国家标准(GB/T191—2008),所有图形与国际上通用的图形基本一致。包装—搬运图示标志,如表 4-5 所示。

表 4-5

包装—搬运图示标志

序号 No.	标志名称 Instruction/Information	标志 Symbol	含义 Meaning
1	易碎物品 FRAGILE		Contents of the transport package are fragile therefore it shall be handled with care. 表明运输包装内装易碎物品,搬运时应小心轻放
2	禁用手钩 USE NO HAND HOOKS		Hooks are prohibited for handling the transport package. 表明运输包装件时禁用手钩
3	向上 THIS WAY UP		Indicates correct upright position of the transport package. 表明该运输包装件在运输时应竖直向上
4	怕热 KEEP AWAY FROM SUNLIGHT		Transport package shall not be exposed to sunlight. 表明该运输包装件不能直接照晒
5	怕辐射 PROTECT FROM RADIOACTIVE SOURCES		Contents of the transport package may deteriorate or may be rendered totally unusable by penetrating radiation. 表明该物品一旦受辐射会变质或损坏
6	怕雨 KEEP AWAY FROM RAIN		Transport package shall be kept away from rain. 表明该运输包装件怕雨淋

(续表)

序号 No.	标志名称 Instruction/Information	标志 Symbol	含义 Meaning
7	重心 CENTRE OF GRAVITY		Indicates the centre of gravity of the transport package which will be handled as a single unit. 表明该运输包装件的重心位置,便于起吊
8	禁止翻滚 DO NOT ROLL		Transport package shall not be rolled. 表明搬运时不能翻滚该运输包装件
9	此面禁用手推车 DO NOT USE HAND TRUCK HERE		Hand trucks shall not be placed on this side when handling the transport package. 表明搬运货物时禁止放在手推车上
10	禁用叉车 USE NO FORKS		Transport package should not be handled by forklift trucks. 表明不能用升降叉车搬运的包装件
11	由此夹起 CLAMP AS INDICATED		Clamps shall be placed on the sides indicated for handling the transport package. 表明搬运货物时可用夹持的面
12	此处不能卡夹 DO NOT CLAMP AS INDICATED		Transport package should not be handled by the clamps on the sides indicated. 表明搬运货物时不能用夹持的面
13	堆码质量极限 STACKING LIMIT BY MASS		Indicates the maximum stacking load permitted on the transport package. 表明该运输包装件所能承受的最大质量极限
14	堆码层数极限 STACKING LIMIT BY NUMBER		Maximum number of identical packages which may be stacked on one another, where "n" is the limiting number. 表明可堆码运输包装件的最大层数

(续表)

序号 No.	标志名称 Instruction/Information	标志 Symbol	含义 Meaning
15	禁止堆码 DO NOT STACK		Stacking of the transport package is not allowed and no load should be placed on the transport package. 表明该包装件只能单层放置
16	由此吊起 SLING HERE		Slings shall be placed where indicated for lifting the transport package. 表明起吊货物时挂绳索的位置
17	温度极限 TEMPERATURE LIMITS		Indicates temperature limits within which the transport package shall be stored and handled. 表明该运输包装件应该保持的温度范围

包装—搬运图示标志的颜色一般为黑色。标志的使用可采用直接印刷、粘贴、拴挂、钉附及喷涂等方法。印刷标志时，外框线及标志名称都要印上，出口货物可省略中文标志名称和外框线；喷涂时外框线及标志名称可以省略。一个包装件上使用相同标志的数目，应根据包装件的尺寸和形状确定。

3）警告性标志

警告性标志（warning mark）又称危险品标志。凡在运输包装内装有爆炸品、易燃品、有毒物品、腐蚀性物品、氧化剂和放射性物品等危险货物时，都必须在运输包装上标明用于各种危险品的标志，以示警告，使装卸、运输和保管人员按货物特性采取相应的防护措施，以保护货物和有关人身的安全。

除我国颁布的《危险货物包装标志》外，联合国政府间海事协商组织也规定了一套《国际海运危险品标志》，因此，在我国危险货物的运输包装上，要标明我国和国际上所规定的两种危险品标志。

有关联合国危险货物运输标志（Symbols of the United Nations Committee for the Transport of Dangerous Goods），如图 4-3 所示。

除上述包装标志外，商品的运输包装上一般还刷上包件的毛重、净重、体积尺码和商品的生产国别或地区，例如：

GROSS WEIGHT   58 kgs
NET WEIGHT   55 kgs

爆炸品
UN Transport symbol for explosives

有毒物品(第2类和第6.1类)
UN Transport symbol for poisonous substances (gases Class 2, other poisonous substances Class 6.1)

易自燃物品
UN Transport symbol for substances liable to spontaneous combustion

图 4-3　有关联合国危险货物运输标志

MEASUREMENT　　38×28×18 cm
MADE IN CHINA

这些标志习惯上称为其他标志。上文述及的有时列入运输标志的许可证号、信用证号、型号和色泽等均应属于其他标志。这些内容除少数情况下作为运输标志的组成部分外，一般均以刷印在非唛头部位的外包装其他空白位置为宜。

6. 定牌、无牌和中性包装

采用定牌（brand designated by the buyer）、无牌和中性包装（neutral packing），是国际贸易中习惯的做法之一。

1）定牌、无牌

定牌是指卖方按买方要求在其出售的商品或包装上标明买方指定的商标或牌号的做法。

无牌是指买方要求卖方在出口商品和/或包装上免除任何商标或牌名的做法。除非另有约定，采用定牌和无牌时，在出口商品和/或包装上均须标明生产国制造字样。

2）中性包装

中性包装是指在商品上和内外包装上不注明生产国别的包装。中性包装有定牌中性和无牌中性之分。

定牌中性是指在商品和/或包装上使用买方指定的商标/牌名，但不注明生产国别。无牌中性是指在商品和包装上均不使用任何商标/牌名，也不注明生产国别。

采用中性包装，是国际贸易中常用的一种习惯做法。它是出口国家厂商加强对外竞销和扩大出口的一种手段。

在定牌出口贸易中，要特别注意买方指定商标的合法性，防止发生商标侵权事件发生。

7. 包装条款的约定

包装条款是国际货物买卖合同的主要条款之一。包装条款一般包括包装材料、包装方式、包装费用和运输标志等内容。为了订好包装条款，以利合同的履行，在商订包装条款时，需要注意下列事项：

（1）包装材料和包装方式。

（2）包装材料的提供和包装费用的承担。

（3）对包装的规定要明确具体，一般不宜采用"海运包装"和"习惯包装"之类含糊不清的术语。

（4）运输标志的确定。

按照国际惯例，运输标志一般由卖方确定。但如买方要求由他指定运输标志，卖方一般也可接受。这种情况下，要在合同订明买方提出运输标志的最后期限，如买方逾期，则由卖方决定。

四、价格条款

进出口合同中的价格条款，一般包括商品的单价（unit price）和总值或总金额（total amount）两项基本内容。单价通常由四个部分组成，即计量单位、单位价格金额、计价货币和贸易术语四项内容。例如，US＄150 Per Metric Ton CIF New York（每吨 150 美元 CIF 纽约）。总值或总金额是单价和数量的乘积，也就是一笔交易的货款总金额。总值所使用的货币必须与单价所使用的货币一样。总值除使用阿拉伯数字填写外，一般还用文字表示。

1. 作价办法

在国际货物买卖中，根据不同的情况，作价的方法多种多样，通常采用的有下列作价办法。

1）固定价格

这是国际贸易中常见的作价办法。按照各国法律的规定，合同价格一经确定，就必须严格执行，任何一方都不得擅自更改。它具有明确、具体、肯定和便于核算的特点。如果所交易的商品价格波动不定，商品市场变动频繁，则不适用固定价格。

2）非固定价格

（1）暂定价格。即在合同中先订立一个初步价格，作为开立信用证和初步付款的依据，待双方确定最后价格后再进行最后清算。

（2）暂不作价。在合同中只规定作价方式和作价时间，具体价格留到以后商谈时再定。

有时也可采用部分固定价格、部分非固定价格的做法，或是分批作价的办法，交货期近的价格在订约时固定下来,余下部分在交货前一定期限内再作价。

2. 佣金与折扣

在价格条款中,可分为不包含佣金(commission)与折扣(discount)的价格(即净价)和包含佣金的价格(即含佣价)两种。

1) 佣金

佣金是代理人或经纪人(中间商)为委托人进行交易而收取的报酬。在国际货物买卖中,通常表现为出口商付给销售代理人、进口商付给购买代理人的酬金。因此,它适用于与中间商所签订的合同含佣价。

佣金分为明佣和暗佣两种。明佣是指佣金在价格条件中标明或在附注中表示出佣金率。暗佣是指双方在洽谈交易时,对佣金的给予已达成协议,但却约定不在合同中表示出来。这种情况下的价格条款中,佣金由一方当事人按约定另付。

如何计算佣金,可以有不同的方法,最常见的是以合同价格直接乘以佣金率,得出佣金额。例如,每吨1 000美元CIF纽约包括3%佣金(US$ 1 000 per M/T CIF C3% New York),佣金额为1 000×0.03=30美元。也可规定,CIFC3%以FOB值计算,这样,在计付佣金时,要以CIF价减去运费、保险费,求出FOB值,然后乘以0.03,得出佣金额。

佣金的支付通常有两种做法:一种是由中间代理商直接从货价中扣除;另一种是在委托人收清货款之后,再按事先约定的期限和佣金比率,另外付给中间代理商。

特别提示:佣金计算公式

佣金=含佣价×佣金率

净价=含佣价-佣金=含佣价×(1-佣金率)

特别提示:佣金计算

以FOB净价为基数计算佣金的方法。

如一批出口商品的成交金额按FOB条件为10 000美元,佣金率为3%,则佣金为:

佣金额=含佣价×佣金率

=10 000×3%=300(美元)

（续上）

> 净价＝含佣价－佣金＝含佣价×（1－佣金率）
> ＝10 000－300＝9 700（美元）

2）折扣

折扣是卖方给予买方的价格减让,从性质上看,它是一种优惠。折扣通常在规定价格条款中,用文字明确表示出来。例如,每吨 1 000 美元 CIF 纽约包括 3％折扣（US＄ 1 000 per M/T CIF New York including 3％ discount）。

 特别提示：折扣计算公式

> 折实价＝原价×（1－折扣率）

3. 规定价格条款时应注意的问题

（1）合理地确定商品的单价水平,防止偏高偏低。
（2）根据船源、货源等实际情况,选择适当的贸易术语。
（3）争取选择有利的计价货币,必要时可加订保值条款。
（4）灵活运用各种不同的作价办法,尽可能避免承担价格变动的风险。
（5）参照国际贸易的习惯做法,注意佣金和折扣的合理运用。
（6）如交货品质、交货数量有机动幅度或包装费另行计价时,应一并订明机动部分作价和包装费计价的具体办法。
（7）单价中的计量单位、计价货币和装运地或卸货地名称,必须书写清楚,以利合同的履行。

五、装运条款

国际货物运输不同于国内运输,它具有线长面广、中间环节多,情况复杂多变和风险大等特点。为了多、快、好、省地完成进出口货物运输任务,从事进出口业务的人员必须合理地选用各种运输方式,订好买卖合同中的各项装运条款,正确编制和运用各种运输单据,并掌握与此有关的运输基本知识。

1. 运输方式

在国际贸易中采用的运输方式很多,包括海洋运输（ocean transportation）、铁路运输（rail transportation）、航空运输（air transportation）等各种运输方式,而每种运输方式都有其自身的特点和独特的经营方式。了解各种运输方式的特点和经营方式对于合理选择和正确利用各种运输方式,有着重要的意义。

1)海洋运输

海洋运输是国际贸易中最主要的运输方式。我国绝大部分进出口货物都是通过海洋运输方式运输的。海洋运输通过能力大,万吨以上,甚至数十万吨的巨轮都可在海洋中航行。由于海洋运输量大,运输成本低,所以许多国家,特别是沿海国家的进出口货物,大部分都采用海洋运输。但海洋运输易受自然条件和气候的影响,风险较大,且航行速度较慢,因此,对于不宜经受长期运输的货物以及急用和易受气候条件影响的货物,一般不宜采用海洋运输方式。

海洋运输按照经营方式的不同,可分为班轮运输(liner transport)和租船运输(carriage of goods by chartering)两种方式。

(1)班轮运输。班轮运输又称定期船运输,是指在一定的航线上,在一定的停靠港口,定期开航的船舶运输。

班轮运输有三个特点:

① "四固定"。即船公司按固定航线、固定停靠港口、固定的航行时间表(sailing schedule)航行,按相对固定的运费率计收运费。

② "一负责"。货物由承运人负责配载装卸并负担装卸费用。

③ 承运人和托运人双方的权利义务和责任豁免以班轮公司签发的提单条款为依据,不计算装卸时间与滞期费和速遣费。

(2)租船运输。租船运输是指相对于班轮运输的另一种海上运输方式,其既没有固定的船舶班期,也没有固定的航线和挂靠港,而是按照货源的要求和货主对货物运输的要求,安排船舶航行计划,组织货物运输。因此,租船运输又称不定期船运输(tramp shipping)。

租船通常是指包租整船而言,大宗货物一般都采用租船运输,租船方式主要包括定程租船和定期租船两种。前者是指按航程租赁船舶;后者是指按期限租赁船舶,不论是按航程或按期限租船,船、租双方都要签订租船合同,以明确双方的权利和义务。

① 定程租船。在定程租船方式下,船方必须按租船合同规定的航程完成货物运输任务,并负责船舶的经营管理及其在航行中的各项费用开支;租船人则应支付双方约定的运费,程租船的运费一般按装运货物的数量计算,也有按航次包租总金额计算的,至于货物在港口的装卸费用,究竟由船方还是租方负担,应在租船合同中作出明确规定。

② 定期租船。按期限租船时,船租双方的权利与义务应在期限船合同中订明,船方应提供适航的船舶,关于船员薪金、伙食等费用以及保持船舶具有适航价

值而产生的有关费用,均由船方负担。在船舶的出租期间,租船人可根据租船合同规定的航行区域自由使用和调动船舶,但船舶经营过程中产生的燃料费、港口费、装卸费和垫舱物料费等项开支,均应由租船人负担,关于定期租船的租金,一般是按租期每月每吨若干金额计算。

③ 程租船运输费用。

A. 程租船的装卸费。程租船运输情况下,有关货物的装卸费用由租船人和船东协商确定后在程租船合同中作出具体规定。具体做法主要有以下四种:

第一,船方负担装货费和卸货费,又称班轮条件。

第二,船方管装不管卸(free out-F.O.)。即船方负担装货费,不负担卸货费。

第三,船方管卸不管装(free in-F.I.)。即船方负担卸货费而不负担装货费。

第四,船方装和卸均不管(free in and free out-F.I.O.)。

B. 装卸时间、滞期费和速遣费。程租船运输情况下,装卸货时间的长短影响到船舶的使用周期和在港费用,直接关系到船方利益。因而,在程租船合同中,除需规定装卸货时间外,还需规定一种奖励处罚措施,以督促租船人实现快装快卸。

装卸时间又称装卸期限,是指租船人承诺在一定期限内完成装卸作业,是程租船合同的一项重要内容。装卸期限可用若干日表示;也可用装卸率表示,即平均每天装卸若干吨。此外,还要规定哪些时间应算为工作日,哪些时间除外。装卸时间的计算通常有以下几种:

第一,按日(days)或连续日或时(running or consecutive days/hours),是指时间连续满24小时就算一日或连续日。

第二,按工作日(working days),是指按港口习惯,属于正常工作的日子。

第三,按晴天工作日(weather working days),是指既是工作日,又是适宜装卸的天气才计算为装卸时间。

第四,连续24小时晴天工作日(weather working days of consecutive 24 hours)。

在规定的装卸期限内,如果租船人未能完成装卸作业,为了弥补船方的损失,对超过的时间租船人应向船方支付一定的罚款。这种罚款称为"滞期费"或"延滞费";反之,如果租船人在规定的装卸期限内,提前完成装卸作业,则所节省的时间船方要向租船人支付一定的奖金。这种奖金称为"速遣费"。后者一般为前者的1/2。

2) 铁路运输

铁路运输是仅次于海运的一种主要的运输方式。铁路运输的运行速度较快,载运量较大且在运输中遭受的风险较小,它一般能保持终年正常运行,具有高度的连续性。办理铁路运输手续比海洋运输简单。

3）航空运输

航空运输是指利用飞机运送进出口货物,是一种现代化的运输方式。航空运输速度快,运行时间短,安全性高,货物中途破损率小,节省包装费、保险费和存储费,不受地域限制,可以通往世界各地,适合运输急需物资、鲜活商品、精密仪器和贵重物品。但航空运输运量有限,运费较高。

4）邮包运输

邮包运输(parcel post transportation)是指通过邮局寄送进出口货物的一种简便的运输方式。邮包运输手续简便,费用也不太高,但运量有限,故只能用于运输量轻和体积小的商品,每件邮包重量不得超过20公斤,长度不得超过1公尺。邮包运输适用于运送量轻体小的物品,如设备的零部件、精密仪器、药品和急需的零星商品。

国际邮包运输具有国际多式联运和"门到门"运输的性质。我国同许多国家签订了邮政运输协议和邮电协定,为我国发展对外贸易货物的邮包运输提供了有利的条件。

5）国际多式联运

国际多式联运是指利用各种不同的运输方式来完成某项运输任务,包括陆海联运、陆空联运和海空联运等。在国际间进行的这种联运,称为国际多式联运(international multi-modal transportation)。由于集装箱最适于多式联运,故随着集装箱运输的发展,国际多式联运也迅速发展起来。在国际贸易中,开展以集装箱运输为主的国际多式联运,有利于简化货运手续,加快货运速度,减少货损货差,降低运营成本和节省运输费用。

6）其他运输方式

我国同相邻国家的少量进出口货物以及内地同港、澳地区的部分进出口货物是通过公路运输的,同我国有河流相通连的国家,也有少量进出口货物是通过河流运输的。此外,我国到朝鲜的石油,一般采用管道运输。

国际货物运输方式很多,在实际业务中,我们应根据货物特性、运量大小、距离远近、运费高低、风险程度、任务缓急及自然条件和气候变化等因素,审慎选用合理的运输方式。

2. 装运条款的主要内容

1）装运时间

装运时间又称装运期(time of shipment)。在规定装运时间时使用某些术语,如"立即装运"(immediate shipment)、"即刻装运"(prompt shipment)、"尽快装运"(shipment as soon as possible)等,要引起充分注意。由于这种方法具体时间不明,容易引起歧义,在实际业务中不宜采用。

2）装运地和目的地

装运地是指货物开始装运的港口或地点；目的地是指最终卸货的港口或指定的地点。

3）分批装运和转运

分批装运和转运都直接关系到买、卖双方的利益，因此，是否需要分批装运和转运，买、卖双方应根据需要和可能，在合同中作出明确具体的规定。

（1）分批装运（partial shipment）。国际上对分批装运的解释和运用不一。比如，按有些国家的法律规定：如合同未规定允许分批装运，则不得分批装运。但《跟单信用证统一惯例》却规定："除非信用证中另有规定，允许分批装运。"为了避免在履行合同时引起争议，交易双方应在买卖合同中订明是否允许分批装运，若双方同意分批装运，应将批次和每批装运的具体时间与数量订明。

此外，《跟单信用证统一惯例》还规定："如信用证规定在指定时期内分批装运。其中任何一批未按分批装运，信用证对该批和以后各批货物均告失效，除非信用证另有规定。"因此，如果在买卖合同和信用证中规定分批定期、定量装运时，则卖方必须重合同、守信用，严格按照买卖合同和信用证的有关规定办理。为了使分批装运条款能顺利执行，规定每批装运的时间要留有适当的间隔，一笔货物不宜规定在很短时间内分若干批装运，而且每批装运的规定也要适当，防止因安排装运过分集中有困难而影响全局。

（2）转运（transshipment）。转运是指自装运地（港）或监管地到目的地（港）的运输过程中，货物从一运输工具卸下，再装上另一运输工具的行为。转运因延长在途时间、增加费用开支和可能出现货物损差，所以买方一般对其进口的货物不愿转运。不过在无直达运输工具、转运不可避免的情况下，应当在买卖合同中订明"允许转运"的条款。

4）装运通知

装运通知是装运条款中不可缺少的一项重要内容。不论按哪种贸易术语成交，交易双方都要承担相互通知的义务。规定装运通知的目的在于明确买卖双方的责任，促使买卖双方互相配合，共同搞好车、船、货的衔接，并便于办理货物保险。因此，为了有利于合同的履行，需要订明装运通知条款。

特别是，买卖双方按 CFR 条件成交时，装运通知具有特殊重要的意义，所以，卖方应在货物装船后，立即向买主发出装运通知，以便于买方安排保险事宜。

5）装卸时间、装卸率和滞期、速遣费条款

买卖双方成交的大宗商品，一般采用程租船运输，负责租船的一方在签订买卖合同之后，还要负责签订租船合同，而租船合同中通常都需要订立装卸时间、装卸率和滞期、速遣费条款。为了明确买卖双方的装卸责任，并使买卖合同与租船合同的内容互相衔接和吻合,在签订大宗商品的买卖合同时,应结合商品特点和港口装卸条件,对装卸时间、装卸率和滞期、速遣费的计算与支付办法作出具体规定。

3. 主要运输单据

运输单据是承运人收到出口商交给的承运货物后签发给出口商的证明文件。运输单据通常是出口商处理索赔和向银行办理收取货款或进行议付的重要单据。

在国际贸易运输中,由于运输方式不同,所以使用的运输单据不同,其中主要包括海运提单(bill of lading,B/L)、铁路运单(rail waybill)、航空运单(air waybill)、邮包收据(parcel post receipt)和多式联运单据(combined transport documents,CTD)等。

1) 海运提单

海运提单是指承运人或其代理人收到其承运的货物后签发给托运人的货物收据。

(1) 提单的性质和作用。

① 提单是承运人或其代理人出具的货物收据,证实其已按提单上所列的内容收到托运人的货物。

② 提单是代表货物所有权的凭证,提单的持有人拥有支配货物的权利,因此,提单可以用来向银行议付货款和向承运人提取货物,也可用来抵押或转让。

③ 提单是承运人和托运人双方订立的运输契约,或是运输契约的证明。由于运输契约是在装货前商订的,而提单一般是在装货后签发的,故提单本身不是运输契约,而只是运输契约的证明。

(2) 提单的种类。海运提单包括班轮提单和租船合同项下的提单。班轮提单除正面作了有关货物和运费事项的记载外,背面还印就运输条款,为了统一提单背面的运输条款内容,国际上曾先后签署了《海牙规则》[①]、《维斯比规则》[②]和《汉堡规则》[③]三项国际公约。

提单可以从各种不同的角度分类,在国际贸易中使用的提单主要有下列几种:

① 根据货物是否已经装船,分为已装船提单(shipped or on board B/L)和备运提单(received for shipment B/L)。

已装船提单是指货物装上船舶以后,由承运人签发给托运人的提单。这种提单必须载明装货船名和装船日期。由于已装船提单对收货人按时收到货物较有保

[①] 《海牙规则》:《海牙规则》于1924年制定。它是海上运输方面一个十分重要的公约,至今已有50多个国家承认了它。几十年来,许多国家的航运公司都在其制发的提单上规定采用本规则,据以确定承运人在货物装船、收受、配载、承运、保管、照料和卸载过程中所应承担的责任与义务,以及其应享受的权利与豁免。

[②] 《维斯比规则》:即修改统一提单的若干法律规则的国际公约的议定书,1968年制定。

[③] 《汉堡规则》:即1978年联合国海上货物运输公约。

障,因此,在买卖合同中一般都规定卖方须向买方提供已装船提单。

备运提单又称收讫待运提单,是承运人在收到货物但尚未把货物装上船只以前签发给托运人的一种提单。由于备运提单没有肯定的装船日期,而且往往不注明装运船舶的名称,将来货物能否出运、何时装运,都很难预料。因此,买方一般都不愿意接受这种提单。

备运提单可以改变为已装船提单,其做法是当承运人已签发备运提单之后,如他已把货物装上船只,则承运人可在提单的正面加注"已装船"字样和装船日期,并在其上签字,这样就可以使备运提单成为已装船提单。

目前,随着集装箱运输的发展,备运提单的使用日益增多。因为,集装箱船公司需要在内陆收货站收货装箱,内陆收货站无法确定船名和装船日期,所以,无法签发已装船提单,而只能签发备运提单。这是集装箱运输的正常做法。

② 按承运人在提单上对货物的外表状态加列批注来分类,可以分为清洁提单(clean B/L)与不清洁提单(unclean B/L,or foul B/L)。

清洁提单是指承运人对货物的表面状况未加批注提单。这种提单表明,货物是在表面状况良好的条件下装船的。在承运人签发了清洁提单的情况下,如果在目的港卸货时发现货物表面有缺陷,承运人须承担损害赔偿的责任。但对于经过合理检查不能发现的缺陷,以及因免责海难所遭受的损失,承运人可以免责。在国际货物买卖合同中,一般都规定卖方必须提供已装船的清洁提单。

不清洁提单是指承运人对货物的表面状况加有不良批注的提单,如注明"包装不固"、"破包"、"沾有油污"等。这种提单表明,货物是在表面状况不良的条件下装上船舶的。如卸货时发现货物遭受损害或灭失,而致损的原因可以归咎于这些批注事项的话,就可以减免承运人的责任。因此,在提单上加列批注,是承运人保护其自身利益的一种手段。

③ 按提单收货人抬头分类,有记名提单(straight B/L)、不记名提单(bearer B/L)和指示提单(order B/L)。

记名提单又称收货人抬头提单,是指在提单收货人(consignee)栏内具体指定收货人名称的提单。记名提单只能由指定的收货人提货,不能转让流通。

不记名提单又称来人抬头提单,是指在提单收货人栏内不填写收货人名称而留空的提单,故又称空名提单。不记名提单仅凭单交货,风险较大,在国际贸易中不经常使用。

指示提单是指在提单的收货人栏内填写"凭指示"(to order)或"凭某人指示"(to order of ...)字样的提单。此种提单可通过背书转让,因而又称为可转让的提单。背书的方法有二:由背书人单纯签字盖章的称为空白背书;除背书人签字盖章外,还列明被背书人名称的,称为记名背书,提单经背书后,可转让给其他第三者。由于指示提单可以背书转让,故其在国际贸易中被广为使用。在我国贸易中,通常采用凭指定空白背书提单,习惯上称为空白抬头、空白背书提单。

④ 按运输方式分类,有直达提单(direct B/L)、转船提单(transshipment B/L)和联运提单(through B/L)。

直达提单是指轮船装货后中途不经过转船而直接驶往目的港,承运人所签发的提单。

转船提单是指货物装上海轮后,在航运的中途港将货物卸入另一船舶再驶往目的港卸货的情况下所签发的包括运输全称的提单。有的甚至换船不止一次。转船提单上一般注有"在某港"转船字样,有的还注明二程船甚至三程船的船名。

联运提单是在由海运和其他运输方式所组成的联合运输时使用。它是由承运人或其代理人在货物起运地签发运往货物最终目的地的提单,并收取全程运费。由于联运提单包括全程运输,所以,第一承运人或其代理人应将货物转交给下一程承运人,有关货物中途转换运输工具和交接工作,均不需托运人办理。转运提单和联运提单的区别在于前者仅限于转船,后者可在中途转换其他运输工具。

⑤ 根据船舶营运方式的不同,可分为班轮提单(liner B/L)和租船提单(charter party B/L)。

班轮提单是指由班轮公司承运货物后签发给托运人的提单。

租船提单是指承运人根据租船合同签发的提单。提单上通常注明"一切条件、条款和免责事项按照某某租船合同"字样。这种提单受租船合同条款的约束,银行或买方在接受这种提单时,有时要求卖方提供租船合同副本。

⑥ 根据提单内容的简繁,可分为全式提单(long form B/L)和略式提单(short form B/L)。

全式提单又称繁式提单,是指不仅有提单正面内容,而且在提单背面有承运人和托运人的权利和义务详细条款的提单。

略式提单又称简式提单,是指提单背面无条款,而只列出提单正面的必须记载事项的提单。这种提单一般都印有"本提单货物的收受、保管、运输和运费等事项,均按本公司全式提单上的条款办理"的字样。

⑦ 根据提单使用效力,可分为正本提单(original B/L)和副本提单(copy B/L)。

正本提单是指提单上有承运人、船长或其代理人签名盖章并注明签发日期的提单。这种提单在法律上是有效的单据。正本提单必须要标明"original"字样。正本提单一般签发两份或三份(个别也有只签发一份的),凭其中的任何一份提货后,其余的即作废。为防止他人冒领货物,买方和银行通常要求卖方提供船公司签发的全部正本提单,即所谓"全套"(full set)提单。

副本提单是指提单上没有承运人、船长或其代理人签名盖章,而仅供参考之用的提单。副本提单一般都标明"副本"(copy)或"不可转让"(non-negotiable)字样,副本提单不得标明"original"字样。

⑧ 其他提单。

A. 过期提单(stale B/L)。关于过期提单有两种说法:一种是提单晚于货物到达目的港,称为过期提单。在远洋运输中难免会出现这种情况,因此,买卖合同中一般都规定"过期提单可以接受"的条款。另一种是向银行交单时间超过提单签发日期 21 天,这种滞期交到银行的提单,也称为过期提单,银行有权拒收。

B. 舱面提单(on deck B/L)又称甲板提单,是指货物装在船舶甲板上运输所签发的提单。在这种提单中应注明"在舱面"字样。

C. 运输代理行提单(house B/L),是指运输代理人签发的提单,它只是运输代理人收到托运货物的收据,而不是可以转让的物权凭证。

D. 电子提单。电子提单是利用电子数据交换(EDI)系统传送的非书面化提单。电子提单采用了 EDI 传递,与传统的纸面文件传递相比节省了时间和费用。

电子提单的具体操作程序是卖方、发货人、银行、买方、收货人均以承运人为中心,通过 EDI 系统通告运输途中货物所有权的转移时间和对象。电子提单完全改变传统提单通过背书转让物权的方式,取而代之的是以电子密码通知来实施货物所有权的转移,谁拥有密码,谁就拥有货物所有权。

2)其他主要运输单据

(1)海上货运单。海上货运单简称海运单(sea waybill),是证明海上运输货物已由承运人接管装船,并保证将货物交给单证上指定的收货人的一种不可流通的单证,因此又称不可转让海运单。

海运单不是物权凭证,所以它不可转让。

(2)铁路运单。铁路运输分为国际铁路货物联运和国内铁路运输两种方式。国际铁路货物联运使用国际铁路货物运单,国内铁路运输使用国内铁路运单。国际货物运单是指国际货协的各国之间办理铁路联运时所使用的单据。运单由五张组成:第一张正本和第五张货物到达通知,由铁路局送交收货人;第二张运行报单和第四张货物交付单,由铁路局交给到达站;第三张运单副本交发货人。运单不是物权凭证,不能转让。运单副本在铁路加盖戳记证明运输合同已订立之后,退还给发货人。运单是卖方通过有关银行向买方结算货款的主要单证之一。通过铁路对港、澳出口的货物,由于国内铁路运单不能作为对外结汇的凭证,所以使用承运货物收据(cargo receipt,C/R)这种特定性质和格式的单据。

(3)航空运单(air waybill)。航空运单是由承运的航空公司或其代理人出具的承运货物的收据。它是发货人与承运人缔结的运输契约,但不能作为物权凭证进行转让和抵押。

航空运单依签发人的不同分为主运单(master air waybill)和分运单(house air waybill)。前者是由航空公司签发的,后者是由航空货运代理公司签发的,两者在内容上基本相同,法律效力也无不同。

(4)邮包收据。邮包收据是邮包运输的主要单据,是邮局收到寄件人的邮包后出具的收据,是收件人提取邮包的凭证,当邮包发生灭失或损坏时,它还可作为索赔和理赔的依据。但邮包收据不是物权凭证。

(5)多式联运单据。多式联运单据是在多种运输方式下使用的一种运输单据。它由多式联运经营人签发。签发这种单据的多式联运经营人必须对全程运输负责,即不论货物在哪种运输方式下发生属于承运人责任范围内的灭失或损害,都要对托运货物的人负赔偿责任。多式联运单据与海运中的联运提单有相似之处,但其性质与联运提单有别。联运提单限于在由海运与其他运输方式所组成的联合运输时使用,而多式联运单据,即可用于海运与其他运输方式的联运,也可用于不包括海运的其他运输方式的联运。

除上述各种主要的装运单据外,在实际业务中,还有一些其他装运单据,如重量单和装箱单等。

相关链接:班轮运输费用

班轮运输费用是班轮公司为运输货物而向货主收取的费用。它包括货物从装运港至目的港的海上运费以及货物的装卸费,简称班轮运费。班轮运费包括基本运费和附加费两部分。基本运费是指货物在预定航线的各基本港口之间进行运输所规定的运价,它是构成全程运费的主要部分。基本运费的计收标准,通常按不同商品分为下列几种:

1. 按货物的毛重计收。即以重量吨(weight ton)为计算单位计收,在运价表内用"W"字母表示。

2. 按货物的体积计收。即以尺码吨(measurement ton)为计算单位计收,在运价表内用"M"表示。

以上两种计算运费的重量吨和尺码吨统称为运费吨(freight ton)。

3. 按商品的价格(FOB总值)计收,即按从价运费收取,在运价表内用"A. V."或"ad val."(拉丁文 ad valorem,意即从价)表示。

4. 按货物的毛重或体积,由船公司选择中收费较高的一种计收运费,在运价表中用"W/M"表示。

5. 按货物的重量、体积或价值三者中选较高的一种计收运费,在运价表中用"W/M or A.V."表示。

6. 按货物的毛重或体积选择其高者,再加上从价费计收,在运价表中用"W/M plus ad val."表示。

7. 按货物的件数计收。

8. 对大宗低值货物,采用船、货双方临时议定运价的办法。

 特别提示:运费计算用例

诚闳进出口公司出口机器一批,共30箱,每箱重量0.98公吨,总体积为22.78立方米。由上海装中国远洋运输公司轮船(班轮),经中国香港转船至苏丹港。

已知:查阅货物分级表,该机器属于10级货,计算标准为W/M;在中国——香港航线费率表中查出10级货从上海运至香港的费率为23美元,香港中转费为15美元;再从香港——红海航线费率表中查出10级货的费率为95美元;最后查附加费率表,了解到苏丹港要收港口拥挤附加费,费率为基本运费的8%。试计算A公司应付船公司运费。

参考答案:

解:总毛重　　30×0.98＝29.40(公吨)

∵29.40公吨＞22.78立方米,根据计算标准为W/M,取重量计算。

$$运费吨的运价 = 23+15+95+95×8\%$$
$$= 140.60(美元)$$
$$总运费 = 29.40×140.60 = 4\,133.64(美元)$$

答:诚闳进出口公司应付船公司运费为4 133.64美元。

 特别提示:分批装运

分批装运是指一笔成交的货物,分若干次装运。根据国际商会修订的《跟单信用证统一惯例》规定,一笔成交的货物分多次装在同一航次、同一条船上,即使分别签发了若干不同内容的提单,也不能按分批装运论处。

六、运输保险条款

国际货物运输保险的种类,取决于国际货物运输的方式。由于进出口货物一般通过海洋运输、陆上运输、航空运输和邮包运输,因此,国际货物运输保险也相应地分为海运货物保险、陆运货物保险、空运货物保险和邮包运输保险等。海运货物保险起源最早、历史最久,而其他种类的货物运输保险,都是在海上货物保险的基础上发展起来的。虽然各种不同运输方式的货物保险的具体责任有所不同,但他们的基本原则和保障的范围基本一致。

国际上没有统一的国际货物运输保险法,在实际操作中,保险人与被保险人的权利和义务是由各国国内相关法律和当事人双方签订的保险合同确定的。本书主要讲述海上运输保险的基础知识。

1. 海上运输保险的承保范围

海上运输保险人主要承保由于海上风险和外来风险所造成的货物或费用损失。这里所说的海上运输保险人,是指保险公司。

1) 海上风险

海上风险在保险业界又称海难,一般包括自然灾害和意外事故两种。按照国际保险市场的一般解释,这些风险所指的大致内容如下:

(1) 自然灾害。所谓自然灾害,是指恶劣气候、雷电、洪水、流冰、地震、海啸、火上爆发以及其他人力不可抗拒的灾害。

(2) 海上意外事故。海上意外事故主要是指船舶搁浅、触礁、碰撞、爆炸、火灾、沉没、船舶失踪或其他类似事故。

2) 海上损失

海上损失(简称海损)是指被保险货物在海运过程中,由于海上风险所造成的损坏或灭失。根据国际保险市场的一般解释,凡与海陆连接的陆运过程中所发生的损坏或灭失,也属海损范围。海损按货物损失程度的不同,可分为全部损失(total loss)和部分损失(partial loss);按货物损失的性质区分,可分为共同海损(general average)和单独海损(particular average)。

3) 全部损失和部分损失

全部损失(简称全损)分为实际全损(actual total loss)和推定全损(constructive total loss)两种。实际全损是指货物全部灭失、或完全变质、或不可能归还被保险人。推定全损是指货物在海运中遭受承保风险后,虽然尚未达到完全灭失状态,但完全灭失是不可避免的。或者为避免发生实际全损所需支付的费用与继续将货物运抵目的地的费用之和超过保险价值。凡不属于实际全损和推定全损的损失为部分损失。

4) 共同海损和单独海损

(1) 共同海损。在海洋运输途中，载货的船舶在海上遇到灾害、事故，威胁到船、货等各方的共同安全，为了解除这种共同危险，有意采取合理的救难措施，直接造成特殊损失和支付特殊费用，这些损失和费用称为共同海损。在船舶发生共同海损后，凡属共同海损范围内的损失和费用，均可通过共同海损推算，由有关获救受益方(即船方、货方和承运方)根据获救价值按比例分摊。这种分摊称为共同海损分摊。

共同海损的成立，一般应具备下列一个条件：

① 共同海损的危险必须是共同的，采取的措施是合理的，这是共同海损成立的前提条件。如果危险还没有危及船货各方的共同安全，即使船长有意作出合理的牺牲和支付了额外的费用，也不能算作共同海损。

② 共同海损的危险必须是真实存在的，或者是不可避免地发生的，而不是主观臆测的。

③ 共同海损的牺牲必须是自动的和有意采取的行为。其费用必须是额外的。

④ 共同海损必须是属于非常性质的损失。

(2) 单独海损。单独海损是指仅涉及船舶或货物所有人单方面的利益，其损失仅由受损方单独负担。

(3) 单独海损与共同海损的主要区别。单独海损与共同海损的主要区别是：

① 造成海损的原因不同：单独海损是承保风险所直接导致的船、货损失；共同海损则不是承保风险所直接导致的损失，而是为了解除或减轻共同危险人为造成的一种损失。

② 承担损失的责任不同：单独海损的损失一般由受损方自行承担；而共同海损的损失，则应由受益的各方按照受益大小的比例共同分摊。

此外，海上风险还会造成费用上的损失。由海上风险所造成的海上费用，主要有施救费用(sue and labour charges or expenses)和救助费用(salvage charges)。所谓施救费用，是指被保险的货物在遭受承保责任范围内的灾害或事故时，被保险人或其代理人与受让人为了避免或减少损失，采取了各种抢救或防护措施而所支付的合理费用。救助费用是指被保险货物在遭受了承保责任范围内的灾害或事故时，由保险人和被保险人以外的第三者采取了有效的救助措施，由被救方付给救助人的一种报酬。施救费用和救助费用由保险人负责赔偿。

5) 外来风险和损失

外来风险和损失是指海上风险以外由于其他各种外来的原因所造成的风险和损失。外来风险和损失包括下列两类：

(1) 一般的外来风险和损失。这类风险损失通常是指运输途中由于偷窃

(theft pilferage)、短量(shortage in weight)、破碎(breakage)、雨淋(rain damage)、受潮受热(sweating and/or heating)、串味(taint of odour)、沾污(contamination)、渗漏(leakage)、钩损(hook damage)、锈损(rusting)、碰损(clashing)和短少及提货不着(short delivery and non-delivery)等原因所导致的风险。

(2) 特殊的外来风险和损失。这类风险损失主要是指由于战争、罢工和拒绝交付货物等军事、政治、国家政策法令和管制措施等原因所致的风险损失。

除上述各种风险损失外,保险货物在运输途中还可能发生其他损失,如运输途中的自然损耗以及由于货物本身特点和内在缺陷所造成的货损等。这些损失不属于保险公司承保的范围。

2. 海运货物保险的险别

保险公司通常在其签发的保险单中列有各种保险条款,明确规定保险公司对承保货物遭受损失时的责任范围。这种对保险公司承保责任范围所作的规定,一般称为保险险别。

在国际保险市场上,各国保险组织都分别有自己的保险条款。其中具有较大影响的是英国伦敦保险协会所制定的《协会货物条款》(institute cargo clause, ICC)。中国人民保险公司参照国际保险市场的一般习惯做法,并结合我国实际情况,自行制定了各种保险条款,总称为"中国保险条款"(China insurance clause, CIC)。

1) 中国人民保险公司规定的海运货物保险条款

"中国保险条款"中的《海洋运输货物保险条款》规定的险别有基本险和附加险两大类。基本险别包括平安险(free from particular average,F. P. A.)、水渍险(with average or with particular average,W. A., or W. P. A.)和一切险(all risks);附加险分为一般附加险和特殊附加险。

第一,基本险别。

(1) 平安险。本保险负责赔偿:

① 被保险的货物在运输途中由于恶劣气候、雷电、海啸、地震和洪水等自然灾害造成整批货物的全部损失或推定全损。

② 由于运输工具遭到搁浅、触礁、沉没、互撞,与流冰或其他物体碰撞及失火、爆炸等意外事故所造成的货物全部或部分损失。

③ 在运输工具已经发生搁浅、触礁、沉没、焚毁等意外事故的情况下,货物在此前后又在海上遭受恶劣气候、雷电、海啸等自然灾害所造成的部分损失。

④ 在装卸或转运时由于一件或数件甚至整批货物落海所造成的全部或部分损失。

⑤ 被保险人对遭受承保责任内的危险货物采取抢救、防止或减少货损的措施

所支付的合理费用,但以不超过该批被毁货物的保险金额为限。

⑥ 运输工具遭遇海难后,在避难港由于卸货引起的损失及在中途港或避难港由于卸货、存仓和运送货物所产生的特殊费用。

⑦ 共同海损的牺牲、分摊和救助费用。

⑧ 运输契约中如订有"船舶互撞责任"条款,则根据该条款规定应由货方偿还船方的损失。

(2) 水渍险。保险公司对水渍险的责任范围除担负上述平安险的各项责任外,还对被保险货物由于恶劣气候、雷电、海啸、地震和洪水等自然灾害所造成的部分损失负赔偿责任。

(3) 一切险。投保一切险后,保险公司除担负平安险和水渍险的各项责任外,还对被保险货物在运输途中由于一般外来原因而遭受的全部或部分损失,也负赔偿责任。

我国的《海洋运输货物保险条款》除规定了上述各种基本险别的责任外,还对保险责任的起讫也作了具体规定。在海运保险中,保险责任的起讫主要采用"仓至仓"条款(warehouse to warehouse clause),即保险责任自被保险货物运离保险单所载明的起运地仓库或储存处所开始运输时生效,包括运输中的海上、陆上、内河和驳船运输在内,直至该项货物运抵保险单所载明的目的地收货人的最后仓库或储存处所或被保险人用作分配、分派或非正常运输的其他储存处所为止。当货物一进入收货人仓库,保险责任即行终止。被保险的货物在最后到达卸载港卸离海轮时起算满60天,不论保险货物是否抵达上述仓库或储存处所,保险责任均告终止。

第二,附加险别。在海运保险业务中,进出口商除了投保货物的上述基本险别外,还可根据货物的特点和实际需要,酌情再选择若干适当的附加险别。附加险别包括一般附加险和特殊附加险。

(1) 一般附加险。一般附加险不能作为一个单独的项目投保,而只能在投保平安险或水渍险的基础上,根据货物的特性和需要加保一种或若干种一般附加险。如加保所有的一般附加险,称为投保一切险。可见,一般附加险被包括在一切险的承保范围内,故在投保一切险时,不存在再加保一般附加险的问题。

由于被保险货物的品种繁多,货物的性能和特点各异,而一般外来的风险又多种多样,故一般附加险的种类也很多,其中主要有:偷窃提货不着险(theft, pilferage and non-delivery, TPND)、淡水雨淋险(fresh water & rain damage, FWRD)、渗漏险(risk of leakage)、短量险(risk of shortage)、钩损险(hook damage)、混杂、沾污险(risk of intermixture and contamination)、碰损、破碎险(risk of clash & breakage)、锈损险(risk of rust)、串味险(risk of odour)、受热、受

潮险（damage caused by heating and sweating）和包装破裂险（breakage of packing）等。

（2）特殊附加险。特殊附加险包括战争险（war risk）和罢工险（strikes risk）。凡加保战争险时，保险公司则按保战争险条款的责任范围，对由于战争和其他各种敌对行为所造成的损失负赔偿责任，按中国人民保险公司的保险条款规定，战争险不能作为一个单独的项目投保，而只能在投保上述三种基本险别之一的基础上加保。战争险的保险责任起讫不采取"仓至仓"条款，而是从货物装上海轮开始至货物运抵目的港卸离海轮为止，即只负水面风险。

根据国际保险市场的习惯做法，一般将罢工险与战争险同时承保，如投保了战争险又需加保罢工险时，仅需在保单中附上罢工险条款即可，保险公司不再另行收费。

（3）其他特殊附加险。为了适应对外贸易货运保险的需要，中国人民保险公司除承保上述各种附加险外，还承保交货不到险（failure to delivery risk）、进口关税险（import duty risk）、舱面险（on deck risk）、拒收险（rejection risk）、黄曲霉素险（aflatoxin risk）以及我国某些出口货物运至香港（包括九龙在内）或澳门存仓火险责任扩展条款（fire risk extension clause for storage of cargo at destination Hongkong, including Kowloon or Macao）等特殊附加险。

2）英国伦敦保险协会规定的货物保险条款

在国际保险市场上，各国保险组织都分别有自己的保险条款。其中具有较大影响的是英国伦敦保险协会所制定的《协会货物条款》(Institute Cargo Clause，ICC)，现行的是1982年1月1日协会修订公布的，并于1983年4月1日起正式实行。现行的伦敦保险协会的海运货物保险条款中涉及的保险险别主要有六种险别，分别是：协会货物（A）险条款[Institute Cargo Clause A，简称I.C.C.(A)]；协会货物（B）险条款[Institute Cargo Clause B，简称I.C.C.(B)]；协会货物（C）险条款[Institute Cargo Clause C，简称I.C.C.(C)]；协会战争险条款（货物）(Institute War Clause-Cargo)；协会罢工险条款（货物）(Institute Strikes Clause-Cargo)；恶意损害险条款(Malicious Damage Clause)。

在上述六种险别条款中，除恶意损害险外，其余五种险别均按条文的性质统一划分为八个部分：承保范围（risks covered）、除外责任（exclusions）、保险期限（duration）、索赔（claims）、保险利益（benefit of insurance）、减少损失（minimizing losses）、防止迟延（avoidance of delay）和法律惯例（law and practice）。各个险别条款的结构统一，体系完整。因此，除（A）、（B）、（C）三种险别可以单独投保外，必要时，战争险和罢工险也可征得保险公司的同意，作为独立的险别进行投保。

在这里需要指出，当我国按CIF条件出口时，一般都以中国人民保险公司制定的保险条款为依据,但如果国外客户要求按英国伦敦保险协会货物保险条款为准,我们也可酌情接受。

我国海运进出口货物保险的基本做法是出口采用 CIF,进口采用 FOB 和 CFR 时,通常都使用中国人民保险公司的海洋货物保险条款(The People Insurance Company of China Ocean Marine Cargo Clause)办理。但在我国出口业务中,如果国外客户要求采用英国伦敦保险协会的海运货物保险条款投保,一般也可接受。

按照国际保险市场的习惯做法,出口货物的保险金额一般按 CIF 货价另加 10%计算,这增加的 10%称为保险加成率,也就是买方进行这笔交易所付的费用和预期利润。

保险费率(premium rate)是由保险公司根据一定时期、不同种类的货物的赔付率,按不同险别和目的地确定的。

保险费则根据保险费率表按保险金计算。

特别提示:保险金额计算的公式

保险金额=CIF 货值×(1+加成率)

保险费=保险金额×保险费率

特别提示:保险金额计算

金茂进出口公司以每件 15 美元向美国杰盛公司出口女连衣裙 2 000 打。货物出口前,由东海进出口公司向中国人民保险公司投保水渍险、包装破裂险及淡水雨淋险。水渍险、包装破裂险及淡水雨淋险的保险费率分别为 0.6%、0.1%和 0.3%,按发票金额 110%投保。试计算该批货物的投保金额和保险费。

解:投保金额=CIF 总值×110%
    =15×12×2 000×110%
    =396 000(美元)

保险费=投保金额×保险费率
    =396 000×(0.6%+0.1%+0.3%)
    =3 960(美元)

答:该批货物的投保金额是 396 000 美元,保险费是 3 960 美元。

七、支付条款

国际贸易货款的结算主要涉及支付工具、付款时间、地点及支付方式等问题,买卖双方洽商交易时,必须对此取得一致的意见,并在合同中具体订明。

国际贸易货款的收付,使用现金结算货款的较少,大多使用非现金结算,即使用代替现金作为流通手段和支付手段的信贷工具来进行国际间的债权债务的结算。票据是国际通行的结算和信贷工具,是可以流通转让的债权凭证。在国际贸易中,作为货款的支付工具有货币和票据,以票据为主。

我国对外贸易货款结算的支付工具,主要以汇票为主,也使用本票和支票。使用最多的支付方式是信用证,然后为托收、汇付和保函[①]等。

八、商品检验检疫条款

在国际贸易中,买卖双方交易的商品一般都要经过检验检疫。国际货物买卖合同中的检验检疫条款,主要包括检验检疫时间与地点、复验期限与复验地点、检验检疫机构与检验检疫证书以及检验检疫标准与方法等内容,这些内容都要在合同中订明。

九、索赔条款

索赔(claim)是指交易一方不履行合同义务或不完全(又称"不适当")履行合同义务,致使另一方遭受损失时,受损方向违约方提出要求给予损害赔偿的行为。在国际贸易中,由于种种原因往往会引起索赔事件,根据损失的原因和责任的不同,索赔有三种不同情况:第一,凡属承保范围内的货物损失,向保险公司索赔;第二,如系承运人的责任所造成的货物损失,向承运人索赔;第三,如系合同当事人的责任造成的损失,则向责任方提出索赔。本节介绍的,仅限买卖双方在履行合同过程中出现违约情况而引起的索赔。

对受损方提出的索赔要求予以受理并进行处理,称为理赔。索赔与理赔是一个问题的两个方面。对受损方而言,称为索赔;对违约方而言,称为理赔。

索赔事件多发生在交货期、交货品质、数量等问题上,一般地说,买方向卖方提出索赔的情况较多。当然,买方不按期接运货物或无理拒付货款的情况也时有发生,因此,也有卖方向买方索赔的情况。为了便于处理索赔问题,买卖双方商订合同时,应就索赔条件作出明确具体的规定。

---

① 保函是指银行、保险公司、担保公司或个人(保证人)应申请人的请求,向第三方(受益人)开立的一种书面信用担保凭证。保证人对申请人的债务或应履行的义务承担赔偿责任。

十、不可抗力条款

不可抗力(force majeure)是指买卖合同签订后,并非由于合同当事人的过失或疏忽,而是由于发生了合同当事人无法预见、无法预防、无法避免和无法控制的意外事故,以致有关当事人不能履行或不能如期履行合同义务,发生意外事故的一方当事人可以免除违约的责任。

在国际货物买卖合同履行过程中,意外事故时有发生,对哪些事故构成不可抗力,当事人享有何种程度的免责,应在订立不可抗力条款时作出相应的约定。

十一、仲裁条款

在国际贸易中,买卖双方签订合同后,由于种种原因,没有如期履行合同,会引起交易双方间的争议。谋求解决争议的方法一般有友好协商、调解、诉讼或仲裁四种。

(1) 友好协商。友好协商是解决争议的最妥善的方法。争议双方通过友好协商,达成和解,取得彼此都能接受的解决方法。

(2) 调解(conciliation)。调解是在争议双方自愿基础上,由第三者出面居间调停的方式。调解是解决争议的一种好办法,我国仲裁机构采取调解与仲裁相结合的办法。

(3) 诉讼(litigation)。在友好协商和调解难以达成协议,可诉诸法律。但诉讼往往旷日持久,费用昂贵。

(4) 仲裁(arbitration)。仲裁是指买卖双方达成协议,一旦发生争议和纠纷,自愿将争议和纠纷交由双方同意的仲裁机构进行裁决的一种解决纷争的方法。

国际贸易中的争议,如友好协商、调解都未成功而又不愿意诉诸法院解决,一般都采用仲裁办法,其好处有:采用仲裁是以双方自愿为基础,双方当事人自行选定仲裁员因而具有一定的灵活性。仲裁程序较简单,且仲裁员一般是熟悉国际贸易业务的专家和知名人士,故仲裁解决问题较快。仲裁费用比诉讼费低。仲裁对争议双方继续发展贸易关系的影响较小。仲裁是终局性裁决,败诉方不得上诉,必须执行。

仲裁条款举例如下。

1. 在中国仲裁的条款格式

"凡因执行本合同所发生的或与本合同有关的一切争议,双方应通过友好协商不能解决,应提交北京中国国际经济贸易仲裁委员会根据该会的《仲裁规则》进行仲裁。仲裁裁决是终局的,对双方都有约束力。"

2. 在被告国仲裁的条款格式

"凡因执行本合同所发生的或与本合同有关的一切争议,双方应通过友好协商解决；如果协商不能解决，应提交仲裁，仲裁在被诉人所在国进行。在中国，由中国国际经济贸易仲裁委员会根据该会《仲裁规则》实行仲裁。如在某某国（被诉人所在国名称）由某某国某某地仲裁机构（被诉人所在国家的仲裁机构的名称）根据该组织的仲裁程序规则进行仲裁。仲裁裁决是终局的，对双方都有约束力。"

3. 在第三国仲裁的条款格式

"凡因执行本合同所发生的或与本合同有关的一切争议，双方应通过友好协商来解决，如果协商不能解决，应按某某国某某地某某仲裁机构根据该仲裁机构的仲裁程序规则进行仲裁。仲裁裁决是终局的，对双方都具有约束力。"

典 型 习 题

一、**单项选择题**（下列每题的选项中，只有1个是正确的，请将其代号填在括号内）

1. 常用的指示性标志中"怕热"的标志为（　　）。

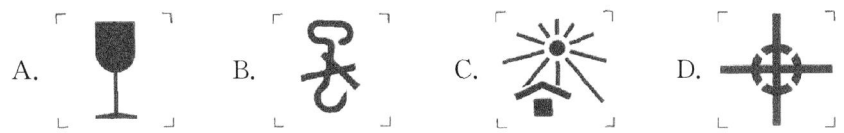

2. 凡没有正当理由不履行合同中的全部或部分允诺者，均构成（　　）。

　　A. 失信　　　　B. 仲裁　　　　C. 索赔　　　　D. 违约

3. 国际货物买卖合同的标的物是（　　）。

　　A. 股票　　　　B. 债券　　　　C. 票据　　　　D. 有形商品

4. 卖方按照原价给予买方一定百分比的减让，即在价格上给予适当的优惠，这是（　　）。

　　A. 佣金　　　　B. 折扣　　　　C. 预付款　　　　D. 订金

5. 一批货物在海运途中发生承保范围内的损失，其修理费用超过修复后的价值，这种损失属于（　　）。

　　A. 共同海损　　B. 单独海损　　C. 实际全损　　D. 推定全损

6. 对于质量难以标准化、规格化的手工艺品、服装、矿产品等商品适合采用的品质表示方法是（　　）。

　　A. 凭样品买卖　　　　　　　　B. 凭商标或牌号买卖
　　C. 凭规格买卖　　　　　　　　D. 凭说明书买卖

7. 一般而言，有特色的名优产品宜于（　　）。

A. 凭样品买卖　　　　　　　　B. 凭商标或牌号买卖
C. 凭规格买卖　　　　　　　　D. 凭说明书买卖

8. 卖方按照买方提供的样品,复制一个类似的产品交买方确认,确认后的样品被称为(　　)。
A. 封样　　　B. 色彩样品　　　C. 参考样品　　　D. 对等样品

9. 我国的度量衡制度采用的是(　　)。
A. 英制　　　B. 公制　　　C. 美制　　　D. 国际单位制

10. 我国某外贸公司出口玉米约1 000吨,根据《跟单信用证统一惯例》规定,该公司发货时,最多可以装运(　　)吨。
A. 900　　　B. 1 000　　　C. 1 200　　　D. 1 100

11. 生丝、羊毛等商品的计重方法应该为(　　)。
A. 毛重　　　B. 净重　　　C. 公量　　　D. 理论重量

12. 商品包装应该尽量不用(　　)。
A. 袋装包装　　　B. 桶型包装　　　C. 木箱包装　　　D. 纸箱包装

13. "禁止翻滚"属于(　　)。
A. 运输标志　　　B. 唛头　　　C. 指示性标志　　　D. 危险品标志

14. 运输标志是指(　　)。
A. 商品外包装上的标志　　　　B. 商品内包装上的标志
C. 运输工具上的标志　　　　　D. 待运货场的标志

15. 在固定的航线运行,固定的港口停靠,并按事先公布的航期表营运,事先公布的运价表收费的运输方式是(　　)。
A. 租船运输　　　　　　　　　B. 班轮运输
C. 定程租船运输　　　　　　　D. 定期租船运输

16. 在班轮运价表内标示"W/M"表示(　　)。
A. 按货物重量计价
B. 按货物体积计价
C. 按货物质量计价
D. 按货物重量或体积收费较高者计算单位运价

17. 在班轮运价表内标示"W"表示(　　)。
A. 按货物重量计价
B. 按货物体积计价
C. 按货物容积计价
D. 按货物重量或体积收费较高者计算单位运价

18. 在班轮运价表内标示"M"表示(　　)。

A. 按货物重量计价

B. 按货物体积计价

C. 按货物质量计价

D. 按货物重量或体积收费较高者计算单位运价

19. 在国际货物运输中,对需要进行拼箱处理的货物,一般需由承运人在(　　)负责将不同发货人的货物拼装在一个集装箱。

  A. 集装箱堆场　　　　　　　B. 集装箱货运站

  C. 发货人仓库　　　　　　　D. 码头

20. 我国海运货物保险条款中,不能单独投保的险别是(　　)。

  A. 平安险　　B. 水渍险　　C. 一切险　　D. 战争险

21. (　　)是一种物权凭证,此单据的合法持有人可以凭单请求承运人无条件交付货物。

  A. 海上货运单　B. 海运提单　C. 航空运单　D. 邮包收据

22. 《联合国国际货物销售合同公约》于(　　)生效。

  A. 2005年4月1日　　　　　B. 2000年1月1日

  C. 1990年1月1日　　　　　D. 1988年1月1日

23. 海运提单之所以能够向银行办理抵押贷款,是因为(　　)。

  A. 海运提单是承运人签发的货物收据

  B. 海运提单不可以转让

  C. 海运提单是运输契约的证明

  D. 海运提单具有物权凭证的性质

24. 既有自愿性,又有强制性的解决争议的方式是(　　)。

  A. 协商　　　B. 调解　　　C. 诉讼　　　D. 仲裁

25. 在班轮运费的基本运费计收标准中,若按货物的毛重计收,则在运价表内用字母(　　)表示。

  A. "W"　　　B. "M"　　　C. "AV"　　　D. "W/M"

26. 速遣费是指负责装卸货物的一方,在约定的装卸时间内提前完成装卸任务,则可以从(　　)取得奖金。

  A. 买方　　　B. 卖方　　　C. 船方　　　D. 保险公司

27. 提单按收货人的抬头进行分类,可以分为(　　)。

  A. 记名提单、不记名提单与指示提单

  B. 清洁提单与不清洁提单

  C. 直达提单、转船提单与联运提单

  D. 已装船提单和备运提单

28. 全损可以分为实际全损与(　　)。
    A. 推定全损　　B. 共同海损　　C. 理论全损　　D. 表面全损
29. 我国企业某商品对外商报价不含佣金 CIF 价为每公吨 2 300 美元,后外商要求报 CIFC5% 的价格,如果要保证我国企业的净收入保持不变,则对外改报的含佣金价格为(　　)美元。
    A. 2 396.5　　B. 2 421.1　　C. 2 594.8　　D. 2 831.7
30. 负责装卸货物的一方,如未按约定的装卸时间与装卸率完成装卸任务,需要向船方交纳延误船期的罚款,此项罚款称为(　　)。
    A. 速遣费　　B. 拥挤费　　C. 滞期费　　D. 滞纳金
31. 提单按是否有不良批注进行分类,可以分为(　　)。
    A. 记名提单、不记名提单和指示提单
    B. 清洁提单和不清洁提单
    C. 直达提单、转船提单和联运提单
    D. 已装船提单和备运提单
32. 我国企业某商品对外商报价含佣金 CIFC5% 为每公吨 7 800 美元,后外商要求报不含佣金的净价,如果要保证我国企业的净收入保持不变,则对外改报的不含佣金价格为(　　)美元。
    A. 7 260　　B. 7 410　　C. 7 560　　D. 7 620
33. 合同的约首可包括(　　)。
    A. 商品品质　　　　　　　　B. 合同签订的日期和地点
    C. 商品数量　　　　　　　　D. 商品包装
34. 卖方根据买方提供的样品加工复制出一个类似的样品供买方确认,经确认的样品称为(　　)。
    A. 复样　　B. 回样　　C. 参考样品　　D. 卖方样品
35. 在国际贸易中,对技术型产品表示品质的方法是(　　)。
    A. 凭规格买卖　　　　　　　B. 凭样品买卖
    C. 凭说明书买卖　　　　　　D. 凭商标或牌号买卖
36. 对工业制成品交易,一般品质条款中灵活制定品质指标,通常使用(　　)。
    A. 品质公差　　　　　　　　B. 品质机动幅度
    C. 交货品质与样品大体相等　D. 规定一个约量
37. 对一些质量不太稳定的初级产品,在规定品质条款时,其灵活制定品质指标常用(　　)。
    A. 品质公差　　　　　　　　B. 品质机动幅度

C. 交货品质与样品大体相等　　　　D. 规定一个约量

38. 在国际贸易中最常见的计量办法是（　　）。

　　A. 毛重　　　B. 公量　　　C. 理论重量　　　D. 法定重量

39. 按照国际贸易惯例，在合同中不作规定时运输标志的提供方一般是（　　）。

　　A. 开证行　　　B. 卖方　　　C. 买方　　　D. 船方

40. 对于大批量交易的散装货，因较难掌握商品的数量，通常在合同中规定（　　）。

　　A. 品质公差条款　　　　　　　B. 溢短装条款

　　C. 立即装运条款　　　　　　　D. 仓至仓条款

41. 我某进出口公司拟向美国客商出口服装一批，在洽谈合同条款时，就服装的款式可要求买方提供（　　）。

　　A. 样品　　　B. 规格　　　C. 商标　　　D. 产地

42. 在国际贸易中，通常由（　　）来收取佣金。

　　A. 卖方　　　B. 买方　　　C. 船方　　　D. 中间商

43. 下列术语中表示含佣价的是（　　）。

　　A. FOBS　　　B. FOBT　　　C. FOBST　　　D. FOBC

44. 班轮运输的运费应该包括（　　）。

　　A. 装卸费，不计滞期费、速遣费　　B. 装卸费，但计滞期费、速遣费

　　C. 卸货费和滞期费，不计速遣费　　D. 卸货费和速遣费，不计滞期费

45. 在进出口业务中，能够作为物权凭证的运输单据是（　　）。

　　A. 铁路运单　　　B. 海运提单　　　C. 航空运单　　　D. 邮包收据

46. 必须经背书才能进行转让的提单是（　　）。

　　A. 记名提单　　　　　　　　B. 不记名提单

　　C. 指示提单　　　　　　　　D. 海运单

47. 国际货物运输中最常见的运输方式是（　　）。

　　A. 海洋运输　　　B. 航空运输　　　C. 铁路运输　　　D. 邮政运输

48. 签发多式联运提单的承运人的责任是（　　）。

　　A. 只对第一程运输负责　　　B. 必须对全程运输负责

　　C. 对运输不负责　　　　　　D. 只对最后一程运输负责

49. 被称为集装箱的标准箱位（TEU）的是（　　）英尺的集装箱。

　　A. 10　　　B. 20　　　C. 30　　　D. 40

50. 买卖双方成交1 000台设备，L/C规定可以分批装运，并规定第一批交600台，第二批交400台，那么（　　）。

A. 只要货物已备好,可以将 1 000 台一次装运

B. 只能按规定先交 600 台,后交 400 台

C. 只要数量相符,可以先交 400 台,后交 600 台

D. 可以先交 500 台,后交 500 台

51. 按国际保险市场惯例,投保金额通常在 CIF 总值的基础上(　　)。

　　A. 加一成　　　B. 加二成　　　C. 加三成　　　D. 加四成

52. "仓至仓"条款是(　　)。

　　A. 承运人负责运输起讫的条款

　　B. 保险人负责保险责任起讫的条款

　　C. 出口人负责缴获责任起讫的条款

　　D. 进口人负责付款责任起讫的条款

53. CIC"特殊附加险"是指在特殊情况下,要求保险公司承保的险别,(　　)。

　　A. 一般可以单独投保

　　B. 不能单独投保

　　C. 可单独投保两项以上

　　D. 在被保险人同意的情况下,可以单独投保

54. 有一批出口服装,在海上运输途中,因船体触礁导致服装严重受浸,如果将这批服装漂洗后再运至原定目的港所花费的费用已超过服装的保险价值,这批服装应属于(　　)。

　　A. 共同海损　　B. 实际全损　　C. 推定全损　　D. 部分海损

55. 交付的货物包装完好但存在质量问题,在多数情况下,应该向(　　)索赔。

　　A. 保险公司　　B. 买方　　　C. 卖方　　　D. 承运人

56. 用班轮运输货物,在规定运费计收标准时,如果采用"A. V"的规定办法,则表示(　　)。

　　A. 按货物的毛重计收　　　　B. 按货物的体积计收

　　C. 按货物的件数计收　　　　D. 按货物的 FOB 价格计收

57. 按照货物重量或体积或价值三者中较高的一种计收,运价表内以(　　)表示。

　　A. "W/M"　　　　　　　B. "W/M plus Ad Val"

　　C. "W/M or Ad Val"　　　D. "Ad Val"

58. 合同的正文可以包括(　　)。

　　A. 商品数量　　　　　　　B. 合同签订的日期和地点

　　C. 当事人名称和地址　　　D. 使用的文字

二、**多项选择题**(下列每题的选项中,至少有2个是正确的,请将其代号填在括号内)

1. 对商品进行了解,包括了解所采购或销售商品的(　　)及商标注册情况。
   A. 性能　　　　　　　　　　B. 生产工艺流程和生产设备的性能
   C. 属性　　　　　　　　　　D. 包装要求
   E. 使用说明

2. 谈判的过程中,主要商谈合同的(　　)条款。
   A. 商品品质　　B. 价格　　　C. 支付条件　　D. 商品的数量
   E. 运输

3. 合同中规定了数量机动幅度,可以行使溢短装选择权的有(　　)。
   A. 卖方　　　　　　　　　　B. 买方
   C. 船方　　　　　　　　　　D. 安排舱容及装载货物的一方
   E. 保险公司

4. 谈判中,要将(　　)等仲裁条款的项目逐一列明。
   A. 仲裁时间　　B. 仲裁机构　　C. 仲裁地点　　D. 仲裁程序
   E. 仲裁方法

5. 仲裁的特点包括(　　)。
   A. 以当事人自愿为基础
   B. 任何仲裁机构不受理没有仲裁协议的案件
   C. 排除法院对争议案件的管辖权
   D. 仲裁裁决是终局的,对双方均有约束力
   E. 仲裁协议必须在争议发生之前达成

6. 便于消费者识别的包装有(　　)。
   A. 透明包装　　B. 携带式包装　　C. 易开包装　　D. 开窗包装
   E. 习惯包装

7. 运输标志的主要内容包括(　　)。
   A. 收货人的名称代号　　　　B. 目的地名称
   C. 件号　　　　　　　　　　D. 切勿倾倒标志
   E. 易燃品标志

8. 集合运输包装包括(　　)。
   A. 托盘　　　　B. 集装包　　　C. 集装袋　　　D. 集装箱
   E. 箱型包装

9. 班轮运输的特点有(　　)。
   A. 行使航线及停靠港口固定　　B. 开航及到港时间较固定

C. 运费率相对固定　　　　　　　D. 装卸费由船方负担

E. 承运货物较灵活,尤其适用于少量货物及杂货运输

10. 在采用净重计重时,计算包装的重量的方法有(　　)。

　　A. 实际皮重　　B. 平均皮重　　C. 习惯皮重　　D. 约定皮重

　　E. 理论皮重

11. 包装装潢的功能有(　　)。

　　A. 保护产品　　B. 方便使用　　C. 美化产品　　D. 推销产品

　　E. 防伪

12. 运输包装的主要作用在于(　　)。

　　A. 保护商品　　　　　　　　　B. 便于运输与储存

　　C. 便于销售　　　　　　　　　D. 美化商品

　　E. 防止在装卸过程中发生货损货差

13. RFID技术使用的优点有(　　)。

　　A. 需要光源,不可以透过外部材料读取数据

　　B. 标签芯片与自带天线全封闭,能在恶劣环境下工作

　　C. 具有小、薄、柔韧性、可植入多种材料内部的特性

　　D. 读取距离比条码更远

　　E. 可以写入及存取数据

14. 运输包装上的标志,按其用途可以分为(　　)。

　　A. 运输标记　　B. 原产地标记　　C. 销售商标记　　D. 指示性标记

　　E. 警告性标记

15. 进出口结付汇单据中的发票主要有(　　)。

　　A. 商业发票　　B. 海关发票　　C. 领事发票　　D. 厂商发票

　　E. 形式发票

16. 在规定国际货物买卖合同中的标的物条款时,应注意(　　)。

　　A. 必须明确、具体

　　B. 针对商品实际作出实事求是的规定

　　C. 尽可能使用国际上通用的名称

　　D. 注意选用合适的品名

　　E. 尽可能使用原产地名称

17. 为了使销售包装适应国际市场的需要,在设计和制作销售包装时,应体现(　　)的要求。

　　A. 便于陈列展售　　　　　　　B. 便于携带和使用

　　C. 要有艺术吸引力　　　　　　D. 具有较大容量

E. 便于识别商品

18. 合同的结构可以由（　　）组成。
    A. 约首　　　　B. 正文　　　　C. 约尾　　　　D. 合同的份数
    E. 当事人

19. 以实物表示商品品质的方法有（　　）。
    A. 看货买卖　　B. 凭样品买卖　　C. 凭规格买卖　　D. 凭等级买卖
    E. 凭标准买卖

20. 在国际贸易中，按样品提供者的不同可分为（　　）。
    A. 凭卖方样品买卖　　　　　　B. 凭买方样品买卖
    C. 凭照片买卖　　　　　　　　D. 凭图样买卖
    E. 凭参考样品买卖

21. 对等样品又称（　　）。
    A. 复样　　　　B. 回样　　　　C. 确认样品　　　D. 卖方样品
    E. 买方样品

22. 用以说明表示商品品质的方法有（　　）。
    A. 凭规格买卖　　　　　　　　B. 凭等级买卖
    C. 凭标准买卖　　　　　　　　D. 凭说明书买卖
    E. 凭商标或品牌买卖

23. 目前，国际贸易中通常使用的度量衡制度有（　　）。
    A. 公制　　　　B. 英制　　　　C. 美制　　　　D. 国际单位制
    E. 市制

24. 唛头的主要内容有（　　）。
    A. 目的地的名称或代号　　　　B. 收、发货人的代号
    C. 件号、批号　　　　　　　　D. 许可证号
    E. 信用证号

25. 班轮运输的特点有（　　）。
    A. 定线、定港、定期和相对稳定的运费费率
    B. 适合大宗货物运输
    C. 由船方负责对货物的装卸，运费中包括装卸费，不规定滞期、速遣条款
    D. 承运货物的品种、数量较为灵活
    E. 双方权利、义务和责任豁免以船公司签发的提单的有关规定为依据

26. 按提单对货物表面状况有无不良批注，可分为（　　）。
    A. 清洁提单　　B. 不清洁提单　　C. 记名提单　　D. 不记名提单
    E. 正本提单

27. 海运提单的性质与作用主要有（　　）。
    A. 是海运单据的唯一表现形式
    B. 是承运人或其代理人出具的货物收据
    C. 是代表货物所有权的凭证
    D. 是承运人与托运人之间订立的运输契约的证明
    E. 是承运人与托运人之间订立的运输契约

28. 租船运输包括（　　）。
    A. 定期租船　　B. 集装箱运输　　C. 班轮运输　　D. 定程租船
    E. 航次租船

29. 班轮运价的计算标准有（　　）。
    A. 按货物的毛重计收　　　　　B. 按毛重或体积择高计收
    C. 按货物的件数计收　　　　　D. 从价运费
    E. 按货物的体积计收

30. 构成国际多式联运应具备的条件有（　　）。
    A. 必须要有一份多式联运合同
    B. 必须是至少两种不同运输方式的连贯运输
    C. 必须是国际间的货物运输
    D. 必须是全程单一的运费费率
    E. 使用一份包括全程多式联运单据并有一个多式联运经营人对全程运输负责

31. 共同海损的构成条件有（　　）。
    A. 必须确有共同危险
    B. 采取的措施是有意的、合理的
    C. 牺牲和费用的支出是非常性质的
    D. 有关措施由货主决定
    E. 构成共同海损的牺牲和费用的开支最终必须是有效的

32. 商检证书的作用有（　　）。
    A. 证明卖方所交货物符合合同规定的依据
    B. 是海关放行的依据
    C. 卖方办理货款结算的依据
    D. 是办理索赔和理赔的依据
    E. 是船方装船的依据

33. 构成不可抗力事件的要件有（　　）。
    A. 事件发生在合同签订后

B. 不是由于当事人的故意或过失所造成的
C. 事件的发生及其造成的后果是当事人无法预见、控制、避免或克服的
D. 不可抗力是免责条款
E. 事件发生在合同签订之前

三、判断题(判断下列各题是否正确。正确的在题后的括号内打"√",错误的打"×")

1. 国际货物买卖合同是指不同国籍的当事人之间就买卖货物所发生的权利义务关系而达成的协议。   （   ）
2. 在国际货物贸易中,卖方、供货商、出口商可以分别是不同的当事人。   （   ）
3. 商品的名称、品质、数量和包装是贸易双方当事人权利、义务指向的标的,也是贸易合同的首要条款。   （   ）
4. 凭规格买卖的方式中,样品应编号留存,通常应备两份,买卖双方应各保存一份,作为履约依据。   （   ）
5. 在合同规定的数量机动幅度范围内,货物多交少交,一般都由卖方决定,但有时也可由买方或承运人决定。   （   ）
6. 不可抗力是指在合同签订后,不是由于任何一方当事人的过错,而是由于发生了能预见,但事先未采取预防措施的意外事故,以致不能履行或不能如期履行,遭受意外事故的一方,可以免除履行合同的责任或延迟履行合同,另一方也无权要求履行合同或赔偿损失。   （   ）
7. 海运提单表面注明同一船只、同一航次及同一目的地的多次装运,即使其表面注明不同的装运时间与装运地点,也不视为分批装运。   （   ）
8. 品质条件应明确具体,不宜采用诸如"大约"、"左右"、"合理误差"之类的笼统含糊字眼,以避免在交货的品质上引起争议。   （   ）
9. 在国际贸易实践中,如买卖双方在合同中明确表示采用某项惯例时,则该项惯例对买卖双方都有约束力。   （   ）
10. 约首是指合同的首部,一般包括合同名称、合同编号、缔约双方的名称和地址、签约时间、签约地点以及合同序言等内容。   （   ）
11. 凡我方按FOB条件成交的出口合同,在货物装船前,卖方应及时向中国人民保险公司办理投保手续。   （   ）
12. 在国际贸易交易过程中,买卖双方往往会由于彼此间的权利义务问题而引起争议。争议发生后,因一方违反合同规定,直接或间接给另一方造成损失,受损方向违约方在合同规定的期限内提出赔偿要求,以弥补其所受损失,就是索赔。   （   ）

13. 违约的一方,如果受理遭受损害方所提出的赔偿要求,赔付金额或实物,以及承担有关修理、加工整理等费用,或同意换货等就是理赔。（　　）

14. 对于危险物品,如易燃品、有毒品或易爆炸物品等,在外包装上必须醒目标明,以示警告,称为指示性标志。（　　）

15. 对于法定检验的进口货物,必须向卸货地或到达地的出入境检验检疫机构报验。未经检验的货物,不准销售和使用。（　　）

16. 仲裁协议必须由合同当事人在争议发生前达成,否则不能提请仲裁。（　　）

17. 国际货物买卖中,由于交易的商品种类繁多、市场交易习惯不相同,在表示商品品质的方法上也不尽相同。总体来说,大致可分为以实物表示和凭说明约定两大类。（　　）

18. 实行英制的国家一般采用短吨,每短吨为1 016公斤。（　　）

19. 实行美制的国家一般采用长吨,每长吨907公斤。（　　）

20. 包装、搬运图示标志的颜色一般为黑色。（　　）

21. 我国的普惠制产地证由出入境检验检疫局签发。（　　）

22. 卖方在向国外客户寄送代表性样品时,应留存一份或数份同样的样品,以备日后交货或处理争议时核对之用,该样品称为复样。（　　）

23. 卖方根据买方提供的样品,加工复制出一个类似的样品提供买方确认,经确认后的样品叫复样。（　　）

24. 目前国际贸易实践中,单纯凭样品成交的情况很多。（　　）

25. 卖方所交货物如果多于合同规定的数量,按《联合国国际货物销售合同公约》,买方可以收取也可以拒收全部货物。（　　）

26. 包装费用一般包括在货价中,不另计收。（　　）

27. 出口贸易中,为了确切表示品质规格,最好采用既凭样品,又凭规格说明的方式成交。（　　）

28. 含佣价＝净价÷(1－佣金率),其中的净价一定是FOB净价。（　　）

29. 佣金是对中间商提供服务的报酬,而折扣则是对卖方提供的一定程度的价格优惠。（　　）

30. 正确使用折扣,可以调动买方的购买积极性,从而扩大销路。（　　）

31. 在商品价格中包括佣金时,必须要以文字来说明。（　　）

32. 重量吨和尺码吨统称为运费吨。（　　）

33. 1重量吨就是1公吨,1尺码吨就是1立方米。（　　）

34. 国际铁路货物联运的运单副本,可以作为发货人据以结算货款的凭证。（　　）

35. 班轮运费计收标准的"W/M Plus Ad Val"是指计收运费时,应选三者中较高者计收。( )

36. 海运单是承运人签发给托运人的货物收据,是物权凭证,可凭以向目的地承运人提货。( )

37. 班轮运费不包括装卸费用。( )

38. 在规定装运期时,不应使用"迅速"、"立即"、"尽速"或类似词句。( )

39. 同一票货物包装不同,其计费标准和等次也不同,如托运人未按不同包装分别列明毛重和体积,则全票货物均按收费较高者计收运费。( )

40. 在 CIF 和 CFR 合同中要求运费预付提单。( )

41. 在租船运输中,租船人与船东之间的权利义务以租船合同为准,而不是提单。( )

42. 对于推定全损,应由保险公司按全部损失赔偿货物的全价。( )

43. 单独海损损失由受损失方自行承担。( )

44. 投保一切险意味着保险公司为一切风险承担赔偿责任。( )

45. 凡是出口商品都必须经过商检机构的检验才能出口。( )

46. 某商品每箱体积为 30 cm×40 cm×50 cm,毛重为 62 kgs,净重为 59 kgs,如果班轮运费计收标准为 W/M,则船公司应按尺码吨计收运费。( )

47. 海运货物保险中的战争险责任起讫不是采用"仓至仓",而是仅限于"水面危险"。( )

48. 航空运单和海运单都不是物权凭证,收货人都是凭到货通知提货。( )

49. 海运提单的签发日期是指货物开始装船的日期。( )

50. 按我国《海洋货物运输保险条款》的规定,三种基本险和战争险责任起讫均适用"仓至仓"条款。( )

51. 邮政收据(parcel post receipt)是邮政运输的主要单据,它既是邮局收到寄件人的邮包后所签发的凭证,也是收件人凭以提取邮件的凭证。( )

52. 某外贸公司按 CIF 术语出口坯布 1 000 包,根据合同规定投保水渍险。货在途中因船舱内淡水管道滴漏,致使该批坯布中的 200 包遭水渍,保险公司应对此负责赔偿。( )

典型习题分析与解答

一、单项选择题

1. C 2. D 3. D 4. B 5. D 6. A 7. B 8. D 9. D 10. D 11. C 12. C 13. C 14. A 15. B 16. D 17. A 18. B 19. B 20. D 21. B 22. D 23. D 24. D 25. A 26. C 27. A 28. A 29. B 30. C 31. B

32. B 33. B 34. B 35. C 36. A 37. B 38. B 39. B 40. B 41. A 42. D 43. D 44. A 45. B 46. C 47. A 48. B 49. B 50. B 51. A 52. B 53. B 54. C 55. C 56. D 57. C 58. A

二、多项选择题

1. ABCDE 2. ABCDE 3. ABCD 4. BCDE 5. ABCD 6. ADE 7. ABC 8. ABCD 9. ABCDE 10. ABCD 11. ABCDE 12. ABE 13. BCDE 14. ADE 15. ABCDE 16. ABCD 17. ABCE 18. ABC 19. AB 20. AB 21. BC 22. ABCDE 23. ABCD 24. ABC 25. ACDE 26. AB 27. BCD 28. ADE 29. ABCDE 30. ABCDE 31. ABCE 32. ABCD 33. ABCD

三、判断题

1. × 2. √ 3. √ 4. × 5. √ 6. × 7. √ 8. √ 9. √ 10. √ 11. × 12. √ 13. √ 14. × 15. √ 16. × 17. √ 18. × 19. × 20. √ 21. √ 22. √ 23. × 24. × 25. × 26. √ 27. √ 28. × 29. √ 30. √ 31. × 32. √ 33. √ 34. √ 35. × 36. × 37. × 38. √ 39. √ 40. √ 41. √ 42. √ 43. √ 44. × 45. × 46. × 47. √ 48. √ 49. × 50. × 51. √ 52. ×

第五章　国际贸易进出口合同的商定和履行

考 试 大 纲

1. 交易磋商

了解：
- 交易磋商的内容和主要环节。

2. 合同的订立

了解：
- 书面合同的作用、货物买卖合同的形式、合同效力、合同生效的时间、签订买卖合同应注意的事项。

3. 合同的履行

了解：
- 进出口合同的履行过程及各环节应完成的业务内容。

出口业务的主要流程，如图 5-1 所示。

进口业务主要流程，如图 5-2 所示。

第一节　交 易 磋 商

交易磋商是指买卖双方就交易条件进行洽商，以求达成一致协议的具体过程，是国际货物买卖过程中不可缺少的一个很重要的环节，也是签订买卖合同的必经阶段和法定程序。

一、交易磋商的内容

交易磋商的内容通常包括上述合同条款的主要内容，即品质、数量、包装、装运、价格、支付、保险、检验检疫、索赔、不可抗力和仲裁等交易条件。其中，品质、数

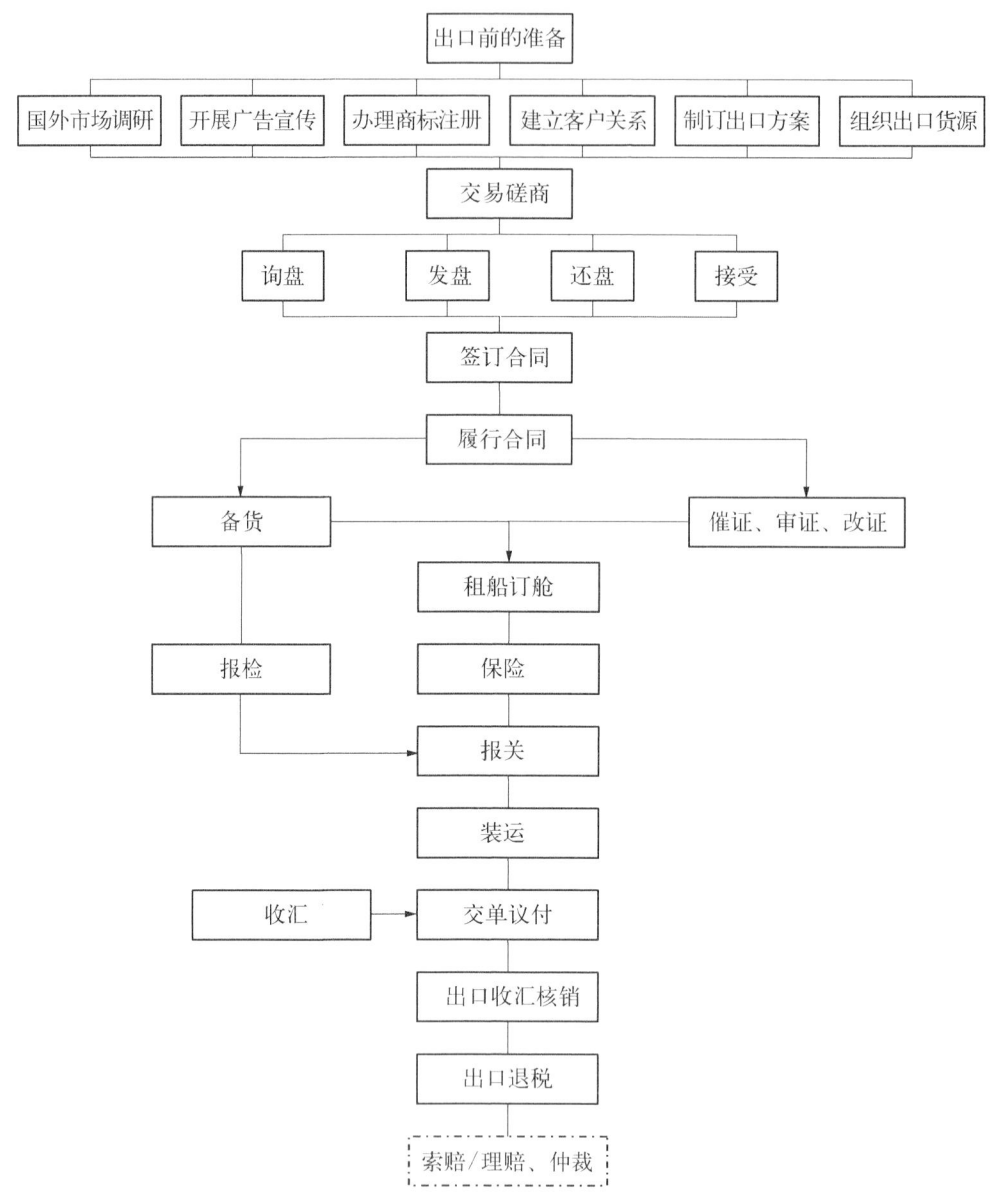

图 5-1 出口业务的主要流程

量、包装、装运、价格和支付六项常常被视为主要交易条件,是国际货物买卖合同中不可或缺的条款,也是进出口交易磋商的必谈内容。而保险、检验检疫、索赔、不可抗力和仲裁等交易条件,涉及的是合同履行过程中可能发生问题或发生争议的解

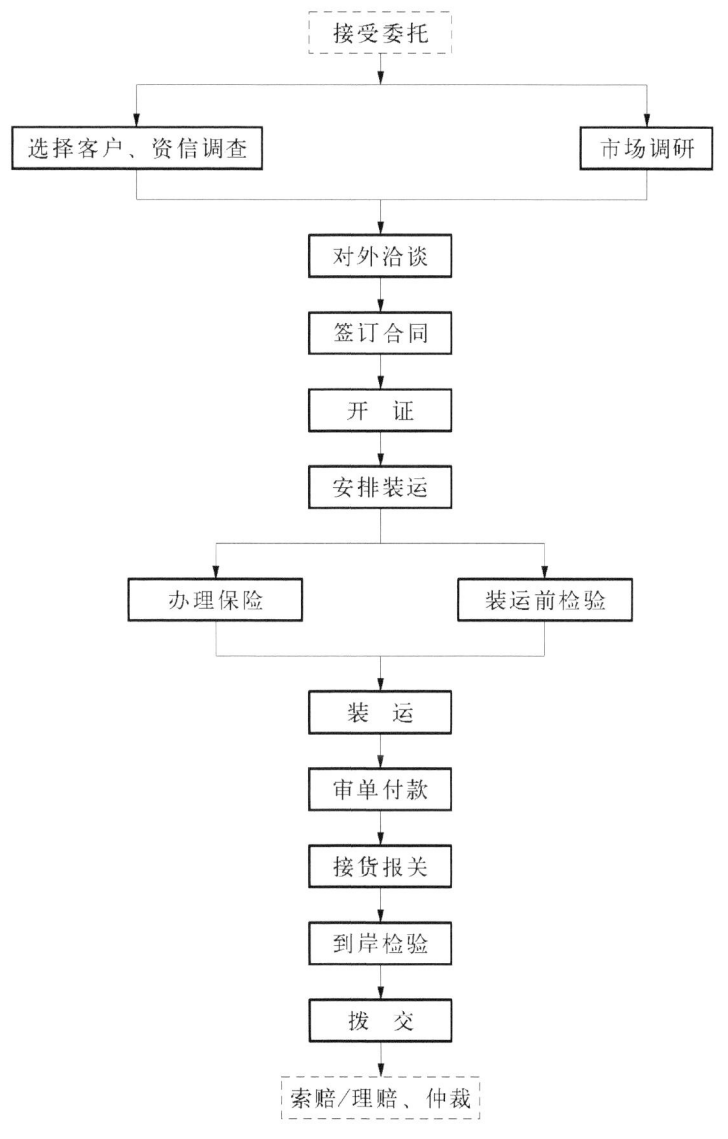

图 5-2 进口业务的主要流程

决办法,并非合同成立不可或缺的内容,往往被视为一般交易条件。一般交易条件,事先印在合同格式的正面下部或背面,双方若无异议,就不必逐条磋商。

交易磋商的形式有口头磋商和书面磋商两种。口头磋商是指买卖双方在广交会、华交会等国际交易会上或客户来访或出国小组拜访客户等面对面直接磋商,以及交易双方通过电话交谈磋商。书面磋商是指交易双方通过信函、电报、电传、传真、电子邮件(e-mail)和网上洽谈等通信工具进行磋商。

二、交易磋商的环节

交易磋商有询盘(inquiry)、发盘(offer)、还盘(counter-offer)和接受(acceptance)四个环节,其中,发盘和接受是达成交易、合同成立必不可少的两个基本环节和必经的法律步骤。

1. 询盘

询盘是指买方(或卖方)为了购买(或出售)商品而向潜在的供货人或买主询问该商品的成交条件或交易的可能性的业务行为。询盘的内容可以涉及某种商品的品质规格、数量、包装、价格和装运等成交条件,也可以索取样品。其中,多数是询问成交价格,因此,在实际业务中也有人把询盘称为询价。

询盘不具有法律上的约束力,也不是每笔交易必经的程序。如交易双方彼此都了解情况,不需要向对方探询成交条件或交易的可能性,则不必使用询盘,可直接向对方作出发盘。

2. 发盘

1) 发盘的含义及性质

发盘是指买方(或卖方)为了购买(或出售)商品而向潜在的供货人或买主提出有关交易条件,并愿意按照这些条件达成交易和订立合同的一种口头或书面的肯定表示。

发盘又称发价或报价,既是商业行为,又是法律行为,在合同法中称为要约。一项发盘发出后,对发盘人便产生法律上的约束力。如果对方完全同意发盘内容,并按时答复,表示接受,则双方合同关系成立,交易达成。

2) 发盘的形式

发盘既可由卖方提出,也可由买方提出,由卖方向买方发盘称为售货发盘(selling offer);由买方向卖方发盘称为购货发盘(buying offer),又称递盘(bid)。在实际业务中,发盘大多是由卖方提出。

3) 发盘的构成条件

(1) 发盘要有特定的受盘人。受盘人可以是1个,也可以是1个以上的人;可以是自然人,也可以是法人,但必须是特定的人(specific persons)。

(2) 表明承受约束的意旨。一项发盘必须明确表示或默示表明当受盘人作出接受时发盘人承受约束的意旨。即承担按发盘的条件与受盘人订立合同的责任。这种意旨有时可以从发盘所用的有关术语加以表明。如说明是"发盘"、"发实盘"、"实盘"、"递盘"、"递实盘"、"订购"或"订货"等字样时,就表示了发盘人肯定订约的意旨。

(3) 内容十分确定。《联合国国际货物销售合同公约》（以下简称《公约》）第 14 条规定：一项订立合同的建议"如果写明货物并且明示或暗示地规定数量和价格或如何确定数量和价格，即为十分确定。"按此规定，一项订约建议只要列明货物、数量和价格三项条件，即可被认为其内容"十分确定"，而构成一项有效的发盘。至于所缺少的其他内容，如货物的包装、交货和支付条件等，可在合同成立后，按双方之间已确立的习惯做法、惯例或按《公约》第三部分有关买卖双方义务的规定，予以补充。

(4) 送达受盘人。《公约》第 15 条规定："发盘于送达受盘人时生效。"就是说，发盘虽已发出，但在到达受盘人之前并不产生对发盘人的约束力，即使受盘人已由某一途径获悉该发盘，也不能接受该发盘。所谓"送达"对方，是指将发盘的内容通知对方或送交对方来人，或其营业地或通信地址。

发盘在未被送达受盘人之前，如果发盘人改变主意，可以撤回发盘，即使发盘是不可撤销的，或者明确规定了发盘的有效期。但发盘人必须做到：撤回通知要在发盘送达受盘人之前或在送达受盘人的同时到达，以阻止发盘生效。

必须同时具备以上四项条件，才能构成法律上有效的发盘。否则，都不能构成有效发盘，对发盘人是没有约束力的。

4）发盘的有效期

凡是发盘，都有有效期。发盘的有效期是指发盘供受盘人接受的期限，也是发盘人对发盘承受约束的期限。这有两层含义：一是发盘人在发盘有效期内承受约束，即如果受盘人在有效期内将接受通知送达发盘人，发盘人承担按发盘条件与之签订合同的责任；二是指超过有效期，发盘人将不再受约束。发盘的有效期，既是对发盘人的一种限制，也是一种保障。

(1) 在发盘中明确规定有效期。在实际业务中，常见的明确规定发盘有效期的方法主要有：第一，规定最迟接受的期限；第二，规定一段接受的期限。

(2) 发盘中不明确规定有效期。例如，"发盘……复"；"发盘……电复"；"发盘……速复"。在这些发盘中，没有明确有效期，此种表示方法被称为在合理时间内有效，而合理时间究竟有多长，各国法律并无明确规定，要依据发盘的方式、货物的行情等因素去掌握。因此，在对外发盘时，一般采用明确规定具体有效期的方式，不采用不明确规定有效期的方式，以避免造成不必要的麻烦或损失。

5）发盘的撤回

撤回是指一项发盘在尚未送达受盘人之前即尚未生效之前，由发盘人将其取消。《公约》第 15 条(2)款规定："一项发价，即使是不可撤销的，得予撤回，如果撤回通知于发价送达被发价人之前或同时，送达被发价人。"这一规定是建立在发盘尚未生效的基础上的。

6) 发盘的撤销

撤销是指一项发盘在已经送达受盘人之后即已开始生效之后,由发盘人将其取消。

至于发盘的撤销问题,各国合同法的规定有较大分歧。英美法系国家的法律认为,发盘一般在被接受前的任何时候都准予撤销。英国法律规定,只有经受盘人付出某种对价要求发盘人在一定有效期内保证不撤销的发盘属于例外。美国《统一商法典》规定,凡是由商人以书面形式做成的发盘,在规定的有效期内不得撤销,未规定有效期的发盘在合理期限内不得撤销,但无论如何不超过 3 个月。

但是,大陆法系国家的法律认为,发盘在有效期内不得撤销。《德国民法典》明文规定:订有具体有效期的发盘,在有效期内不得撤销;未规定具体有效期的发盘,按通常情况在可望得到答复以前不得撤销。

《公约》协调和折中了各国法律的不同规定,在 16 条中规定:

① 在未订立合同之前,如果撤销的通知于受盘人发出接受通知之前送达受盘人,发盘可以撤销。

② 但在下列情况下,发盘不得撤销:发盘中写明了发盘的有效期或以其他方式表明发盘是不可撤销的;或受盘人有理由信赖该发盘是不可撤销的,而且已本着对该发盘的信赖行事。

7) 发盘的失效

发盘在被接受之前并不产生法律效力,并可在一定条件下于任何时候被终止。发盘在下列四种情况下失效:

(1) 在有效期内未被接受而过期。

(2) 受盘人表示拒绝或还盘。

(3) 发盘人对发盘依法撤回或撤销。

(4) 法律的实施。发盘还可因法律的实施而终止。

3. 还盘

还盘是指受盘人不完全同意发盘内容而提出修改意见或变更交易条件的一种口头或书面表示。还盘又称还价,在法律上称为反要约。受盘人的答复,如果在实质上变更了发盘条件,就构成对发盘的拒绝,从法律上讲是否定了原发盘,原发盘即告失效,原发盘人就不再受其约束。

一方的发盘经对方还盘以后即失去效力,除非得到原发盘人同意,受盘人不得在还盘后反悔,再接受原发盘。

对还盘作再还盘,实际上是对新发盘的还盘。

一方发盘,另一方如对其内容不同意,可以进行还盘。同样,一方的还盘,另一方如对其内容不同意,也可以再进行还盘。一笔交易有时不经过还盘即可达成,有时要经过还盘,甚至往返多次的还盘才能达成。

还盘不仅可以对商品价格,也可以对交易的其他条件提出意见。

在还盘时,对双方已经同意的条件一般无须重复列出。

进行还盘时,可用"还盘"术语,但一般仅将不同条件的内容通知对方,即意味着还盘。

还盘若经原发盘人接受,合同即告成立。

还盘并非交易磋商的必备环节,一项发盘可不经还盘而由受盘人直接接受。

4. 接受

接受在法律上称为承诺,是指受盘人在发盘规定时限内,无条件同意发盘内容并愿意按这些条件与对方达成交易,订立合同的行为。

发盘一经接受,交易即告达成,合同即告成立。

1) 接受的含义

接受是指受盘人接到对方的发盘或还盘后,同意对方提出的条件,并愿按这些条件与对方达成交易、订立合同的一种肯定的表示。这在法律上称为承诺,接受如同发盘一样,既属于商业行为,也属于法律行为。

一方的要约或反要约经另一方接受,交易即告达成,合同即告订立,合同双方均应承担各自的义务。表示接受,一般用"接受"、"同意"、"确认"等术语。

2) 接受的构成要件

构成一项有效的接受,必须具备以下条件:

(1) 接受必须由特定的受盘人作出。

(2) 接受必须表示出来。表示接受,必须以口头或书面的声明向发盘人明确表示出来,另外,还可以用行为表示接受。缄默或不行动,即不作任何方式的表示,不能构成接受。

(3) 接受必须在发盘的有效期内送达到发盘人。当发盘规定了接受的时限时,受盘人必须在发盘规定的时限内作出接受,方为有效。如发盘没有规定接受的时限,则受盘人应在合理时间内表示接受。对何谓"合理时间",往往有不同的理解。为了避免争议,最好在发盘中明确规定接受的具体时限。

(4) 接受必须与发盘相符。如要达成交易,成立合同,根据传统的法律规则,受盘人必须无条件地、全部同意发盘的条件。也就是说,接受必须是绝对的、无保留的,必须与发盘人所作出的发盘的条件完全相符。

3) 逾期接受

如果接受通知超过发盘规定的有效期限,或发盘未具体规定有效期限而超过合理时间才传达到发盘人,这就成为一项逾期接受,或称迟到的接受。对于这种迟到的接受,发盘人不受其约束,不具有法律效力。但也有例外的情况,《公约》第21

条(1)规定:"逾期接受仍有接受的效力,如果发盘人毫不迟延地用口头或书面将此种意见通知被发盘人。"《公约》第21条(2)规定:"如果载有逾期接受的信件或其他书面文件表明,是在传递正常、能及时送达发盘人的情况下寄发的,则该项逾期接受具有接受的效力,除非发盘人毫不迟延地用口头或书面通知被发盘人:他认为他的发盘已经失效。"按《公约》规定,如果发盘人于收到逾期接受后,毫不迟延地通知受盘人,确认其为有效,则该逾期接受仍有接受的效力。另一种情况是,一项逾期接受,从它使用的信件或其他书面文件表明,在传递正常的情况下,本能及时送达发盘人,由于出现传递不正常的情况而造成延误,这种逾期接受仍可被认为是有效的,除非发盘人毫不迟延地用口头或书面形式通知受盘人,表示他的发盘已经失效。

4) 接受的撤回

接受的撤回是指在接受生效之前将接受予以撤回,以阻止其生效。《公约》规定:"接受准予撤回,如果撤回通知先于接受生效之前或同时送达发盘人。"根据这一规定,受盘人发出接受之后,如想反悔,可撤回其接受,但必须采取比接受更加快速的传递方式,将撤回通知赶在接受通知之前送达发盘人,或者最迟与接受同时送达发盘人,才能撤回。如果撤回通知迟于接受送达发盘人,就不能撤回了。因为接受通知一经到达发盘人,立即生效。而接受通知生效后,就不存在撤回的问题了,而是属于能否撤销的问题。因为接受一经生效,合同成立,如要撤销接受,属于毁约行为,将按违约处理。

特别提示:交易磋商的实例

出口交易磋商来往函电举例:

上海长润信息技术有限公司(以下简称上海公司)与德国一进口商(以下简称德国公司)采购STV牌等离子平板型电视进行交易磋商,双方交换函电如下:

● 4月1日,德国公司向上海公司发来询盘电传。

对STV牌型号SH-50C1等离子平板型电视感兴趣,请发盘。

INTERESTED IN PLASMA DISPLAY PANEL TV SET STV BRAND MODEL SH-50C1 PLEASE OFFER.

● 4月3日,上海公司向德国公司发去发盘电传。

你1日电传发盘限8日复到我方STV牌型号SH-50C1等离子平板型电视500纸箱装每箱1台每台600美元CIF汉堡6月装即期不可撤销信用证。

(续上)

> YOURS FIRST OFFER SUBJECT REPLY REACHING US EIGHTH PLASMA DISPLAY PANEL TV SET STV BRAND MODEL SH－50C1 500 SETS PACKED IN CARTONS OF ONE SET EACH USD600 PER SET CIF HAMBURG JUNE SHIPMENT IRREVOCABLE SIGHT CREDIT.
>
> - 4月5日,德国公司向上海公司发来还盘电传。
>
> 你3日电传价格太高还盘580美元限8日复。
>
> YOURS THIRD PRICE TOO HIGH COUNTER OFFER USD580 REPLY EIGHTH.
>
> - 4月7日,上海公司向德国公司发去对还盘再还盘电传。
>
> 你5日电传最低价590美元限15日复。
>
> YOURS FIFTH LOWEST USD590 SUBJECT REPLY FIFTEENTH HERE.
>
> - 4月10日,德国公司向上海公司发来接受电传。
>
> YOURS SEVENTH WE ACCEPT.

询盘、发盘、还盘和接受,构成交易磋商四个环节。在国际货物买卖合同签订中,并非每一笔交易都得经过这四个环节。但发盘和接受则是交易磋商过程中必不可少的两个基本环节。

第二节 合同的订立

一、书面合同的作用

1. 作为合同成立的证据

根据有关国家法律的规定,凡是合同都须能得到证明,提供证据。尤其是通过口头谈判达成交易的情况下,则签订一定样式的书面合同就成为不可缺少的程序。虽然《公约》第11条规定,销售合同无须以书面订立或书面证明,在形式方面也不受任何其他条件的限制。也就是说,无论是当事人采用口头方式还是书面方式,都不影响合同的有效性,也不影响其证据力。但我国政府在批准该公约时对该条款和其他相关条款作了保留,即声明合同必须采用书面形式。其他缔约国有些也对此声明保留。

2. 作为合同生效的条件

交易双方在交易磋商,如买卖双方的一方声明并经另一方同意以签订一定格式和正式书面合同为准,则正式签订书面合同时方为合同成立。

3. 作为合同履行的依据

交易双方通过口头谈判或函电往返,磋商达成交易后把彼此磋商一致的内容,汇总签订一定格式的书面合同,双方当事人指定以书面合同为准,这就有利于合同的履行。

二、货物买卖合同的形式

货物买卖合同的形式和签订的方式,随着贸易的性质和交易条件的不同而异。合同名称的英文方式也因此不尽相同。进出口合同名称中英文对照表,如表5-1所示。

表5-1

进出口合同名称中英文对照表

序号	英　　文	中　　文
1	Agreement	协议书
2	Sales Note	销售单、销售确认书
3	Sales Agreement	销售协议书
4	Sales Contract	销售合同
5	Sales Confirmation /Acknowledgement of Sales	销售确认书
6	Purchase Contract	购货合同
7	Purchase Confirmation	购货确认书
8	Confirmation Order	订货确认单
9	Purchase Agreement	购货协议书
10	Purchase Note	购货单
11	Order Sheet/Purchase Order/Indent	订单
12	Trade Agreement	贸易协议
13	Bilateral Trade Agreement	双边贸易协议
14	Import Contract	进口合同
15	Export Contract	出口合同
16	Agency Agreement	代理协议
17	Agency Contract	代理合同
18	Consignment Contract	寄售合同

三、合同效力

根据各国法律的规定，合同若有效一般须具备以下实质要件和形式要件。

1. 实质要件

（1）合同当事人须有签约能力。

（2）当事人的意思表示必须真实。

（3）合同内容必须合法。

（4）合同必须有对价或约因。

2. 形式要件

世界上大多数国家，只对少数合同要求必须按法律规定的特定形式订立，而对大多数合同，一般不从法律上规定应当采取的形式。《公约》第11条规定，销售合同无须以书面订立或书面证明，在形式方面也不受任何其他条件的限制。销售合同可以用包括证人在内的任何方法证明。中国《合同法》第10条规定："当事人订立合同，有书面形式、口头形式和其他形式。法律、行政法规规定采用书面形式的，应当采用书面形式。当事人约定采用书面形式的应当采用书面形式。"

为了使签订的合同能得到法律上的保护，我们必须了解上述合同生效的各项要件，并依法行事。此外，我们还应了解造成合同无效的下列几种情况。根据我国《合同法》第52条规定，"有下列情形之一的，合同无效：（1）一方以欺诈、胁迫的手段订立合同，损害国家利益；（2）恶意串通，损害国家、集体或者第三人利益；（3）以合法形式掩盖非法目的；（4）损害社会公共利益；（5）违反法律、行政法规的强制性规定。"

四、合同生效的时间

合同成立与合同生效是两个不同的概念。合同成立是指当事人达成协议建立了合同关系。合同生效是指合同具备法定要件后才能产生法律效力。在多数情况下，合同成立时即具备了生效要件，因而，其成立和生效时间是一致的。但是，合同成立并不等于合同生效。

例如，附条件的合同在条件成就之前，虽然合同已成立，但不生效力；效力未定的合同在追认前不生效力，但合同已成立。

合同生效的时间是确定合同生效的时间界限。依据中国《合同法》规定，合同生效时间可分为以下情形：

（1）依法成立的合同，自成立时合同生效，即合同成立的时间为合同生效的时间。

（2）法律、法规规定应当办理批准、登记手续的合同，合同生效时间为办理完毕批准、登记手续的时间。

（3）附条件的合同,合同生效的时间为条件成就时间。

（4）附期限的合同,合同生效的时间为合同中约定的生效时间,如规定"本合同自签字之日起15天生效"。

五、签订买卖合同应注意的事项

（1）要遵循平等互利、互通有无的对外贸易政策；不可盛气凌人,也不可奴颜婢膝,要不卑不亢。

（2）要符合合同有效成立的要件,即双方当事人的意思表达一定要一致且真实；当事人都有订约行为能力；合同标的、内容一定要合法。

（3）合同的内容须和磋商达成的协议内容严格一致,在条款的规定上必须严密,责任和权利一定要明确。

（4）合同各条款之间须协调一致,不能相互矛盾。

第三节 合同的履行

在交易双方所订立的买卖合同中,都规定了合同双方当事人的权利和义务。由于交易对象、成交条件及所选用的惯例不同,从每份合同中规定的当事人的基本义务来看,却是相同的。根据《公约》规定,卖方的基本义务是按合同规定交付货物,移交与货物有关的各项单据、转移货物的所有权；买方的基本义务是按合同规定支付货款和收取货物。

合同签订后,买卖双方都应受其约束,都要本着"重合同,守信用"的原则,切实履行合同规定的各项义务,如合同一方没有或没有完全履行其在合同中所承担的义务,致使对方的权利受到损害时,受损害的一方可以采取适当的措施取得补偿。这种依法取得补偿的方法在法律上称为救济方法。

为了有利于合同的履行,现将履行进出口合同的基本程序、各环节的基本内容和履行当中的注意事项等,分别介绍和说明如下。

一、出口合同的履行

在我国出口贸易中,按 CIF 或 CFR 条件成交的合同较多,货款收付以信用证支付方式为主。

履行出口合同的程序,一般包括备货、催证、审证、改证、租船、订舱、报关、报验、保险、装船、制单、结汇、出口收汇核销和出口退税等工作环节。在这些工作环节中,以货(备货)、证(催证、审证和改证)、运(租船、订舱)、款(制单结汇)四个环节的工作最为重要。

1. 备货与报验

为了保证按时、按质、按量交付约定的货物,在订立合同之后,卖方必须及时落实货源,备妥应交的货物,并做好出口货物的报验工作。

备货工作的内容主要包括按合同和信用证的要求安排生产加工或组织货源和催交货物,核实货物的加工、整理、包装和刷唛情况,对应交的货物进行验收和清点。在备货工作中,应着重注意下列事项:

(1) 货物的品质。
(2) 货物的数量。
(3) 货物的包装。
(4) 发运货物的时间。

法定检验检疫①的进出境货物的货主或其代理人应当在检验检疫机构规定的时间和地点,向报关地检验检疫机构报检,未经检验检疫的不准销售、使用或不准出口。

报验是指卖方根据国家有关法规和出口合同的要求,在备妥货物后,向规定的检验检疫机构报请检验检疫,只有取得合格的检验检疫证书,海关才准予放行,凡检验不合格的货物,一律不得出口。

申请报验时,应填制出口报验申请单,向检验检疫局办理申请报验手续,该申请单的内容,一般包括品名、规格、数量或重量、包装和产地等项,在提交申请单时,应随附合同和信用证副本等有关文件,供检验检疫机构局检验和发证时作参考。

当货物经检验合格,检验检疫局发给检验合格证书,外贸公司应在检验证规定的有效期内将货物装运出口,如在规定的有效期内不能装运出口,应向检验检疫局申请展期,并由检验检疫局进行复验,复验合格后,才准予出口。

代理报检是指经国家质量监督检验检疫总局注册登记的境内企业法人(以下称代理报检单位)依法接受进出口货物收发货人的委托,为进出口货物收发货人办理报检手续的行为。出口货物发货人可以在产地和报关地委托代理报检单位报检。

2. 信用证落实

在履行凭信用证付款的出口合同时,应注意做好下列工作。

1) 催开信用证

在按信用证付款条件成交时,买方按约定时间开证是卖方履行合同的前提条

---

① 法定检验:出入境检验检疫机构对列入目录的进出口商品以及法律、行政法规规定须经出入境检验检疫机构检验的其他进出口商品实施检验。

件。如果买方不及时开出信用证,卖方将无法安排生产和组织货源。在出口业务中,由于市场行情变化或资金短缺等原因,买方不能按时开证的情况时有发生。为此,卖方应结合备货情况做好催证工作,及时提请对方按约定时间开出信用证。

2) 审核信用证

在实际业务中,由于各种原因,买方开来的信用证常有与合同条款不符的情况,为了维护我方的利益,确保收汇安全和合同的顺利履行,我们应对国外来证,按合同条款进行认真的核对和审查。审核信用证着重审核开证行与保兑行的政治背景、资信情况、付款责任、索汇路线、信用证条款是否与买卖合同相一致。

(1) 信用证审核依据。出口企业对信用证审核的依据为:

① 我国的外贸、外汇管理法规。

② 买卖合同约定。信用证条款应与买卖合同内容相一致。

③ 国际商会《跟单信用证统一惯例》规定等。

④ 货物准备情况和运输条件等。

(2) 具体要注意以下条款的内容:

① 信用证的性质和开证行对付款的责任。要注意审查信用证是否生效,在证内,对开证行的付款责任是否加了"限制性"条款或其他"保留"条件。

② 信用证金额。信用证金额与合同金额一致,如合同订有溢短装条款,则信用证金额还应包括溢短装部分的金额,来证采用的货币与合同规定的货币一致。

③ 有关货物的记载。来证中对有关品名、数量或重量、规格、包装和单价等项内容的记载,是否与合同的规定相符,有无附加特殊条款,如发现信用证与合同规定不符,应酌情作出是否接受或修改的决策。

④ 有关装运期、信用证有效期和到期地点的规定。按惯例,一切信用证都必须规定一个交单付款,承兑或议付的到期日,未规定到期日的信用证不能使用。通常,信用证中规定的到期日是指受益人最迟向出口地银行交单议付的日期,如信用证规定在国外交单到期日,由于寄单费时,且有延误的风险,一般应提请修改,否则,就必须提前交单,以防逾期。装运期必须与合同规定一致,如来证太晚,无法按期装运,应及时申请国外买方延展装运期限,信用证有效期与装运期应有一定的合理间隔,以便在装运货物后有足够的时间办理制单结汇工作。信用证有效期与装运期规定在同一天的,称为"双到期",应当指出,"双到期"是不合理的,受益人是否就此提出修改,应视具体情况而定。

⑤ 装运单据。对来证要求提供的单据种类份数及填制方法等,要仔细审查,如发现有不适当的规定和要求,应酌情作出适当处理。

⑥ 其他特殊条款。审查来证中有无与合同规定不符的其他特殊条款,如发现有对我不利的附加特殊条款,一般不宜接受;如对我无不利之处,而且也能办到,可

酌情灵活掌握。

3）修改信用证

在审证过程中如发现信用证内容与合同规定不符,应区别问题的性质,分别同有关部门研究,作出妥善处理。一般来说,如发现我方不能接受的条款,应及时提请开证人修改,在同一信用证上如有多处需要修改的,应当一次提出。对信用证中可改可不改的,或经过适当努力可以办到而并不造成损失的,则可酌情处理,对通知行转来的修改通知内容,如经审核不能接受时,应及时表示拒绝,如一份修改通知书中包括多项内容,只能全部接受或全部拒绝,不能只接受其中一部分,而拒绝另一部分。

3. 货物出运

1）租船订舱

按 CIF 或 CFR 条件成交时,卖方应及时办理租船订舱工作,如系大宗货物,需要办理租船手续;如系一般杂货则需洽订舱位。各外贸公司洽订舱位需要填写托运单,托运单是托运人根据合同和信用证条款内容填写的向船公司或其代理人办理货物托运的单证,船方根据托运单内容,并结合航线、船期和舱位情况,如认为可以承运,即在托运单上签章,留存一份,退回托运人一份,至此,订舱手续即告完成,运输合同即告成立。

船公司或其代理人在接受托运人的托运申请之后,即发给托运人装货单,凭以办理装船手续,装货单的作用有三:一是通知托运人已配妥××船舶、航次,装货日期,让其备货装船;二是便于托运人向海关办理出口申报手续;三是作为命令船长接受该批货物装船的通知。

货物装船以后,船长或大副则应该签发收货单,即大副收据作为货物已装妥的临时收据,托运人凭此收据即可向船公司或其代理人交付运费并换取正式提单,如收货单上有大副批注,换取提单时应将大副批注在提单上。

现在的进出口企业一般都委托国际货运代理企业办理货物出运手续,进出口企业与国际货运代理企业双方要明确各自的权利义务,签订好代理协议。在货物和单据的交接中,要严格按照交接手续办理。

2）出口报关

出口货物在装船出运之前,需向海关办理报关手续,出口货物办理报关时必须填写出口货物报关单,必要时还需要提供出口合同副本、发票、装箱单、重量单、商品检验检疫证书、出口收汇核销单,以及其他有关证件,海关查验有关单据后,即在装货单上盖章放行,凭以装船出口。

委托报关的要签订好《代理报关委托书/委托报关协议》。《代理报关委托书》是进出口货物收发货人根据《海关法》和相关法律法规要求提交报关企业的具有法律效力的授权证明。《代理报关委托书》由进出口货物收发货人认真填写,并加盖单位行政公章和法定代表人或被授权人签字。《委托报关协议》是进出口货物收发货人(或单位)与报关企业按照《海关法》的要求签署的明确具体委托报关事项和双方责任的具有法律效力的文件,分正文表格和通用条款两大部分。

3) 投买保险

凡按 CIF 条件成交的出口合同,在货物装船前,卖方应及时向中国人民保险公司等办理投保手续,出口货物投保都是逐笔办理,投保人应填制投保单,将货物名称、保险金额、运输路线、运输工具、开航日期和投保险别等一一列明,为了简化投保手续,也可利用出口货物明细单或货物出运分析单来代替投保单,保险公司接受投保后,即签发保险单或保险凭证。

4. 制单结汇

按信用证付款方式成交时,在出口货物装船发运之后,外贸公司应按照信用证规定,及时备妥缮制的各种单证,并在信用证规定的交单有效期内交银行办理议付和结汇手续。

1) 主要单证

在办理议付结汇时,通常提交的单据有下列几种:

(1) 汇票。汇票一般都是开具一式两份,只要其中一份付讫,则另一份即自动失效。

(2) 发票。商业发票简称发票,是卖方开立的载有货物的名称、数量、价格等内容的清单,是买卖双方凭以交接货物和结算货款的主要单证,也是办理进出口报关,纳税所不可缺少的单证之一。

在托收方式下,发票内容应按合同规定并结合实际装货情况填制,在信用证付款方式下,发票内容应与信用证的各项规定和要求相符,如信用证规定由买方负担的选港费或港口拥挤费等费用,可加在发票总额内,并允许凭本证一并向开证行收款,卖方可照此办理,但应注意,发票总金额不得超过信用证规定的最高金额,因按银行惯例,开证行可以拒绝接受超过信用证所许可金额的商业发票。

(3) 海关发票。在国际贸易中,有些进口国家要求国外出口商按进口国海关规定的格式填写海关发票,以作为估价完税,或征收差别待遇关税,或征收反倾销税的依据。此外,也可供编制统计资料之用。

(4) 领事发票。有些进口国家要求国外出口商必须向该国海关提供该国领事签证的发票,其作用与海关发票基本相似,各国领事签发领事发票时,均需收取一定的领事签证费。有些国家规定了领事发票的特定格式,也有些国家规定可在出口商的发票上由该国领事签证。

(5) 厂商发票。厂商发票是出口厂商所出具的以本国货币计算的价格,用来证明出口国国内市场的出厂价格的发票,其作用是供进口国海关估价,核税以及征收反倾销税之用,如国外来证要求提供厂商发票,应参照海关发票有关国内价格的填写办法处理。

(6) 提单。提单是各种单据中最重要的单据,是确定承运人和托运人双方权利与义务、责任与豁免的依据,各船公司所负责制的提单格式各不相同,但其内容大同小异,其中包括承运人、托运人、收货人、通知人的名称、船名、装卸港名称、有关货物和运费的记载以及签发提单的日期、地点及份数等。

(7) 保险单。按 CIF 条件成交时,出口商应代为投保并提供保险单。保险单的内容应与有关单证的内容衔接。例如,保险险别与保险金额,应与信用证的规定相符;保险单上的船名、装运港目的港、大约开航日期以及有关货物的记载,应与提单内容相符;保险单的签发日期不得晚于提单日期,保险单上的金额,一般应相当于发票金额加一成的金额。

(8) 原产地证明书。有些不使用海关发票或领事发票的国家,要求出口商提供原产地证明书,以便确定以进口货物应征收的税率,原产地证明书一般由出口地的公证行或工商团体签发,在我国,通常由中国出入境检验检疫局或中国贸促会签发。

(9) 普惠制原产地证明书。新西兰、日本、加拿大和欧盟等几十个国家[①]给我国以普惠制待遇,凡向这些国家出口的货物,须提供普惠制原产地证明书,作为对方国家海关减免关税的依据,对各种普惠制原产地证明书内容的填写,应符合各个项目的要求,不能填错,否则,就有可能丧失享受普惠制待遇的机会。

(10) 优惠贸易协定原产地证书。目前,我国已实施的优惠贸易协定共有 10 个,分别为《中国—亚太贸易协定》、《中国—东盟自贸协定》、《内地与香港货物原产地规则》、《内地与澳门货物原产地规则》、《中国对非洲特惠待遇原产地规则》、《台湾农产品、水果原产地》、《中国—巴基斯坦自贸协定》、《中国—智利自贸协定》、《中国—新西兰自贸协定》、《中国—新加坡自贸协定》。企业进出口上述协定列明的商品即可以享受到优惠税率。

出口的货物若是可以享受优惠贸易协定税率的商品,出口前应向我国出口原产地证书签发机构申领原产地证书,目前原产地证书签发机构有国家出入境检验检疫局和中国国际贸易促进委员会,企业需要持《优惠原产地证书注册登记表》、企业营业执照副本及复印件、自营进出口权批件(资格证书或批准证书或备案登记表)、组织机构代码证正本及复印件、企业海关代码证及复印件等资料去上述机构办理。

---

① 德国、英国、荷兰、意大利、法国、西班牙、比利时、瑞典、丹麦、希腊、奥地利、芬兰、葡萄牙、爱尔兰、卢森堡、波兰、捷克、斯洛伐克、匈牙利、斯洛文尼亚、爱沙尼亚、拉脱维亚、立陶宛、塞浦路斯、马耳他、保加利亚、罗马尼亚、日本、加拿大、瑞士(列支敦士登)、澳大利亚、挪威、俄罗斯、白俄罗斯、新西兰、土耳其、乌克兰、哈萨克斯坦。

(11) 检验检疫证书。检验检疫证书包括品质检验证书、重量检验证书、数量检验证书、兽医检验证书、卫生检验证书、价值检验证书和残损检验证书等,需提供何种检验证书,应事先在检验检疫条款中作出明确规定。

(12) 装箱单和重量单。装箱单又称花色码单,它列明每批货物的逐件花色搭配;重量单则列明每件货物的净重和毛重,这两种单据可用来补充商业发票内容的不足,便于进口国海关检验和核对货物。

特别提示:单证制作要求

提高单证质量,对保证安全迅速收汇有着十分重要的意义,特别是在信用证付款条件下,实行的是单据和货款对流的原则,单证不相符,单单不一致,银行和进口商就可能拒收单据和拒付货款,因此,缮制结汇单据时,要求做到以下几点:

(1) 正确。单据内容必须正确,既要符合信用证的要求,又要能真实反映货物的实际情况。各单据填制的内容之间不能相互矛盾。在信用证业务中,单据的重要性集中体现在单据与信用证条款的一致,单据与单据之间彼此一致。

(2) 完整。单据的种类、份数应符合信用证的规定,不能短少,单据本身的内容,应当完备,不能出现项目短缺情况。

(3) 及时。每一种单证的出单日期要及时、合理和有序,既要保证在信用证或合同规定的有效期内,又要符合一般的商务习惯和要求。全套单据制作完毕后,应及时到议付行交单议付。银行不接受超过信用证有效期的单据,也不接受迟于装运日期后21天的提单。

(4) 简明。单据内容应按信用证要求和国际惯例填写,力求简明,切勿加列不必要的内容。简化单证既有利于减少工作量,提高工作效率,也有利于提高单证质量和减少差错。

(5) 整洁。单据的布局要美观大方,缮写或打印的字迹要清楚醒目,单据表面要洁净。

(6) 规范。单据的布局、字体的大小、内容的填制都必须规范。

单据必须做到四相符,即单据与信用证相符、单据与单据相符、单据与合同相符和单子内部诸项目之间要相符。当然,单据的四相符是以信用证和合同相符为前提的,因此也可说是五相符,即证同相符、单证相符、单单相符、单货相符和单内相符。

在履行凭信用证付款的 CIF 出口合同时,上述四个基本环节是不可缺少的。但是,在履行按其他付款方式或其他贸易术语成交的出口合同时,其工作环节则有所不同。例如,在采用汇付或托收的情况下,就没有我方催证、审证和改证的工作环节;在履行 CFR 出口合同时,就没有我方负责投保的工作;在履行 FOB 出口合同时,我方既无负担租船订舱的任务,也无投保货物运输险的责任。由此可见,履行出口合同的环节和工作内容,主要取决于合同的类别及其所采用的支付方式。

此外,在履行出口合同过程中,如因国外买方未按时开证或未按合同规定履行义务,致使我方遭受损失,我们应根据不同对象、不同情况及损失程度,有理有据地及时向对方提出索赔,以维护我方的正当权益。当外商对我方交货的品质、数量、包装不符合约定的条件,或我方未按时装运,致使对方蒙受损失而向我方提出索赔时,我方应在查明事实、分清责任后,酌情作出适当的处理,如确属我方责任,我方应实事求是地予以赔偿,如属外商不合理的要求,我方必须以理拒赔。

5. 出口收汇核销

出口收汇核销制度是国家加强出口收汇管理,确保国家外汇收入,防止外汇流失的一项重要措施。其主要内容是:出口企业在网上向外汇局申请需领用核销单份数,从外汇管理部门领取出口收汇核销单,出口时向出口报关地海关递交核销单,出口货物经审核验放后,海关在专为出口收汇核销用的报关单和核销单上盖"验讫章"。出口企业在出口收汇后凭出口收汇核销单、报关单和出口收汇核销专用联等规定的单据,到国家外汇管理部门办理核销手续。

企业出口收汇核销的应该遵守的基本原则包括:

(1) 出口核销实行属地管理的原则,即出口企业开户登记、领取核销单、核销报告均应在注册地所在的外汇局办理。

(2) 办理出口核销的全过程,须遵循"五者一致"的原则,即领取核销单、出口报关、收汇申报、出口收汇、出口核销应为同一企业。

(3) 收支两条线的管理原则,即进口付汇和出口收汇,严禁进行相互抵扣的结算方式,国家外汇管理实行进口与出口的分别管理办法(贸易方式是"以进料对口"、"进料加工"和"以收抵支",核销时须提供进口货物报关单核销)。

(4) 进、出口报关均应以合同成交总价报关,收汇须以报关总价进行收汇的核销管理原则。

6. 出口退税

为加强我国出口产品在国际市场上的竞争力,按照国际惯例,我国对出口产品实行退税制度。

出口退税是将出口货物在国内生产、流通环节缴纳的增值税、消费税,在货物报关出口后退还给出口企业的一种税收管理制度,是一国政府对出口货物采取的一项免征或退还国内间接税的税收政策。

出口退税与跨国经济贸易紧密地联系在一起,作为一种涉外宏观经济政策,被世界各国所认同,逐渐发展成为一种国际惯例。出口退税政策作为一国对于出口的一项优惠措施,最初的目的在于鼓励出口,但在发展演变当中,由于国家对外经济贸易战略目标的需要,又成为国家对于出口商品结构的一种导向性调节工具。由于出口退税与企业产品的生产成本密切相关,因此出口退税率的降低或提高必然会使企业出口产品成本增加或减少,影响企业产品在国际市场上的竞争力,进而影响企业的出口量。另外,出口退的税是生产和流通各环节中已经缴纳的国内流转税,在实行增值税的国家里,它着重于对实物经济而不是金融经济的影响,它与产出水平(或经济活动水平)的联系更为密切。

我国的出口退税政策实行普遍优惠与产业政策优惠相结合的原则。普遍优惠政策能够降低出口成本,提高国际竞争能力,推动出口贸易规模的增长。在出口退税普遍优惠的基础上,推行第二层次的产业政策税收优惠原则,即对不同行业、不同效益的出口产品实行差别性的税收政策,以促使企业优化出口商品结构,提高出口产品质量和单位附加值。

1)出口退税的企业范围

办理出口退税的出口商包括对外贸易经营者、没有出口经营资格委托出口的生产企业、特定退(免)税的企业和人员。

2)准予办理出口退税的货物

对属于已征或应征增值税、消费税的货物,除国家明确规定不予退(免)税的货物外,在货物报关出口并在财务上作销售后,都属于出口货物退(免)税的货物范围。

3)出口货物退增值税的方法

现行出口货物增值税的退(免)税办法主要有以下五种:

(1)"免",即对出口货物免征增值税。这种方法主要适用于以来料加工贸易方式出口的货物、小规模纳税人出口的货物、有出口卷烟经营权的企业出口国家计划内的卷烟,以及计算机软件出口(海关出口商品码9803),还有国家统一规定免税的货物(如军品、古旧图书等)。

(2)"免、退",即对本环节增值部分免税,进项税额退税。这种方法主要适用于外贸企业和实行外贸企业财务制度的工贸企业、企业集团等。

(3)"免、抵",即免征本企业生产销售环节增值税,出口货物所耗用的原材料、零部件、燃料、动力等所含的进项税额,抵顶内销货物的应纳税额,未抵顶完的部分留抵下期继续抵扣,不予退还。这种方法主要适用于列名钢铁企业向加工出口企业销售的国产钢材(自2005年7月1日起停止执行),以及生产型出口企业自首笔货物出口之日起12个月内出口的货物。

(4)"免、抵、退","免"税是指对生产企业出口的自产货物,免征本企业生产销售环节增值税;"抵"税是指生产企业出口自产货物所耗用的原材料、零部件、燃料、动力等所含应予退还的进项税额,抵顶内销货物的应纳税额;"退"税是指生产企业出口的自产货物在当月内应抵顶的进项税额大于应纳税额时,对未抵顶完的部分予以退税。

这种方法主要适用于生产型出口企业,自2002年1月1日起,生产型出口企业全部实行免抵退税管理办法。

(5)"先征后退",即先对出口货物计提销项税额予以征税,然后再计算退税的方法。这种方法主要适用于生产型出口企业,但自2002年1月1日起,不再使用该方法。

4) 出口货物退消费税的方法

现行出口货物消费税的退(免)税办法主要有以下两种:

(1)"免税"。生产企业出口自产的属于应征消费税的产品,实行免征消费税办法。

(2)"退税"。对外贸企业收购后出口的应税消费品实行退税。

5) 出口退税凭证

外贸企业在办理免退税时须提供的凭证有:增值税专用发票、出口货物报关单(出口退税专用)、出口收汇核销单(出口退税专用)和出口发票。对外贸企业购进出口的消费税应税货物,还须提供"税收(出口货物专用)缴款书"或"出口货物完税分割单";另外,委托其他外贸企业代理出口的货物,在委托方办理出口退税时须提供代理出口货物证明。

出口报关单是办理免退税的重要凭证之一,外贸企业在办理免退税申报时所提供的出口报关单必须是"出口退税专用"联,即黄联报关单,且报关单上必须盖有防伪印油的"验讫章"。出口企业在货物报关出口之日起(以报关单上注明的出口日期为准)90日后的第一个退税申报期之前必须向税务机关提供出口报关单(退税专用联),否则视同内销征税。

收汇核销单也是办理免退税的重要凭证之一,是指由外汇管理局制发、出口单位凭以向海关出口报关、向外汇指定银行办理出口收汇、向外汇管理局办理出口收汇核销、向税务机关办理出口退税申报的有统一编号及使用期限的凭证。

收汇核销单共三联:第一联为企业存根联;第二联为外管局存根联;第三联是出口退(免)税专用联。收汇核销单由企业根据出口货物的情况,首先进行填写并盖章;再由报关的海关根据出口货物的情况进行审核并盖"出口货物验讫章"骑缝印;最后由当地外汇管理局凭银行结汇水单核销收汇情况,并盖"已核销"印。收汇核销单未经外汇管理局核销,第二联和第三联不得自行撕开。

出口单位填写核销单应当准确、齐全,不得涂改,并与出口货物报关单上记载的有关内容一致。出口单位出口货物后,应当在预计收汇日起 30 天内,持规定的核销凭证集中或逐笔向外汇局进行出口收汇核销报告。对预计收汇日期超过报关日期 180 天以上(含 180 天)的,出口单位应当在货物出口报关后 60 天内凭远期备案书面申请、远期收汇出口合同或协议、核销单、报关单及其他相关材料向外汇局办理远期收汇备案。

出口单位无论是自营出口还是代理出口,均应当使用本单位所领的核销单办理出口报关。出口单位在向税务机关申请出口退税和办理代理出口货物证明时,必须随票附送对应的出口收汇核销单(出口退税专用联),税务机关审核无误后才予以办理出口退税和签发代理出口货物证明。对各省、自治区、直辖市、计划单列市外经贸主管部门批准的报关出口后在 180 天以上结汇的出口货物,凭批准文件可延期在 1 年内提供出口收汇核销单(出口退税专用联)。

出口企业在货物报关出口之日起(以报关单上注明的"出口日期"为准)180 日内必须向税务机关提供收汇核销单(远期收汇除外),否则视同内销征税。

出口企业在申报出口货物退(免)税时,应提供出口收汇核销单,但对尚未到期结汇的,也可不提供出口收汇核销单,退税部门按照现行出口货物退(免)税管理的有关规定审核办理退(免)税手续。

二、进口合同的履行

我国进口货物,大多数是按 FOB 条件并采用信用证付款方式成交,按此条件签订的进口合同,其履行的一般程序包括:开立信用证,租船、订舱和催装,办理货运保险,审单付款,报关提货以及验收、拨交货款和索赔等。

1. 开立信用证

买方开立信用证是履行合同的前提条件,因此,签订进口合同后,应按规定办理开证手续。

2. 租船、订舱和催装

按 FOB 条件签订进口合同时,应由买方安排船舶,如买方自己没有船舶,则应负责租船订舱或委托租船代理办理租船订舱手续,当办妥租船订舱手续,接到运输机构的配船通知后,应按规定期限及时将船名及预计到港日期通知卖方,以便卖方备货装船。

买方备妥船后,应做好催装工作,随时了解和掌握卖方备货情况和船舶动态,催促卖方按期装运。对于数量大或重要的进口货物,在交货期前一两个月应发函电催装,必要时可委托我驻外商务机构就近协助了解和督促对方根据规定,按时、按质、按量履行交货义务,或派员前往出口地点监督装运。

对 CIF 和 CFR 条件下的进口合同,应由卖方负责租船、订仓,安排装运。买方要及时与卖方联系,掌握卖方的备货和装运情况。

3. 办理货运保险

FOB、FCA、CFR 和 CPT 条件下的进口合同,由进口方办理货物的运输保险。当接到卖方的装运通知后,进口方应及时将船名、提单号、开航日期、装运港、目的港以及货物的名称和数量等内容通知中国人民保险公司,办妥投保手续。

4. 审单付款

货物装船后,卖方即凭提单等有关单据向当地银行议付货款,当议付行寄来单据后,经银行审核无误即通知买方付款赎单。如经银行审单发现单证不符或单单不符,应分别情况进行处理。处理办法很多,如拒付货款;相符部分付款,不符部分拒付;货到检验合格后再付款;凭卖方或议付行出具担保付款,在付款的同时提出保留索赔权。

外汇管理局的《货物贸易进口付汇管理暂行办法》要求进口单位应当根据结算方式、贸易方式以及资金流向,按规定凭相关单证在银行办理进口付汇业务。

进口单位应当按规定进行进口付汇核查信息申报。银行应当按规定向外汇局报送相关信息。

付汇单位与合同约定进口单位、进口货物报关单经营单位应当一致。代理进口业务应当由代理方负责进口、购付汇。国家另有规定的除外。

外汇局对不在名录进口单位和"C 类进口单位"的进口付汇实行事前登记管理。进口单位应当按规定到外汇局办理进口付汇业务登记。银行应当凭外汇局出具的登记证明和相关单证为进口单位办理进口付汇业务。

外汇局对辅导期内进口单位和"B 类进口单位"的进口付汇以及外汇局认定的其他业务实行事后逐笔报告管理。进口单位进口付汇后,需向外汇局逐笔报告其进口付汇和对应的到货或收汇信息,并提供相关单证或证明材料。

5. 报关提货

买方付款赎单后,一俟货物运抵目的港,即应及时向海关办理进口报关手续。经海关查验有关单据、证件和货物,并在提单上签章放行后,即可凭以提货。

6. 验收、拨交货物和索赔

在进口货物中,卖方交货后,买方应有合理机会对货物进行检验,如发现品质、数量、包装有问题应及时取得有效的检验证明,以便向有关责任方提出索赔或采取其他救济措施。

对于法定检验的进口货物,必须向卸货地或到达地的出入境检验检疫机构报验。未经检验的货物,不准销售和使用。国家对重要的进口商品实施进口安全质量许可制度,实施进口安全质量许可证的商品目录由国家检验检疫部门公布。

为了在规定时效内对外提出索赔,凡属下列情况的货物,均应在卸货港口就地报验:

(1) 合同订明须在卸货港检验的货物。

(2) 货到检验合格后付款的。

(3) 合同规定的索赔期限很短的货物。

(4) 卸货时已发现残损、短少或有异状的货物。

如无上述情况,而用货单位不在港口的,可将货物转运至用货单位所在地,由其自选验收,验收中如发现问题,应及时请当地检验检疫机构出具检验证明,以便在索赔有效期内对外提出索赔。

进口货物的收货人可以在报关地和收货地委托代理报检单位报检。

货物进口后,应及时向用货单位办理拨交手续,如用货单位在卸货港所在地,则就近拨交货物,如用货单位不在卸货地区,则委托货运代理将货物转运内地,并拨交给用货单位,在货物拨交后,外贸公司再与用货单位进行结算。

在履行凭信用证条款的 FOB 进口合同时,上述各项基本环节是不可缺少的。在履行其他付款方式和其他贸易术语成交的进口合同时,其工作环节有所不同。

(1) 在汇付或托收方式下,就不存在买方开证的工作环节。

(2) 在 CFR 方式下,买方则不负责租船订舱,此项工作由卖方办理。

(3) 在 CIF 方式下,买方不承担货物从装运港到目的港的运输任务、不负责办理货运投保手续,此项工作由卖方按约定条件代为办理。

在进口业务中,有时会发生卖方未按期交货或货到后发现品质、数量和包装等方面有问题,致使买方遭受损失,而需向有关方面提出索赔。进口索赔事件牵涉到维护我方的利益,我们对此项工作应当充分注意,一旦出现卖方违约或发生货运事故,应切实做好进口索赔工作,为此,我们必须注意下列事项:

(1) 在查明原因,分清责任的基础上确定索赔对象。

(2) 提供索赔证据。

(3) 掌握索赔期限。

(4) 索赔金额。

典 型 习 题

一、**单项选择题**(下列每题的选项中,只有 1 个是正确的,请将其代号填在括号内)

1. 某进出口公司欲进口一批货物,向日本某公司发出了要求报盘的邀请。在进出口业务中,我们称这种要求对方报盘的行为是(　　)。

  A. 发盘　　　B. 还盘　　　C. 询盘　　　D. 接受

 2. 交易磋商的两个基本环节是(　　)。

  A. 询盘、接受　　　　　　　B. 发盘、签合同

  C. 接受、签合同　　　　　　D. 发盘、接受

 3. (　　)不是构成发盘的必备条件。

  A. 发盘的内容必须十分确定

  B. 主要交易条件必须齐全

  C. 向一个或一个以上特定的人发出

  D. 表明发盘人承受约束的意旨

 4. 在发盘生效后,发盘人以一定方式解除发盘对其的效力,这在法律上属于发盘的(　　)。

  A. 撤回　　　B. 撤销　　　C. 改发　　　D. 取消

 5. 发盘的撤回与撤销的区别在于(　　)。

  A. 两者均发生在发盘生效前

  B. 两者均发生在发盘生效后

  C. 前者发生在发盘生效后,后者发生在发盘生效前

  D. 前者发生在发盘生效前,后者发生在发盘生效后

 6. 某项发盘于某月 15 日以信函方式送达受盘人。但在送达受盘人的前一天,发盘人以传真告知受盘人发盘无效,此行为属于(　　)。

  A. 一项新发盘　B. 发盘的修改　C. 发盘的撤回　D. 发盘的撤销

 7. 根据《联合国国际货物销售合同公约》的规定,发盘和接受的生效采取(　　)。

  A. 投邮生效原则　　　　　　B. 签订书面合约原则

  C. 到达生效原则　　　　　　D. 发出生效原则

 8. 我公司星期一对外发盘,限该周星期五复到有效,客户于星期二回电还盘并邀我电复。此时,国际市场价格上涨,故我未予答复。客户又于星期三来电表示接受我星期一的发盘,在上述情况下(　　)。

  A. 接受有效

  B. 接受无效

  C. 如我方未提出异议,则合同成立

  D. 属有条件的接受

 9. 我国法律规定,我国签订的涉外经济合同,必须以(　　)订立,否则无效。

  A. 口头形式　　　　　　　　B. 书面形式

C. 以行为表示　　　　　　　　D. 以口头形式或书面形式

10. 出口退税时,报关单收齐时限是(　　)天。
    A. 90　　　　B. 60　　　　C. 120　　　　D. 180

11. 出口退税时,收汇核销单申报的最后时限为货物报关出口之日起(以出口报关单上的"出口日期"为准)(　　)天内(持有远期收汇证明的除外)。
    A. 90　　　　B. 60　　　　C. 120　　　　D. 180

12. 在磋商交易中,达成交易、合同成立的不可缺少的两个基本环节与必经的法律步骤是接受与(　　)。
    A. 询盘　　　　B. 发盘　　　　C. 还盘　　　　D. 承诺

13. 属于金融单据的单证是(　　)。
    A. 商业发票　　B. 海运提单　　C. 汇票　　　　D. 装箱单

14. 英国某买主向我轻工业品进出口公司来电"拟购美加净牙膏大号1 000罗请电告最低价格、最快交货期"此来电属交易磋商的(　　)环节。
    A. 发盘　　　　B. 询盘　　　　C. 还盘　　　　D. 接受

15. 出入境检验检疫机构对列入目录的进出口商品以及法律、行政法规规定须经出入境检验检疫机构检验的其他进出口商品实施检验,称为(　　)。
    A. 法定检验　　B. 货物检验　　C. 质量检验　　D. 数量检验

16. 外汇局对不在名录进口单位和"C类进口单位"的进口付汇实行(　　)登记管理。
    A. 事前　　　　B. 事中　　　　C. 事后　　　　D. 实时

17. 如合同未规定索赔期限,按《联合国国际货物销售合同公约》规定,买方向卖方声称货物不符合合同时限,是买方实际收到货物之日起(　　)年。
    A. 1　　　　　B. 2　　　　　C. 3　　　　　D. 4

18. 向船公司索赔的时限,按《海牙规则》规定,是货物到达目的港交货后(　　)年之内。
    A. 半　　　　　B. 1　　　　　C. 2　　　　　D. 3

19. 向保险公司索赔的时限,按中国人民保险公司制定的《海洋运输货物保险条款》规定,为被保险货物在卸载港全部卸离海轮后(　　)年内。
    A. 1　　　　　B. 2　　　　　C. 3　　　　　D. 4

20. 外汇局对辅导期内进口单位和"(　　)类进口单位"的进口付汇以及外汇局认定的其他业务实行事后逐笔报告管理。
    A. A　　　　　B. B　　　　　C. C　　　　　D. D

21. 一笔业务中,若出口销售人民币净收入与出口总成本的差额为正数,说明该笔业务为(　　)。

A. 盈 B. 亏
C. 平 D. 可能盈、可能亏
22. 支付给中间商的酬金称为（　　）。
A. 预付款 B. 折扣 C. 佣金 D. 订金
23. 某项发盘于某月12日送达受盘人，但在此前的11日，发盘人发传真通知受盘人，发盘无效，此行为属于（　　）。
A. 发盘的撤回 B. 发盘的修改 C. 一项新发盘 D. 发盘的撤销
24. 珠宝、首饰等商品具有独特的性质，在出口确定其品质时（　　）。
A. 用样品磋商 B. 最好用文字说明
C. 最好看货洽谈成交 D. 最好凭规格买卖
25. 出口合同的履行中一般不包括的环节是（　　）。
A. 备货 B. 开证、改证 C. 报关、装船 D. 制单、结汇
26. 一份CIF合同下，合同与信用证均没有规定投保何种险别，交单时，保险单上反映出投保了平安险，该出口商品为易碎品，因此，（　　）。
A. 银行将拒收单据 B. 买方将拒收单据
C. 买方不接受货物 D. 银行应接受单据
27. 审核信用证的依据是（　　）。
A. 合同 B. 一整套单据 C. 开证申请书 D. 商业发票
28. 卖方可以在（　　）的情况下，催促买方开立信用证。
A. 买方未按规定时间开证 B. 货价出现变化
C. 合同刚刚签订 D. 卖方想迟延发货
29. 信用证修改通知书的内容在两项以上者，受益人（　　）。
A. 要么全部接受，要么全部拒绝 B. 可选择接受
C. 必须全部接受 D. 只能部分接受
30. 在出口业务中，对信用证的审核单位是（　　）。
A. 开证银行 B. 进口商
C. 出口商和出口地银行 D. 保险公司
31. 出口企业在收到信用证后，应对照合同和（　　）对信用证内容进行审核。
A.《联合国国际货物销售公约》 B.《跟单信用证统一惯例》
C.《Incoterms2010》 D. 我国的《合同法》
32. 卖方审证后有不能接受之处应向（　　）提出进行修改。
A. 保兑行 B. 开证申请人 C. 通知行 D. 付款行
33. 商业发票的抬头人一般是（　　）。
A. 受益人 B. 开证申请人 C. 开证行 D. 卖方

34. 出口报关的时间应是( )。
   A. 备货前　　　　　　　　　　B. 装船前
   C. 装船后　　　　　　　　　　D. 货到目的港后

35. 在信用证方式下,进口方有权拒绝付款赎单的理由为( )。
   A. 货物与合同不符　　　　　　B. 信用证与合同不符
   C. 单据与信用证不符　　　　　D. 单据与合同不符

36. 信用证的到期地点应视信用证规定而定,在我国外贸实务中,通常使用的到期地点为( )。
   A. 出口地　　B. 进口地　　C. 第三地　　D. 开证行所在地

37. 按惯例规定,银行开立信用证所产生的一切费用和风险应由( )负担。
   A. 受益人　　B. 申请人　　C. 出口公司　　D. 第三方

38. 买卖大宗货物,并采用( )方式时,为了加快装卸速度,减少船舶在港口停留的时间,通常在合同中规定滞期、速遣条款。
   A. 班轮运输　　B. 定程租船　　C. 定期租船　　D. 光船租船

二、多项选择题(下列每题的选项中,至少有2个是正确的,请将其代号填在括号内)

1. 构成发盘必须具备的条件有( )。
   A. 向一个或一个以上的特定人提出
   B. 表明订立合同的意思
   C. 发盘的内容必须十分确定
   D. 发盘的内容必须真实
   E. 发盘人必须是卖方

2. 要约可以被撤回,但撤回通知应在要约到达受要约人( )到达,要约才可被撤回。
   A. 之前　　　　　　　　　　　B. 之后
   C. 之前1天　　　　　　　　　D. 之前2天
   E. 同时

3. 从是否具有法律效力的角度,发盘分为( )。
   A. 还盘　　B. 实盘　　C. 虚盘　　D. 询盘
   E. 整盘

4. 关于接受所必须具备的条件中,叙述正确的有( )。
   A. 接受必须由受盘人作出
   B. 接受的内容必须与发盘相符
   C. 接受的内容必须与还盘相符

D. 必须在有效期限内接受

E. 一定要经过还盘阶段

5. 交易磋商的形式有（　　）。

A. 口头谈判　　　　　　　　B. 信件

C. 传真　　　　　　　　　　D. e-mail

E. 网上洽谈

6. 按照《联合国国际货物销售合同公约》的规定,受盘人表示接受的方式有（　　）。

A. 口头通知发盘人　　　　　B. 书面通知发盘人

C. 卖方发运货物　　　　　　D. 买方开立信用证

E. 卖方催开信用证

7. 按现行政策规定,出口退税的税种有（　　）。

A. 所得税　　B. 增值税　　C. 营业税　　D. 消费税

E. 个调税

8. 现行出口货物增值税的退(免)税方法包括（　　）。

A. 免　　　B. 免、退　　　C. 免、抵　　　D. 免、抵、退

E. 先征后退

9. 制作并审核结汇单据的基本原则主要有（　　）和规范。

A. 正确　　B. 整洁　　C. 及时　　D. 完整

E. 简明

10. 发盘在被接受之前并不产生法律效力,并可在一定条件下于任何时候被终止。发盘失效的情况有（　　）。

A. 在有效期内未被接受而过期

B. 受盘人表示拒绝或还盘

C. 发盘人对发盘依法撤回或撤销

D. 法律的实施

E. 受盘人表示接受但货物未出运

11. 根据各国法律的规定,合同具备的实质要件有（　　）。

A. 合同当事人须有签约能力

B. 当事人的意思表示必须真实

C. 合同内容必须合法

D. 合同必须有对价或约因

E. 受盘人表示接受但货物未出运

12. 根据我国《合同法》第52条规定,有（　　）情形之一的,合同无效。

A. 一方以欺诈、胁迫的手段订立合同,损害国家利益

B. 恶意串通,损害国家、集体或者第三人利益

C. 以合法形式掩盖非法目的

D. 损害社会公共利益

E. 违反法律、行政法规的强制性规定

13. 下列各项中,属于优惠贸易协定原产地证书的有(　　)。

   A.《中国—亚太贸易协定》　　　B.《中国—东盟自贸协定》

   C.《内地与香港货物原产地规则》　D.《中国—智利自贸协定》

   E.《中国—新加坡自贸协定》

14. 企业出口收汇核销应该遵守的基本原则有(　　)。

   A. 出口核销实行属地管理的原则

   B. 办理出口核销的全过程,须遵循"五者一致"的原则

   C. 收支两条线的管理原则

   D. 进、出口报关均应以合同成交总价报关,收汇须以报关总价进行收汇的核销管理原则

   E. 收支企业平衡的原则

15. 出口退税的企业范围有(　　)。

   A. 对外贸易经营者

   B. 没有出口经营资格委托出口的生产企业

   C. 特定退(免)税的企业和人员

   D. 一般纳税人

   E. 小额纳税人

16. 现行出口货物消费税的退(免)税办法主要有(　　)。

   A. 免税　　　　B. 退税　　　　C. 抵税　　　　D. 先征后退

   E. 差额征税

17. 国际货物买卖中涉及的货物收付问题主要有(　　)。

   A. 何时、何地交货

   B. 何时转移货物风险

   C. 有关费用由谁负担

   D. 由谁负责办理货物运输、保险及通关手续

   E. 交易双方交接哪些单据

18. 采用信用证付款方式签订的CIF合同,卖方履约所包括的环节很多,其中主要环节有(　　)。

   A. 备货　　　　　　　　　　　　B. 催证、审证、改证

C. 投保 　　　　　　　　D. 租船订舱
E. 制单结汇

19. 在国际贸易中,如果卖方交货数量多于合同规定的数量,根据《联合国国际货物销售合同公约》的解释,买方可以(　　)。

A. 接受全部货物

B. 拒绝全部货物

C. 只接受合同规定货物而拒绝多交部分

D. 接受合同规定数量及多交部分中的一部分

E. 以上都对

20. 根据《联合国国际货物销售合同公约》的规定,发盘内容必须十分明确,即发盘中应包括(　　)等基本要素。

A. 表明货物的名称

B. 表明货物的交货时间、地点

C. 明示或默示地规定货物的数量或确定数量的方法

D. 明示或默示地规定货物的价格或确定价格的方法

E. 表明付款的时间和地点

三、判断题(判断下列各题是否正确。正确的在题后的括号内打"√",错误的打"×")

1. 还盘是对发盘的拒绝,还盘一经作出,原发盘即失去效力,发盘人不再受其约束。　　　　　　　　　　　　　　　　　　　　　　　　　　　(　　)

2. 还盘在形式上不同于拒绝,但还盘和拒绝都可导致原发盘失效。(　　)

3. 在交易磋商中,接受是买方或卖方同意对方在发盘中提出的各项交易条件并愿意按照这些条件达成交易、订立合同的一种明确意思表示。　(　　)

4. 询盘、发盘和接受是国际贸易合同洽商的不可缺少的步骤。　(　　)

5. 接受的撤回是指在接受生效之后将接受予以撤回。　　　　　(　　)

6. 凡对货物的价格、付款、质量和数量、交货地点和时间、赔偿责任范围或解决争端等的添加、限制或更改,均视为非实质上变更发盘的条件。　(　　)

7. 还盘是指受盘人不完全同意发盘内容而提出修改意见或变更交易条件的一种口头或书面表示。　　　　　　　　　　　　　　　　　　　(　　)

8. 在国际贸易中,达成一项交易的两个必不可少的环节是发盘和接受。(　　)

9. 一项有效的发盘,一旦被受盘人无条件地全部接受,合同即告成立。(　　)

10. 发盘必须明确规定有效期,未规定有效期的发盘无效。　　　(　　)

11. 在国际贸易中,一项合同的有效成立都必须经过询盘、发盘、还盘、接受和签约等五个环节。　　　　　　　　　　　　　　　　　　　　　(　　)

12. 在交易磋商过程中,发盘是由卖方作出的行为,接受是由买方作出的行为。（　）

13. 出口退税是将出口货物在国内生产、流通环节缴纳的增值税、消费税,在货物报关出口前退还给出口企业的一种税收管理制度,是一国政府对出口货物采取的一项免征或退还国内间接税的税收政策。（　）

14. 办理出口退税的出口商包括对外贸易经营者、没有出口经营资格委托出口的生产企业、特定退（免）税的企业和人员。（　）

15. 外贸企业货物出口后,须在规定的时间内取得相关凭证申报出口退税,否则出口的货物要视同内销货物进行征税。（　）

16. "免、抵、退","免"税是指对外贸企业出口的自产货物,免征本企业生产销售环节增值税;"抵"税是指生产企业出口自产货物所耗用的原材料、零部件、燃料、动力等所含应予退还的进项税额,抵顶内销货物的应纳税额;"退"税是指生产企业出口的自产货物在当月内应抵顶的进项税额大于应纳税额时,对未抵顶完的部分予以退税。（　）

17. 交易磋商是签订买卖合同的必须阶段和法定程序。询盘是每笔交易必经的开端。（　）

18. 被受盘人拒绝或还盘之后,发盘效力终止。（　）

19. 发盘的有效期是指发盘供受盘人接受的期限,也是发盘人对发盘承受约束的期限。（　）

20. 在还盘时,对双方已经同意的条件一般无须重复列出。（　）

21. 在发盘后,受盘人缄默或不行动,即不作任何方式的表示,不能构成接受。（　）

22. 现在的进出口企业一般都委托国际货运代理企业办理货物出运手续,进出口企业与国际货运代理企业双方要明确各自的权利义务,签订好出口代理协议。（　）

23. 目前原产地证书签发机构有国家出入境检验检疫局和中国国际贸易促进委员会。（　）

24. 出口的货物若是可以享受优惠贸易协定税率的商品,出口前应向我国出口原产地证书签发机构申领原产地证书。（　）

25. 我国的出口退税政策实行普遍优惠与产业政策优惠相结合的原则。（　）

26. 对外贸企业收购后出口的应税消费品实行免税。（　）

27. 生产企业出口自产的属于应征消费税的产品,实行免征增值税办法。（　）

28. 出口单位无论是自营出口还是代理出口，均应当使用本单位所领的核销单办理出口报关。（　　）

29. 出口单位在向税务机关申请出口退税和办理代理出口货物证明时，必须随票附送对应的出口收汇核销单（出口退税专用联），税务机关审核无误后才予以办理出口退税和签发代理出口货物证明。（　　）

30. 出口企业在申报出口货物退（免）税时，应提供出口收汇核销单，但对尚未到期结汇的，也可不提供出口收汇核销单。（　　）

31. 代理进口业务，应当由代理方负责进口、购付汇。（　　）

32. 进口货物的收货人可以在报关地和收货地委托代理报检单位报检。（　　）

33. 我某公司按 CIF 条件出口某商品，采用信用证支付方式。买方在约定时间内未开来信用证，但约定的装运期已到，为了重合同和守信用，我方仍应按期发运货物。（　　）

34. 在出口业务中，卖方履行合同的基本义务是向买方提交符合合同规定的货物。（　　）

35. 出口备货环节包括准备好应交的货物和包装、刷唛等工作。（　　）

36. 在国际贸易中，如果买方没有利用合理的机会对所收到的货物进行检验，就是放弃了检验权，也就丧失了拒收货物的权利。（　　）

37. 在国际货物买卖中，如果交易双方愿意将履约中的争议提交仲裁机构裁决，则必须在买卖合同中订立仲裁条款，否则仲裁机构将不予受理。（　　）

38. 还盘在形式上不同于拒绝，但还盘和拒绝都可导致原发盘的失效。（　　）

典型习题分析与解答

一、单项选择题

1. C　2. D　3. B　4. B　5. D　6. C　7. C　8. B　9. B　10. A　11. D　12. B　13. C　14. B　15. A　16. A　17. B　18. B　19. B　20. B　21. A　22. C　23. A　24. C　25. D　26. D　27. A　28. A　29. A　30. C　31. B　32. B　33. B　34. B　35. C　36. A　37. B　38. B

二、多项选择题

1. ABC　2. AE　3. BC　4. ABD　5. ABCDE　6. ABCD　7. BD　8. ABCDE　9. ABCDE　10. ABCD　11. ABCD　12. ABCDE　13. ABCDE　14. ABCD　15. ABCD　16. AB　17. ABCDE　18. ABCDE　19. ACD　20. ACD

三、判断题

1. √ 2. √ 3. √ 4. × 5. × 6. × 7. √ 8. √ 9. √ 10. ×
11. × 12. × 13. × 14. √ 15. √ 16. × 17. × 18. √ 19. √
20. √ 21. √ 22. × 23. √ 24. √ 25. √ 26. × 27. × 28. √
29. √ 30. √ 31. √ 32. √ 33. × 34. √ 35. √ 36. √ 37. ×
38. √

第六章 国际结算

考试大纲

1．票据

了解：
- 票据的基本概念。
- 汇票、本票、支票的定义。
- 汇票的内容及填制。
- 本票、支票必须记载的事项。

掌握：
- 汇票、本票、支票的种类和使用。

2．汇付

了解：
- 汇付的基本概念、种类。

掌握：
- 汇付的业务程序。

3．托收

了解：
- 托收的基本概念、托收统一规则。

掌握：
- 托收的业务程序。

4．信用证

了解：
- 信用证的含义及其作用、信用证的主要内容、信用证的种类、SWIFT信用证格式、跟单信用证统一惯例。

掌握：
- 信用证使用的业务程序。

第一节　票　　据

一、票据的基本概念

1. 票据的定义

票据是社会经济生活中的重要支付手段,是以支付金钱为目的的几种证券,是由出票人签名在这些票据之上,无条件地约定由其本人或其指定的另一人支付确定的金额,并可以流通转让的凭证。

2. 票据的特性

票据可分为汇票、本票和支票三种,若约定由出票人自行付款,则是本票;若由另一指定人付款,则是汇票或支票。

各种形式的票据,一般均具有以下特性:

(1) 转让性。流通转让是票据的基本特性,票据所有权通过交付或背书及交付即可进行转让,转让时不必通知债务人,债务人不能以未接到转让通知为理由拒绝向票据权利人清偿债务。票据的受让人可获得票据的全部法律权力,他完成受让后可用自己的名义提出诉讼。票据受让人的权利是通过支付对价后获得的,那么他的权利不会因前手票据权利的缺陷而受影响。

(2) 无因性。出票人签发票据给收款人,即保证将由自己或第三人支付票据上列明的款项。出票人之所以让收款人去收款,是因为对收款人负有债务,两者间产生了票据的权利与义务关系,两者间的这种关系被称为对价关系。如果收款人再将此票据转让出去,那么他和受让人之间也必定存在对价关系。第三人作为付款人,之所以代出票人付款,是因为出票人在他处有存款或是他愿意向出票人提供贷款,两者间的这种关系被称为资金关系。票据债权人在行使其票据权利时,不必证明票据的原因,只需凭票据上的文字记载,即可要求票据债务人支付票据规定的金额。

(3) 要式性。各国票据法都非常强调票据的要式性。票据的要式性是指票据的必要项目必须齐全、票据的形式和内容必须符合规定。

票据是一种要式凭证,票据行为是一种要式法律行为。票据和票据行为的生效,必须以票据上记载的事项为依据。汇票、本票和支票上的记载事项可以分为必须记载事项、任意记载事项、不发生票据法上效力的记载事项和不得记载事项四类。

(4) 文义性。文义即文字上的含义或其思想内容,是指票据的效力是由文字的含义来决定的,债权人和债务人只受文义的约束,债权人不得以票据上未记载的事项向债务人有所主张,债务人也不能用票据上未记载的事项对债权人有所抗辩。

二、汇票

1. 汇票的定义

汇票(bill of exchange,简称 draft 或 bill)是指出票人签发的,委托付款人在见票时或者在指定日期无条件支付确定的金额给收款人或者持票人的票据①。

英国票据法对汇票的定义是"由一人签发给另一人的无条件书面命令,要求受票人见票时或于未来某一规定的或可以确定的时间,将一定金额的款项支付给某一特定的人或其指定人,或持票人"。

2. 汇票的种类

常见的出口贸易结算的汇票从不同的角度分类,可分成以下几种。

1) 银行汇票(banker's draft)和商业汇票(commercial draft)

从出票人的角度来分,汇票可分为银行汇票和商业汇票。

(1) 银行汇票。银行汇票的出票人和付款人都是银行。例如,在汇款业务中,汇款人请求汇出行把款项交收款人,这时汇出银行开立汇票交给汇款人以便寄交收款人,向付款行领取款项,这种汇票由银行开具,所以称为银行汇票。银行汇票一般为光票,不随附货运单据。

银行汇票的样张,如图 6-1 所示。

```
                    BANK OF CHINA              号码  20003513
                    本汇票有效期为一年            No.
                  This draft is valid for one    金额
                  year from the date of issue    AMOUNT _____
中    致:
国    TO _____
银    请  付
      PAY TO _____
行    金  额
      THE SUM OF _____

      请凭本汇票付款划我     行账
      PAY AGAINST THIS DRAFT TO THE            中国银行上海分行
      DEBIT OF OUR        ACCOUNT              BANK OF CHINA SHANGHAI
```

图 6-1 银行汇票的样张

---

① 参见《中华人民共和国票据法》第 19 条。

（2）商业汇票。商业汇票的出票人是商家或个人，付款人可以是商家或个人，也可以是银行。进出口贸易结算中的托收支付方式和信用证项下的支付方式所开具的汇票就属于商业汇票。商业汇票大都附有货运单据。

商业汇票的样张，如图6-2所示。

号码　　　汇票金额　　　　　　　　　　　　中国　上海　　年 月 日
No..................Exchange　for　　　　　　　　　　　　　　　　　　Shanghai,
China.....................20..........
见票　　　　　　　日后（本汇票之副本未付）付交
At................................ sight of this FIRST of Exchange（Second of Exchange being
Unpaid）Pay to the order of
金　　额
the sum of

　　　against　　　　　　　　　　　　　　　　　　　　　　　　　　shipment
of:..
....
此致
To...
....

号码　　　汇票金额　　　　　　　　　　　　中国　上海　　年 月 日
No..................Exchange　for　　　　　　　　　　　　　　　　　　Shanghai,
China.....................20..........
见票　　　　　　　日后（本汇票之副本未付）付交
At................................sight of this SECOND of Exchange（First of Exchange
being
Unpaid）Pay to the order of
金　　额
the sum of

　　　against　　　　　　　　　　　　　　　　　　　　　　　　　　shipment
of:..
....
此致
To...
....

图6-2　商业汇票的样张

2）商业承兑汇票（commercial acceptance bill）和银行承兑汇票（banker's acceptance bill）

从承兑人的角度来分，汇票可分为商业承兑汇票和银行承兑汇票。在商业汇票中，远期汇票的付款人为商家或个人，并经付款人承兑，这种汇票称为商业承兑汇票。银行承兑汇票则是由银行承兑的远期汇票。银行承兑汇票是建立在银行信用的基础上的。

3）跟单汇票（documentary draft）和光票（clean draft）

汇票按是否跟随货运单据及其他单据来分，可以分为跟单汇票和光票。

跟单汇票是指附有货运单据的汇票，又称押汇汇票。"Credit available by your drafts at sight on us to be accompanied by the following documents."这个我们经常在信用证上见到的条款就是跟单汇票条款。开立这种汇票必须跟随有关货运单据（提单、发票、保险单等）及其他相关单据才能生效。汇票的付款人要取得货运单据提取货物，必须付清货款或提供担保。跟单汇票基于对进出口双方钱款和单据对流的方式，比较安全，因此，在国际货物结算中成为最多运用的结算工具。

光票是指不附有货运单据的汇票，又称净票或白票。光票的流通完全依赖出票人、付款人或出让人（背书人）的信用。在国际结算中，在费用或佣金等收取上采取光票方式。

4）即期汇票（sight draft）和远期汇票（time draft）

从汇票的付款期限来分，有即期汇票和远期汇票。

即期汇票是指出口商开出即期汇票，开证行见票立即付款。有的信用证免出汇票，但在偿付条款中也明确规定："我行（指开证行）收到符合信用证的全套单据后将立即实现付款。"即期汇票可以在汇票付款期限栏中填上"at sight"。这种汇票无需提示承兑。

远期汇票是指制定付款人将于见票后××天或固定某日付款。

3．汇票的内容

（1）表明"汇票"的字样。

（2）无条件支付的委托。

（3）确定的金额。

（4）付款人名称。

（5）收款人名称。

（6）出票日期。

（7）出票人签章。

汇票上未记载前款规定事项之一的，汇票无效。汇票一般不得涂改。

除了上述必备内容外，可因交易需要设置其他记载事项。如：

（1）利息条款。

（2）复本汇票条款；按有无复本划分汇票分为正本汇票（first exchange）和副本汇票（second exchange），但一定要标明付一不付二或付二不付一。

（3）无追索权条款。

(4) 出票条款。

4. 汇票的使用

汇票的使用,即汇票的票据行为随其是即期还是远期而有所不同。即期汇票只需经过出票、提示和付款的程序。而远期汇票还须经过承兑手续。如需流通转让,通常还要办理背书手续。汇票若被拒付,还要涉及作成拒付证明,依法行使追索权等法律问题。

1) 出票

出票(to draw)是指出票人签发票据并将其交付给收款人的票据行为。出票由三个动作组成,一是由出票人写成汇票,或在事先印好的格式上的相关空白部分将票据内容填上;二是在汇票上签字(sign);三是由出票人将汇票交付给(deliver to)付款人。由于出票是建立在设立债权债务基础的行为,所以,只有经过交付汇票才开始生效。

2) 提示

提示(presentation)是指收款人或持票人将汇票提交付款人要求承兑或付款的行为。付款人看到汇票即为见票(sight)。提示可分为两种:

(1) 提示承兑(presentation for acceptance)。提示承兑是指远期汇票持票人向付款人出示汇票,并要求付款人承诺付款的行为。

(2) 提示付款(presentation for payment)。提示付款是指汇票持票人向付款人(或远期汇票的承兑人)出示汇票,要求付款人(或承兑人)付款的行为。

远期汇票的提示承兑和即期汇票的提示付款均应在法定期限内进行。对此,各国票据法规定不一,按我国《票据法》的规定,即期和见票后定期付款汇票自出票日后1个月;定日付款或出票后定期付款汇票应在到期日前向付款人提示承兑;已经承兑的远期汇票的提示付款期限为自到期日起10日内。[①]

3) 承兑

承兑(acceptance)是指汇票付款人承诺在汇票上到期日支付汇票金额的票据行为。按我国《票据法》第41条规定:"付款人对向其提示承兑的汇票,应当自收到提示承兑的汇票之日起3日内承兑或者拒绝承兑。""付款人收到持票人提示承兑的汇票时,应当向持票人签发收到汇票的回单。回单上应当记明汇票提示承兑日期并签章。"第43条规定:"付款人承兑汇票,不得附有条件;承兑附有条件的,视为拒绝承兑。"但按《票据法》的一般规则,承兑附有条件的,承兑人仍应按所附条件承担责任。

《票据法》第42条规定:"付款人承兑汇票的,应当在汇票正面记载'承兑'

---

① 参见《中华人民共和国票据法》第39、第40和第53条(2)款。

(accepted)字样和承兑日期并签章;见票后定期付款的汇票,应当在承兑时记载付款日期。汇票上未记载承兑日期的,以前条第一款规定期限的最后一日为承兑日期。"按《票据法》的一般规则,仅有付款人签名而未写"承兑"字样,也构成承兑。

第44条规定:"付款人承兑汇票后,应当承担到期付款的责任。"因此,汇票一经承兑,付款人就成为汇票的承兑人(acceptor),并成为汇票的主债务人,承兑人事后不得以诸如"出票人的签字是伪造的"等理由来否认承兑汇票的效力,而汇票一经付款人承兑,出票人便成为汇票的从债务人(或称次债务人)。

4) 付款

付款(payment)是指汇票付款人向持票人支付汇票金额以消灭票据关系的行为。即期汇票在付款人见票时即付;远期汇票于到期日在持票人提示付款时由付款人付款。持票人获得付款时,应当在汇票上签收,并将汇票交给付款人作为收据存查。汇票一经付款,汇票上的一切债权债务关系即告终止。

5) 背书

背书(endorsement)是一种以转让票据为目的的票据行为,是票据转让的一种重要的方式。票据的转让不必通知债务人。一张票据尽管经过多次转让,数易其主,最后的持票人仍有权要求票据债务人向其清偿,票据债务人不得以未接到转让通知为由拒绝清偿。票据转让必须按照票据法规定的方式,方为有效。

票据转让方式一般有单纯交付和经背书后交付两种。单纯交付是指持票人未在票据上作任何记载而直接将票交与受让人,即产生转让的效力。这种方式由于在票据上未作任何转让事项记载,不能反映票据转让过程,转让人的责任定位难以确认,对持票人即受让人来说,风险较大。我国《票据法》从保护出票人的票据权利出发,在第27条中明确规定,持票人转让汇票应当背书并交付汇票。

背书是指在票据背面或者粘单[①]上记载有关事项经签章后交付给受让人(transferee)的行为。汇票经过背书,收款的权利就转让给了受让人,由被背书人取得了汇票的权利。

背书的方式有限制性背书(restrictive endorsement)、空白背书(blank endorsement)和特别背书(special endorsement)三种。

限制性背书即不可转让背书,是指背书人对支付给被背书人的指示带有限制性的词语。限制性背书的汇票,只能有指定的被背书人凭票取款,而不能再行转让或流通。背书人在汇票上记载"不得转让"字样,其后手再背书转让的,原背书人对

[①] 《票据法》第28条规定:"票据凭证不能满足背书人记载事项的需要,可以加附粘单,黏附于票据凭证上。粘单上的第一记载人,应当在汇票和粘单的黏接处签章。"

后手的被背书人不承担保证责任。

空白背书又称略式背书或不记名背书,是指背书人只在票据背面签名,不指定被背书人,即不写明受让人。这种汇票可交付给任何持票人,可和来人抬头汇票一样,只凭交付就可转让。

特别背书又称记名背书,是指背书人在票据背面签名外,还写明被背书人名称或其指定人。这种特别背书,被背书人可以进一步凭背书交付而将汇票转让。按我国《票据法》第30条规定,汇票以背书转让或者以背书将一定的汇票权利授予他人行使时,必须记载被背书人名称。这就表明我国不允许对票据作不记名背书。限制性背书和特别背书应记载的事项包括被背书人名称、背书日期和被背书人签章。其中,背书人签章和被背书人名称是绝对应记载事项,欠缺记载的,按我国《票据法》,背书行为无效。按外国票据法,一般只需背书人签章,背书即有效。

经特别背书的汇票在到期前,受让人(被背书人)可以再经过背书继续进行转让。对于受让人来说,所有在他之前的背书人和出票人均为他的"前手"(prior party);而对于出票人和出让人(背书人)来说,所有在他交付或让与之后的受让人都是他的"后手"(sequent party)。"前手"对"后手"负有保证汇票必然会被承兑或付款的担保责任。

受让人在受让汇票时,要按照汇票的票面金额扣除从转让日起到汇票付款日止的利息后将票据付给出让人,这种行为通称"贴现"(discount)。

6) 拒付

拒付(dishonour)包括拒绝付款和拒绝承兑。付款人对于远期汇票拒绝承兑,或对即期汇票拒绝履行,并不使他对持票人负有法律责任。因为,付款人对汇票的承兑和/或付款,是由于付款人与出票人原有的债权债务关系,即合同关系,如果出票人出票不当,或与原来订立的合同关系不符,或根本没有这个债务,付款人自然有权拒付。但是,远期汇票一经承兑,承兑人必须承担到期付款的法律责任。如到期拒付,就不仅可被持票人追索,而且还可被出票人追索。

在付款人或承兑人发生死亡、逃匿、被依法宣告破产或因违法被责令停止业务活动等情况下,使得汇票的承兑或付款在事实上成为不可能,同样构成拒付行为。付款人虽未明示拒付汇票,但迟迟拖延不付款或不承兑,也可认为汇票已被拒付。

7) 追索

汇票被拒付,持票人有权向任何一个前手追索(recourse),并可直至出票人。

按国际通行规则,持票人进行追索时,应将拒付事实书面通知其前手,并提供被拒绝承兑或被拒绝付款的证明或退票的理由书。在国外,通常要求持票人提供拒绝证书(protest)。

三、本票

1. 本票的定义

本票（promissory note）是指出票人签发的，承诺自己在见票时无条件支付确定的金额给收款人或者持票人的票据。

2. 本票的种类

本票可分为银行本票和商业本票。

1）银行本票

银行本票是指银行签发的，承诺自己在见票时无条件支付确定金额给付款人或者持票人的票据。按照我国《票据法》第73条给本票所下的定义，"本法所称本票，就是指的银行本票。"

（1）银行本票的特点。银行本票都是即期的。银行本票见票即付，可以用来支取现金，也可以用于转账，但银行本票仅限于在同城范围的商品交易、劳务供应及其他款项结算。按我国《票据法》第78条规定，本票自出票日起，付款期限最长不得超过2个月。

（2）定额银行本票。定额银行本票是指银行签发的，承诺自己在见票时无条件支付票面金额给收款人或者持票人的票据。定额银行本票目前只在部分地区（如上海、广州等）使用，这些地区的单位和个人均可以使用定额银行本票。定额银行本票的面额有1 000元、5 000元、10 000元和50 000元四种。

2）商业本票

商业本票又称一般本票（general promissory note），是指由工商企业或个人签发的本票。商业本票可按付款时间分为即期和远期两种。商业本票一般不具备再贴现条件，特别是中小企业或个人开出的远期本票，因信用保证不高，因此很难流通，而我国《票据法》所定义的本票，也仅指银行本票，所以，本书所介绍的本票为银行本票。

3. 本票必须记载的事项

（1）表明"本票"的字样。

（2）无条件支付的承诺。

（3）确定的金额。

（4）收款人名称。

（5）出票日期。

（6）出票人签章。

本票上未记载前款规定事项之一的，本票无效。

本票上记载付款地、出票地等事项的，应当清楚、明确；本票上未记载付款地的,出票人的营业场所为付款地;本票上未记载出票地的,出票人的营业场所为出票地。

4. 银行本票的使用

银行本票是指银行签发的,承诺自己在见票时无条件支付确定金额给付款人或者持票人的票据。本票是承诺式票据,本票的基本当事人只有出票人和收款人两个,本票的付款人就是出票人自己。

银行本票的出票人是经中国人民银行当地分支机构批准办理本票业务的银行机构。因此,银行本票是以银行信用为基础的,属于银行票据,具有较高的信誉。

银行本票既可以用于一般商品交易,也可以用于劳务及其他款项的结算。银行本票可以办理转账结算,符合规定条件的也可以用以支取现金。银行本票仅限于同城使用,在这一点上不同于汇票。

使用银行本票的申请人可以是单位,也可以是个人;可以是在出票银行开立存款账户的单位和个人,也可以是没有在出票银行开立存款账户的单位和个人,但申请人必须先足额交存一定的本票资金。

银行本票见票即付,资金转账速度是所有票据中最快、最及时的。

定额银行本票的起点金额是1 000元,可以背书转让。

填明"现金"字样的银行本票丧失,可以向银行申请挂失,或向法院申请公示催告或提起诉讼。未填明"现金"字样的银行本票丧失,不得挂失。

我国普遍运作银行本票的时间并不长,银行本票还是一种较新的票据结算方式,银行本票对于企事业单位和个人在同城范围办理转账结算具有明显的优点。从长远看,随着市场经济的发展和票据使用、流通的日益广泛,必定会对出票人的资格限制逐步放宽。

四、支票

1. 支票的定义

支票(cheque,check)是指出票人签发的、委托办理支票存款业务的银行或者其他金融机构在见票时无条件支付确定的金额给收款人或者持票人的票据。

支票都是即期的,支票限于见票即付,不得另行记载付款日期。另行记载付款日期的,该记载无效。有些支票虽有时被称为期票,但仍然不是远期的。只是填迟日期,那个日期实际上应被视为出票日期,对那个日期来说,支票仍是见票即付的即期支票。

出票人签发支票时,应在付款行存有不低于票面金额的存款。如存款不足,持票人提款时会遭银行拒付,这种支票称为空头支票。开出空头支票的出票人要负法律责任。

2. 支票的种类

1）记名支票与不记名支票

（1）记名支票。记名支票是出票人在收款人栏中注明"付给某人"、"付给某人或其指定人"。这种支票转让流通时，须由持票人背书，取款时须由收款人在背面签字。

（2）不记名支票。不记名支票又称空白支票，抬头一栏注明"付给来人"。这种支票无须背书即可转让，取款时也无须收款人在背面签字。

2）转账支票与现金支票

（1）转账支票。支票上印有"转账"字样的为转账支票。转账支票是专门制作的只能用于转账的支票，转账支票不得用以支取现金。

（2）现金支票。支票上印有"现金"字样的为现金支票。现金支票是专门制作的用于支取现金的一种支票，现金支票只能用于支取现金。

3）普通支票与划线支票

（1）普通支票。支票上未印有"现金"或"转账"字样的为普通支票。普通支票可以用于支取现金，也可以用于转账。

收款人收到未划线支票后，可通过自己的往来银行向付款银行收款，存入自己的账户，也可以径自到付款银行提取现款。

（2）划线支票(crossed cheques)。在普通支票左上角划两条平行线的称为划线支票，划线支票只能用于转账，不得支取现金。视需要，划线支票既可由出票人划线，也可由收钱人或代收银行划线。

收款人收到划线支票，或收到未划线支票自己加上划线后，收款人只能通过往来银行代为收款入账。我国目前也有在普通支票上加划线而使之成为仅限于通过银行转账之用的。

4）保付支票

为了避免出票人开出空头支票，收款人或持票人可以要求付款行在支票上加盖"保付"印记，付款银行保付后就必须付款，这样的支票就是保付支票，支票经保付后身价提高。

3. 支票必须记载的事项

（1）表明"支票"的字样。

（2）无条件支付的委托。

（3）确定的金额。

（4）付款人名称。

（5）出票日期。

（6）出票人签章。

支票上未记载前款规定事项之一的，支票无效。

4. 支票的使用

支票是出票人签发的、委托办理支票存款业务的银行或者其他金融机构在见票时无条件支付确定的金额给收款人或者持票人的票据。

按照我国多年使用支票的习惯,并考虑国际上的通行做法,我国保留了现金支票和转账支票,并新增了普通支票和划线支票。

支票是以商业信用为基础,要求支票的出票人有较高的信誉度。票据法严禁签发空头支票。

支票既可以用以办理转账结算,也可以用以支取现金,但用于支取现金的,必须符合现金管理条例的规定。

支票的部分记载事项可以由出票人授权补记。出票人在签发支票时,可能无法确定支付的金额和收款人名称,因此,为了更加方便支票的使用人,《票据法》明确规定了支票的金额、收款人名称可以由出票人授权补记,而且也可以由出票人授权本单位的使用人员补记,也可以授权收款单位补记。未补记前不得背书转让和提示付款。

支票可以背书转让,但是出票人在支票上记载"不得转让"字样的支票不得转让。背书人在背书栏注明"不得转让"字样的,被背书人也不得再转让。

支票的持票人可以委托其开户银行收款或者直接向付款人提示付款,用于支取现金的支票仅限于收款人向付款人提示付款。支票见票即付,但支票持票人委托其开户银行向付款人提示付款的,进账时间在同城为经过同城票据交换系统将票款划回的时间。2007年6月25日,支票在全国通用。支票全国通用后,异地使用支票时,一般来说,款项到账时间较同一城市范围内的支票可能稍长,确切的时间则因持票人采用的提示付款方式不同而有所差异。持票人最早可在2～3小时之内收到款项,最长在银行受理支票之日起3个工作日内可以收到异地支票款项。如果持票人选择向出票人开户银行提示付款,支票款项最短的在1小时之内可以到账,最长的可能为2天。

第二节 汇 付

一、汇付的基本概念

1. 汇付的定义

汇付(remittance)又称汇款,是国际贸易支付方式之一,也是最简单的国际货款结算方式。采用汇付方式结算货款时,出口商(卖方)依照售货合同,将货物运给进口商(买方)后,有关货运单据由卖方直接寄给买方,买方则委托当地银行将货款按合同列明的汇款方式(如电汇、信汇、票汇),通过受托行海外代理行交付国外出口商(卖方)。

根据资金流向和结算工具传送的方向是否一致,国际结算方式可分为顺汇(to remit)和逆汇(reverse remittance)两类。顺汇又称汇付法,是指债务人委托本国银行,将款项主动汇付国外债权人的汇兑业务。顺汇的特点是其资金流向与结算工具传送方向相同。顺汇包括贸易及非贸易项下的各种汇款业务。逆汇又称出票法,是指债权人委托本国银行,通过签发汇票等形式,主动向国外债务人索汇的另一类汇兑业务。逆汇的特点是其资金流向与结算工具传送方向相反。逆汇包括贸易项下的信用证议付及跟单托收业务以及非贸易项下的光票托收业务。

2. 汇付方式的当事人

汇付方式的基本当事人,即汇款人(remitter)、收款人(payee)、汇出行(remitting bank)和汇入行(receiving bank)。

汇款人即付款人,一般是进口商或债务人,是委托当地银行将货款交付国外出口商的人。

收款人又称受益人,一般是出口商或债权人,也可以是汇款人自己,是接受汇款人所汇款项的指定当事人。

汇出行是应汇款人委托或申请,按汇款人指定的汇款方式将货款汇付收款人的银行,通常为进口地银行。

汇入行又称解付行(paying bank),是接受汇出行指令,将款项交付指定收款人的银行,通常是出口地银行。

3. 汇付方式的业务流程

汇付方式的业务流程,如图6-3所示。

图6-3 汇付方式的业务流程

二、汇付方式的种类

根据汇款方式的不同,汇款方式主要有电汇(telegraphic transfer,T/T)、信汇

(mail transfer,M/T)和票汇(remittance by banker's demand draft,D/D)三种。

1. 电汇

电汇是指汇出行根据汇款人的申请,通过拍发加押电报或加押电传或环球银行间金融电讯网络(SWIFT)的方式,指示汇入行解付特定款项给指定收款人的汇款方式。

电汇方式的业务流程,如图6-4所示。

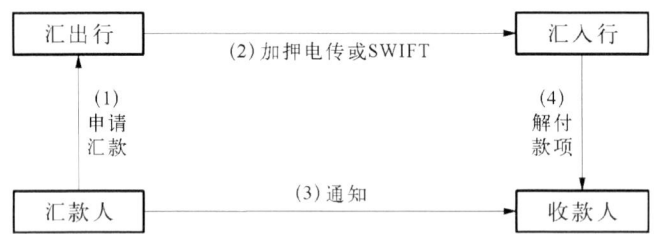

图6-4 电汇方式的业务流程

电汇的优点是交款迅速安全。在三种汇款方式中,电汇是最快捷的一种。通常情况下,只要汇款人资金落实到位,汇款申请书填制正确即可。汇出行与汇入行之间的工作日为:港澳地区2～3天,其他地区4～7天,比信汇和票汇的流转速度快得多。因此,在实务操作中,电汇方式的使用率最高。由于电汇通常是银行间的直接通讯,因此,风险相对较小。电汇支付方式下,汇出行收取的费用由汇款手续费和电讯费组成,如是贸易项下的电汇,有些银行还要收取无兑换手续费。

目前,SWIFT的付款电均以MT100格式发出。MT100标准格式,如表6-1所示。

表6-1

MT100 标准格式

Status	Tag 提示	Field Name 栏位名称	Content/Options 内容
M	20	Transaction Reference Number 汇款编号	16x
M	32A	Value Date,Currency Code,Amount 起息日/货币/金额	6n3a 15number
M	50	Ordering Customer 付款人	4*35x
O	52A	Ordering Institution 付款人银行	A or D

(续表)

Status	Tag 提示	Field Name 栏位名称	Content/Options 内容
O	53A	Sender's Correspondent 发送行的代理行	A、B or D
O	54A	Receiver's Correspondent 收款行的代理行	A、B or D
O	56A	Intermediary 中间行	A
O	57A	Account With Institution 受益人银行	A、B or D
M	59	Beneficiary Customer 受益人	[/34x] 4*35x
O	70	Details of Payment 汇款摘要	4*35x
O	71A	Details of Charges 汇款费用	3a
O	72	Sender to Receiver Information 银行指令	6*35x

M = Mandatory(必需项目)　　O = Optional(任选项目)

2．信汇

信汇是汇出行根据汇款人的申请,将信汇委托书(M/T advice)或支付通知书(payment order)通过邮政航空信函送达汇入行,授权汇入行依其指令,解付特定款项给指定收款人的汇款方式。

信汇方式的业务流程,如图6-5所示。

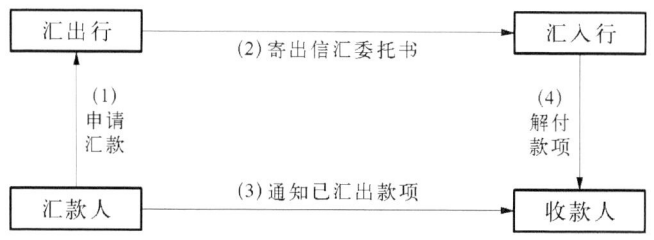

图6-5　信汇方式的业务流程

由于信汇委托书需通过航空信函送达,因此,途中信函有遗失或延误的可能,由于委托付款指示的送达信汇要比电汇慢,所以收款人收汇时间较长。

3. 票汇

票汇是汇出行根据汇款人的申请,开立的以汇出行的国外代理行为解付行的银行即期汇票,交由汇款人自行邮寄指定收款人或由其自带银行汇票出境,凭票向解付行取款的汇款方式。

票汇方式的业务流程,如图 6-6 所示。

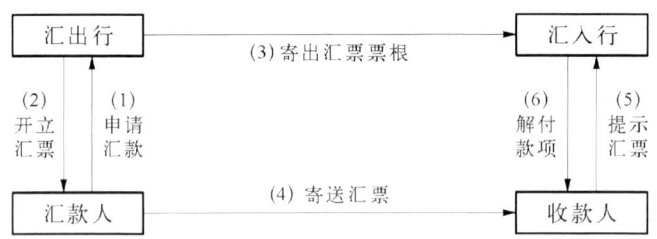

图 6-6 票汇方式的业务流程

票汇方式的优点是灵活。汇票可以由汇款人自行邮寄或自行携带。除非汇出行开出的是划线汇票,且同时注明"NOT NEGOTIABLE"(不能转让)字样,否则汇票可背书转让。票汇支付方式下,汇出行收取的费用一般仅为汇款手续费,如是贸易项下的票汇,同样要收取无兑换手续费。汇款手续费和无兑换手续费收取标准与电汇相同。由于汇票可以自行携带或背书转让,所以可以不发生其他费用,即使采用自行邮寄的办法,费用一般也低于电汇及信汇,因此,在三种汇款方式中票汇费用最低。但票汇方式的缺点是风险大。自行邮寄或自行携带使得汇票遗失或毁损的可能性大大增加,背书转让又可能引起债务纠纷。

三、汇付业务的实务操作

根据汇款资金流向的不同,汇款业务又可分为汇出汇款(outward remittance)业务和汇入汇款(inward remittance)业务。

1. 汇出汇款

汇出行所处理的汇款业务,称为汇出汇款业务。

汇出汇款按性质不同,可分为贸易和非贸易汇款。贸易项下的汇款主要用于支付进口货款(包括贸易项下的从属费用,如运费、保险费、佣金、赔款、罚款、利息、押金、保证金和广告费等)。非贸易项下汇出的汇款有赡家费、外籍人员允许汇出的工资、外商投资企业外方利润、律师费和代理费等。

(1) 正确填具汇款申请书。

(2) 汇款。

2. 汇入汇款

汇入行所处理的汇款业务,称为汇入汇款业务。

(1) 解付。

(2) 退汇。

四、汇付方式的性质和实际运用

国际贸易实务中,在使用汇付方式结算货款的过程中,银行不提供信用而只提供服务。运用汇款方式结算进出口双方的债权债务,以货物与货款交付的先后来划分,主要有两类,即预付货款(payment in advance)和货到付款(payment after arrival of goods)。

1. 预付货款

预付货款是指进口商先将部分货款通过汇款方式预支给出口商,出口商收到货款后,在约定时间内备货出运,货交进口商的一种结算方式。其实质是进口商向出口商预交一笔订金(down payment)。同一笔汇款,进口商称为预付货款;对出口商来说,即为预收货款(advance on sales)。

预付货款的结算方式相对有利于出口商,对进口商较为不利。对于出口商来说,就资金而言,货物出运前已得到一笔货款(或称之为无息贷款),出口商可以先收款后购货出运,主动权在他手里。就风险而言,一方面,预付货款的支付对于进口商日后可能出现的违约行为起到一定程度的制约作用;另一方面,一旦进口商违约,出口商也可将该预付款抵扣部分货款及费用,减少其损失。

对于进口商来说,就资金而言,货物未到手之前,先汇出货款,资金被占用时间长。就风险而言,一方面,出口商收款后,可能未按时履行交货/交单的义务或未符合合同规定的货物质量和数量的要求;另一方面,如果出口商违约,即便进口商依约向出口商提出索赔,不仅费时费力,并且丧失了稍纵即逝的商机。

进口商考虑预付货款主要是基于:

(1) 该商品热销而货源有限,且进口商对市场销售有一定程度的把握。

(2) 出口商是信誉良好的大公司,双方之前已有较为频繁的业务接触。

(3) 要求出口方银行出具预付货款保函。

2. 货到付款

货到付款是指出口商先发货,进口商收到货物后,在约定期限内向出口商汇付货款的结算方式。其实质是赊账交易(open account transaction,O/A)。货到付款交易情况与预付货款恰好相反,该结算方式无疑有利于进口商而不利于出口商。

我国的进口商申请办理货到付款性质的汇款,须向银行提供证明贸易真实性的文本资料,如贸易进口付款核销单(代申报单)、合同、发票、正本运输单据、正本进口货物报关单、进口付汇备案表、进口批文、代理协议和售(付)汇通知单等。

第三节 托 收

一、托收的基本概念

1. 托收的定义

托收(collection)是国际结算中常见的基本方式之一,通常又称无证托收,是指出口商根据双方签订的贸易合同的规定,在货物发运后,委托当地银行按其指示,明确交单条件,即凭付款及/或承兑及/或以其他条件交单,藉此通过代收行向进口商提示金融单据(又称资金单据,包括汇票、本票、支票、付款收据或其他类似用于取得付款的凭证)及/或商业单据(指发票、运输单据、所有权凭证或其他类似的单据或其他"非金融"方面的单据,如保险单据等)而收取货款的结算方式。

2. 托收方式的主要当事人

托收方式的主要当事人由以下几部分组成:

(1) 委托人(principal),即委托当地银行办理托收业务、代收货款的人,通常为出口商。

(2) 付款人(payer),即被代收行提示单据,并应承担付款或承兑赎单的人,通常为进口商。

(3) 托收行(remitting bank),即委托人的代理人,是接受委托人的委托,向付款人代收货款的银行,通常为出口地银行。

(4) 代收行(collecting bank),即托收行的代理人,是受托收行的委托,参与办理托收业务及/或直接向付款人提示单据而代为索款的进口地银行。通常为付款人的账户行或托收行的代理行。

(5) 提示行(presenting bank),即接受托收行或代收行的委托,直接向付款人提示单据,代为索款的进口地银行。

通常情况下,提示行就是代收行。当托收指示中的代收行与付款人地处同一国家的两个城市或两者无直接账户关系时,且托收行未指定的具体的提示行,则代收行有权自行选择一家本行的代理行为该笔托收业务的提示行,而此时,单据的代收行与提示行则分别为两家各自独立的银行。

3. 出口托收的种类

按照是否附有商业单据来划分,出口托收方式主要有两类,即光票托收(clean

collection)和跟单托收(documentary collection)。

1）光票托收

光票托收是指仅凭金融单据向付款人提示付款，而不附带任何商业单据的一种托收方式。光票托收一般适用于货款的尾数、样品费和进口赔款等金额较小的费用的结算，而汇票的付款期限通常为即期。

2）跟单托收

跟单托收是指金融单据附带商业单据或为节省印花税而仅凭商业单据，不附带任何金融单据来提示承兑及/或付款的托收方式。

根据交付货运单据条件的不同，跟单托收结算方式又可细分为承兑交单(documents against acceptance，D/A)与付款交单(documents against payment，D/P)两种。

（1）承兑交单。承兑交单是指代收行或提示行仅凭付款人在远期汇票上"履行承兑"[在汇票正面所示的具体承兑日(acceptance date)与到期日(due date)一侧加盖公章并注明"同意承兑"字样]为唯一的交单条件，至此，作为代收行或提示行应已履行了托收指示中其应尽的责任(实务中，汇票到期之日或之前，付款人应将已承兑款项划至代收行或提示行以便银行按时汇付。而作为一家负责的代收行，当汇票临近到期日时，应善意地提醒付款人届时支付的履行；若届时付款人拒付，也应及时向托收行尽其通知的义务)。

（2）付款交单。付款交单是指代收行或提示行，须凭付款人的实质性付款为同意放单的唯一条件。

根据付款期限的远近不同，付款交单方式又可具体细分为即期付款交单(D/P at sight)与远期付款交单(D/P at x x days after sight/after B/L date)。

即期付款交单是指凭即期汇票及相关商业单据或仅以相关商业单据的交付请求即期付款的托收方式。

远期付款交单是指须凭远期汇票及相关商业单据或仅以相关商业单据在将来某一确定日期的交付请求届时付款的托收方式。

在实务操作中，代收行或提示行届时仍习惯以付款人的已承兑汇票作为付款提示。在此需强调的是URC522不鼓励采用远期付款交单的方式。

二、出口托收的一般业务程序

1. 出口托收的申请

出口企业委托其开户行或某一银行办理托收时，应填制出口申请书。出口申请书内须明确注明代收行名称及详细地址、付款人的名称及详细地址、付款金额、付款期限和交单条件、单据种类和份数、合同号码、商品名称、货款收妥后用电报或信函告知、具体联系人及电话、托收业务中发生的代收行费用由谁承担、付款人拒付或拒绝承兑时单据和货物应如何处理等所有有关托收的条件,且加盖公章为证,以便托收行执行。

另外,如果托收的价格条款是 CFR,则出口企业在交单时,最好随单附一份担保通知,说明已通知买方保险。

出口企业填写托收申请并将出口货物出运的运输单据、汇票及发票等商业单据一并递交托收行,委托代收货款。

2. 出口托收的修改

出口托收寄单后,可能会因情况变化,需要修改托收金额与条款的等方面要求时,构成出口托收的修改。

1) 出口商提出的修改

出口商提出的修改,则由出口商提交书面的托收修改申请。申请书上要注明原托收单据的有关信息,即金额、发票号、合同号、商品名称、付款人,以及修改后新的委托指示及简明说明事由,加盖本公司公章后交托收行审核,由托收行通过电传、SWIFT 或信函方式通知国外代收行办理修改手续。

2) 付款人提出的修改

如果由代收行来函(电)通知付款人拒绝承兑或付款,要求改变交单条件或其他要求,托收行有责任立即通知出口商,由出口商研究处理。若出口商同意其要求,则出口商须拟书面修改前交托收行,由托收行转告代收行确认;若出口商不同意修改,坚持按原托收指示行事,同样须以书面形式明示托收行后,由托收行通过代收行与付款人再行交涉。

3. 出口托收的注销

若国外客户迟迟不予赎单,出口商有权向银行提出申请,注销该笔托收业务。受托银行查核后联系国外代收行退单,待托收行收妥因托收业务所产生的各项银行费用及国外退单后,该笔托收业务才正式注销。

4. 出口托收业务流程

出口托收业务流程,如图 6-7 所示。

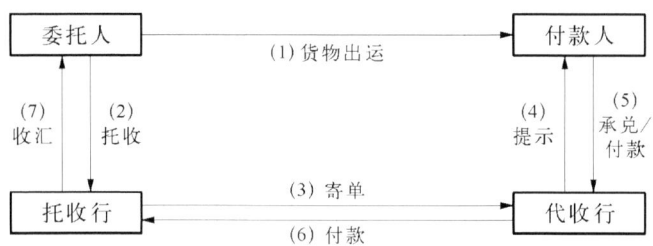

图 6-7 出口托收业务流程

三、托收统一规则

国际商会曾于 1958 年拟定了《商业单据托收统一规则》(Uniform Rules for Collection of Commercial Paper)(国际商会第 192 号出版物)。1967 年 5 月,国际商会修订了上述规则并建议自 1968 年 1 月 1 日起实施(即国际商会第 254 号出版物)。在银行托收业务中取得了统一的术语、定义、程序和原则,同时使出口人在委托代收货款时有所依循和参考。以后,随着国际贸易不断发展的需要,国际商会于 1978 年对该规则作了修订,改名为《托收统一规则》,即国际商会第 322 号出版物(Uniform Rules for Collection, ICC Publication No.322),简称"URC322",于 1979 年 1 月 1 日起实施。在使用了 17 年以后,根据使用情况和出现的问题,国际商会于 1995 年 4 月又一次颁布了新的修订本,作为国际商会第 522 号出版物,名称仍为《托收统一规则》(Uniform Rules for Collections),版本为国际商会第 522 号出版物(ICC Publication No.522),简称"URC522",并于 1996 年 1 月 1 日起正式实施。"URC522"全文共 26 条,分为总则和定义、托收的形式和结构、提示方式、义务和责任、付款、利息和手续费及其他费用、其他条款共七个部分,对国际间的托收程序、技术和法律等方面均有所修改。新规则已被许多国家的银行采纳,并据以处理托收业务中各方的纠纷和争议。我国银行在接受托收业务时,也遵循该规则办理。

《托收统一规则》是国际商会制定的,仅次于《国际贸易术语解释通则》和《跟单信用证统一惯例》,有着重要影响的规则。《规则》自公布实施以来,对减少当事人之间在托收业务中的纠纷和争议起了较大作用,很快被各国银行所采用,但由于它只是一项国际惯例,所以,只有在托收指示书中约定按此行事时,才对当事人有约束力。

第四节 信 用 证

一、信用证的含义及其作用

1. 信用证的含义

信用证(letter of credit,L/C)又称信用状,是指开证银行应开证人的请求开具给受益人的,保证在一定条件下履行付款责任的一种书面担保文件。在国际货物买卖中,向银行申请开立信用证的是买方(即进口人),信用证的受益人是卖方(即出口人),开证银行在信用证中向受益人作出承诺,只要受益人按照信用证条款提交合乎信用证要求的单据,开证银行保证履行付款或承兑的责任。因此,信用证对于买方是银行授予的一种信用工具,对卖方是银行向其保证付款的一种支付手段。在信用证付款条件下,银行承担第一性付款责任,因此,信用证付款的性质属于银行信用。

信用证虽以贸易合同为基础,但信用证一经开出就成为独立于合同以外的另一种契约。开证银行只受信用证的约束,而与该合同完全无关。

信用证纯粹是单据业务,银行处理的只是单据,不问货物、服务或其他行为。而且只强调从表面上确定其是否与信用证条款相符,以决定是否承担付款的责任。

2. 信用证的作用

信用证付款方式是目前我国对外贸易货款结算中使用最多的支付方式。信用证的作用主要体现在以下两方面。

1) 信用证的使用可促成国际贸易交易的达成

国际货物买卖的双方分处不同的国家或地区,对彼此间的财力和商业信誉不太了解。而一笔国际货物买卖的交易从磋商成交到合同履行,往往需要经过一段相对较长的时间。在此期间,不仅国际市场的行情可能波动,而且买卖双方的财务状况或经营条件也可能发生变化。因此,先出钱或出货方会感到不安全。买方会担心在他履行付款之后,卖方不交付货物或交不出货物;卖方则担心在他交出货物或者代表货物的货运单据之后,买方可能拒收货物或者拒付货款。采用信用证方式付款,卖方得到银行以信用证方式作出的确切保证,只要依据信用证要求装运货物提交单据,开证银行即保证履行付款责任。而买方在通过银行承兑汇票或者支付货款之后,则肯定会得到代表货物的表面合乎要求的货运单据,凭以提领货物。由于银行信用远比买卖双方之间的商业信用可靠得多,信用证是以银行的信用为基础的,从而也更容易为买卖双方所接受,因此,可促成国际贸易交易的达成。

2) 信用证的使用可起到买卖双方资金融通的作用

在信用证付款条件下,出口方可以凭信用证向当地银行抵押贷款,俗称打包放款。在出运货物之后,即可备齐单据,凭信用证向当地银行申请办理押汇,收回货款。进口方在偿付全部货款前,只需支付一定的开证保证金,银行就能为进口商开立信用证。若是远期信用证付款,买方资信又不错,则可凭信托收据向银行借单,预先提领货物转售,待到约定的付款日期才向银行偿付货款。因此,使用信用证方式付款,利用的是银行的资金,有利于买卖双方的资金融通。

二、信用证的主要内容

在进出口业务中所使用的信用证虽然没有统一的格式,但其基本项目是相同的,主要有以下几方面:

(1) 信用证本身的说明。例如,信用证的种类、性质、金额及其有效期和到期地点等。

(2) 货物本身的描述。例如,货物的品质、规格、数量、包装、价格等。

(3) 货物运输的说明。例如,装运期限、起运港(地)和目的港(地)、运输方式、可否分批装运和可否中途转船等。

(4) 单据的要求。单据中主要包括商业发票、提单和保险单等。

(5) 特殊条款。根据进口国政治经济贸易情况的变化或每一笔具体业务的需要,可能作出不同规定。

(6) 开证行对受益人及汇票持有人保证付款的责任文句。

(7) 使用信用证作为支付方式,要求做到信用证与合同、信用证与单据、单据与单据、单据与货物相一致,保证安全及时收汇。

三、信用证的使用程序

使用信用证时,会涉及开证申请人、开证银行、通知银行、受益人、议付银行和付款银行等当事人。信用证支付的一般程序,如图 6-8 所示。

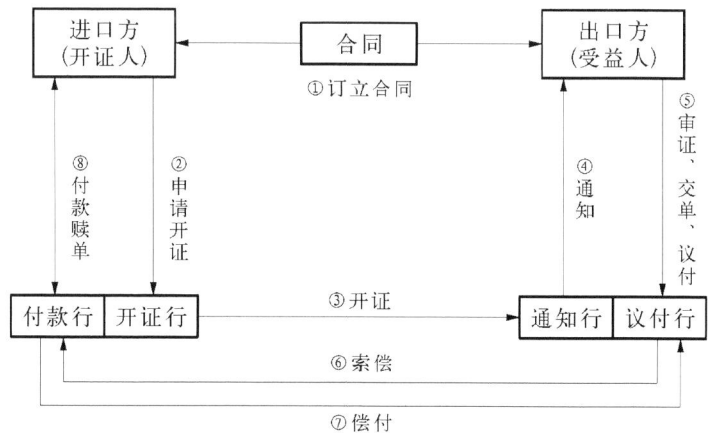

图 6-8 信用证支付的一般程序

① 买卖双方在合同中约定凭信用证付款。

② 买方向当地银行申请开证,并按合同内容填写开证申请书和交纳开证押金或提供其他保证。

③ 开证行按申请内容开证,并通知通知行。

④ 通知行将信用证交与受益人(卖方)。

⑤ 卖方收到信用证后,如审核无误,即按信用证要求发货,开出汇票并附各种单据向有关银行议付货款。

⑥ 议付行将汇票和单据给开证行或信用证指定的付款行索偿。

⑦ 付款行将货款偿付给议付行。

⑧ 开证行收到单据后,即通知买方付款赎单。

信用证的基本当事人有开证申请人、开证银行和受益人。此外,还有其他关系人,有通知行、保兑行、付款行、偿付行和议付行等。

开证申请人(applicant)是指向银行申请开立信用证的人。开证申请人一般为进口人,在信用证中又称开证人(opener),如由银行自己主动开立信用证,此种信用证所涉及的当事人,则没有开证申请人。

开证银行(opening bank, issuing bank)是指接受开证申请人的委托,开立信用证的银行。开证银行一般是进口地的银行。信用证一经开出,即承担保证付款的责任,开证行负有承担付款的责任。

受益人(beneficiary)是指信用证上指定的有权使用该证的人。受益人一般为出口人。受益人通常也是信用证的收件人(addressee)。

通知银行(advising bank, notifying bank)是指受开证行的委托,将信用证通知(或转交)受益人的银行。它只证明信用证的真实性,并不承担其他义务。通知银行一般是出口人所在地银行。

议付银行(negotiating bank)是指愿意买入受益人交来跟单汇票的银行。议付银行可以是指定的银行,也可以是非指定的银行,由信用证的条款来规定。议付银行又称押汇银行、购票银行或贴现银行。

付款银行(paying bank, drawee bank)是指信用证上指定的付款银行。它一般是开证行,也可以是指定的另一家银行,根据信用证的条款的规定来决定。

偿付银行(reimbursing bank)是指受开证行的指示或授权,对有关代付银行或议付银行的索偿予以照付的银行。信用证的偿付银行又称信用证的清算银行(clearing bank)。

保兑银行(conforming bank)是指开证银行请求在信用证上加具保兑的银行。它具有与开证银行相同的责任和地位。

承兑银行(accepting bank)是指对承兑信用证项下的单据,经审单确认与信用证规定相符时,在汇票正面签字承诺到期付款的银行。承兑银行可以是开证银行本身,也可以是通知行或其他指定的银行。

信用证通知书样式,如表6-2所示。

表 6－2

信用证通知书样式

BANK OF CHINA SHANGHAI BRANCH
ADDRESS: NO.200 YIN CHENG RD(M)SHANGHAI
P.O. 200120

信用证/保函/备用信用证通知书
NOTIFICATION OF DOCUMENTARY CREDIT/GUARANTEE/STANDBY LETTER OF CREDIT

SWIFT: BKCHCNBJ300
FAX: 50372594   2009/10/26

TO: 致 0389330 SHANGHAI WENTONG CO., LTD. 1125 YANCHANG ROAD SHANGHAI CHINA		WHEN CORRESPONDING AD30009A26589 PLEASE QUOTE OUR REF. NO ADV&CHGFLAG: 本部公后收客户SWT	
ISSUING BANK 开证行 8001749 MIZUHO BANK LTD., TOKYO 1-5 UCHISAIWACHO 1-CHOME CHIYODA-KU, TOKYO 100-0011 JAPAN		TRANSMITTED TO US THROUGH 转递行 REF NO	
L/C/L/G/S.B.L/ CNO. 信用证/ 保函/备用信号 30-0038-556987	DATED 开证日期 2009/10/25	AMOUNT 金额 USD9,195.00	EXPIRY PLACE 有效地 LOCAL
EXPIRY DATE 有效期 2009/11/20	TENOR 期限 0 DAYS	CHARGE 未付费用 RMB200.00	CHARGE BY 费用承担人 BENE
RECEIVED VIA 来证方式 SWIFT	AVAILABLE 是否生效 VALID	TEST/SIGN 印押是否相符 YES	CONFIRM 我行是否保兑 NO

DEAR SIRS, 迳启者
WE HAVE PLEASURE IN ADVISING YOU THAT WE HAVE RECEIVED FROM THE A/M BANK A(N) LETTER OF CREDIT /GUARANTEE/STANDBY LETTER OF CREDIT, CONTENTS OF WHICH ARE AS PER ATTACHED SHEET(S). THIS ADVICE AND THE ATTACHED SHEET(S) MUST ACCOMPANY THE RELATIVE DOCUMENTS WHEN PRESENTED.
兹通知贵公司,我行收自上述银行信用证/保函/备用信用证一份,现随附通知。贵公司交单时,请将本通知及信用证/保函/备用信用证证一并提示。

REMARK 备注:
PLEASE NOTE THAT THIS ADVICE DOES NOT CONSTITUTE OUR CONFIRMATION OF THE ABOVE L/C NOR DOES IT CONVEY ANY ENGAGEMENT OR OBLIGATION ON OUR PART.

THIS L/C/L/G/S. B. L/C CONSISTS OF SHEET(S), INCLUDING THE COVERING LETTER AND ATTACHMENT(S).
本信用证/保函/备用信用证连同面函及附件共　　纸。

IF YOU FIND ANY TERMS AND CONDITIONS IN THE L/C/L/G/S. B. L/C WHICH YOU ARE UNABLE TO COMPLY WITH AND OR ANY ERROR(S), IT IS SUGGESTED THAT YOU CONTACT APPLICANT DIRECTLY FOR NECESSARY AMENDMENT(S) SO AS TO AVOID ANY DIFFICULTIES WHICH MAY ARISE WHEN DOCUMENTS ARE PRESENTED.
如本信用证/保函/备用信用证中有无法办到的条款及/或错误,请迳与开证申请人联系,进行必要的修改,以排除交单时可能发生的问题。

此证如有任何问题及疑虑,请与通知科联络,电话：50375447
YOURS FAITHFULLY
FOR BANK OF CHINA

信用证修改通知书样式,如表6-3所示。

表6-3

信用证修改通知书样式

BANK OF CHINA
BANK OF CHINA SHANGHAI BRANCH
ADDRESS：NO.200 YIN CHENG RD(M)SHANGHAI
P.O. 200120

修　改　通　知　书
NOTIFICATION OF AMENDMENT

SWIFT：BKCHCNBJ300
FAX：50372594　　　　　　　　　　　　　　　　　　　　　2009/11/16

TO：致 0389330 SHANGHAI WENTONG CO., LTD. 1125 YANCHANG ROAD SHANGHAI CHINA		WHEN CORRESPONDING PLEASE QUOTE OUR REF. NO	AD30009A26589
ISSUING BANK 开证行 8001749 MIZUHO BANK LTD., TOKYO 1-5 UCHISAIWACHO 1-CHOME CHIYODA-KU, TOKYO 100-0011 JAPAN		TRANSMITTED TO US THROUGH 转递行 REF NO	
L/C/L/G/S. B. L/ CNO. 信用证/ 保函/备用信号 30-0038-556987	DATED 开证日期 2009/10/25	TTL AMT 总金额 USD 16,860.00	EXPIRY PLACE 有效地 LOCAL
EXPIRY DATE 有效期 2009-12-30	TENOR 期限 0 DAYS	CHARGE 未付费用 RMB 300.00	CHARGE BY 费用承担人 BENE

(续表)

RECEIVED VIA 修改方式 SWIFT	AVAILABLE 修改是否生效 VALID	TEST/SIGN 修改印押是否相符 YES	CONFIRM 我行是否保兑修改 NO
AMEND NO 修改次数 1	AMEND DATE 修改日期 2009-11-13	INCREASE AMT 增额 USD 7,665.00	DECREASE AMT 减额 USD 0.00

DEAR SIRS,迳启者
WE HAVE PLEASURE IN ADVISING YOU THAT WE HAVE RECEIVED FROM THE A/M BANK A(N) AMENDMENT TO THE CAPTIONED L/C/L/G/S. B. L/C, CONTENTS OF WHICH ARE AS PER ATTACHED SHEET(S).
兹通知贵公司,我行自上述银行收到修改一份,内容见附件。

REMARK 备注：

THIS AMENDMENT CONSISTS OF SHEET(S), INCLUDING THE COVERING LETTER AND ATTACHMENTS.
本修改连同面函及附件共　　纸。

KINDLY TAKE NOTE THAT THE PARTIAL ACCEPTANCE OF THE AMENDMENT IS NOT ALLOWED.
本修改不能部分接受。

此证如有任何问题及疑虑,请与通知科联络,电话：50375447

YOURS FAITHFULLY
FOR BANK OF CHINA

四、信用证的种类

1. 跟单信用证和光票信用证

根据付款凭证的不同,信用证可分为跟单信用证(documentary credit)和光票信用证(clean credit)。

(1) 跟单信用证。跟单信用证是指凭跟单汇票或单纯凭单据付款、承兑或议付的信用证。所谓"跟单",是指代表货物所有权或证明货物已装运的运输单据、商业发票、保险单据、商检证书、海关发票、产地证书和装箱单等。

(2) 光票信用证。光票信用证是指开证行仅凭受益人开具的汇票或简单收据而无需附带单据付款的信用证。光票信用证在国际贸易货款的结算中主要被用于贸易总公司与各地分公司间的货款清偿及贸易从属费用和非贸易费用的结算。

2. 不可撤销信用证和可撤销信用证

在UCP500中根据开证银行的保证责任性质不同,可分为不可撤销信用证

(irrevocable credit)和可撤销信用证(revocable credit)。在 UCP600 中取消了可撤销信用证。

不可撤销信用证是指信用证一经通知受益人,在有效期内,非经信用证受益人及有关当事人(即开证行、保兑行)的同意,不得修改或撤销的信用证。不可撤销信用证对受益人提供了可靠的保证,只要受益人提交了符合信用证规定的单据,开证行就必须履行其确定的付款责任。

3. 保兑信用证和非保兑信用证

不可撤销信用证中,根据有无另一家银行者提供保兑,可分为保兑信用证(confirmed letter of credit)和非保兑信用证(unconfirmed letter of credit)。对于卖方来说,可能因为开证行是一家你不熟悉的国外小银行,这家银行与买方关系不一般,或者可能受到尚未知的外汇管制的限制,因此,希望有另外一家银行、最好是由卖方当地银行给开证行的付款保证再加以保证(保兑)。

(1)保兑信用证。保兑信用证是指开证行开出的信用证由另一家银行保证兑付的信用证。经保证兑付的信用证,对符合信用证条款规定的单据履行付款义务,有保兑行兑付的保证。对于保兑信用证,开证行和保兑行都承担第一性的付款责任,所以,这种有双重保证的信用证对出口商安全收汇是有利的。

(2)非保兑信用证。非保兑信用证是指未经另一家银行加具保兑的信用证,即一般的不可撤销信用证。在非保兑信用证中,只有开证行承担付款责任,也就是由开证行单独负责付款。非保兑信用证一般通过卖方国家的银行通知给卖方,并且相关的运输单据和其他单据通常也是提交给这家银行以求得到最终付款。但是,最终的付款责任依旧由买方承担。通常在与资信情况良好的开证行打交道时,大部分卖方很可能接受这种非保兑信用证作为较安全的支付工具。如果对开证行及其资信状况有疑问,可以通过本地银行的国际业务部门,进行查询。

4. 即期信用证和远期信用证

根据付款时间不同,信用证可分为即期信用证(sight L/C)和远期信用证(usance L/C)。

1)即期付款信用证。即期付款信用证是指开证行或付款行收到符合信用证条款的汇票及/或单据,立即履行付款责任的信用证。由于即期信用证可使受益人通过银行付款或议付及时取得货款,因而,在国际贸易结算中被广泛使用。即期信用证一般要求出具汇票,汇票的付款人是银行,但目前由于信用证有时规定无需开立汇票,所以,凡是凭单据立即付款的信用证,都是即期付款信用证。即期付款信用证付款的性质属于立即、终局性、无追索权的付款。即期付款信用证的付款银行为开证行或被指定使用信用证的银行。

2)远期信用证。远期信用证是指开证行或付款行收到远期汇票或单据后,在规定的一定期限内付款的信用证。其主要作用是便利进口商资金融通。远期信用证主要包括延期付款信用证(deferred payment L/C)、承兑信用证(acceptance L/C)和议付信用证(negotiation L/C)。远期信用证是否必须提交汇票,是划分延期付款信用证与承兑信用证的主要标志。

(1) 延期付款信用证。延期付款信用证是指开证行或被指定延期付款的银行仅凭受益人提示的满足信用证条款的单据,承担延期付款的责任,并于信用证到期日向受益人付款的信用证。

使用延期付款信用证不需要开立汇票。在实务中,如果开证申请人需要汇票,开证行可要求受益人或寄单行于延期付款信用证的到期日向其提示即期汇票(注意,此种汇票不宜贴现)。

(2) 承兑信用证。承兑信用证是指付款银行在收到符合信用证规定的远期汇票和单据时,先在汇票上履行承兑手续,俟汇票到期日再付款的信用证。

延期付款信用证和承兑信用证均属远期信用证,均是在交单以后某一个可以确定的日期付款;两者的不同点在于承兑信用证有汇票,必须有一个承兑的过程。承兑后,承兑行即承担不可推卸的到期付款的责任。经承兑的汇票,受益人便可去贴现市场贴现,获得资金周转。延期付款信用证则没有上述要求或规定,即使因开证申请人坚持,开证行允许受益人或寄单行于延期付款的到期日向其提示即期汇票,此种汇票也很难在贴现市场中获得融资。

承兑信用证一般必须要求提供远期汇票,而承兑人,即日后的付款人可以是开证行,亦可以是信用证中指定的使用该证的银行。付款日系汇票承兑日后某一可以确定的日期。付款性质属终局性、对受益人无追索权的付款。承兑后,承兑行可确定并注明付款日;如向开证行电索,电报费由开证行承担;若议付行收到承兑电后,又要求寄回全套已承兑汇票,则承兑行有权拒绝。

(3) 议付信用证。议付信用证是指允许受益人向某一指定银行或任何银行交单议付的信用证。通常在单证相符的条件下,银行扣取垫付利息和手续费后,即付给受益人。议付是汇票流通中的一个环节,除非保兑行议付,否则议付银行对其议付行为可保留追索权(如果汇票付款人不付款,持票人有权向其前手追索,直至出票人为止)。议付信用证可分为自由议付信用证(available by negotiation with any bank)、限制议付信用证(negotiation restricted to ×× bank)和指定议付信用证(available by negotiation with ×× bank)。

自由议付信用证又称公开议付或流通信用证,是指开证行对愿意办理议付的任何银行作公开的议付邀请和普遍的付款承诺。尽管自由议付信用证规定任何银行议付,但指的是到期地点的任何银行。如果选择非到期地点的银行交单,则该银行为受益人的交单行,并且在该信用证有效期之前,必须保证单据到达开证行。

指定议付与限制议付的相同点是两者都特定某一被授权银行的议付。不同点是两者的开证银行开立的动机不同,即指定议付是为了便于受益人向该指定银行交单;开证银行开立限制议付信用证的主要目的是为被限制的银行招揽业务,被限制银行通常为开证行的代理行。

议付一般需要汇票,汇票的主要作用是开证行的支付凭证,是已履约的凭据,能维护双方利益。有些银行开立的信用证不要汇票的主要原因,是为节省开具汇票而支付的印花税,所以,以发票或收据替代汇票,将汇票中应具备的要素均在发票或收据上显示。

5. 可转让信用证和不可转让信用证

按受益人是否有权将信用证转让给其他人使用,信用证可分为可转让信用证(transferable L/C)和不可转让信用证(non-transferable L/C)。

1) 可转让信用证

可转让信用证是指信用证的第一受益人将现存信用证的全部或部分金额转让给第二受益人(通常是货物的最终供货方)使用的信用证。这种信用证经常被中间商当作融资工具使用。

(1) 可转让信用证的签发程序。

① 中间商(第一受益人)和卖方(第二受益人)订立购货合同。

② 中间商和买方订立售货合同(第一步和第二步没有先后顺序)。

③ 买方向开证行递交开证委托书。

④ 开证行签发信用证并将信用证转给通知行。

⑤ 通知行通知中间商这笔信用证。

⑥ 中间商指示将信用证转让给卖方(第二受益人)。

⑦ 通知行将信用证转让给转让行(卖方银行)。

⑧ 转让行告知卖方(第二受益人)这笔信用证。

(2) 可转让信用证转让受益的程序。

① 中间商(第一受益人)向议付行提示单据。

② 议付行付款给中间商而不是卖方(第二受益人)。

③ 议付行付款给转让行,转让行依次支付给卖方(第二受益人)转让的金额。

④ 议付行向开证行提交单据。

⑤ 开证行依据信用证条款向议付行付款或偿付。

⑥ 开证行向买方提示单据。

⑦ 买方依据信用证条款向开证行付款。

2) 不可转让信用证

不可转让信用证是指受益人无权转让给其他人使用的信用证。凡没有注明

"可转让"字样的信用证,都是不可转让信用证。

6. 假远期信用证

假远期信用证(usance credit payable at sight)又称远期汇票即期付款的信用证,是指出口商在货物装船并取得装运单据后,按照信用证规定开具远期汇票,向指定银行即期收回全部货款的信用证。对出口商来说,它与即期信用证无区别,但汇票到期时如被拒付则要承担被追索的风险。而进口商却可在远期汇票到期时,才向银行付款并承担利息和承兑费用,它实际上是银行对进口商的一种资金融通。

7. 循环信用证

循环信用证(revolving L/C)是指在一定时间内利用规定金额后,能够重新恢复信用证原金额而再被利用,直至达到规定次数或规定的总金额为止的信用证。它可按时间循环和按金额循环。按余额循环,可分为三种。

(1) 自动循环(automatic revolving),即在一定时期内金额被使用完毕后,不等开证行通知而恢复到原金额者。

(2) 半自动循环(semi-automatic revolving),即金额被使用后,如开证行未在一定期限内提出不能恢复原金额而自动恢复至原金额者。

(3) 非自动循环(non-automatic revolving),即需开证行通知后才能恢复至原金额者。

8. 带电报索汇条款信用证

带电报索汇条款信用证(credit with T/T reimbursement)是指允许议付行在议付后用电报通知开证行,使其立即将货款用电汇拨交议付行的信用证。有此种信用证能使出口商尽快收到货款。

9. 预支信用证

预支信用证(anticipatory L/C)是指允许受益人在货物出运前先凭光票向议付银行预支一部分货款作为备货资金,在信用证规定装运期内,受益人向议付银行提供全套货运单据,议付信用证金额将减去预支金额及利息后的差额的信用证。这种信用证预先垫款的特别条款,习惯上用红色,以引人注目,所以用了"红条款"这个名字。

10. 对背信用证

对背信用证(back-to-back L/C)即背对背信用证,又称转开信用证、从属信用证、桥式信用证。背对背信用证是指受益人要求原证的通知行或其他银行以原证为基础,另开一张内容相似的新信用证。背对背信用证的开立通常是中间商转售他人货物,从中图利,或两国不能直接办理进出口贸易时,通过第三者以此种方法来沟通贸易。背对背信用证的受益人可以是国外的,也可以是国内的。

11. 对开信用证

对开信用证(reciprocal L/C)是指两张信用证的开证申请人互以对方为受益人而开立的信用证。开立信用证是为了达到贸易平衡,以防止对方只出不进或只进不出。第一张信用证的受益人就是第二张信用证(又称回头证)的开证申请人;反之,第一张信用证的开证申请人就是回头证的受益人,第一张信用证的通知行往往就是回头证的开证行。两张信用证的金额相等或大致相等,两证可同时互开,也可先后开立,这种信用证一般用于进料加工对口合同。

12. 当地信用证

当地信用证(local L/C)又称本当地信用证,是指开证人、开证行与受益人都在同一国家的信用证。当地信用证一般作为转开信用证之用。

13. 备用信用证

备用信用证(standby L/C)又称担保信用证或保证信用证,是适用于《跟单信用证统一惯例》的一种特殊形式的信用证,是开证行对受益人承担一项独立的、第一性的义务的凭证。在备用信用证中,开证行保证在开证申请人未能履行其应履行的义务时,受益人只要凭备用信用证的规定向开证行开具汇票,并随附开证申请人未履行义务声明或证明文件,即可得到开证和偿付。此类信用证对受益人来说,是备用于开证申请人发生毁约情况时取得补偿的一种方式,采用备用信用证时,开证行处理的仅仅是与信用证相关的文件,与合同无关,只要受益人出具的汇票和证明开证申请人未有履约的文件是符合信用证规定的,开证行即对受益人作无追索付款。这种信用证一般用在投标、履约、还款保证、预付和赊销等业务中。

14. 红条款信用证

红条款信用证(red clause L/C),之所以这样称呼,是因为信用证中授权预付货款的条款传统上用红墨水书写。在红条款信用证里,有一个特殊条款授权保兑银行在受益人(卖方)提交装运单据之前,优先向受益人支付。在这类信用证中,买方实际上给卖方提供了资金融通,并承担了一定的风险。

15. SWIFT 信用证

SWIFT 是"Society for Worldwide Interbank Financial Telecommunications"(全球银行间金融电讯协会)的简称。该组织于 1973 年在比利时成立,协会已有 209 个国家的 9 000 多家银行、证券机构和企业客户参加,通过自动化国际金融电讯网办理成员银行间资金调拨、汇款结算、开立信用证、办理信用证项下的汇票业务和托收等业务。SWIFT 有自动开证格式,在信用证开端标着 MT700、MT701 代号。SWIFT 成员银行均参加国际商会,遵守 SWIFT 规定,使用 SWIFT 格式开立信用证,其信用证则受国际商会 UCP600 条款约束。所以通过 SWIFT 格式开证,实质上已相当于根据 UCP600 开立信用证。SWIFT 的使用,为银行的结算提供了安全、可靠、快捷、标准化和自动化的通讯业务,从而大大提高了银行的结算速度。

SWIFT 实行会员制,我国的大多数专业银行都是其成员。SWIFT 的费用相对较低,同样多的内容,SWIFT 的费用只有 TELEX(电传)的 18% 左右,CABLE(电报)的 2.5% 左右。SWIFT 的安全性较高,它使用的密押比电传的密押可靠性强、保密性高,且具有较高的自动化水平。对于 SWIFT 电文,SWIFT 组织有着统一的要求和标准的格式。

五、SWIFT 信用证格式注释

MT700 是由开证行发送给通知行,用来列明发报行(开证行)开立的跟单信用证条款的报文格式。当跟单信用证内容超过 MT700 报文格式的容量时,可以使用几个(最多 3 个)MT701 报文格式传送有关跟单信用证条款。MT700 标准格式,如表 6-4 所示。

表 6-4

MT 700 Issue of a Documentary Credit
跟单信用证的开立

Status	Tag 代号	Field Name 栏位名称	Content/Options 内容	No.
M	27	Sequence of Total 合计次序	1n/1n 1 个数字/1 个数字	1
M	40A	Form of Documentary Credit 跟单信用证类别	24x 24 个字	2
M	20	Documentary Credit Number 信用证号码	16x 16 个字	3
O	23	Reference to Pre-Advice 预通知的编号	16x 16 个字	4
O	31C	Date of Issue 开证日期	6n 6 个数字	5
M	40E	Applicable Rules 适用规则	30x[/35x] 30 个字[/35 个字]	6
M	31D	Date and Place of Expiry 到期日及地点	6n29x 6 个数字 29 个字	7
O	51a	Applicant Bank 申请人的银行	A or D A 或 D	8

(续表)

Status	Tag 代号	Field Name 栏位名称	Content/Options 内容	No.
M	50	Applicant 申请人	4*35x 4行35个字	9
M	59	Beneficiary 受益人	[/34x] 4*35x [/34个字] 4行35个字	10
M	32B	Currency Code, Amount 币别代码、金额	3a15d 3个字母,15个数字	11
O	39A	Percentage Credit Amount Tolerance 信用证金额加减百分率	2n/2n 2个数字/2个数字	12
O	39B	Maximum Credit Amount 最高信用证金额	13x 13个字	13
O	39C	Additional Amounts Covered 可附加金额	4*35x 4行35个字	14
M	41a	Available With ... By ... 向……银行押汇,押汇方式为……	A or D A 或 D	15
O	42C	Drafts at ... 汇票期限	3*35x 3行35个字	16
O	42a	Drawee 付款人	A or D A 或 D	17
O	42M	Mixed Payment Details 混合付款指示	4*35x 4行35个字	18
O	42P	Deferred Payment Details 延迟付款指示	4*35x 4行35个字	19
O	43P	Partial Shipments 分批装运	1*35x 1行35个字	20
O	43T	Transshipment 转运	1*35x 1行35个字	21
O	44A	Place of Taking in charge/Dispatch from .../Place of Receipt 接受监管地/发运地/收货地	1*65x 1行65个字	22

(续表)

Status	Tag 代号	Field Name 栏位名称	Content/Options 内容	No.
O	44E	Port of Loading/Airport of Departure 装运港/出发机场	1*65x 1行65个字	23
O	44F	Port of Discharge/Airport of Destination 卸货港/目的地机场	1*65x 1行65个字	24
O	44B	Place of Final Destination/For Transportation to … /Place of Delivery 最终目的地/运往……/交货地	1*65x 1行65个字	25
O	44C	Latest Date of Shipment 最后装运日	6n 6个数字	26
O	44D	Shipment Period 装运期间	6*65x 6行65个字	27
O	45A	Description of Goods and/or Services 货物描述及/或交易条件	100*65x 100行65个字	28
O	46A	Documents Required 应具备单据	100*65x 100行65个字	29
O	47A	Additional Conditions 附加条件	100*65x 100行65个字	30
O	71B	Charges 费用	6*35x 6行35个字	31
O	48	Period for Presentation 提示期间	4*35x 4行35个字	32
M	49	Confirmation Instructions 保兑指示	7x 7个字	33
O	53a	Reimbursing Bank 清算银行	A or D A 或 D	34
O	78	Instructions to the Paying/Accepting/Negotiating Bank 对付款/承兑/议付银行之指示	12*65x 12行65个字	35
O	57a	"Advise Through" Bank 收讯银行以外的通知银行	A, B or D A,B 或 D	36

(续表)

Status	Tag 代号	Field Name 栏位名称	Content/Options 内容	No.
O	72	Sender to Receiver Information 银行间的通知	6*35x 6行35个字	37
M = Mandatory(必需项目) O = Optional(任选项目)			

1. 项目说明

采用 SWIFT 信用证必须遵守 SWIFT 的规定，也必须使用 SWIFT 手册规定的代号(tag)，而且信用证必须遵循国际商会《跟单信用证统一惯例》各项条款的规定。在 SWIFT 信用证中，可省去开证行的承诺条款(undertaking clause)，但不因此免除银行所应承担的义务。SWIFT 信用证的特点是快速、准确、简明和可靠。

SWIFT 报文(text)由一些项目(field)组成，每一种报文及格式(Message Type,MT)规定了由哪些项目组成，每一个项目又严格规定由多少字母、多少数字或多少字符组成。这些规定的表示方法及含义如下：

n：只表示数字；

a：只表示字母；

Q：表示数字或字母；

x：表示 SWIFT 电讯中允许出现的任何一个字符(包括 10 个数字、26 个字母、有关标点符号、空格键、回车键和跳行键)；

*：行数。

例如，2n 表示最多填入 2 位数字；3a 表示最多填入 3 个字母；4*35x 表示所填入的内容最多 4 行，每行最多 35 个字符。

在一份 SWIFT 报文中，有些规定项目是必不可少的，称为必选项目(Mandatory Field,M)；有些规定项目可以由操作员根据业务需要确定是否选用，这些项目称为可选项目(Optional Field,O)。

项目代号(tag)由 2 位数字或 2 位数字加 1 个小写字母后缀组成，该小写字母后缀在某一份报文中必须由某一个规定的大写字母替换。带上不同的大写字母后缀，其含义和用法也就不一样。

(1) 项目表示方式。SWIFT 由项目(FIELD)组成，如 59 BENEFICIARY(受益人)，就是一个项目，59 是项目的代号，可以用 2 位数字表示，也可以用 2 位数字加上字母来表示，如 51a APPLICANT(申请人)。不同的代号，表示不同的含义。项目还规定了一定的格式，各种 SWIFT 电文都必须按照这种格式表示。

在 SWIFT 电文中，一些项目是必选项目(MANDATORY FIELD)，一些项目是可选项目(OPTIONAL FIELD),必选项目是必须要具备的,如31D DATE AND PLACE OF EXPIRY(信用证到期日及地点),可选项目是另外增加的项目,并不一定每个信用证都有,如39B MAXIMUM CREDIT AMOUNT(信用证最高金额)。

(2)日期表示方式。SWIFT电文的日期表示为:YYMMDD(年月日)。

如:1999年6月15日,表示为:990615;

2000年2月10日,表示为:000210;

2002年12月6日,表示为:021206。

(3)数字表示方式。在SWIFT电文中,数字不使用分格号,小数点用逗号","来表示。

如:3,152,286.34 表示为:3152286,34;

4/5 表示为:0,8;

5% 表示为:5 PERCENT

(4)货币表示方式。货币用代码表示。

表6-5

货 币 代 码

货币名称	货币代码	货币名称	货币代码
澳大利亚元	AUD	挪威克朗	NOK
奥地利元	ATS	英镑	GBP
比利时法郎	BEF	瑞典克朗	SEK
加拿大元	CAD	美元	USD
人民币元	CNY	欧元	EUR
日元	JPY		

2.详细分析

27:报文页次。

如果该跟单信用证条款能够全部容纳在该MT700报文中,那么该项目内就填入"1/1"。如果该证由一份MT700报文和一份MT701报文组成,那么在MT700报文的项目"27"中填入"1/2",在MT701报文的项目"27"中填入"2/2"。以此类推。

40A:跟单信用证形式。

不可撤销跟单信用证和/或可转让跟单信用证。

如果为转让信用证,则详细的转让条款应在项目"47a"中列明。

20:跟单信用证号码。

23：预先通知编号。

如果采用此格式开立的信用证已被预先通知,此项目内应填入"PREADV/",后跟预先通知的编号或日期。

31C：开证日期。

该项目列明开证行开立跟单信用证的日期。如果报文无此项目,那么开证日期就是该报文的发送日期。

40E：适用规则

该项目有六种可供使用的选择,分别为：

(1)"UCP LATEST VERSION"(统一惯例最新版本),表示信用证适用在开证日有效的国际商会跟单信用证统一惯例。

(2)"EUCP LATEST VERSION"(电子化交单统一惯例最新版本),表示信用证适用在开证日生效的国际商会跟单信用证统一惯例电子化交单附则。

(3)"UCP URR LATEST VERSION"(统一惯例及偿付统一规则最新版本),表示信用证适用在开证日有效的国际商会跟单信用证统一惯例及国际商会银行间偿付统一规则。

(4)"EUCP URR LATEST VERSION"(电子化交单统一惯例及偿付统一规则最新版本),表示信用证适用在开证日有效的国际商会跟单信用证统一惯例电子化交单附则及国际商会银行间偿付统一规则。

(5)"ISP LATEST VERSION"(《国际备用证惯例》最新版本),表示备用信用证适用在开证日有效的国际商会国际备用证惯例。

(6)"OTHER"(其他),表示信用证适用任何其他规则,此时应在第47中注明该信用证适用的具体规则的名称。

只有使用代码字 OTHR 时,才可以后跟附加信息。

31D：到期日及到期地点。

该项目列明跟单信用证最迟交单日期和交单地点。

51a：开证申请人的银行。

如果开证行和开证申请人的银行不是同一家银行,该报文使用该项目列明开证申请人的银行。

50：开证申请人。

59：受益人。

32B：跟单信用证的货币及金额。

39A：信用证金额浮动允许范围。

该项目列明信用证金额上下浮动最大允许范围,用百分比表示,如用"10/10"来表示允许上下浮动各不超过10%(注：39A 与 39B 不能同时出现)。

39B：信用证金额最高限额（注：39B 与 39A 不能同时出现）。

该项目"UP TO"、"MAXIMUM"或"NOT EXCEEDING"（后跟金额），表示跟单信用证金额最高限额。

39C：附加金额。

该项目列明信用证所涉及的附加金额，如保险费、运费、利息等。

41a：指定的有关银行及信用证兑付方式。

该项目列明被授权对该证付款、承兑或议付的银行及该信用证的兑付方式。

1）银行表示方法

当该项目代号为"41A"时，用 SWIFT 名址码表示银行。

当该项目代号为"41D"时，用行名地址表示银行。

如果信用证为自由议付信用证时，该项目代号应为"41D"，银行用"ANY BANK IN …（地名/国名）"指定银行。

如果该信用证为自由议付信用证，而且对议付地点也无限制时。该项目代号应为"41D"，银行有"ANY BANK"表示。

2）兑付方式表示方法

分别用下列词句表示：

BY PAYMENT：即期付款

BY ACCEPTANCE：远期承兑

BY NEGOTIATION：议付

BY DEF PAYMENT：迟期付款

BY MIXED PYMT：混合付款

如果该证系延期付款信用证，有关付款的详细条款将在项目"42P"中列明。如果该证系混合付款信用证，有关付款的详细条款将在项目"42M"中列明。

42C：汇票付款期限。

该项目列明跟单信用证项下汇票付款期限。

42a：汇票付款人。

该项目列明跟单信用证项下汇票的付款人，必须与 42C 同时出现。该项目内不能出现账号。

42M：混合付款条款。

该项目列明混合付款跟单信用证项下付款日期、金额及其确定的方式。

42P：延期付款条款。

该项目列明只有在延期付款跟单信用证项下的付款日期及其确定的方式。

43P：分批装运条款。

该项目列明跟单信用证项下分批装运是否允许。

43T：转运条款。

该项目列明跟单信用证项下货物转运是否允许。

44A：接受监管地/发运地/收货地。

该项目列明货物起运地点（在使用多种方式联运单据的情况下）、接收地（公路、铁路、内陆水运单据、信件、快递服务单据）和标注在货运单据上的发货地。

44E：装运港/出发机场。

该项目描述了货运单据中列明的装货港口或始发航空港的名称。

44F：卸货港/目的地机场。

该项目描述了货运单据中列明的卸货港口或航空港目的地的名称。

44B：最终目的地/运往……/交货地。

该项目描述了货运单据中列明的最终目的地或交货地点名称。

44C：最后装运日。

该项目列明最迟装船、发运和接受监管的日期（注：44C 与 44D 不能同时出现）。

44D：装运期间。

该项目列明装船、发运和接受监管的期间（注：44C 与 44D 不能同时出现）。

45a：货物/劳务描述。

价格条款，如：FOB、CFR、CIF 等，列在该项目中。

46a：单据要求。

如果信用证规定运输单据的最迟出单日期，该条款应和有关单据的要求一起在该项目中列明。

47a：附加条款。

该项目列明信用证的附加条款。

注意：当 1 份信用证由 1 份 MT700 报文和 1～3 份 MT701 报文组成时，项目"45a"、"46a"和"47a"的内容只能完整地出现在某一份报文中（即在 MT700 或某一份 MT701 中），不能被分割成几部分分别出现在几个报文中。

在 MT700 报文中，"45a"、"46a"、"47a"三个项目的代号应分别为："45A"、"46A"和"47A"，在报文 MT701 中，这三项目的代号应分别为"45B"、"46B"和"47B"。

71B：费用负担。

该项目的出现只表示费用由受益人负担。若报文无此项目，则表示除议付费、转让费外，其他费用均由开证申请人负担。

48：交单期限。

该项目列明在开立运输单据后多少天内交单。若报文未使用该项目，则表示在开立运输单据后 21 天内交单。

49：保兑指示。

该项目列明给收报行的保兑指示。该项目内容有：

CONFIRM：要求收报行保兑该信用证。

MAY ADD：收报行可以对该信用证加具保兑。

WITHOUT：不要求收报行保兑该信用证。

53a：偿付行。

该项目列明被开证行授权偿付跟单信用证金额的银行。该偿付行可以是发报行的分行，或收报行的分行，也可以是完全不同的另一家银行。

78：给付款行、承兑行、议付行的指示。

57a：通知行。

如果该信用证需通过收报行以外的另一家银行转递、通知或加具保兑后给受益人，则在该项目内填写该银行。

72：附言。

该项目可能出现的代码：

/PHONBEN/：请用电话通知受益人(后跟电话号码)。

/TELEBEN/：请用快捷有效的电讯方式通知受益人，包括 SWIFT、传真、电报、电传等。

MT701 标准格式，如表 6-6 所示。

表 6-6

MT 701 Issue of a Documentary Credit
跟单信用证的开立

Status	Tag 代号	Field Name 栏位名称	Content/Options 内容	No.
M	27	Sequence of Total 合计次序	1n/1n 1个数字/1个数字	1
M	20	Documentary Credit Number 信用证号码	16x 16个字	2
O	45B	Description of Goods and/or Services 货物描述及/或交易条件	100*65x 100行65个字	3
O	46B	Documents Required 应具备单据	100*65x 100行65个字	4
O	47B	Additional Conditions 附加条件	100*65x 100行65个字	5
M = Mandatory(必需项目) O = Optional(任选项目)					

27：报文页次。

20：跟单信用证号码。

45B：货物/劳务描述。

46B：单据要求。

47B：附加条款。

如对已经开出的 SWIFT 信用证进行修改,则需采用 MT707 标准格式传递信息。MT707 标准格式,如表 6-7 所示。

表 6-7

MT 707 Amendment to a Documentary Credit
跟单信用证的修改

Status	Tag 代号	Field Name 栏位名称	Content/Options 内容	No.
M	20	Sender's Reference 送讯银行的编号	16x 16 个字	1
M	21	Receiver's Reference 收讯银行的编号	16x 16 个字	2
O	23	Issuing Bank's Reference 开证银行的编号	16x 16 个字	3
O	52a	Issuing Bank 开证银行	A or D A 或 D	4
O	31C	Date of Issue 开证日期	6n 6 个数字	5
O	30	Date of Amendment 修改日期	6n 6 个数字	6
O	26E	Number of Amendment 修改序号	2n 2 个数字	7
M	59	Beneficiary (before this amendment) 受益人(修改以前的)	[/34x] 4 * 35x [/34 个字] 4 行 35 个字	8
O	31E	New Date of Expiry 新的到期日	6n 6 个数字	9
O	32B	Increase of Documentary Credit Amount 信用证金额的增加	3a15d 3 个字母,15 个数字	10

(续表)

Status	Tag 代号	Field Name 栏位名称	Content/Options 内容	No.
O	33B	Decrease of Documentary Credit Amount 信用证金额的减少	3a15d 3个字母,15个数字	11
O	34B	New Documentary Credit Amount After Amendment 修改后新的信用证金额	3a15d 3个字母,15个数字	12
O	39A	Percentage Credit Amount Tolerance 信用证金额加减百分率	2n/2n 2个数字/2个数字	13
O	39B	Maximum Credit Amount 最高信用证金额	13x 13个字	14
O	39C	Additional Amount Covered 可附加金额	4*35x 4行35个字	15
O	44A	Place of Taking in charge/Dispatch from.../Place of Receipt 接受监管地/发运地/收货地	1*65x 1行65个字	16
O	44E	Port of Loading/Airport of Departure 装运港/出发机场	1*65x 1行65个字	17
O	44F	Port of Discharge/Airport of Destination 卸货港/目的地机场	1*65x 1行65个字	18
O	44B	Place of Final Destination/For Transportation to .../Place of Delivery 最终目的地/运往……/交货地	1*65x 1行65个字	19
O	44C	Latest Date of Shipment 最后装运日	6n 6个数字	20
O	44D	Shipment Period 装运期间	6*65x 6行65个字	21
O	79	Narrative 叙述	35*50x 35行50个字	22
O	72	Sender to Receiver Information 银行间的通知	6*35x 6行35个字	23
M = Mandatory(必需项目) O = Optional(任选项目)					

20：发报行的编号。

21：收报行的编号。

如果发报行不知道收报行的编号,可在该栏目内填写"NONREF"。

23：开证银行的编号。

如果该 MT707 报文是由开证行以外的银行(即通知行)发送的,则使用该项目列明开证行的跟单信用证号码。

52a：开证银行。

如果发报行不是开证行,则使用该项目列明开证行。

31C：开证日期。

该项目列明原跟单信用证开立的日期,即开证行开立信用证的日期。

30：修改日期。

该项目列明开证行修改信用证的日期。如果报文未使用该项目,则修改日期即为该 MT707 报文的发送日期。

26E：修改次数。

该项目列明信用证修改的次数,要求按顺序排列。

59：信用证的受益人(本次修改前的)。

该项目为原信用证的受益人,如果要修改信用证的受益人,则需要在 79(修改详述)中列明。

31E：信用证新的有效期。

信用证修改后的最后的交单日期。

32B：跟单信用证金额的增额。

33B：跟单信用证金额的减额。

34B：跟单信用证修改后的金额。

39A：信用证金额上下浮动允许的最大范围的修改。

该项目的表示方法较为特殊,数值表示百分比的数值,如：5/5,表示上下浮动最大为 5%(注：39B 与 39A 不能同时出现)。

39B：信用证最大限制金额的修改。

该项目用"UP TO"、"MAXIMUM"或"NOT EXCEEDING"(后跟金额),表示新的跟单信用证金额最高限额(注：39B 与 39A 不能同时出现)。

39C：附加金额的修改。

该项目列明对信用证所涉及的保险费、利息、运费等金额的修改。

44A：接受监管地/发运地/收货地的修改。

44E：装运港/出发机场的修改。

44F：卸货港/目的地机场的修改。

44B：最终目的地/运往……/交货地的修改。

44C：最后装运日的修改。

该项目列明对最迟装船、发运和接受监管日期的修改（注：44C 与 44D 不能同时出现）。

44D：装运期间的修改。

该项目列明对装船、发运和接受监管日期的修改（注：44C 与 44D 不能同时出现）。

79：修改详述。

详细的修改内容。

72：附言。

该项目可能出现的代码有：

/BENCON/：要求收报行通知发报行受益人是否接受该信用证的修改。

/PHONBEN/：请电话通知受益人(列出受益人的电话号码)。

/TELEBEN/：请用快捷有效的电讯方式通知受益人，包括 SWIFT、传真、电报、电传等。

注：(1) 如果 23：开证银行的编号填写，则 52a：开证银行也必须填写。

(2) 下列项目至少要出现 1 个：

31E、32B、33B、34B、39A、39B、39C、44A、44E、44F、44B、44C、44D、79、72

信用证开立样式，如表 6-8 所示。

表 6-8

信用证开立样式

```
2009OCT25  16:48:58                              LOGICAL TERMINAL 1068
MT S700   ISSUE OF A DOCUMENTARY CREDIT              PAGE 00001
                                                     FUNC SWPR3
                                                     UMR  26049536
MSGACK   DWS765I AUTH OK, KEY DIGEST BKCHCNBJ MHBKJPJT RECORD
BASIC HEADER          F   01 BKCHCNBJA300 1813 535071
APPLICATION HEADER  O   700 1745 091025 MHBKJPJTBXXX 2816 392123 091025 1648 N
                            * MIZUHO BANK LTD.
                            * TOKYO
USER HEADER           SERVICE CODE      103：
                      BANK. PRIORITY    113：
                      MSG USER REF.     108：
                      INFO. FROM CI     115：
SEQUENCE OF TOTAL    * 27     ：1/1
FORM OF DOC. CREDIT  * 40 A   ：IRREVOCABLE
DOC. CREDIT NUMBER   * 20     ：30-0038-556987
```

DATE OF ISSUE	31C	:	091025
APPLICABLE RULES	*40 E	:	UCP LATEST VERSION /
EXPIRY	*31 D	:	DATE 091120 PLACE CHINA
APPLICANT	*50	:	RAIN DREANS INTERNATIONAL, INC. 10-14, KODENMACHO NIHONBASHI CHUO-KU TOKYO JAPAN
BENEFICIARY	*59	:	SHANGHAI WENTONG CO., LTD. 1125 YANCHANG ROAD SHANGHAI CHINA
AMOUNT	*32 B	:	CURRENCY USD AMOUNT 9.195,00
POS./NEG. TOL. (%)	39 A	:	05/05
AVAILABLE WITH/BY	*41 D	:	ANY BANK BY NEGOTIATION
DRAFTS AT ...	42 C	:	BENEFICIARY'S DRAFT(S) AT SIGHT FOR FULL INVOICE COST
DRAWEE	42 A	:	MHBKJPJT *MIZUHO BANK LTD. *TOKYO
PARTIAL SHIPMENTS	43 P	:	ALLOWED
TRANSHIPMENT	43 T	:	PROHIBITED
PORT OF LOADING	44 E	:	CHINESE PORT
PORT OF DISCHARGE	44 F	:	JAPANESE PORT
LATEST DATE OF SHIP.	44 C	:	091104
DESCRIPT. OF GOODS	45 A	:	

        KNIT WEAR
        393B71039(AR_C5628) 600PCS
        393B71040(AR_C5629) 1000PCS
        393B71041(AR_C5630) 500PCS
        393B71042(AR_C5631) 500PCS
        C AND F (CFR) JAPANESE PORT

DOCUMENTS REQUIRED 46 A :
    +SIGNED COMMERCIAL INVOICE IN 2 COPIES
    + FULL SET LESS ONE ORIGINAL OF CLEAN ON BOARD MARINE BILLS
      OF LADING MADE OUT TO THE ORDER OF SHIPPER AND BLANK ENDORSED,
      MARKED 'FREIGHT PREPAID', NOTIFY APPLICANT
    +ONE ORIGINAL B/L SHOULD BE SENT TO L/C APPLICANT BY DHL
      WITHIN 2 DAYS AFTER SHIPMENT AND BENEFICIARY'S CERTIFICATE
      TO THIS EFFECT IS REQUIRED.

                              +PACKING LIST IN 2 COPIES
2009OCT25   16:49:17   LOGICAL TERMINAL 1068
MT S700   ISSUE OF A DOCUMENTARY CREDIT   PAGE 00002
                                                        FUNC SWPR3
                                                        UMR   26049536
ADDITIONAL COND.   47 A :
                      1) THIRD PARTY'S AND FACTORY'S NEEDLE INSPECTION
                      CERTIFICATE
                      SHOULD BE FAXED WITH SHIPPING DOCUMENTS
DETAILS OF CHARGES   71 B : ALL BANKING CHARGES OUTSIDE JAPAN
                             ARE FOR BENEFICIARY'S ACCOUNT.
PRESENTATION PERIOD   48   : DOCUMENTS MUST BE PRESENTED WITHIN
                             15 DAYS AFTER THE DATE OF SHIPMENT
                             BUT WITHIN THE VALIDITY OF THIS
                             CREDIT.
CONFIRMATION   *49 : WITHOUT
INSTRUCTIONS   78   :
                      INSTRUCTIONS TO THE NEGOTIATING BANK :
                      T. T. CLAIM FOR REIMBURSEMENT IS PROHIBITED.
                      ON RECEIPT OF DOCS IN ORDER, WE'LL REMIT AS PER YR
                      INSTRUCTION.
                      ALL DOCS TO BE SENT TO US IN TWO LOTS BY COURIER SERVICE
                      (ADD. ;1-5 UCHISAIWACHO 1-CHOME CHIYODA-KU, TOKYO
                      100-0011 JAPAN).
                      DISCREPANT FEE OF USD50. 00/JPY5000 - EQUIVALENT AND
                      CABLE CHG OF
                      USD20. 200/JPY2000 - TO BE DEDUCTED FROM PROCEEDS, FOR
                      DISCREPANT DOC.

TRAILER   ORDER IS <MAC:> <PAC:> <ENC:> <CHK:> <TNG:>
                      <PDE:>
                      MAC:4D547E67
                      CHK:D29F858B5C8B

信用证修改样式,如表6-9所示。

表6-9

信用证修改样式

2009NOV13   16:57:54   LOGICAL TERMINAL 1068
MT S707   AMENDMENT TO A DOCUMENTARY CREDIT PAGE 00001
                                                        FUNC SWPR3
                                                        UMR   26228533
MSGACK   DWS765I AUTH OK, KEY DIGEST BKCHCNBJ MHBKJPJT RECORD
BASIC HEADER   F   01 BKCHCNBJA300 1819 028781

```
APPLICATION HEADER        O   707  1656  091113  MHBKJPJTBXXX              2838
                          462718  091113  1556  N
                          * MIZUHO BANK LTD.
                          * TOKYO
USER HEADER               SERVICE CODE    103:
                          BANK. PRIORITY  113:
                          MSG USER REF.   108:
                          INFO. FROM CI   115:
SENDER'S REF.             *20  : 30-0038-556987
RECEIVER'S REF.           *21  : UNKNOWN
DATE OF ISSUE             31C  : 091025
DATE OF AMENDMENT         30   : 091113
NUMBER OF AMENDMENT       26 E : 01
BENEFICIARY               *59  : SHANGHAI WENTONG CO., LTD.
                                 1125 YANCHANG ROAD
                                 SHANGHAI CHINA
NEW DATE OF EXPIRY        31 E : 091230
INCREASE DOC CREDIT       32 B : CURRENCY USD AMOUNT 7,665,00
NEW AMOUNT                34 B : CURRENCY USD AMOUNT 16,860,00
POS./NEG. TOL.(%)         39 A : 05/05
LATEST DATE OF SHIP.      44 C : 091215
**REPEATABLE SEQUENCE 001 ****************OCCURRENCE 00001
NARRATIVE                 79   : ADDITIONAL SHIPMENT OF:
                                 KNIT WEAR
                                 301A71008(6012)1050PCS
TRAILER                          ORDER IS <MAC:> <PAC:> <ENC:> <CHK:>
                                 <TNG:> <PDE:>
                                 MAC:AF8F4F6F
                                 CHK:42E5B5A91177
```

六、跟单信用证统一惯例

19世纪末开始,信用证付款方式在国际贸易中被逐步采用,跟单信用证已逐渐成为国际贸易结算中一种通行的支付方式。但由于国际上对跟单信用证项下有关当事人的权利、责任与义务、信用证所用条款的定义和有关术语的解释缺乏公认的准则,各国银行根据自身的利益和习惯自行其是,因此,信用证的各有关当事人之间的争议和纠纷时常发生。特别是在市场不景气时,进口商和开证银行以单据上某些内容不符要求为借口提出异议,拖延甚至拒绝付款,以致引起司法诉讼。国际商会为了减少因解释不同而引起的争端,调和各有关当事人之间的矛盾,于1930年拟订一套《商业跟单信用证统一惯例》(Uniform Customs and Practice for Commercial Documentary Credits),并于1933年以国际商会第82号出版物的名称正式公布,建议各国银行采用。以后,随着国际贸易的变化,国际商会先后于1951年、1962年、1974年、1983年和1993年相继对《跟单信用证统一惯例》进行修订,1993年修订的《跟单信用证统一惯例》称为国际商会第500号出版物,该惯例的英文全称是 Uniform Customs and Practice for Documentary Credits, 1993 revision, I.C.C. Publication No. 500(简称UCP500),于1994年1月生效实施。

UCP500共49条,包括:总则和定义、信用证的格式和通讯、义务和责任、单据、其他规定、可转让信用证和款项让渡等七个部分。

随着银行、运输和保险各行业的发展,自1994年开始生效适用的跟单信用证统一惯例——国际商会第500号出版物(UCP500)已经凸显出自身的不足,其条款的全面性以及实务内容与时代的同步性已不能完全满足和适应实际业务的需要,表现在条款设置分类不科学,次序排列不足,语言繁杂欠精练等。而与之密切相关的国际惯例,如ISP98和ISBP中也存在一定问题,因此,推出新的统一惯例对信用证业务加以指引成为大势所趋。鉴于此,ICC对于UCP500作出修订后,提出了修订本UCP600,并于2007年7月1日正式启用。UCP600相对于UCP500的调整,会给银行业及客户的实务操作带来影响,会更加方便贸易和操作,也更加顺应了时代变迁以及科技发展方向。

UCP600的条文编排,参照了ISP98的格式,对UCP500的49个条款进行了大幅度调整及增删,变成现在的39条。第1~5条为总则部分,包括UCP的适用范围、定义条款、解释规则、信用证的独立性等;第6~13条明确了有关信用证的开立、修改、各当事人的关系与责任等问题;第14~16条是关于单据的审核标准、单证相符或不符的处理的规定;第17~28条属单据条款,包括商业发票、运输单据、保险单据等;第29~32条规定了有关款项支取的问题;第33~37条属银行的免责条款;第38条是关于可转让信用证的规定;第39条是关于款项让渡的规定。

从UCP600的内容来看,其基本变化表现在以下几方面:第一,增加了专门的定义条款。这反映了UCP600细化规定的精神,对一些术语作出定义不仅可以使概念明晰化,从而有利于条款的理解与适用,而且更可以解决一些地方法律适用的问题;引入了"Honour"(兑付)的概念;改进了议付的定义。第二,解释规则,删除可撤销信用证。第三,进一步明确开证行、保兑行及指定银行的责任,规范第二通知行。第四,审单标准进一步清晰。审单时间从"不超过7个银行工作日的合理时间"改为"最多不超过5个银行工作日";明确了交单期限的适用范围;将单据与信用证相符的要求细化为"单内相符、单单相符、单证相符"。第五,将银行处理不符单据的选择增加到4种,即持单听候变单人的处理,持单直到开证申请人接受不符单据,径直退单和依据事先得到交单人的指示行事。

该惯例经过多次修订,内容日益充实和完善,故被当前大多数国家的银行采用。开证行如采用该惯例,就可在信用证中加注:"除另有规定外,本证根据国国际商会《跟单信用证统一惯例(2007 年修订)》即国际商会第 600 号出版物办理"。

国际商会《跟单信用证统一惯例》的实施,有利于国际贸易的发展和国际结算的进行,已为各国银行普遍接受,成为一项公认的国际上处理信用证的惯例。但是,《跟单信用证统一惯例》本身并不是一项有约束性的法律文件,只有信用证上注明根据该惯例处理,该信用证才受该惯例的规定和解释的约束。

特别提示:三种贸易货款结算方式的比较

比较方面\货款结算方式	信用证付款方式	托收方式	汇付方式
付款	基于付款承诺,由 L/C 开证行支付	托收条件(D/A 或 D/P)下由进口商付款	利用电传、邮政、银行汇(支)票方式支付
信用	开证行的信用	进口商的信用	进口商的信用
有关货运单据的寄送方法	经由银行转送	经由银行转送	直接由出口商寄给进口商
对进口商的利弊	即使货物品质不良,只要货运单据与信用证条款相符,就必须付款	省去了申请开立 L/C 的繁杂手续与费用(但须获得出口商方面的融资协助)	货款预付对进口商不利,后付则有利
对出口商的利弊	很容易利用出口融资(信用证一到便可确定该批买卖已做成)	在资金融通上较困难	货款预收有利,后收则有风险性
相关国际惯例	《信用证统一惯例》	《托收统一规则》	尚无

典 型 习 题

一、**单项选择题**(下列每题的选项中,只有 1 个是正确的,请将其代号填在括号内)

1. 在国际结算中,( )是国内结算所没有的一个特殊现象。

A. 对各种国际惯例的依赖　　　　B. 对票据的依赖
C. 结算方式的多样化　　　　　　D. 对法律的依赖

2. 在国际结算中,一国货币(　　)。
A. 不可以进行跨国界活动　　　　B. 可以进行跨国界活动
C. 可以改变其币种的性质　　　　D. 可以不再遵守本国法律的约束

3. 一般而言,票据的持票人在获得付款后应当在汇票上签收,并(　　)。
A. 将汇票交给付款人　　　　　　B. 收妥汇票
C. 当面废除该汇票　　　　　　　D. 继续持有

4. 可转让信用证可以转让(　　)。
A. 一次　　　B. 二次　　　C. 多次　　　D. 无数次

5. 国际贸易的货款结算,可以采出多种支付方式,其中,建立在银行信用基础上的方式是(　　)。
A. 电汇　　　B. 票汇　　　C. 托收　　　D. 信用证

6. (　　)又称记名背书,是指背书人除在票据背面签名外,还写明被背书人名称或其指定人。
A. 特别背书　　B. 空白背书　　C. 略式背书　　D. 不记名背书

7. 在L/C、D/P和D/A三种方式下,就卖方风险而言,其风险的顺序排列是(　　)。
A. L/C＞D/P＞D/A　　　　　　B. D/A＞D/P＞L/C
C. L/C＞D/A＞D/P　　　　　　D. D/P＞D/A＞L/C

8. T/T是指(　　)。
A. 提单　　　B. 电汇　　　C. 信用证　　　D. 银行保函

9. 提示(　　)是指远期汇票持票人向付款人出示汇票,并要求付款人承诺付款的行为。
A. 付款　　　B. 承兑　　　C. 信用证　　　D. 发票

10. 委托取款背书的效力是(　　)。
A. 权利转移效力、权利担保效力和权利证明效力
B. 质权设定效力、权利证明效力和权利担保效力
C. 权利转移效力、代理权授予效力和权利证明效力
D. 代理权授予效力和权利证明效力

11. 根据我国《票据法》规定,本票的最长付款期限不超过(　　)个月。
A. 1　　　B. 2　　　C. 3　　　D. 4

12. 承兑是(　　)对远期汇票表示承担到期付款责任的行为。
A. 付款人　　B. 收款人　　C. 出口人　　D. 开证银行

13. 托收和信用证这两种支付方式使用的汇票都是商业汇票,都是通过银行收款,所以(　　)。

　　A. 两者都属于商业信用

　　B. 两者都属于银行信用

　　C. 托收是属于银行信用,信用证是属于商业信用

　　D. 托收是属于商业信用,信用证是属于银行信用

14. 信用证经保兑后,保兑行(　　)。

　　A. 只有在开证行没有能力付款时,才承担保证付款的责任

　　B. 和开证行一样,承担第一性付款责任

　　C. 需和开证行商议决定双方各自的责任

　　D. 只有在买方没有能力付款时,才承担保证付款的责任

15. 在信用证付款方式下,通知银行的职责是(　　)。

　　A. 只证明信用证的真实性,并不承担其他义务

　　B. 接受申请人委托,开立信用证

　　C. 买入跟单汇票并垫付资金

　　D. 实际支付货款

16. 信用证和货物买卖合同的关系是(　　)。

　　A. 信用证独立于货物买卖合同

　　B. 信用证从属于货物买卖合同

　　C. 信用证是货物买卖合同的附件

　　D. 货物买卖合同是信用证的附件

17. 根据《跟单信用证统一惯例》,信用证中承担第一付款人责任的是(　　)。

　　A. 通知行　　　B. 议付行　　　C. 开证行　　　D. 进口方

18. 假远期信用证,就出口商的收汇的时间来说,等于(　　)。

　　A. 循环信用证　　B. 远期信用证　　C. 备用信用证　　D. 即期信用证

19. L/C 与托收相结合的支付方式,其全套货运单据应(　　)。

　　A. 随信用证项下的汇票

　　B. 随托收项下的汇票

　　C. 50%随信用证项下,50%随托收项下

　　D. 单据与票据分列在信用证和托收汇票项下

20. 凡作成限制性背书的汇票,只能由(　　)凭票取款。

　　A. 其他被背书人　　　　　　　B. 指定的被背书人

　　C. 银行　　　　　　　　　　　D. 买方

21. 出票人签发支票时,应在付款银行存有不低于票面金额的存款。如果存

款低于票面金额,这种支票被称为( )。

  A. 空头支票   B. 划线支票   C. 现金支票   D. 转账支票

22. 属于顺汇方法的支付方式是( )。

  A. 汇付   B. 托收   C. 信用证   D. 银行保函

23. 托收方式下的 D/P 与 D/A 的主要区别是( )。

  A. D/P 属于跟单托收,D/A 属于光票托收

  B. D/P 是付款后交单,D/A 是承兑后交单

  C. D/P 是即期付款,D/A 是远期付款

  D. D/P 风险大,D/A 风险小

24. 信用证是依据买卖合同开立的,出口商要保证安全收汇,必须做到向银行( )。

  A. 提交与买卖合同规定相符的单据

  B. 提交与信用证规定相符的单据

  C. 提交与买卖合同规定相符的货物

  D. 提交与信用证规定相符的货物

25. 托收方式与信用证支付方式的主要区别是( )。

  A. 前者是顺汇,后者是逆汇

  B. 前者使用商业汇票,后者使用银行汇票

  C. 前者是商业信用,后者是银行信用

  D. 前者对卖方有利,后者对买方有利

26. 在 MT 700 Issue of a Documentary Credit 中,代号"50"代表的是信用证的( )。

  A. 到期日及地点   B. 申请人的银行

  C. 申请人   D. 受益人

27. 在 MT 700 Issue of a Documentary Credit 中,代号"44C"代表的是信用证的( )。

  A. Port of Loading/Airport of Departure

  B. Port of Discharge/Airport of Destination

  C. Place of Final Destination/For Transportation to.../Place of Delivery

  D. Latest Date of Shipment

28. SWIFT 格式的跟单信用证的修改,采用( )标准格式传递信息。

  A. MT 707   B. MT 701   C. MT 700   D. MT 710

29. 在 MT 700 Issue of a Documentary Credit 中,"Port of Loading/Airport of Departure"的代号是( )。

A. 42M B. 44A C. 44D D. 44E

30. 在 MT 707 Amendment to a Documentary Credit 中，代号"30"代表的是信用证的（ ）。

   A. Date of Issue B. New Date of Expiry
   C. Shipment Period D. Date of Amendment

31. 汇票的使用中，受票人又称（ ）。

   A. 出票人 B. 付款人 C. 受款人 D. 签票人

32. 受益人要求原证的通知行或其他银行以原证为基础，另开一张内容相似的新信用证，称为（ ）。

   A. 循环信用证 B. 保兑信用证
   C. 对开信用证 D. 转开信用证

33. 对卖方而言，最好的支付方式是（ ）。

   A. 信用证 B. 承兑交单
   C. 远期付款交单 D. 即期付款交单

34. 开证行仅凭受益人开具的汇票或简单收据而无需附带单据付款的信用证是（ ）。

   A. 光票信用证 B. 跟单信用证 C. 付款信用证 D. 承兑信用证

35. L/C 规定有效期为 2011 年 11 月 30 日，没有规定装运期，则可以理解为（ ）。

   A. 最迟装运期为 2011 年 11 月 30 日
   B. 最迟装运期为 2011 年 11 月 1 日
   C. 最迟装运期为 2011 年 12 月 15 日
   D. 以上都不对

36. 下列各项中，属于顺汇方法的支付方式是（ ）。

   A. 汇付 B. 托收 C. 信用证 D. 银行保函

37. 下列各项中，接受汇出行的委托将款项解付给收款人的银行是（ ）。

   A. 托收银行 B. 汇入行 C. 代收行 D. 转递行

38. 下列各项中，属于汇付活动当事人的是（ ）。

   A. 委托人 B. 汇出行 C. 开证行 D. 索偿行

39. 下列各项中，托收方式收取货款采用的是（ ）。

   A. 顺汇方式 B. 逆汇方式 C. 电汇方式 D. 信汇方式

40. 在跟单托收方式下，卖方委托银行收取货款，使用的汇票是（ ）。

   A. 商业汇票，属于商业信用 B. 银行汇票，属于银行信用
   C. 商业汇票，属于银行信用 D. 银行汇票，属于商业信用

41. 托收是出口方根据合同规定装运货物后,开具汇票连同货运单据委托银行代向进口方收取货款的一种方式。在国际贸易的货款结算中,通常采用（　　）。
　　A. 跟单托收　　B. 光票托收　　C. 信汇　　D. 电汇

42. 使用托收方式时,托收行和代收行在收回货款方面（　　）。
　　A. 没有责任　　　　　　　B. 承担部分责任
　　C. 有责任　　　　　　　　D. 视合约而定

43. D/P和D/A支付方式下,就卖方风险而言,（　　）。
　　A. D/A＞D/P　　B. D/P＞D/A　　C. D/A＝D/P　　D. 不确定

44. 信用证中规定某银行为议付行,那么该议付行（　　）。
　　A. 只要未加保兑,就有追索权　　B. 在任何情况下,均有追索权
　　C. 在任何情况下,均无追索权　　D. 当开证行破产时,才有追索权

二、**多项选择题**（下列每题的选项中,至少有2个是正确的,请将其代号填在括号内）

1. 汇票背书的方式主要有（　　）。
　　A. 限制性背书　　　　　　B. 指示性背书
　　C. 空白背书　　　　　　　D. 记名背书
　　E. 特别背书

2. 在实际业务中,远期汇票付款时间的规定办法有（　　）。
　　A. 见票后若干天付款　　　B. 出票后若干天付款
　　C. 提单签发日后若干天付款　　D. 指定日期付款
　　E. 见票即付

3. 汇票遭到拒付是指（　　）。
　　A. 持票人提示汇票要求承兑时,遭到拒绝承兑
　　B. 持票人提示汇票要求付款时,遭到拒绝付款
　　C. 付款人逃避不见汇票
　　D. 付款人死亡
　　E. 付款人破产

4. 汇票的使用往往需要经过（　　）。
　　A. 出票　　B. 提示　　C. 承兑　　D. 付款
　　E. 背书、拒付

5. 下列关于汇付、托收和信用证三种货款支付方式的比较中,判断正确的有（　　）。
　　A. 信用证是逆汇,汇付和托收都属于顺汇
　　B. 信用证属于银行信用的应用,汇付和托收过程中虽然有银行参与,但应

用的是商业信用

C. 采用信用证支付方式在三者对卖方中风险最小

D. 在三者的交易流程中,都必须使用商业汇票或银行汇票

E. 三者都是由银行承担第一性付款责任

6. 信用证条款中,属于软条款的有( )。

　　A. 商检证书由开证申请人签发

　　B. 承运船只必须由买方指定,船名以信用证修改书的方式通知,交单时必须提交信用证修改书

　　C. 信用证要有到期日与地点

　　D. 货物样品寄交开证申请人认可,认可传真作为单据之一

　　E. 在货物到达时没有接到配额已满的通知才付款

7. 下列各项中,属于国际货款结算工具的主要分类有( )。

　　A. 支票　　　　B. 汇票　　　　C. 外币现钞　　　　D. 票据

　　E. 本票

8. 下列各项中,属于信用证支付方式的特点有( )。

　　A. 开证行负首要付款责任　　　　B. 信用证是一种商业信用

　　C. 信用证是一种自足文件　　　　D. 信用证是一种单据买卖

　　E. 通知行负首要付款责任

9. 信用证条件下,银行或买方一般不愿意接受的单据有( )。

　　A. 备运提单　　　　　　　　　　B. 清洁提单

　　C. 已装船提单　　　　　　　　　D. 不清洁提单

　　E. 超过签发日期21天的提单

10. 在国际贸易中,最常用的支付方式有( )。

　　A. 预付　　　　B. 汇付　　　　C. 托收　　　　D. 信用证

　　E. 现金

11. 下列各项中,属于信用证内容的有( )。

　　A. 货物的描述　　　　　　　　　B. 货物运输的说明

　　C. 单据的要求　　　　　　　　　D. 特殊条款

　　E. 信用证本身的说明

12. 下列关于信用证与合同关系的表述中,正确的有( )。

　　A. 信用证的开立以买卖合同为依据

　　B. 信用证的履行不受买卖合同的约束

　　C. 有关银行只根据信用证的规定办理信用证业务

　　D. 合同是审核信用证的依据

E. 信用证的履行受买卖合同的约束

13. （　　）是信用证关系中必须存在的。
    A. 保兑行　　　B. 通知行　　　C. 开证行　　　D. 受益人
    E. 开证申请人

14. 下列关于可转让信用证的说明中,正确的有（　　）。
    A. 可转让信用证的受益人可将该证多次转让
    B. 该证的受益人可将该证一次转让给多人使用
    C. 可转让信用证只能由指定的银行转让
    D. 信用证应注明"可转让",该证方可转让
    E. 凡在信用证上没有注明"不可转让"字样的信用证,都是可转让信用证

15. 国际贸易的货款结算,可以采用多种支付方式,其中建立在商业信用基础上的有（　　）。
    A. 汇付　　　B. 托收　　　C. 信用证　　　D. 备用信用证
    E. SWIFT 信用证

16. 下列各项中,属于信用证付款方式具有的特点的有（　　）。
    A. 开证行在进口商不履行付款义务时向受益人付款
    B. 银行信用
    C. 开证行只受信用证的约束而与贸易合同完全无关
    D. 一种纯单据的业务
    E. 银行保证向进口方交合格的货物

17. 国际货物买卖中,托收的方式可以有（　　）。
    A. 光票托收　　　　　　　B. 即期付款交单
    C. 远期付款交单　　　　　D. 承兑交单
    E. 付款交单凭信托收据借单

三、判断题（判断下列各题是否正确。正确的在题后的括号内打"√",错误的打"×"）

1. 一切信用证均须规定一个交单付款、承兑或议付的到期日,即有效期。
（　　）

2. 汇付(remittance)又称汇款,是国际贸易支付方式之一,也是最简单的国际货款结算方式。
（　　）

3. 信汇是指汇出行根据汇款人的申请,通过拍发加押电报或加押电传或环球银行间金融电讯网络(SWIFT)的方式,指示汇入行解付特定款项给指定收款人的汇款方式。
（　　）

4. 根据惯例,信用证未注明可否撤销,应视为不可撤销;未注明可否转让,应

视为可以转让。   （ ）

5. 按照是否附有商业单据来划分,出口托收方式主要有两类,即光票托收和跟单托收。   （ ）

6. 承兑交单是指代收行或提示行,须凭付款人的实质性付款为同意放单的唯一条件。   （ ）

7. 在信用证支付方式下,开具汇票的依据是信用证,而在托收和汇付方式下,开具汇票的依据是买卖合同。   （ ）

8. 信用证付款方式对卖方没有收汇风险。   （ ）

9. 汇付方式当事人中的收款人又称受益人,一般是出口商或债权人,也可以是汇款人自己,是接受汇款人所汇款项的指定当事人。   （ ）

10. 信用证是一种银行开立的无条件承诺付款的书面文件。   （ ）

11. 光票信用证是指开证行不须凭任何单据就履行付款责任的信用证。
                                                              （ ）

12. SWIFT 有自动开证格式,在信用证开端标着 MT100、MT101 代号。
                                                              （ ）

13. SWIFT 成员银行均参加国际商会,SWIFT 规定,使用 SWIFT 开立信用证,其信用证则受国际商会 UCP600 条款约束。   （ ）

14. 若错过了信用证有效期到银行议付,只要征得开证人的同意,即可要求银行付款。   （ ）

15. 银行本票见票即付,资金转账速度是所有票据中最快、最及时的。（ ）

16. 在支付方式中,信用证方式对卖方来说比较可靠,付款交单(D/P)与承兑交单(D/A)都有不同程度的风险,但承兑交单最易为买方所接受,有利于达成交易。所以,在进出口业务中,应扩大对承兑交单的应用。   （ ）

17. 在汇付票汇方式下,买方购买银行汇票径寄卖方,因采用的是银行汇票,故该付款方式属于银行信用。   （ ）

18. 信用证是银行应进口商的申请向出口商开出保证付款的凭证。因此,进口商承担第一付款人的责任。   （ ）

19. 根据现行《跟单信用证统一惯例》规定,凡信用证上未注明可否转让字样,即可视为可转让信用证。   （ ）

20. 信用证业务中,有关各方处理的是单据而不是货物。   （ ）

21. MT707 是由开证行发送给通知行,用来列明发报行(开证行)开立的跟单信用证条款的报文格式。   （ ）

22. 在 SWIFT 电文中,数字不使用分格号,小数点用逗号","来表示。（ ）

23. UCP600 的条文编排参照了 ISP98 的格式,对 UCP500 的 49 个条款进行

了大幅度的调整及增删,变成现在的 30 条。   (   )

24.《跟单信用证统一惯例(2007 年修订)》即国际商会第 600 号出版物,就是 UCP500。   (   )

25. UCP600,于 2008 年 7 月 1 日正式启用。   (   )

26. 提示付款是指汇票的持票人向付款人(或远期汇票的承兑人)出示汇票,要求付款人(或承兑人)付款的行为。   (   )

27. 付款人对向其提示承兑的汇票,应当自收到提示承兑的汇票之日起 21 日内承兑或者拒绝承兑。   (   )

28. 付款人承兑汇票后,应当承担到期付款的责任。   (   )

29. 在议付信用证项下,保兑行在议付受益人依信用证出具的汇票及/或提交的单据后,对出票人及/或善意持票人无追索权。   (   )

30. 在限制议付信用证情况下,单据只能向被指定的银行提交,由该银行办理议付。   (   )

31. UCP600 规定,信用证修改通知书有多项内容时,只能全部接受或全部拒绝,不能只接受其中一部分而拒绝另一部分。   (   )

32. 在票汇业务中,收款人是持以银行为受票人的银行汇票办理提款手续,所以,票汇业务属于银行信用。   (   )

33. 银行汇票的付款人是银行,而商业汇票的付款人可以是银行,也可以是商号、个人。   (   )

34. 保兑行审核单证无误而付款后,若开证行倒闭或无理拒付,则保兑行有权向受益人索回货款。   (   )

35. 备用信用证只适用于国际工程承包业务,而不适用于一般的商品买卖。
                                                              (   )

典型习题分析与解答

一、单项选择题

1. A 2. B 3. A 4. A 5. D 6. A 7. B 8. B 9. B 10. D 11. B
12. A 13. D 14. B 15. A 16. A 17. C 18. D 19. B 20. B 21. A
22. A 23. B 24. A 25. C 26. C 27. D 28. A 29. D 30. D 31. B
32. D 33. A 34. A 35. A 36. A 37. B 38. B 39. B 40. A 41. A
42. A 43. A 44. A

二、多项选择题

1. ACE 2. ABCD 3. ABCDE 4. ABCDE 5. BC 6. ABDE 7. CD
8. ACD 9. ADE 10. BCD 11. ABCDE 12. ABCD 13. BCDE 14. BCD

15. AB 16. BCD 17. ABCDE

三、判断题

1. × 2. √ 3. × 4. × 5. √ 6. × 7. √ 8. × 9. √ 10. ×
11. × 12. × 13. √ 14. × 15. √ 16. × 17. × 18. × 19. ×
20. √ 21. × 22. √ 23. × 24. × 25. × 26. √ 27. × 28. √
29. √ 30. √ 31. √ 32. × 33. √ 34. × 35. ×

第七章　国际市场营销

考 试 大 纲

1. 市场营销的基本概念

了解：
- 市场营销的定义和主要方法。

2. 国际市场营销战略及其规划

了解：
- 国际市场营销的基本概念、国际营销战略规划过程。

3. 国际市场细分与目标市场选择

了解：
- 国际市场细分与目标市场选择的原则、国际市场宏观、微观细分过程。

4. 企业从事国际营销的原因及方式

了解：
- 企业进行国际营销的方式。

5. 国际产品市场营销

了解：
- 产品营销的基本理论。
- 国际市场新产品开发。
- 国际产品市场进入模式与营销战略。

第一节　市场营销的基本概念

一、市场和市场营销的定义

1. 市场的定义

市场是由一切具有特定的欲望和需求，并且愿意和能够以交换来满足此欲望和需求的潜在顾客组成。

2. 市场营销的定义

市场营销泛指与市场有关的一切人类活动,市场营销就是为了满足人类的需求和欲望而实现潜在交换的活动。在市场经济条件下,市场营销是企业整体活动的中心环节,是企业生产经营活动成功与失败的决定要素。

二、市场营销的主要方法

1. 市场营销的核心概念

市场营销作为一种复杂、连续、综合的经营管理过程,是基于市场营销核心概念的运用之上的,只有准确地把握和运用市场营销的核心概念,才能深刻认识市场营销的本质。市场营销的核心概念,如图 7-1 所示。

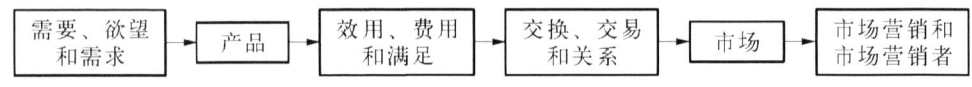

图 7-1 市场营销的核心概念

1) 需要、欲望和需求

消费者的需要、欲望和需求是市场营销的出发点。满足消费者的需要、欲望和需求是市场营销活动的目的。需要既包括物质的、生理的需要,也包括精神的、心理的需要,具有多元化、层次化、个性化、发展化的特性,这些需要存在于人本身生理需要和自身状态之中,而不是市场营销者凭主观臆想加以创造的。欲望是指人希望得到更深层次的需要的满足。需求是指人们对某个产品有购买欲望且有支付能力。当有购买支持时,欲望能变为需求。

2) 产品

产品泛指满足人的特定需要和欲望的商品和服务。我们把任何可以满足需要和欲望的东西都称为产品。

3) 效用、费用和满足

效用是消费者对产品满足其需要的整体能力的评价。在诸多产品的购买选择中,消费者总是根据多项标准去选择提供最大效用的产品作为购买目标。效用最大化是消费者选择产品的首要原则。效用的评价,既取决于厂商所提供的产品使用的实际效用,也取决于消费者进行的效用对比评价。消费者的购买决策是建立在效用与费用双项平衡的基础之上的,其购买决策的基本原则是选择用最少的货币支出换取最大效用的产品或服务。

4) 交换、交易和关系

人们取得产品有四种方式,即自行生产、强取、乞讨和交换。交换是指以提供某种作为回报而从他人处换取所需要产品的行为。人们只有通过市场交换产品时才存在市场营销。交换发生的基本条件是：交易双方互为满意的有价值的物品及双方满意的交换条件(价格、地点、时间、运输及结算方式等)。

2. 市场营销的基本观念

营销观念是贯穿于整个营销工作的指导思想,反映出一个企业的经营态度和经营方式。指导组织进行市场营销活动的竞争观念有：生产观念、产品观念、推销观念、市场营销观念和社会营销观念和这五个观念正是市场营销观念产生和发展大体经历的阶段。

1) 生产观念

生产观念是指导企业营销活动最古老的观念。生产观念产生于19世纪末20世纪初。由于社会生产力水平还比较低,商品供不应求,市场经济呈卖方市场状态。正是这种市场状态,导致了生产观念的流行。表现为企业生产什么产品,市场上就销售什么产品。在这种营销观念指导下,企业的经营重点是努力提高生产效率,增加产量,降低成本,生产出让消费者买得到和买得起的产品。因此,生产观念又称生产中心论。

2) 产品观念

产品观念认为,产品销售情况不好是因为产品不好,消费者喜欢质量优、性能好和有特色的产品。产品导向的企业在设计上经常不让或很少让消费者介入,他们过分重视产品而忽略顾客需求。这些企业总是在生产更好的产品上下功夫,而却经常出现顾客"不识货"、不买账的情况。

3) 推销观念

第二次世界大战后,资本主义工业化大发展,社会产品日益增多,市场上许多商品开始供过于求。企业为了在竞争中立于不败之地,纷纷重视推销工作和促销工作,如组建推销组织、培训推销人员、研究推销术、大力进行广告宣传等,以诱导消费者购买产品。由生产观念、产品观念转变为推销观念,是企业经营指导思想上的一大变化。但这种变化没有摆脱"以生产为中心"、"以产定销"的范畴。前者强调生产产品,后者强调推销产品。所不同的是生产观念是等顾客上门,而推销观念是加强对产品的宣传,主动将产品推向客户。

4) 市场营销观念

市场营销观念是买方市场条件下,以消费者为中心的营销观念。这种观念认为,实现企业目标的关键是切实掌握目标消费者的需要和愿望,并以消费者需求为中心集中企业的一切资源和力量,设计、生产适销对路的产品,安排适当的市场营销组合,采取比竞争者更有效的策略,满足消费者的需求,取得利润。

营销观念与推销观念的根本不同是：推销观念的视角是由内向外,以现有产品(即卖主)为中心,以推销和销售促进为手段,刺激销售,从而达到扩大销售、取得利润的目的。市场营销观念是一种由外而及里的观念,以企业的目标顾客(即买主)及其需要为中心,并且以集中企业的一切资源和力量、适当安排市场营销组合为手段,从而达到满足目标顾客的需要、扩大销售、实现企业目标的目的。

可见,市场营销观念把推销观念的逻辑彻底颠倒过来了,不是生产出什么就卖什么,而是首先发现和了解消费者的需要,消费者需要什么就生产什么、销售什么。消费者需求在整个市场营销中始终处于中心地位。市场营销观念有四个主要支柱,分别是目标市场、顾客需求、协调营销和创造利润。它是一种以顾客的需要和欲望为导向的经营哲学,是企业经营思想的一次重大飞跃。

5) 社会营销观念

社会营销观念是对市场营销观念的重要补充和完善。其基本内容是:企业提供产品不仅要符合消费者的需要与欲望,而且要符合消费者和社会的长远利益,考虑到社会的可持续发展。社会营销观念认为,市场营销者在确定营销政策时,要考虑到企业利润、消费者需要和社会公共利益三者之间的平衡。

3. 市场营销过程

(1) 分析市场机会。

(2) 研究和选择目标市场。

(3) 拟定市场营销组合。

(4) 组织、执行和控制市场营销。

市场营销控制有年度计划控制、利润控制和策略控制三种类型。

4. 市场营销在企业经营中的作用

在现代企业经营中,营销职能是属于核心位置的职能。企业经营的主要任务是吸引、保持和扩大顾客。如果企业不能赢得更多的顾客,企业就失去了存在的价值和意义。市场营销的基本任务就是在动态的管理过程中(市场调查—市场定位—生产—销售—目标顾客),以优质的产品、合理的价格和全方位的服务,实现顾客满意的利益和需求。企业经营是一个复杂的系统工程。实现顾客需求的高度满意,必须有职能部门的通力合作和协调配合,然而这种配合协作应以营销管理为中心,脱离营销宗旨和任务的生产管理、财务管理和人力资源管理,无论其管理效益多高,也没有实际意义。企业经营的基本任务是认识和研究目标市场的顾客需求,在此基础上将企业各种资源优化组合,提供能充分满足顾客欲望和需求的产品或服务。市场营销正是实现市场需求与企业经营有效连接的基本方式。与其相比,生产管理、人力资源管理均属于辅助职能,必须围绕着提高市场管理能力提供辅助功能。市场营销管理实质上是顾客需求管理,是企业由内至外、内外结合的管理。企业能否赢得顾客,是衡量企业绩效和竞争地位的首要标准,失去了顾客便失去了企业的生命力。与营销管理相对而言,生产管理、财务管理和人事管理均属于企业内部各种要素的职能管理,它们必须服务于营销管理这个中心,否则,便失去其管理的实际意义。

特别提示:研究和选择目标市场的四个步骤

(1) 市场需要衡量与预测。
(2) 市场细分。
(3) 选择目标市场。
(4) 市场定位。

特别提示:市场营销的手段的四个因素

市场营销的手段有几十种之多,麦卡锡把这些手段归为四个因素,简称"4P's",即产品(product)、价格(price)、分销(place)和促销(promotion)。

第二节 国际市场营销战略及其规划

一、国际市场营销的基本概念

国际市场营销(international marketing)简称国际营销,是指企业超越本国国境进行的市场营销活动。与国内营销者的任务一样,国际营销者也要首先确定市场需求,然后制定出适当的产品、价格、渠道和促销策略。国际营销的目的及其达到目的的手段与国内营销一样,都是通过满足顾客需求而实现企业利润。

国际营销与国内营销除具有相同点外,还具有不同点,即国际营销具有自己的特殊性。这种特殊性也就是国际营销的"跨国"性质:它是在两个甚至在两个以上国家里所进行的经营与销售活动。如果我国一家企业向美国出口产品,这家企业也就是进行了跨国界的营销活动,即进行了国际营销。另一家中国企业在美国设立了一个子公司,在美国从事生产并就地销售,这一企业进行的营销活动也属于国际营销的范围,因为,其子公司在美国的生产与销售活动都要受到设在中国的公司总部的指挥和监督。如此看来,国际营销并不一定意味着产品的跨国界转移(进出口)。只要营销决策具有"跨国"性质,其营销活动也就属于国际营销的范畴。

国际营销的这种"跨国"性质,导致了其与国内营销的区别:

(1) 国际营销者与国内营销者面临着完全不同的环境因素。

(2) 国内营销与国际营销的可控因素也有所不同。

(3) 国际营销需要进行多国协调和控制。

总之,国际营销是国内营销的跨国延伸。国际营销这种"跨国"性质,使其大大增加了复杂性、多变性和不确定性。做一个合格的国际营销者比作一个合格的国内营销者要困难得多。因此,企业如果想更好地利用国际市场上提供的机会,并在竞争激烈的国际市场上获得竞争优势,其营销人员就必须认真学习和研究国际营销学。

二、国际营销观念的演进

西方企业在逐步走向国际化的过程中,大致有三类经营观念指导着其国际营销活动的开展:一是市场延伸观念;二是多国市场观念;三是全球市场观念。

1. 市场延伸观念

市场延伸观念是企业指导其海外经营活动的最早的一种观念。如今,这种观念仍被众多的中小型企业所采用。该观念认为,相对于国内营销来说,国际营销是次要的,只是对国内营销业务的补充和延伸。国外市场基本上被视为消化剩余生产能力、增加销量以取得规模效益或利润的一种机会而已。因此,采用这一观念的企业一般不会花费大量的人力、物力和财力来研究国外顾客的需求,开发新产品及相应的营销组合策略,而是将其在本国的产品的生产和销售策略延伸到国外市场,期望得到国外顾客的接受。这种国际营销观念在某些情况下是适当的。这一观念主要适用于一些初涉国际市场、能力较差的中小型企业,或者作为企业初涉国际市场常常采用的方法,作为企业走向国际市场的第一步。

2. 多国市场观念

采用这种观点的企业认为,国外市场与国内市场同样重要,每一个国外市场都存在着一定的机会,企业应研究每个市场的需求特点及经营环境,并制定出能够针对不同市场的营销策略,如目标市场及营销组合策略等,以充分发掘各国市场机会。此外,企业还应建立有效的机制,尽量将在某些国家获得的成功经验、营销技能转移到其他国家去,逐步扩大销售市场范围。

从西方企业的国际化过程来看,大多数跨国公司在第二次世界大战后都采用了这种多国市场观念。目前,仍然有许多企业采用这种营销组合策略,并且取得了不错的业绩。

3. 全球市场观念

持有全球市场观念的企业,把国内市场与国外市场统一成一个市场来看待,根据公司的长期战略目标,用同一的标尺进行评估和筛选,公司的资源配置也是建立在这一基础之上的。按照全球营销观念,公司要制定全球性的营销战略和规划,对在各国的营销策略与活动进行协调与整合,以实现规模效益和范围效益。在国际营销中,规模效益一般是通过充分利用现有生产线和生产能力而实现的,而范围效益则往往是通过在不同生产线和不同产品业务之间分享生产、营销及分销等的设施和体系,并充分利用相同的管理及后勤支持系统来实现的。能否把国际营销的"跨国"性质所带来的独特竞争优势充分发挥出来,将成为国际企业在全球竞争中成败的关键。

一个企业要立足国际市场营销,采用哪一种国际营销策略,取决于多种因素,如公司规模、从事国际营销的历史及经验、产品的性质、公司领导人的管理能力和管理风格等。当然,在公司发展的不同阶段,公司采用的策略也会各有侧重,不尽相同。

三、国际市场营销战略

1. 国际市场营销战略的意义

国际市场营销战略是指企业对于国际化进程较为长期的总体打算及其实施的原则意见,它对于一个企业在国际市场上的生存和发展具有决定性的指导意义,也是拟定短期或年度国际营销策略的依据。

2. 国际营销战略的基本类型

企业国际营销战略的基本类型可以从三个方面加以区分,即国际化程度、市场扩展与定位以及国际竞争,现分述如下。

1) 国际化程度

一个企业的市场营销战略是企业总体经营战略的重要组成部分,服从于企业总体经营战略的需要;同理,企业国际营销战略必须服从于企业国际经营战略的要求。根据国际化程度的不同来区分,国际经营战略有三种基本方案,即国际化战略、多国化战略和全球化战略。

对应于以上三种不同的企业国际经营战略,同样形成如下三种基本国际营销战略。

(1) 国际化营销战略。

(2) 多国化营销战略。

(3) 全球化营销战略。

2) 市场扩展与定位

市场扩展与定位是国际营销战略的另一个重要方面。事实上,无论从战略上如何考虑企业营销的国际化程度,或者处理国际化程度从低级向高级发展的节奏,企业都不可避免地需要扩展市场,都需要从总体上确定市场的定位,这就是所谓的市场扩展与定位战略。

对于市场扩展与定位战略,企业要在现有国别内寻求新的细分市场,或者保持特定的细分市场不变的情况下开拓新的国别市场,这两维的因素构成了四种基本战略。

(1) 集中化战略。

(2) 区域集中化战略。

(3) 市场集中化战略。

(4) 多元化战略。

企业在采用上述任何一种战略,或者从一种战略向另一种战略过渡时,不可避免地会遇到国别选择或细分市场选择问题,这时,可应用的基本手段则是市场细分和市场定位。

3) 竞争战略

国际营销战略的实质是将公司与国际环境联系起来,不可避免地将竞争舞台从国内市场搬到国际市场。当今在不少产业中,国际竞争是决定胜败的关键因素,因为市场总是在比较中来接受产品和服务的,而国际竞争的结果经常会出现少数大公司成功地占有市场的大份额。从竞争的角度来区分国际营销战略有三种。

四、国际营销战略规划

1. 市场营销战略规划

市场营销学认为,市场营销战略是企业在未来某个时间要达到的营销目标以及为达到这些目标要采取的行动方案。市场营销战略规划(或计划)是市场营销战略的书面表达;完成规划要经过的步骤与遵循一定的原则,称为市场营销战略规划过程。

战略规划包含了三项内容:第一,要求把企业的投资业务当作一个投资组合来管理,决定哪项业务需要建立、保持、收缩或终止。第二,通过考虑市场增长率和企业的定位及其组合,精确地估量每项业务的未来利润潜量。第三,强调战略规划是一种战略,企业为了实现其长远目标,要对每一项业务制定一个战略方案。

2. 国际营销战略规划过程

从广义上讲,市场营销战略规划是一个确定营销战略方案并对该方案予以执行和实施控制的过程。因此,国际营销战略规划的制定过程包括八个步骤:

（1）企业任务。
（2）外部环境分析。
（3）内部环境分析。
（4）确定目标。
（5）确定营销战略与目标市场。
（6）制订计划。
（7）执行计划。
（8）反馈与控制。

第三节　国际市场细分与目标市场选择

一、目标市场和市场细分

1. 目标市场概念

市场营销学认为，目标市场是企业所选定作为营销对象的具有某些特定需要的消费者群体。一般来说，企业营销的目标市场是整体大市场中的一个子市场，企业服务于该市场的营销活动的结果应当比其他企业更有效地满足该市场需要，更充分地利用企业的资源。

具体地说，目标市场的选择应考虑以下五个条件：

（1）目标市场应具有一定的容量，即对企业将提供的产品和服务有足够的购买力。

（2）企业有能力与目标市场上现有的竞争者相抗衡，就是说，现有竞争者数量较少或实力相对较弱，或者企业为取得竞争胜利的投入可以从市场营销收益中得到补偿。

（3）可以顺利地建立分销渠道，使企业的产品或服务能正常地进入市场。

（4）目标市场需求变化的方向与企业新产品开发政策与能力相适应。

（5）企业有可能对目标市场建立有效的市场调研的信息网络。

当企业可以用若干表达市场特质的因素或标准对市场进行明确描述时，即自觉地选定了企业的目标市场，在此基础上，企业应当有针对性地为目标市场设计营销组合和拟定营销策略。

国际营销目标市场的选定包括两层意思：

（1）从宏观上，选定国际市场营销的国别、地区或作为国际营销目标市场区域。

（2）从微观上，确定在该市场区域内的目标消费者群（消费品市场）或目标用户行业（工业品市场）。

一般来说，总是先宏观选定再微观选择。市场细分法是选择目标市场的主要方法。

2．市场细分

市场细分的概念是由温德尔·史密斯（Wendell R. Smith）教授于20世纪50年代中期首次提出的。这是一个选择目标市场的策略思想，已得到营销学界和企业界的普遍重视。市场细分，是指企业按照某种标准将市场（即消费者）划分成若干个群体，每一个群体构成一个子市场，不同的子市场之间，需求存在着明显的差异。

市场细分的基础是顾客需求的差异性理论。由于顾客需求的差异程度，市场可分为同质市场和异质市场。当顾客对产品的需求大致一致，而且对企业同一营销策略反应也十分相似时称为同质市场；当消费者对产品的质量、款式、价格等有不同的要求、而且对企业同一营销策略会作出不同的反应时，称为异质市场。在异质市场上，具有类似需求的消费者群就构成了一个子市场或市场面。

3．国际市场细分

国际市场细分是市场细分概念在国际营销中的运用。因为国际营销目标市场的选定有两层意思，国际市场细分也具有两个层次上的含义：

（1）对世界上所有众多的国家进行宏观细分，即根据某种（些）标准（如经济、文化、地理等）把整个世界市场分为若干子市场，并从中选择目标营销国或目标地区。

（2）企业考虑进入某一国外市场后对该国的顾客进行的细分，这种含义上的细分称为国际市场微观细分。

二、国际市场宏观细分

国际市场细分的第一层含义是宏观细分。宏观细分是微观细分的基础，因为只有首先确定进入哪个或哪些国家或地区，然后才能进一步在某国进行一国之内的细分。

1．国际市场宏观细分过程

国际市场宏观细分过程可以分为下述几个步骤：

（1）确定细分标准。

（2）按照分类标准，将所有具有共同特点的国家或地区划为一组，即构成一个子市场。

（3）了解每组需求对企业资源条件的要求。

(4) 根据本企业的特点,分析适当的子市场。
(5) 综合评估,选择最易进入的子市场。

2. 国际市场宏观细分标准

1) 地理位置

依据地理位置进行细分,是最常用的国际市场宏观细分标准,如北美市场、西欧市场、东南亚市场、前苏东市场、拉美市场、中东市场或西非市场等。以地理位置为国际市场宏观细分标准具有重要的实践意义。

2) 经济发展水平

由于处在同一经济发展阶段或相同经济发展水平的国家或地区总是表现出相同或类似的需求模式和市场行为,使经济发展水平作为国际市场宏观细分标准具有重要的实践意义。

3) 社会文化差异

依据社会文化差异进行国际市场细分,可选择文化构成的不同要素作为细分标准,如语言文字、教育水平、宗教信仰、社会结构、价值观念或商业习惯等。宗教信仰常被选择作为国际市场宏观细分的标准,这是因为奉行同一宗教信仰的国家或地区往往具有相同的价值观念和行为准则,遵循共同的审美观念和宗教禁忌,表现出相似的生活方式和行为模式。

4) 用组合法细分国际市场

仅仅依据地理位置、经济发展水平或者文化差异等单项指标进行国际市场的宏观细分总是存在这样或那样的局限性。多指标细分标准的运用,可在一定程度上弥补单项指标细分的不足。

三、国际市场微观细分

1. 微观细分的标准

国际营销中微观细分的方法与国内营销中市场细分方法基本相同,现对微观细分的方法作一简单介绍。

1) 消费品市场的细分标准

(1) 地理区域。根据地理区域细分,是以自然区域(北方或南方)、行政区域(省、地、县)和城乡区域(城市或农村)等地域作为消费者市场细分的依据。这是因为,不同地理区域存在自然气候、资源条件、地理特征、经济发展水平和社会文化传统等方面的差异,形成不同的消费需求和习惯偏好,对于营销刺激可能作出不同的反应。

(2) 人口统计。根据人口统计细分,是以消费者的年龄、性别、教育、职业、收入、家庭、宗教、民族和社会阶层等人口统计变量作为消费者市场细分的依据。这是因为,具有不同人口统计特征的顾客群体往往表现出不同的消费需求或习惯偏好,对同样的营销刺激常常作出不同的反应。

(3) 心理特征。根据心理特征细分,是以消费者的生活方式、个性特征、审美观念以及对产品或企业的态度等心理差异作为消费者市场细分的依据。这是因为,具有不同心理特征的顾客群体往往表现出不同的消费偏好和行为模式,对外部的营销刺激持有不同的态度并作出不同的反应。

(4) 购买行为。根据购买行为细分,是以消费者购买的利益追求、购买时机、购买频率、购买阶段和品牌忠诚程度等购买行为变量作为消费者市场细分的依据。

2) 工业品市场的细分标准

(1) 产品的用途。产品的用途不同,或者使用的行业不一样,客户往往表现出不同的需求模式和购买行为。

(2) 客户的规模。客户规模通常是指客户购买产品或服务的数量。大客户购买的数量多,对企业的影响程度大,需要企业给予特别的待遇,实行营销策略上的倾斜。

(3) 客户的区位。客户所处的地理位置或集散程度也可作为市场细分依据。由于客户的区位状况直接影响到营销企业的供货成本和服务能力,企业可根据客户所在区域的距离远近或集中程度划分不同的子市场。

2. 微观细分的要求

市场细分的结果一定要对企业制定营销策略有实际意义。对营销有意义的细分子市场必须具备下述四个条件:

(1) 可衡量性。即子市场的规模和购买能力可以被衡量的程度。如果不可衡量,企业就难做到资源的适量分配。例如,用生活方式来作为细分标准就很困难,因为很难确定一国中究竟有多少人属于某一种生活方式。

(2) 可进入性。细分市场的可进入性是指对于经过细分形成的国际营销子市场,企业有能力进入并提供服务。对于某些由政府授权或被竞争对手控制的细分子市场,企业难以接近或者无法进入。例如,在有些国家,军用产品只能由国家军工企业生产,一般企业就难以接近军用品市场,因而划分出军用品这一子市场就没有价值。

(3) 可盈利性。细分市场的可盈利性是指经过细分形成的国际营销子市场具有一定的规模,得以给企业带来足够的利润。有些细分子市场因规模过小,或者进入成本过大,企业营销活动不仅无利可图,而且还要耗费大量的时间、精力,或者牵制大量的资金。

(4) 可实施性。即企业能够有效地吸引并服务于子市场的可行程度。例如,一家小航空公司将其顾客划分成七个子市场,但公司力量不足,人员缺乏,没有能力为每一个子市场制定单独的营销策略,因此,该公司的市场细分就没有意义。

四、目标营销策略

所谓目标营销,是指企业在市场细分的基础上,选择一个或若干个子市场作为目标市场,并相应地制定营销策略的过程。

选择目标市场也有两个层次上的含义:一是在众多的国家中选择某个或某些作为目标市场;二是在一国中众多的子市场中选择某个或某些作为目标市场,在两个层次上选择目标市场的方法和策略是一样的。这里,只以宏观层次为例,介绍目标营销的各种策略。

企业在进行市场细分之后,究竟应选择哪些国家作为目标市场?企业可在下述三种策略中进行选择,即无差异性营销策略、差异性营销策略和集中性营销策略。

1. 无差异性营销策略

企业经过市场调研之后,认为没有必要把整个市场划分成若干子市场,而是要把整个世界市场作为自己的目标市场,用一种标准化的营销组合策略,努力进入更多国家,吸引更多顾客。这种策略的优点在于通过大批生产和标准化的营销活动,可以实现规模经济效益,降低生产和营销成本。世界上只有少数大企业有能力采取这种策略。例如,可口可乐公司曾以单一的品种、标准的瓶装和统一的广告宣传长期占领世界软饮料市场。这种策略的特点是忽视不同国家、不同消费者需求之间的差异性,从而丧失许多市场机会。

2. 差异性营销策略

企业经过市场细分后,认为企业可以把全部或多数子市场作为目标市场,并为不同的子市场设计不同的营销组合方案。这一策略的优点在于可以增加企业的竞争能力,扩大销售额。其缺点是由于品种、分销渠道、广告宣传等因素的扩大与多样化,生产和营销成本也相应增加。世界上只有少数采取高度分权化管理的大企业才能实施这种策略。

3. 集中性营销策略

无论是无差异性营销策略还是差异性营销策略,都是企业面向整个世界市场或其中大部分子市场。而采取集中性营销策略的企业,则把自己的目标集中在一个或少数几个子市场上。采用这种策略的多是资源有限的中、小型企业,它们追求的目标不是在较大的市场上占有一个较小的市场份额,而是在一个或几个较小的市场上占有较大的、甚至是领先的市场份额。这种策略的优点是适应了本企业资源有限这一特点,可以集中力量向某一特定子市场提供最好的服务。生产和营销的集中性,使企业经营成本得以降低。

这种策略的缺点是放弃了其他市场机会,以后想再进入,困难很大。此外,集中性营销有较大的风险。如果目标市场突然变化,如价格猛跌,购买者兴趣转移,或突然出现强有力的竞争者,企业就可能陷入困境。因此,许多企业宁可分散力量于几个子市场,使生产和营销多样化。

第四节　企业从事国际营销的原因及方式

一、企业从事国际营销的原因

由于近几十年来以信息技术为代表的高科技的飞速发展以及交通运输设施的改进,国际贸易和跨国投资得以迅速发展。在这种情况下,本国市场再也不是专供本国企业销售的场所,而是各国产品竞争销售的场所。现在,许多品牌的产品都不是完全在一个国家生产的,而是生产部件来自各个国家,在另一国家组装,产品则在其他国家上市。特别是互联网的广泛使用,使得全球成为一个大市场。越来越多的企业发现,国外市场上的投资收益要远远高于国内。

从企业角度来看,从事国际营销至少有以下几条重要原因:

(1) 产品在本国已处于生命周期的衰退期阶段,但在其他某些国家却正处于介绍期或增长期阶段。随着产品进入新市场,相当于延长了产品生命周期。例如,20世纪70年代末,黑白电视机在日本已进入衰退期,在中国则正处于成长期。这时,正值中国政府刚刚放松对家电产品的进口限制之际,日本电视机厂商将其行将淘汰的黑白电视机大举出口到中国这个庞大的市场上,使黑白电视机的生命周期延长了多年。

(2) 在国外市场上往往可以获得更高的利润,或者可增加总销售额和总利润额。

(3) 扩大销售量,实现规模经济效益,研究与开发(R&D)费用也可以在更大的营业额基础上分摊,使得单位成本下降。

(4) 在某些场合,国外市场竞争的激烈程度低于国内市场。在这种情况下,企业到国际市场上另辟蹊径,反而可以得到生存与发展。

(5) 地区多样化(即国际营销)往往比产品系列多样化更优越。

(6) 国外市场潜量大。市场是由人口和购买力等因素构成的,任何一个国家的国内市场都要远远小于世界市场。

(7) 对于大多数发展中国家和社会主义国家的企业来说,进入国际市场的一个重要原因,就是取得国内短缺的外汇,用外汇进口生产急需而国内没有供应的物资、技术和设备,以便进一步发展生产力,提高竞争能力。

(8) 与出口相比,国际营销是一个含义更广的概念,因为它还包括国外的投资和生产制造活动。因此,较之出口贸易而言,国际营销还具备以下几项特殊优点:

① 可以避开关税、配额等贸易壁垒。

② 充分利用国外的资金、技术和管理经验。

③ 更接近市场,可以更直接地获得信息。

④ 可以享受外国政府的优惠待遇。

⑤ 对于发展中国家企业,树立品牌、获得技术和研发设施、提高其实现国际化的实力是最明显的国外投资因素。

二、企业进行国际营销的方式

企业一旦决定进入国际市场,就要考虑进入国际市场的方式或参与国际市场的程度。一般来讲,进入国际市场可以有如下几种基本方式或参与程度。

1. 出口

1) 间接出口

间接出口是指企业将产品卖给或委托国内中间商出口到国际市场。我国的生产企业,除已申请出口经营权,自己从事国际贸易外,相当部分还是通过间接出口方式进入国际市场。而从事间接出口业务的国内中间商,主要是原有的专业外贸公司、各地的国际贸易公司或工贸、农贸、商贸公司等外贸企业,故又将间接出口方式称为外贸出口。

(1) 间接出口方式的优点。对于生产企业而言,间接出口方式具有的好处有:

① 可以利用中间商的分销渠道和国际营销经验使自己的产品尽快进入国际市场。

② 可以利用中间商的营运资金和营销人员拓展国际市场。

③ 可以将国际营销风险转嫁给中间商,并在市场进入方式上具有较高的灵活性。生产企业在进入国际市场之初,由于国际市场知识和国际营销经验的欠缺,所关心的是如何减少或规避国际营销风险,并非如何增加对国际营销活动的控制程度,对此,间接出口方式具有明显的优势。特别是我国的许多中小生产企业受到资金、人员和市场信息等资源条件的限制,常常利用间接出口方式进入国际市场。即使是一些大型生产企业,考虑到市场进入方式的多样化,或者认为某些国家市场潜力不大或风险过高,也可能在一定时期内采用间接出口方式拓展国际市场。

(2) 间接出口方式的缺点。间接出口方式具有的弊端有:

① 生产企业未能直接从事国际营销活动,难以取得国际市场知识和营销经验。

② 生产企业只能通过国内中间商获取国际市场信息,难以对国际市场变化及

时作出反应。

③ 生产企业无法控制自己产品的国际营销,难以在国际市场上树立起自己的品牌或声誉。

根据我国对外贸易实践,间接出口方式可依据产品所有权是否转移,进一步划分为收购出口和代理出口。

2) 直接出口

直接出口是指生产企业将产品直接卖给国外的中间商或用户,或者委托国外中间商在国际市场上代为销售。我们国家规定,从事货物进出口或者技术进出口的对外贸易经营者,应当向中华人民共和国商务部或商务部委托的机构办理备案登记。随着我国外贸经营权的由审批制改为备案登记制,越来越多的生产企业得以选择直接出口方式开拓国际市场。

直接出口方式可给生产企业带来的好处有:

(1) 生产企业直接从事出口业务,有助于获得国际市场知识和营销经验。

(2) 生产企业直接涉足国际市场,有利于与客户建立联系,及时得到市场信息反馈。

(3) 生产企业独立完成产品出口的业务过程,对客户选择产品定价和广告促销等营销活动拥有更大的控制权。

(4) 生产企业直接参与国际营销活动,有利于在国际市场上树立自己的品牌,建立自己的分销网络。

但是,直接出口方式也要求生产企业配备专业的国际贸易营销人员,对国际市场有更多的了解,承担更高的营销费用,承受更大的营销风险,因而,在资源条件上对生产企业提出了更高的要求。

2. 许可贸易

许可贸易是指拥有某种权利的一方(许可方)授予另一方(被许可方)该种权利使用权的交易。可授予使用权的权利通常是企业的专利、商标或专有技术等无形资产。采用许可贸易方式,企业与国外厂商签订许可协议,授权对方在约定区域和一定时期内使用企业的某项专利、商标或专有技术进行指定产品的生产和销售,国外厂商则依据许可协议向企业支付专利、商标或专有技术的使用费。在许可贸易方式下,企业通过专利、商标或专有技术等无形资产使用权的转让而达到拓展国际市场的目的,但与合同生产不同,国外被许可方根据许可协议的授权,不仅得以使用被许可的权利进行产品的生产,而且还可以从事产品的销售活动。

根据许可协议的授权范围,许可贸易可分为独占许可和非独占许可。独占许可方式是指许可方在许可协议中授予被许可方在一定时期和指定区域内拥有许可权利的独家使用权,许可方和其他第三者不得在该区域内使用该项权利进行产品的生产和销售。非独占许可方式是指许可方和其他第三者仍有权使用已授予被许可方的同项权利,在许可协议约定的区域内进行产品的生产和销售。

许可贸易这种做法表明,企业参与了比出口更深一层的国际营销活动,因为企业的产品已在国外市场上被生产出来,尽管是授权外国企业生产的。

3. 国外销售办事处或营销子公司

在海外市场上设立国外销售办事处或营销子公司表明,企业已进一步参与了国际营销。销售办事处是总公司的派出机构,不是独立的法人。营销子公司则是一个独立的公司和法人。企业在国外建立销售办事处或营销子公司,可以对国外营销业务进行更直接的控制。

4. 国外生产和营销

当企业开始其在国外的生产和制造业务时,表明企业已完全参与了国外营销活动。在国外从事生产意味着企业把大量资金和管理资源投入海外业务。当然,投入资源的多少也取决于海外生产的形式。例如,国外组装业务与国外独资建厂生产相比,需要投入的资源就要少一些。而合营企业则意味着与国外的合营者分担成本和风险。

以上只是进入国际市场的几种方式。在这几种方式中,企业参与国际营销的程度各有不同。任何企业,即使是小企业,只要采用了与自身条件相适应的方式进入国外市场,也会成为成功的国际营销者。当然,大企业可以有较大的选择余地,但究竟采用哪种方式,取决于产品特点和进入的国家等具体情况。有些大企业有多种产品系列,并在许多国家从事营销活动,因而采取了各种参与国际营销的形式。了解进入国际市场的各种方式很有必要,因为企业的各种具体的营销策略在很大程度上取决于企业所选择的进入方式。

第五节　国际产品市场营销

产品的国际市场营销与国内市场营销的基本内容是一致的,即通过产品的改进、开发,满足消费者的需求,并实现企业的营销目标。当然,产品的国际市场营销将面临不同的市场环境,需要选择适合特殊市场环境的营销策略和模式。

一、产品营销的基本理论

1. 产品和新产品
1) 产品的概念
传统的观念把产品视为具有特定物质形态和用途的物体。在商品经济条件下,企业生产的产品通过市场交换,实现其使用价值和价值,成为商品。企业通过商品销售,获取利润。市场对产品的需求不仅仅是其物质形态和用途,还包括产品的性能、品牌和商标、包装、生产经营者的声誉和服务等多种属性。这些属性从产品的物质形态中派生出来,共同构成了现代的产品概念——整体产品。

因此,企业制定产品战略、开发新产品以及市场营销,都应以整体产品概念为基础,不仅注重产品的功能与质量,还要关心产品的有形特征和给消费者带来的附加利益,这是现代市场业态发展的必然要求。

2)新产品及其分类

新产品是一个非常广泛的概念。从生产商的角度来看,凡是以前没有生产过的产品就是新产品。从消费者的角度来看,只要所见的产品与原先的产品具有差异性,他们都认为是新产品。从严格意义上来分,只有采用了新工艺、新技术和新材料,从而使产品的功能、结构和效用等发生显著变化的,才算真正意义上的新产品。

(1) 企业型新产品。
(2) 市场型新产品。
(3) 技术型新产品。
(4) 宏观控制型新产品。

其实在实践中,并不需要严格地按照这些定义来开发新产品。新产品的开发要以一定的技术进步为基础,充分考虑市场需求的因素和宏观控制要求。

2. 产品生命周期理论

1)产品生命周期理论的概念

任何一项成功的产品都会经历一个从新颖到衰退的过程,即从投入市场到退出市场的过程。这一过程称为产品生命周期。产品生命周期一般包括四个阶段,即投入期、成长期、成熟期和衰退期。这些阶段反映了产品发展进程的时间结构,不同阶段对管理和营销的要求不同。

2)国际产品生命周期

国际产品生命周期概念是由美国哈佛大学教授雷蒙德·弗农(Raymond Vernon)以产品生命周期理论为基础,针对世界贸易和投资方式提出的一个新概念。根据这一理论,从国际市场上看,产品同样要经历投入、成长、成熟和衰退四个发展阶段。但由于各国在经济和技术方面发展不均衡,产品生命周期在不同国家里,发生的时间和过程是不一样的。

(1) 产品投入期即新产品阶段。创新国通过研究和开发新产品,并引入本国市场。由于产品尚未定型,技术还不完善,竞争对手没有出现,在本国生产是最佳选择。当生产发展到一定水平,产品将逐渐出口到其他发达国家。

（2）产品成长期。在这一阶段,技术日臻完善,产量扩大,创新国的出口量亦日渐扩大。同时,其他发达国家开始涉入同一领域,并可能利用自己在技术、质量和成本等某一方面拥有的某些优势与创新国竞争,争夺本国市场。

（3）产品成熟期。此时,发达国家与创新国的竞争不仅表现在本国市场,而且进一步波及发展中国家。而且由于产品标准化程度加深,竞争者会越来越多。创新企业将面临两种选择：第一,任凭竞争对手抢占新市场,蚕食现有市场,在市场竞争中退避;第二,对外投资,设立国外子公司或分公司,通过在国外直接生产和销售的方式,保持其在国外市场的份额,从而进行更有力的竞争。

（4）产品衰退期。这是指该产品在创新国由于机会成本等原因导致的生产量上的衰退,产品将逐渐退出市场。当外国公司（包括创新企业的国外子公司和分公司）由于生产成本降低等因素而在本国市场和出口市场建立了强有力地位时,就会逐渐将产品出口到创新国,与创新国企业的产品竞争。

国际产品生命周期概念是对一般产品的市场周期理论的补充和完善,是产品生命周期理论在国际市场上的运用。它的投入、成长、成熟和衰退四个阶段是针对创新国而言的,而不是针对整个国际市场。例如,创新国的产品衰退期可能正好是发展中国家的产品成长期。国际产品生命周期概念说明了国际营销的进步和国际产业结构的变化和转移。但这仅仅反映了一种趋势,并不是对任何产品、任何国家在任何时间和条件下都适用。

从国际市场上的产品周期的变动情况来看,发展中国家在产品的发展阶段相对于工业发达国家存在滞后的关系,因而,也给发展中国家的生产、出口提供了机会。运用国际产品生命周期概念,我们可以利用不同产品在不同国家市场所处的不同阶段,调整出口产品的地区结构,将在甲市场处于下降阶段的产品转向尚处于上升阶段的乙市场,从而延长产品的生命周期。还可以因势利导,及时接收和生产发达国家转移或即将淘汰的产品,填补其他区域的市场空白。

3. 产品组合

很少有一个企业仅生产一种产品的。一个企业应当制造和经营多少种产品,这些产品应如何搭配,均属产品组合要研究的问题。产品生命周期展示了单种产品的时间结构,产品组合则研究企业产品的整体（空间）结构。

1）产品组合的基本概念

（1）产品项目。

（2）产品线。

（3）产品组合。

（4）产品组合广度。

（5）产品组合深度。

（6）产品组合一致性。

2）产品组合的动态平衡

生产经营多品种的企业，经常面临的一个重要问题，就是依据各种产品的生产经营状况，进行综合分析，以明确哪些产品为企业提供大量利润，是企业的支柱产品；哪些产品有发展前途，应予以大力扶持；哪些产品属淘汰品种，应撤出市场等等。并在分析的基础上，不断调整产品组合，使企业能经常保持最佳产品组合状态，实现产品组合的动态平衡。

进行产品组合的动态平衡，首先要分析产品线和产品项目的现有的和潜在的贡献。著名管理学家德鲁克认为产品可以分为六类：

（1）未来的支柱产品，如新产品或改进的现有产品。

（2）目前的支柱产品。

（3）可"抚育"的产品，即应予扶持，使之成为未来的支柱产品。

（4）过去的支柱产品。

（5）销路不好但仍可继续经营的产品。

（6）已丧失销路，或未打开销路的失败产品。

企业产品组合中，如果以（2）和（4）两类产品为主，可能目前境况较佳，但潜伏着危机。相反，若以（1）、（3）类产品为主，那么眼前又会十分艰难。因此，要使产品组合保持较佳的动态平衡，需要认真分析和正确决策。

4. *产品差异化与多样化*

1）产品差异化

产品差异化是相对于产品标准化的一个概念，是指企业生产出本行业中其他企业所没有的独特产品，形成独家经营的市场。

2）产品多样化

产品多样化是相对于产品专业化的概念，是指企业按比较完整的产品线组织生产和营销，使消费者能从同一厂商处购买到其所需的不同种类和型号的产品，方便和吸引顾客，并避免由于品种单一带来的风险的营销策略。

常见的产品多样化策略有以下几类：

（1）同心多样化。

（2）纵向一体化。

（3）复合多样化。

产品多样化与产品差异化在性质上存在根本不同之处。产品差异化意味着同一市场的细分化，本质上是同一产品在某些特性上与标准化产品产生差异，而不是进入新的异质市场。产品多样化则要求企业开发生产与原有产品异质的产品，进入新的异质市场。上述两个概念不可混淆。

相关链接：产品生命周期的四个阶段

（1）投入期。这时，产品刚刚开发出来，作为企业的新产品开始批量生产并投入市场。这一阶段的基本特征是销量低且增长缓慢。

（2）成长期。成长期的标志是销量迅速增长，企业开始盈利。由于大规模的生产和利润的吸引，新的竞争者进入市场。在成长阶段，企业应该尽可能长时间地维持市场成长，抓住这一时机，扩大生产规模，利用质量、价格优势扩展市场面，提高市场占有率。

（3）成熟期。产品的销售成长率在到达某一点后将放慢步伐，并进入相对成熟阶段。成熟期的产品竞争加剧，竞争的重点在价格、质量和销售服务等方面。这期间，企业应加强成本、质量控制，增强和维护产品品牌和商标的信誉。

（4）衰退期。随着生产的发展和技术进步，性能更加完善的产品将会层出不穷，并逐步取代现有产品；也有因为消费者口味的改变或国内外竞争的加剧，使之销量下降，价格下跌，利润减少，步入衰退期。这时，企业应通过发展新产品来取代老产品，进入新一轮的产品生命周期。

特别提示：产品多样化策略

（1）同心多样化。这是以一种产品为核心，不断开发和生产类似核心产品的策略。运用这种策略的企业，其产品应在生产技术、销售渠道和目标市场等某一方面或多方面相似。同心多样化策略的基本特征是新产品开发方向基本确定；便于利用现有的生产设施，缩短产品开发周期；组织原材料供应和生产过程相对简单；市场开拓方面能利用现存的渠道和环节；成品营销与管理相对简单。其缺点是，企业的发展与行业的兴衰联系过于紧密，一旦行业衰退，对企业影响极大。

（2）纵向一体化。这是企业以核心产品为基础，向前或向后方向扩展生产经营范围的策略。其中，向前发展称为前向一体化，也就是以现有的核心产品为基本原材料，开发新的相关产品。向后发展称为后向一体化，即企业开发生产其核心产品所需的基本原材料的策略。纵向一体化有助于企业加快发展进程，扩大生产经营规模，获得一定的规模经济效益。然而，纵向一体

（续上）

化会使企业与行业拴得更紧密,而且由于新产品开发的领域超出企业已有的经验,开发难度必然加大,所需资金也较多。

（3）复合多样化。它要求企业不断开发和增加与现有产品完全不同的产品。复合多样化策略的基本特点是,不同产品可以相互提供支援,通过向不同市场提供不同产品来分散企业经营风险。但是,复合多样化更容易使企业快速膨胀,带来管理上的众多难题。因此,对企业的策划能力、生产能力、技术能力、营销能力和管理能力都提出了更高的要求。

二、国际市场新产品开发

1. 新产品开发程序

产品生命周期说明,企业不能以一成不变的产品在千变万化的国际市场上参与竞争,而必须适时推出新产品,以满足顾客不断变化的要求和购买欲望。国际市场竞争更加激烈,不注重新产品开发,任何企业都难以保持其市场地位。因此,强化新产品开发是企业国际市场营销的十分重要的任务和竞争的主要手段。

一方面,新产品是维持企业利润持续增加,提高企业竞争能力的基础。另一方面,新产品开发又是一项错综复杂的活动,每一项成功的新产品都须经过艰苦的努力。新产品开发的基本特征是:

（1）涉及面广。它不仅与企业内所有层次的全体人员相关,而且涉及销售商、消费者、供应商和科技人员等众多的外部人员。

（2）影响因素多。概括而言,影响新产品开发的力量有两类。一类是促进力量,因为新产品可能给企业带来较丰厚的收益和增强企业的竞争力,使企业对它寄予厚望。另一类是阻挡力量,由于新产品开发费用递增、报酬递减、难度巨大,也易使决策者望而却步。无论从新产品的职能来看,还是就新产品开发的复杂度而言,强化新产品管理都是十分必要的。

新产品开发涉及许多技术性和实践性问题,产品开发的成功不仅取决于这些问题的解决,也依赖于企业目标、资源、市场机会和产品研制计划之间的有机配合和协调。

（1）新产品战略。

（2）新产品组织。

（3）新产品构思。

（4）新产品评价。

（5）新产品的商业化。

2．新产品战略

在任何一个企业中，都可能列举出一系列最终招致失败的新产品活动。新产品失败的原因一般有五个：

（1）对潜在市场容量的错误估计。

（2）对市场竞争的激烈程度预计不足。

（3）成本过高。

（4）缺乏有效的国际性。

（5）信息沟通过程有误。

原因归结起来，是企业的新产品战略不适当，未能给新产品活动以正确的指导。

1）新产品战略的特殊作用

新产品战略与企业总体战略一样，具有提供协调、辅助组织设计、分配资源、激励职工等作用。除此之外，它还有两项特殊的作用。

（1）限制转向。

（2）指导新产品活动全过程。

2）新产品战略规划的内容

确定正确的新产品战略，需要弄清新产品战略规划的基本内容，包括：

（1）战略竞争域。

（2）新产品活动的目标。

（3）实现目标的规划。

3）新产品战略的一般模式

对上述新产品战略规划中的各项决策加以组合，就可以构成新产品战略。常见的组合有以下三种：

（1）保持地位战略。保持地位战略又称维持战略、防御战略和适应战略等。

（2）革新战略。革新战略又称进攻战略或领先战略。

（3）冒险战略。冒险战略又称首创或创业战略。

以上三种组合仅仅是典型的组合，实际上企业需要根据自己的实际情况，合理组合各要素，制定适宜的新产品战略。

3．新产品开发组织

新产品开发由于涉及面广、风险性较大，能否合理组织新产品活动，显然与开发的成效密切相关。新产品开发组织与一般组织比较，具有其特殊性。一般组织的效率来自分工，包括横向的职能上的分工和纵向的层次上的分工。这种广泛的分工，通过工作专业化方式使普通组织的效率提高，结构稳定。而新产品组织的效率反映在创造力上。创造力的大小、创造性成果的多少与分工没有必然联系。结构过于稳定、制度过于呆板严厉的组织,反而会制约创造性的发挥。因此,新产品组织结构多摒弃集权的等级制结构,而采用非等级的、矩阵式的结构。与一般组织相似,新产品组织也由结构、制度(或程序)和人员三要素构成。

三、国际产品市场进入模式与营销战略

企业对国际营销产品的选择,不仅取决于产品在不同国家或地区的使用条件,而且厂商还要考虑到产品在不同国家或地区的用途或者顾客的需求偏好。据此,形成相应的国际营销产品选择策略。

1. 直接延伸策略

直接延伸策略是指将国内市场营销的产品和使用的促销信息直接沿用于国际市场的策略。依据这种策略,企业既无须对国内营销产品加以改进,也不必更改国内产品信息,直接将其延伸到国际市场。直接延伸策略适用于国际市场对产品的需求以及产品的使用条件与国内市场相同或类似的情况。例如,可口可乐饮料、柯达胶卷、万宝路香烟和吉列剃刀等产品采用的是直接延伸策略。

1) 直接延伸策略的好处

(1) 可获取规模经济的效益。

(2) 有利于树立统一的产品形象。

2) 直接延伸策略的缺点

直接延伸策略的弊端在于忽视了不同国家或地区营销环境的差异,针对性差,在国内市场畅销的产品可能在国际市场上无人问津,在国内备受赞赏的产品促销信息却在他国受到抵制。

2. 产品信息改变策略

产品信息改变策略是指对国内营销产品不作改变直接投放国际市场,但却对国内产品促销信息加以调整或改变以适应国际市场要求的策略。这种策略适用于产品在不同国家或地区的使用条件相似,却满足不同的需求或者具有不同的用途。

产品信息改变策略的好处在于生产成本相对较低。这是因为,国内营销产品直接延伸到国际市场,企业可避免因产品改变而发生的研制开发、设备调整、工序改变和库存增加等成本费用,并可从扩大的生产规模中获取规模经济效益。但这种策略要求企业加大对国际市场调研的力度,了解不同国家或地区消费者需求的差异,根据产品在不同国家或地区的用途相应地调整产品促销信息,以致增加市场调研与广告促销等营销成本。

3. 产品实体改变策略

产品实体改变策略是指依据不同国家或地区的要求对国内营销产品进行相应

的改进,但保持国内原有的产品促销信息不变的策略。这种策略适用于产品在不同的国家或地区的用途基本相似,但使用条件或顾客购买习惯差异较大的情况。

4. 双重改变策略

双重改变策略是指对国内营销产品和促销信息同时进行改变,以适应国际市场不同要求的策略。这种策略适用于产品在不同的国家或地区满足的是不同的需求,具有不同的用途,或者存在不同的使用条件或购买习惯等情况,企业不仅需要对营销产品加以改进,而且还要调整产品促销信息。

5. 新产品开发策略

新产品开发策略是指根据国际市场要求专门研制开发新产品,特地制订促销计划设计促销信息的一种策略。这种策略适用于产品改进既无法满足国际市场消费者的需求,也无法适应国际市场的使用条件,或者产品改进的成本过高而超过消费者的支付能力或理解价值等情况。

新产品开发策略的优势在于:新产品系根据国际市场的消费需求和使用条件进行研制开发,可以更好地满足不同层次国家或地区消费者的需求与偏好,更好地适应不同国家或地区的营销环境与使用条件。特别是新产品的开发往往是以全球市场为目标的,从而要比产品改进具有更高的营销效率、更好的营销效益和更低的营销成本。新产品开发策略的弊端在于:新产品开发要比产品改进需要更多的企业资源投入,同时,新产品的营销前景往往又难以确定,为此,新产品开发企业要承担很大的风险。

典 型 习 题

一、**单项选择题**(下列每题的选项中,只有1个是正确的,请将其代号填在括号内)

1. 市场是由一切具有特定的欲望和需求,并且愿意和能够以(　　)来满足此欲望和需求的潜在顾客组成。

  A. 合作　　　　B. 控制　　　　C. 组织　　　　D. 交换

2. (　　)是一个社会管理过程,在这个过程中个人和群体通过创造、提供、与他人交换有价值的产品来满足自身的需要和欲望。

  A. 市场推销　　B. 合作经营　　C. 市场营销　　D. 客户服务

3. 企业国际营销战略必须服从于企业(　　)战略的要求。

  A. 国际贸易　　B. 国际经营　　C. 国际化　　　D. 国际市场

4. 多国化营销战略的目标是(　　)

  A. 占据国际市场   B. 占据全球市场
  C. 占据多个不同的国外市场   D. 占据一个国家多个市场

5. 将业务集中于少数国家的少数细分市场的战略称为(　　)。
  A. 市场专门化战略   B. 区域集中战略
  C. 多元化战略   D. 集中化战略

6. 企业在进入某一国外市场后对该国的顾客进行的细分称为(　　)。
  A. 国际市场细分   B. 国际市场组合细分
  C. 国际市场宏观细分   D. 国际市场微观细分

7. 企业把全部或多数子市场作为目标市场,并为不同的子市场设计不同的营销组合方案的营销策略称为(　　)。
  A. 无差异性营销策略   B. 差异性营销策略
  C. 集中性营销策略   D. 分散性营销策略

8. 企业所选定作为营销对象的具有某些特定需要的消费者群体称为(　　)。
  A. 细分市场   B. 目标市场   C. 市场主体   D. 营销对象

9. 消费者对产品的质量、款式和价格等有不同的要求,而且对企业同一营销策略会作出不同反应的市场,称为(　　)。
  A. 卖方市场   B. 买方市场   C. 异质市场   D. 同质市场

10. 顾客对产品的需求大致相同,而且对企业同一营销策略反应也十分相似的市场,称为(　　)。
  A. 卖方市场   B. 买方市场   C. 异质市场   D. 同质市场

11. 有较大的营销风险的营销策略是(　　)。
  A. 无差异性营销策略   B. 差异性营销策略
  C. 分散性营销策略   D. 集中性营销策略

12. 目标营销的基础是(　　)。
  A. 市场细分   B. 营销环境   C. 营销组合   D. 营销计划

13. 文化的主要影响因素是(　　)。
  A. 教育   B. 语言   C. 宗教   D. 价值观

14. 市场细分的概念依据是(　　)。
  A. 顾客需求的同质理论   B. 顾客需求的异质理论
  C. 营销目标的同质理论   D. 营销目标的异质理论

15. 家庭规模对于市场营销具有重要参考价值,因为家庭规模小、家庭数目多,就意味着(　　)。
  A. 消费品市场潜力小   B. 工业品市场潜力小
  C. 消费品市场潜力大   D. 工业品市场潜力大

16. 用经济标准划分世界市场的一个最简单的方法是将（　　）作为衡量指标。
    A. 国民生产总值　　　　　　　　B. 国内生产总值
    C. 人均国民生产总值　　　　　　D. 国民生产净值

17. 如果企业经营的是钢铁、粮食和煤炭等彼此差异不大的产品,则采用（　　）目标营销策略较合适。
    A. 分散性　　B. 集中性　　C. 差异性　　D. 无差异性

18. 出口进入国外市场的经营对象主要是（　　）。
    A. 消费品　　B. 有形商品　　C. 无形商品　　D. 服务

19. 产品的功能属于（　　）。
    A. 产品的形体层　　　　　　　　B. 产品的有形特征层
    C. 产品的核心层　　　　　　　　D. 产品的附加利益层

20. （　　）的基本内容是：企业提供产品不仅要符合消费者的需要与欲望,而且要符合消费者和社会的长远利益,考虑到社会的可持续发展。
    A. 推销观念　　　　　　　　　　B. 产品观念
    C. 社会营销观念　　　　　　　　D. 市场营销观念

21. 产品生命周期是指（　　）。
    A. 从生产制造到退出市场　　　　B. 从生产制造到废品回收
    C. 从投入市场到废品回收　　　　D. 从投入市场到退出市场

22. 销售迅速增长,企业开始盈利。同时快速扩张的产品市场和收益刺激其他厂商,吸引竞争者纷纷介入,新产品这一生命周期阶段是（　　）。
    A. 投入期　　B. 成长期　　C. 成熟期　　D. 衰退期

23. 国际产品策略所花费的巨大成本在于（　　）。
    A. 产品和宣传的双重改变　　　　B. 产品延伸,宣传改变
    C. 产品改变,宣传保持　　　　　　D. 设计并开发全新产品

24. 企业生产或经营的产品线数目称为（　　）。
    A. 产品项目　　　　　　　　　　B. 产品组合
    C. 产品组合的广度　　　　　　　D. 产品组合的深度

25. 在国际消费品开发策略选择中,要能最大限度地节省成本,最好采用（　　）。
    A. 国际产品标准化策略　　　　　B. 国际产品相对标准化策略
    C. 国际产品当地化策略　　　　　D. 国际产品本国化策略

26. 有些经营汽车的跨国公司兼并摩托车企业,生产摩托车,实行的是（　　）策略。

A. 专业化发展　　B. 同心多样化　　C. 水平多样化　　D. 混合多样化

27. 构成容量很大的现实市场,必须是(　　)。

　　A. 人口众多而且购买力高

　　B. 购买力高而且购买欲望大

　　C. 人口众多而且购买欲望大

　　D. 人口众多购买力高而且购买欲望大

28. 对消费者的购买行为具有最为广泛、最深远影响的因素是(　　)。

　　A. 个人因素　　B. 社会因素　　C. 文化因素　　D. 心理因素

29. 国际市场定位工作不包括(　　)。

　　A. 战略定位　　B. 产品定位　　C. 形象定位　　D. 营销定位

30. 国际营销企业选择目标市场所考虑的第一因素是(　　)。

　　A. 文化差异　　B. 市场规模　　C. 赢利性　　D. 销售额

31. 同质产品或需求共性较大的产品,宜采用(　　)。

　　A. 无差异市场营销战略　　　　B. 差异市场营销战略

　　C. 集中市场营销战略　　　　　D. 大量市场营销战略

32. (　　)是指拥有某种权利的一方(许可方)授予另一方(被许可方)以该种权利使用权的交易。

　　A. 许可贸易　　B. 货物贸易　　C. 租赁方式　　D. 代理方式

33. 除了少数资源丰富和投资能力极强的公司,几乎所有刚开始国际化战略的企业通常都选择(　　)。

　　A. 多元化战略　　　　　　　　B. 集中化战略

　　C. 市场集中化战略　　　　　　D. 区域集中化战略

二、多项选择题(下列每题的选项中,至少有 2 个是正确的,请将其代号填在括号内)

1. 从竞争的角度来区分国际营销战略有(　　)。

　　A. 产品竞争战略　　　　　　　B. 服务竞争战略

　　C. 广告竞争战略　　　　　　　D. 市场竞争战略

　　E. 企业形象战略

2. 从国际化程度不同区分,国际经营战略有(　　)。

　　A. 一国化战略　　B. 多国化战略　　C. 集中化战略　　D. 国际化战略

　　E. 全球化战略

3. 下列关于国际化营销战略的表述中,正确的有(　　)。

　　A. 目标是进入国际市场

　　B. 产品来源于国内制造商

C. 营销重心仍在国内

D. 由国内市场向国际市场扩展

E. 目标是占据多个不同的国外市场

4. 下列关于多国化营销战略的表述中,正确的有(　　)。

A. 目标是占据多个不同的国外市场

B. 国外市场与国内市场并重

C. 营销重心多元

D. 产品在不同市场地域就地生产

E. 目标是进入国际市场

5. 下列关于全球化营销战略的表述中,正确的有(　　)。

A. 目标在全球市场

B. 以全球观点来看待各国市场

C. 必须定期制定与修正国际战略及其规划

D. 实现全国跨国营销管理

E. 目标是进入国际市场

6. 全球公司实行全球营销的依据有(　　)。

A. 国际交通通讯的现代化　　B. 经济的全球化

C. 国际市场的统一化　　D. 国际市场需求的相似性

E. 营销管理的一致性

7. 市场扩展与定位战略包括的基本战略有(　　)。

A. 集中化战略　　B. 区域集中化战略

C. 市场集中化战略　　D. 国别集中化战略

E. 多元化战略

8. 消费品市场的细分标准有(　　)。

A. 家庭规模　　B. 家庭生命周期

C. 生活方式　　D. 购买频率

E. 消费模式

9. 工业品市场的细分标准有(　　)。

A. 生产企业　　B. 政府部门

C. 中间商　　D. 用户地理位置

E. 用户规模

10. 下列关于无差异性营销策略的表述中,正确的有(　　)。

A. 认为没有必要划分市场

B. 用一种标准化的营销组合策略

C. 可以增加企业的竞争能力

D. 可以实现规模经济效益

E. 忽视消费者差异性

11. 下列关于集中性营销策略的表述中,正确的有(　　)。

   A. 目标市场集中在一个或少数几个市场上

   B. 中小企业采用此策略

   C. 适用资源有限的企业

   D. 可以降低经营成本

   E. 有较大风险

12. 制定产品/市场进入策略的要素包括(　　)。

   A. 目标产品/市场的选择

   B. 目标市场的对象和任务

   C. 目标市场的进入模式的选择

   D. 目标市场的市场营销计划

   E. 国际营销的控制系统

13. 合同进入模式的内容包括(　　)。

   A. 许可证贸易　　B. 特许　　　C. 技术转让　　D. 合同制造

   E. 管理合同

14. 出口进入模式的内容包括(　　)。

   A. 间接出口　　B. 直接代理商　　C. 直接经销商　　D. 直接分公司

   E. 直接子公司

15. 下列不适于采用无差异营销策略的商品有(　　)。

   A. 化肥　　　B. 服装　　　C. 化妆品　　　D. 粮食

   E. 药品

16. 下列关于衰退期产品的阐述中,正确的有(　　)。

   A. 销量下降　　B. 价格下跌　　C. 利润减少　　D. 竞争品增多

   E. 企业应发展新产品取代老产品

17. 下列关于"国际产品生命周期"的表述中,正确的有(　　)。

   A. 此概念是美国雷蒙德·弗农提出的

   B. 是产品生命周期理论在国际市场上的运用

   C. 它的四个阶段是针对创新国而言,而不是针对整个国际市场

   D. 说明了国际产业结构的变化和转移

   E. 利用不同市场差异,国际产品生命周期可延长

18. 下列关于产品差异化的表述中,正确的有(　　)。

A. 属大量价格竞争策略

B. 是相对于产品标准化的一个概念

C. 指企业生产出独特产品

D. 改变产品赋予消费者的期望

E. 扩大产品赋予消费者的期望

19. 下列关于产品多样化策略的表述中,正确的有(　　)。

A. 是相对于产品专业化的概念

B. 使消费者从同一厂商处能购买到不同种类和型号的产品

C. 同心多样化策略

D. 纵向一体化策略

E. 复合多样化策略

20. 从市场竞争战略选择上看,企业可追求的目标有(　　)。

A. 市场领导者　　B. 市场防御者　　C. 市场挑战者　　D. 市场控制者

E. 市场追随者

21. 企业选择目标营销策略应考虑的因素有(　　)。

A. 企业资源条件　　　　　B. 产品同质性

C. 产品生命周期　　　　　D. 市场同质性

E. 竞争对手的营销策略

22. 国际营销中市场细分的主要作用有(　　)。

A. 利于发掘新的市场机会

B. 利于针对目标市场制定适当的营销方案

C. 可使企业获得规模效益

D. 可使企业获得竞争优势

E. 可使企业适应资源有限这一特点

23. 需求是指人们对某个产品有(　　)。

A. 爱好　　　B. 购买欲望　　C. 使用经验　　D. 支付能力

E. 偏好

24. 市场营销观念产生和发展大体经历的阶段有(　　)。

A. 生产观念　　　　　　　B. 产品观念

C. 推销观念　　　　　　　D. 市场营销观念

E. 社会营销观念

25. 市场营销观念有主要支柱有(　　)。

A. 目标市场　　B. 产品观念　　C. 顾客需求　　D. 协调营销

E. 创造利润营利

26. 间接出口方式的缺点有（　　）。
    A. 生产企业未能直接从事国际营销活动,难以取得国际市场知识和营销经验
    B. 生产企业只能通过国内中间商获取国际市场信息,难以对国际市场变化及时作出反应
    C. 生产企业无法控制自己产品的国际营销,难以在国际市场上树立起自己的品牌或声誉
    D. 要求生产企业配备专业的国际贸易营销人员
    E. 承担更高的营销费用

27. 市场营销控制的类型有（　　）。
    A. 年度计划控制　　　　　　　B. 利润控制
    C. 产品质量控制　　　　　　　D. 包装控制
    E. 策略控制

28. 下列关于成熟期产品的阐述中,正确的有（　　）。
    A. 产品普及并逐渐饱和
    B. 销售量趋于稳定
    C. 竞争加剧
    D. 企业经营管理的重点应是创名牌
    E. 企业应加强成本和质量控制

29. 在发现和评估市场机会中,企业要经常做的事情有（　　）。
    A. 市场需要衡量与预测　　　　B. 市场细分
    C. 选择目标市场　　　　　　　D. 市场定位
    E. 产品质量

30. 新产品失败的原因一般有（　　）。
    A. 对潜在市场容量的错误估计
    B. 对市场竞争的激烈程度预计不足
    C. 成本过高
    D. 缺乏有效的国际性
    E. 信息沟通过程有误

31. 导致新产品优势的来源有（　　）。
    A. 市场营销　　　　　　　　　B. 生产过程
    C. 技术　　　　　　　　　　　D. 创新的新度
    E. 时机选择

32. 企业可以通过四种主要途径来突出产品的差别化,即通过提供（　　）的

产品来创造价值。

  A．更好   B．更新   C．更快   D．更便宜

  E．更多

  33．直接出口方式可给生产企业带来的好处有（　　）。

  A．有助于获得国际市场知识和营销经验

  B．有利于与客户建立联系，及时得到市场信息反馈

  C．对客户选择产品定价和广告促销等营销活动拥有更大的控制权

  D．有利于在国际市场上树立自己的品牌，建立自己的分销网络

  E．成本更省

三、判断题（判断下列各题是否正确。正确的在题后的括号内打"√"，错误的打"×"）

  1．从营销理论的角度看，市场就是买卖商品的场所。（　　）

  2．在组成市场的双方中，买方的需求是决定性的。（　　）

  3．交换是一个过程。在这个过程中，如果双方达成了一项协议，我们就称之为发生了交易。（　　）

  4．市场的发展是一个由消费者（买方）决定，而由生产者（卖方）推动的动态过程。（　　）

  5．在通常情况下，消费者往往根据其对产品效用的主观评价来决定是否购买该产品。（　　）

  6．处于市场领导者地位的企业，一般是成功地利用了各种条件，占据了有利的市场主导地位，所以他们比较多采取防御战略。（　　）

  7．新产品策划中所指的新产品是指技术型新产品。（　　）

  8．在购买决策中，消费者获得最大效用的前提是花费在不同商品上的每1元货币所提供的边际效用相等。（　　）

  9．反倾销税是指为了抵销商品于制造、生产或输出时所直接或间接接受的任何奖金或补贴而征收的一种特别关税。（　　）

  10．某公司在开辟新的国际市场的同时，为新市场提供新的产品，这一举措被称为市场渗透战略。（　　）

  11．潜在产品是指企业通过某种产品可能向顾客提供的所有属性。（　　）

  12．与出口相比，国际营销是一个含义更广的概念，因为它还包括国外的投资和生产制造活动。（　　）

  13．经营最佳的战略业务单位是那些能创造最大顾客价值，并能持之以恒的公司。（　　）

  14．根据购买行为细分，是以消费者购买的利益追求、购买时机、购买频率、购

买阶段和品牌忠诚程度等购买行为变量作为消费者市场细分的依据。　　（　　）

15. 缓慢渗透战略的特点是高价格低促销。　　（　　）

16. 市场营销的手段有几十种之多,麦卡锡把这些手段归为四个因素,简称"4P",即产品(product)、价格(price)、分销(place)和促销(promotion)。　　（　　）

17. 西方企业在逐步走向国际化的过程中,大致有三类经营观念指导着其国际营销活动的开展:一是市场延伸观念;二是多国市场观念;三是全球市场观念。
　　（　　）

18. 国际化营销战略将国内营销放在第二位,而将国际营销放在第一位。
　　（　　）

19. 市场细分的概念是由温德尔·史密斯教授于20世纪50年代中期首次提出的。　　（　　）

20. 许可贸易是指拥有某种权利的一方(许可方)授予另一方(被许可方)该种权利使用权的交易。　　（　　）

21. 企业行为识别包含两个方面:企业内部行为识别和企业对外行为识别;它们共同构成了企业CIS系统的核心和灵魂。　　（　　）

22. 与关税相比,非关税壁垒更具有隐蔽性、灵活性和限制性等特征,更需要引起国际营销决策制定者的重视。　　（　　）

23. 连锁商店是将若干经营同类产品的零售商联合起来,组成的统一进行控制和管理的零售商店联合体。　　（　　）

24. 国际营销者与国内营销者面临着完全相同的环境因素。　　（　　）

25. 从竞争的角度来区分国际营销战略,有产品竞争战略、市场竞争战略和企业形象战略三种。　　（　　）

26. 市场营销战略是企业在未来某个时间要达到的营销目标以及为达到这些目标要采取的行动方案。　　（　　）

27. 国际市场细分是市场细分概念在国际营销中的运用。　　（　　）

28. 宗教信仰通常不被选择为国际市场宏观细分的标准。　　（　　）

29. 采取集中性营销策略的企业则把自己的目标集中在一个或少数几个子市场上。　　（　　）

30. 以联合国贸发会议《2010年世界投资报告》相关数据为基期进行计算,2009年年末中国对外直接投资占当年全球流量的5.1%,位居发展中国家、地区首位,名列全球第五位。　　（　　）

31. 市场导向的战略规划是一种管理程序,其任务是发展和保持企业的资源、目标与千变万化的市场机会之间切实可行的适应。　　（　　）

32. 产品的竞争能力和潜力决定了产品的市场地位。　　（　　）

33．产品纵向一体化有助于企业加快发展进程，扩大生产经营规模，获得一定的规模经济效益。　　　　　　　　　　　　　　　　　　　　（　　）

34．销售办事处是总公司的派出机构，是独立的法人。　　　　（　　）

35．差异性营销策略的缺点是由于品种、分销渠道、广告宣传等因素的扩大与多样化，生产和营销成本也相应增加。世界上只有少数采取高度分权化管理的大企业才能实施这种策略。　　　　　　　　　　　　　　　　　　　（　　）

典型习题分析与解答

一、单项选择题

1．D　2．C　3．B　4．C　5．D　6．D　7．B　8．B　9．C　10．D　11．D　12．A　13．C　14．B　15．C　16．C　17．D　18．B　19．C　20．C　21．D　22．B　23．D　24．C　25．A　26．B　27．D　28．C　29．D　30．B　31．A　32．A　33．B

二、多项选择题

1．ADE　2．BDE　3．ABCD　4．ABCD　5．ABCD　6．ABC　7．ABCE　8．ABCDE　9．ABCDE　10．ABDE　11．ABCDE　12．ABCDE　13．ABCDE　14．ABCDE　15．BCE　16．ABCDE　17．ABCDE　18．BCDE　19．ABCDE　20．ACE　21．ABCDE　22．ABD　23．BD　24．ABCDE　25．ACDE　26．ABC　27．ABE　28．ABCE　29．ABCD　30．ABCDE　31．ABCDE　32．ABCD　33．ABCD

三、判断题

1．×　2．√　3．√　4．√　5．×　6．√　7．×　8．√　9．×　10．×　11．√　12．√　13．√　14．√　15．×　16．√　17．√　18．×　19．√　20．√　21．×　22．√　23．√　24．×　25．√　26．√　27．√　28．×　29．√　30．√　31．√　32．√　33．√　34．×　35．√

第八章 贸易壁垒

> ## 考 试 大 纲
>
> **1. 非关税壁垒概述**
>
> 了解：
> - 关税的概念。
> - 非关税壁垒的定义与特点与分类。
>
> **2. 技术性贸易壁垒措施**
>
> 了解：
> - 技术性贸易壁垒的概念、主要产生原因和壁垒的主要方式。
> - 技术性贸易壁垒协议。
>
> **3. 绿色贸易壁垒**
>
> 了解：
> - 绿色贸易壁垒的定义及其表现形式、产生的条件。

第一节 非关税壁垒概述

一、关税

1. 关税的概念

关税是国家税收的重要组成部分,是由海关代表国家按照国家制定的关税政策和有关法律、行政法规的规定,对准许进出关境的货物和物品向纳税义务人征收的一种流转税。

关税是一种国家税收,其征收主体是国家,由海关代表国家向纳税义务人征收;课税对象是进出关境的货物和物品。

关税纳税义务人又称关税纳税人或关税纳税主体,是指依法负有直接向国家缴纳关税义务的法人或自然人。我国关税的纳税义务人是进口货物的收货人、出口货物的发货人和进(出)境物品的所有人。

2. 关税的作用

关税既是国家保护国内经济、实施财政政策、调整产业结构、发展进出口贸易的重要手段,也是世界贸易组织允许各缔约方保护其境内经济的一种手段。

1) 关税对世界贸易发展的影响

一般说来,在其他条件不变的情况下,世界市场上主要国家的关税税率的增减幅度与国际贸易发展的速度成反比关系。当世界市场的主要国家普遍提高关税、加强关税壁垒时,国际贸易的发展速度将趋向缓慢;反之,当这些国家普遍地大幅度降低关税时,国际贸易的发展速度将趋向加快。

2) 关税对商品结构和地理方向的影响

关税还在一定程度上影响国际贸易商品结构和某些国家或地区对外贸易地理方向的变化。

3) 关税对商品价格、生产和销售的影响

关税与商品的价格、生产和销售有着密切的关系。一般说来,进口货物课征关税后,会导致进口国的国内价格上涨,进口数量下降,在一定条件下起到了保护和促进本国产品的生产和销售的作用。

4) 关税对贸易差额与国际收支的影响

当一国出现严重的贸易入超和国际收支逆差时,如果广泛采取提高进口关税等限制进口措施,可能会暂时抑制进口、缩小贸易逆差和改善国际收支。但从长期来看,提高进口关税是否确实可起到这种作用,则难以定论。此外,由于一国提高关税,可能引起有关国家连锁反应,竞相提高关税,高筑关税壁垒,限制对方的商品进口,结果会相互抵销关税对于缩小贸易入超和改善国际收支的作用。

综上所述,关税是影响国际贸易的重要因素之一。但必须指出:上述各种影响是在假设其他条件相同或不变的情况下发生的。如其他条件不同,或情况发生变化,关税对国际贸易的影响也会随之发生变化。

小看板

1. 关税高峰

目前,美国超过平均关税水平3倍以上的高关税税目约占总税目的5%。例如,农产品中烟草关税最高,达350%;酸奶油和花生分别为177.2%和163.8%;其他包括牛奶、奶油、奶酪、鹅肝、糖和可可粉等农产品的关税在

(续上)

50%～110%之间。滚珠轴承、玻璃和玻璃制品、钟表、乐器、纺织品、鞋类和塑料等12类非农产品也被征收高关税，部分服装的税率为32%、织布为25%、纱线为13.2%，大部分玻璃制品的税率在10%～20%之间，有些高达38%。美国对部分产品设置的关税高峰降低了中国相关产品在美市场的竞争力，增加了中国产品进入美国市场的难度。

2. 关税升级

美国关税升级的现象仍较为严重，一些制成品或半制成品的关税随着加工程度的加深而增加。例如，美国对纤维长度低于28.575毫米的棉花实行零关税，但对大部分棉纱线征收5%～12%的关税，对服装征收12%～14%甚至高达32%的关税。这样的关税结构明显限制了附加值较高的半成品或制成品对美出口，对中国出口企业的利益造成损害。

3. 季节性关税

欧盟对水果蔬菜类产品征收季节性关税。即针对某种蔬果类产品，将1年划分为10个左右不等的时间段，在每个时间段又将该种蔬果产品划分为5到10余个价格区间，在每个时间段对每种价格区间的蔬果产品征收不同的关税，关税以从价税、复合税或混合税等不同方式计征。这一做法导致计税方式复杂，税率多变，使中国蔬果类产品企业在对欧出口上述产品时面临极大的不确定性，增加了该类企业出口的风险系数。

4. 附加关税

欧盟在对进口糖类、面粉类食品征收关税时，不仅以从价税征收进口关税，还根据该类食品中所含无水乳脂肪、乳蛋白、蔗糖和淀粉这四种农业成分的不同含量征收从量附加关税。欧盟每年公布一次具体征税办法，所涵盖的糖或面粉类食品均须申报这四种农业成分含量，再根据欧盟提供的计算表计算出具体的附加关税额。这种以农业成分作为计征关税的依据的规定，增加了面包、饼干、糖果类出口企业经营中的不确定性。

二、非关税壁垒的定义与特点

1. 非关税壁垒的定义

非关税壁垒(non-tariff barriers, NTBs)是指关税以外的一切限制进口的各种措施。它是与关税壁垒相对而言的。非关税壁垒分为直接和间接两大类。前者是由进口国直接对进口商品的数量和金额加以限制或迫使出口国直接限制商品的出口,如进口配额制、进口许可证制和"自动出口限制"等。后者是对进口商品制定严格的条例,间接地限制商品的进口,如进口押金制、进口最低限价、苛刻的技术标准、卫生安全检验和包装和标签规定等。

2. 非关税壁垒的发展趋势及主要特点

1) 非关税壁垒的发展趋势

非关税壁垒在早期阶段主要集中于数量性的壁垒措施,这些措施主要包括:进口许可证、自动出口限制、关税配额、外汇管制、进口押金制和进口最低限价制等情况。但是进入20世纪80年代,随着关税的逐步降低,很多国家开始强化非关税壁垒,其中一个重要的措施就是将原先的数量性的非关税壁垒向国民健康、安全和环保等方面的非关税壁垒转变。这也就是进入20世纪80年代以来非关税壁垒的主要发展趋势。

2) 非关税壁垒的主要特点

进入20世纪80年代,非关税壁垒主要有以下特点:

(1) 非关税壁垒保护作用仍然强于关税壁垒。

① 非关税壁垒比关税壁垒具有更大的灵活性和针对性。

② 非关税壁垒比关税壁垒更能直接达到限制进口的目的。

③ 非关税壁垒比关税壁垒更具有隐蔽性和歧视性。

④ 非关税壁垒比关税壁垒更具多样性和广泛性。

(2) 更多地考虑了生态环境和国民健康的需要。随着工业化的发展,各国更多地考虑了生态环境和国民健康的重要性。而这又为利用国民健康和生态环境进行贸易保护提供了借口。这是自20世纪80年代以来,非关税壁垒发展的一个重要的特点,这种非关税壁垒相对于其他非关税壁垒来说更具有杀伤力。

(3) 非关税壁垒在多边贸易体制下具有合法性。一种限制措施有时具有很大的破坏力,多边贸易体制往往是通过限制的方式来加以约束,但是,非关税壁垒由于披上一层合法的外衣,导致了这种贸易限制措施得到了多边贸易体制的认可。

三、非关税壁垒的不同分类

非关税壁垒可分为直接的和间接的两大类。前者是指进口国直接对进口商品规定进口的数量和金额,或迫使出口国直接按规定的出口数量或金额限制出口,如进口配额制、进口许可证制和"自动"出口限制等;后者是指进口国未直接规定进口商品的数量或金额,而是对进口商品制订种种严格的条例,间接地影响和限制商品的进口,如进口押金制、最低限价制、海关估价制、繁苛的技术标准、安全卫生检疫和包装标签规定等。

1. 数量控制和外汇管制的非关税壁垒措施

1) 进口配额制

进口配额制(import quotas system)又称进口限额制,是指一国政府在一定时期内,规定某些商品的进口数量或金额加以直接限制。在规定的期限内,配额以内的货物可以进口,超过配额不准进口,或者在征收更高的关税或罚款后才可以进口。进口配额制主要分为绝对配额(absolute quotas)和关税配额(tariff quotas)两种。

(1) 绝对配额。绝对配额是在一定时期内,对某些商品的进口数量或金额规定一个最高额数,达到这个额数后,便不准进口。

① 全球配额。全球配额属于世界范围的绝对配额,对于来自任何国家或地区的商品一律适用。主管当局通常按进口商的申请先后或过去某一时期的实际进口额批给一定的额度,直至配额发放完为止,超过总配额就不准进口。

由于全球配额不限定进口国别或地区,在配额公布后,进口商竞相争夺配额并可从任何国家或地区进口。同时,邻近国家或地区因地理位置接近的关系,到货较快,比较有利,而较远的国家或地区就处于不利的地位,因此,难以贯彻国别政策。为了避免或减少这些不足,一些国家采用了国别配额。

② 国别配额。国别配额是在总配额内按国别或地区分配给固定的配额,超过规定的配额便不准进口。为了区分来自不同国家和地区的商品,在进口商品时,进口商必须提交原产地证明书。实行国别配额可以使进口国家根据它与有关国家或地区的政治经济关系分配给予不同的额度。国别配额可以分为自主配额和协议配额。

自主配额是指由进口国家完全自主地、单方面强制规定在一定时期内从某个国家或地区进口某种商品的配额。这种配额不需征求输出国家的同意。

协议配额是指由进口国家和出口国家政府或民间团体之间协商确定的配额。如果协议配额是通过双方政府的协议订立的,一般在进口商或出口商中进行分配;如果配额是双边的民间团体达成的,应事先获得政府许可,方可执行。

(2) 关税配额。关税配额是将关税与配额结合起来的一种限制进口的措施。关税配额对商品进口的绝对数额不加限制,而对在一定时期内,在规定配额以内的进口商品,给予低税、减税或免税待遇;对超过配额的进口商品则征收较高的关税,或征收附加税或罚款。

2) 自动出口配额制

"自动"出口配额制("voluntary" export quotas)又称"自动"限制出口("voluntary" restriction of export)或"自愿"限制出口,也是一种限制进口的手段。所谓"自动"出口配额制,是出口国家或地区在进口国的要求或压力下,"自动"规定某一时期内（一般为3～5年）某些商品对该国的出口限制，在限定的配额内自行控制出口，超过配额即禁止出口。

"自动"出口配额制在限制商品进口的实际作用上类同于进口的绝对配额，只是在形式上略有不同。绝对进口配额制是由进口国家直接控制进口配额来限制商品的进口，而"自动"出口限额是由出口国家直接控制这些商品对指定进口国家的出口。但是，就进口国家来说，"自动"出口配额像绝对进口额一样，起到了限制商品进口的作用。"自限"制在形式上表现为自愿性，但实际上却具有强制的性质。进口国家往往以商品大量进口使其有关工业受到严重损害，造成所谓"市场混乱"为理由，要求有关国家的出口实行"有秩序地增长"（orderly growth），"自动"限制商品出口，否则就单方面强制限制进口。在这种情况下，一些出口国家被迫实行"自动"出口限制。因此，"自限"制往往是出口国为避免进口国采取报复性措施而作出的一种选择。"自动"出口配额制可分为单方面"自动"出口配额和协定"自动"出口配额。

3）进口许可证制

进口许可证制（import licence system）是指进口国家规定某些商品进口必须事先领取许可证，否则一律不准进口。从进口许可证与进口配额的关系上看，进口许可证可以分为两种：一种是有定额的进口许可证，即国家有关机构预先规定有关商品的进口配额，然后在配额的限度内，根据进口商的申请对于每一笔进口货发给进口商一定数量或金额的进口许可证；另一种是无定额的进口许可证，即进口许可证不与进口配额相结合，有关政府机构预先不公布进口配额，颁发有关商品的进口许可证，只是在个别考虑的基础上进行。由于无定额的进口许可证是个别考虑的，没有公开的标准，因而就给正常贸易的进行造成更大的困难，起到更大的限制进口的作用。

从进口商品有无限制上看，进口许可证一般又可分为两种：一种是公开一般许可证（open general licence），又称公开进口许可证或一般许可证和自动进口许可证。它对进口国别或地区没有限制，凡列明属于公开一般许可证的商品，进口商只要填写公开一般许可证后，即可获准进口。因此，属于这类许可证的商品实际上是"自由进口"的商品。另一种是特种进口许可证（specific licence），又称非自动进口许可证，进口商必须向政府有关当局提出申请，经政府有关当局逐笔审查批准后才能进口。这种进口许可证，多数都指定进口国别或地区。为了区分这两种许可证所进口的商品，有关当局通常定期分别公布有关的商品项目并根据需要随时调整进口。

4）外汇管制

外汇管制（foreign exchange control）是指一国政府通过法令对国际结算和外

汇买卖实行限制来平衡国际收支和维持本国货币的汇价的一种制度。在外汇管制下，出口商必须将其出口所得到的外汇收入按官定汇率（official exchange rate）卖给外汇管制机关；进口商也必须在外汇管制机关按官定汇价申请购买外汇，本国货币的携带出入国境也受到严格的限制等。这样，国家的有关政府机构就可以通过确定官定汇价、集中外汇收入和批汇的办法，控制外汇供应数量，来达到限制进口商品品种、数量和进口国别的目的。

外汇管制的方式较为复杂，一般可分为以下几种：

（1）数量性外汇管制。数量性外汇管制是指国家外汇管理机构对外汇买卖的数量直接进行限制和分配，旨在集中外汇收入、控制外汇支出和实行外汇分配，以达到限制进口商品品种、数量和国别的目的。一些国家实行数量性外汇管制时，往往规定进口商必须获得进口许可证后，方可得到所需的外汇。

（2）成本性外汇管制。成本性外汇管制是指国家外汇管理机构对外汇买卖实行复汇率制度（system of multiple exchange rates），利用外汇买卖成本的差异，间接影响不同商品的进出口。

所谓复汇率制，是指一国货币的对外汇率不只有 1 个，而是有 2 个以上的汇率。其目的是利用汇率的差别达到限制和鼓励某些商品进口或出口的目的。各国实行的复汇率制不尽相同，但主要原则大致相似。

① 在进口方面。对于国内需要而又供应不足或不生产的重要原料、机器设备和生活必需品，适用较为优惠的汇率；对于国内可大量供应和非重要的原料和机器设备，适用一般的汇率；对于奢侈品和非必需品，只适用最不利的汇率。

② 在出口方面。对于缺乏国际竞争力且又要扩大出口的某些出口商品，给予较为优惠的汇率；对于其他一般商品的出口，适用一般汇率。

（3）混合性外汇管制。混合性外汇管制是指同时采用数量性和成本性的外汇管制，对外汇实行更为严格的控制，以影响控制商品进出口。

5）保障措施制

保障措施（safeguard measures）是根据关贸总协定（GATT）第 19 条"对某些产品进口的紧急行动规定和保障措施协议而形成的一种限制进口的措施"。第 19 条规定了如因意外情况的发生或因某一缔约方承担协定义务而产生的影响，使出口至该国的产品大量增加，以致严重损害或严重威胁该国国内的相同或类似产品的生产者时，该国可对此产品全部或部分地暂停实施其所承担的义务，或者撤销，或者修改减让。

2. 国家参与贸易经营和干预进口价格的非关税壁垒措施

1）进口押金制

进口押金制（advanced deposit）又称进口存款制，要求进口商在进口时，必须预先按进口金额的一定比率和规定的时间,在政府机构或国家指定的银行无息存入一笔现金,才能进口。这样就增加了进口商的资金负担,影响了资金流转,从而起到了限制进口的作用。

2) 进口最低限价制

有些国家采用所谓最低限价的办法来限制进口。最低进口限价(minimum import price)就是一国政府规定某种进口商品的最低价格,凡进口货价低于规定的最低价格则征收进口附加税或禁止进口。

3) 歧视性的产品归类

进口商品的税赋取决于进口商品的价格大小与税率高低。在海关税率已定的情况下,税赋大小就取决于海关估价和产品归类。进口商品的具体税号在海关现场决定,在税率上一般就高不就低。

4) 进出口国家垄断

进出口国家垄断(monopoly of import & export state)是指在对外贸易中,对某些或全部商品的进出口,规定由国家机构直接经营,或者是把某些商品的进口或出口的专营权给予某些垄断组织。发达资本主义国家的进口和出口的国家垄断主要集中在三类商品上面,即:第一类是烟和酒,这些国家的政府机构从烟和酒的进出口垄断中,可以获得巨大的财政收入。第二类是农产品,这些国家把农产品的对外垄断销售作为国内农业政策的一部分,如美国的农产品信贷公司就是发达国家最大的农产品贸易企业。第三类是武器,西方国家的武器贸易多数由国家垄断。

5) 专断的海关估价

海关估价(customs valuation)是指海关按照国家规定,对申报进口的商品价格进行审核,以确定或估定其完税价格。

在国际贸易中,有些国家为了限制进口,对进口货物采取任意武断的估价,成为非关税壁垒的重要形式。为了便于贸易,乌拉圭回合达成了《海关估价协议》。世界贸易组织要求每一个成员必须接受该协议。

《海关估价协议》共分四个部分,由24个条款和3个附件组成。

首先,海关估价应以货物的成交价格为依据。所谓成交价格,是货物出口到进口方时实付或应付的价格(如发票价格),并视情况进行调整,包括由买方支付的某些费用,如包装费和集装箱费、辅助费用、专利费和许可证费。在海关拒绝进口商申报的成交价格之后,海关将如何确定进口货物的完税价格呢?该协议把海关可以使用的估价方式,限定在该协议所列的六种标准之内。这些标准应当按照协议案文中出现的顺序加以使用,只有在海关认定第一种标准无法使用的情况下,方可按顺序根据其他标准进行海关估价。

(1) 进口货物的成交价格。以进口货物的成交价格(transaction value)确定的完税价格,是指货物出口到进口方后,由进口方海关根据进口商申报并在发票中所载明的进口实付或应付成交价格进行调整后的价格。海关在采用这种方法确定进口货物的完税价格时,如果买方支付了一些费用,而这些费用未包括在其实付或应付的价格中,海关有权将这些计入买方实付或应付成交价格中,作为完税价格的一部分。

(2) 相同货物的成交价格。如果不能按照成交价格确定进口货物的完税价格,则应以相同货物的成交价格作为完税价格。相同货物又称同类货物,是指与进口货物原产国或地区、原生产者生产的货物各方面完全相同的货物。相同是指物理特性、质量和声誉等方面的相同。如果该进口货物原生产者不再生产相同货物,可使用同一生产国其他生产者生产的货物作为相同货物,货物外形的细小差别可忽略不计。

如何采用相同货物的成交价格确定完税价格,一般有三种情况:

① 相同货物必须与进口货物同时或大约同时进口。

② 相同货物的成交价格必须先前已被海关接受。

③ 如果有两个以上相同货物的成交价格,应选用其中最低的一个作为海关完税价格。

进口成员方海关应与进口商协商,以获得相同货物的成交价格。

(3) 相似货物的成交价格。如果无法按照上述方法确定完税价格,则应以类似货物的成交价格来确定完税价格。

相似货物是指在材料组成及特性上与进口货物原产国、原生产者生产的货物相似,具备同样功能且商业上可互换的货物。如果该进口货物原生产者不再生产类似货物时,可使用同一生产国其他生产者生产的货物作为类似货物。

如何采用类似货物的成交价格确定完税价格,一般有三种情况:

① 类似货物必须与进口货物同时或大约同时进口。

② 类似货物的成交价格必须先前已被海关接受。

③ 如果有两个以上类似货物的成交价格,应选用其中最低的一个作为海关完税价格。

进口成员方海关应与进口商协商,以获得类似货物的成交价格。

(4) 扣除价格法。在不能依次采用上述三种估价方法时,进口成员方海关可采用扣除价格方法确定完税价格。扣除价格是在以下基础上确定的:应税的进口商品在其国内市场的单位销售价格。或其相同或类似商品在其国内市场的单位销售价格,扣除相关的利润、关税和国内税、运输费和保险费,以及在进口时产生的其他费用。

(5) 推算价格法。推算价格的确定,即被估价货物的生产成本,加上"利润和相当于反映在由该出口国生产者向进口方出口与被估价货物同等级和同品种货物的销售环节中的大致费用"。

(6) 合理确定法。合理确定法是指海关可采用其他合理的方法来估价,包括对上述各种估价方法作出灵活处理,以其中最容易计算的方式确定完税价格。例如,在采用相同货物成交价格方法时,可以采用来自第三国的相同进口货物的成交价格作为估价基础。

采用其他合理的方法,必须符合《海关估价协议》和《1994年关税与贸易总协定》的有关规定,并依据进口方可获得的数据确定。进口成员方海关不得采用进口方生产的货物在其境内销售的价格,或取两种备选价格中较高的价格,或采用进口货物在出口方境内市场上的价格,或货物向第三方出口的价格。如不采用计算价格方法,海关不得根据生产成本来估价,海关也不得以最低限价以及任意或虚构的价格来估价。

专断的海关估价措施是指有些国家根据某些特殊规定,违背海关估价协议,提高某些进口货的海关估价,增加进口货的关税负担,来阻碍商品的进口。用专断的海关估价来限制商品的进口,以美国最为突出。长期以来,美国海关是按照进口商品的外国价格(进口货在出口国国内销售市场的批发价)或出口价格(进口货在来源国市场供出口用的售价)两者之中较高的一种进行征税,这实际上提高了进口关税的税额。

6) 歧视性的政府采购政策

歧视性政府采购政策是国家通过立法形式,规定政府机构采购时要优先购买本国产品的做法。这种做法是歧视外国产品,从而起到限制进口的作用。在国际贸易中,这种政府采购政策就成为非关税壁垒措施。

7) 苛刻的技术、卫生标准

进出口商品通过海关进出国境时,必须由海关及专设的检验机构加以检验。检验范围广泛,其中包括品质检验、卫生检验、包装检验、商品残损检验和检疫等。资本主义国家利用进出口商品检验制度设置障碍,以限制进口。常见的有:利用商品性能加以限制、利用卫生检验限制进口、规定产品成分和拖延进口审批时间(如进口新产品进行安全检验,美国审批一般时间不超过30天,日本平均2年)等。

8) 对进口产品征收歧视性的国内税费

国内税(internal taxes)是指在一国的国境内,对生产、销售、使用或消费的商品所应支付的捐税。一些国家往往采取国内税制度直接或间接地限制某些商品进口。这是一种比关税更灵活、更易于伪装的贸易政策手段。国内税通常是不受贸易条约或多边协定限制的。国内税的制定和执行是属于本国政府机构的权限,有时甚至是地方政权机构的权限。

第二节 技术性贸易壁垒措施

一、技术性贸易壁垒的概念

国际贸易中的技术壁垒又称技术性障碍,是指制定强制性或非强制性地确定商品某些特性的技术法规、标准,旨在检验商品是否符合这些技术法规、标准,及在确定商品质量及其适应性能的试验、审批和认证程序中形成的贸易障碍。

贸易技术壁垒实施是国与国之间进行商品交换时,商品进口国在实施贸易进口的管制中,通过颁布法律、法规、条例,建立技术法规、标准、认证制度、检疫和检验程序等方式,对进口产品制定过分严格的技术标准、卫生检疫标准、包装和标签标准,从而提高进口产品的技术要求,增加进口难度,最终达到限制进口目的的一种非关税壁垒措施。

作为技术性贸易壁垒的重要组成部分之一的绿色贸易壁垒,以维护人民的安全、消费者的卫生和健康与保护环境等理由,制定技术法规、技术标准和检疫、检验程序。进口商品特别是消费品,必须符合这些标准与规定方能进口,否则进口国有权扣留、追回、销毁、索赔等,因此,绿色贸易壁垒实质上属于技术性贸易壁垒的范畴。

贸易技术性壁垒实质上是一些发达工业国家利用其科技上的优势,通过技术法规、标准的制定与实施,通过商品检验与认证工作,对商品进口实行限制的一种贸易保护主义。它违背了关贸总协定以关税作为唯一合法贸易保护手段、确保各缔约方的产品在公平基础上进行竞争的基本原则。

二、技术性贸易壁垒产生和增强的原因

1. 技术法规、标准的产生与发展

技术法规、标准是为适应国际贸易的需要而产生的,并对国际贸易的发展作出过很大贡献。1921年英国成立了标志委员会,负责管理风筝标志,从而使风筝标志成为世界上第一个质量认证标志。

此后,各国在对外贸易中普遍实行质量认证和安全认证制度,对其进口产品规定检验标准。这些标准,如美国联邦标准 FS、美国安全标准 UL、英国标准 BS、加拿大标准协会标准 CSA、德国工业标准 DIN、日本工业标准 JID 和澳洲国家协会标准 SAA 等。

随着国际贸易的发展,市场竞争日趋激烈,消费者对商品质量要求越来越高,

对生产厂家进行质量体系评价的呼声愈来愈高,由于各国间检验标准差异给各国的出口商带来了很大的不便和困难,消除各国间检验标准差异的愿望越来越强烈。有鉴于此,1987年国际标准化组织(International Organization for Standardization,ISO)针对制造业及服务业推出了 ISO9000 系列品质管理及品质保证标准。ISO9000 标准一经颁布,便很快为许多国家所承认,也迅速被各国标准化机构所采用,并成为 ISO 制定标准中在国际应用最广、最为成功的一个范例,出现了风靡世界的"ISO9000 现象"。此外,国际电工委员会(IEC)和国际电信联盟(ITU)等组织也推出了相关行业的国际标准。国际标准的加盟,壮大了技术法规、标准的队伍。

在国际贸易中,一国从保障人体健康与安全、保护自然与环境等正当理由出发,对进口商品的质地、纯度、规格、尺寸、用途、包装、营养价值和设计说明等作了技术性规定,本身无可非议。它是人类更合理、更有序地交换生产成果的有效措施,是贸易文明的标志之一。它的作用不仅在于逐步提高生产率、促进贸易发展,而且在于保护自然环境、保护消费者利益、维护国家安全和防止欺诈行为。由于各国对技术法规、标准的执行一般都是合理和严肃的,加之国际标准化的逐渐推广,技术法规、标准在现实中确实发挥了正常作用。

2. 贸易技术壁垒的形成和发展

技术法规、标准规定的措施本身是为了适应国际贸易的需要,产品的技术标准一旦确立,就成为产品进入市场的必要条件之一,不符合技术标准的产品就不能进入市场。这在规范商品进口的同时,自然而然就形成了影响商品进口的障碍。倾向贸易保护主义的国家就利用了技术法规、标准的作用,在采用关税壁垒和其他非关税壁垒遭到禁止或者谴责后,形成了技术性贸易壁垒。由于历史、文化和科技等方面原因,各国各地区对同类产品有不同要求,产品若欲自由地在国际市场上流动,就必须对这些差异作出反应。在这种情况下,如果一国针对进口产品,有意将规定或措施复杂化,并经常进行更改,甚至制定内外有别的双重标准,使进口商品难以符合这些规定的要求,则这些规定就会成为严重的贸易障碍。

在国际贸易实践中,很多国家就是滥用了技术法规、标准,借促进贸易之名行阻碍贸易之实。随着产品更新换代的加速和产品本身的日益复杂化,技术法规、标准不时会有变动,技术壁垒也从商品流通领域扩大到生产领域,其对贸易的阻碍作用将越来越大。

从技术性贸易壁垒发展的动向观察,技术性贸易壁垒有以下趋势:
(1)一些自愿性措施呈现向强制性法规方向转化的趋势。
(2)技术壁垒与专利壁垒的交叉使用。
(3)发达成员和发展中国家全面重视技术性贸易壁垒。

(4) 新的技术标准和技术法规成更加严格之势。
(5) 采用国际标准及合格评定程序的趋势不断加强。

三、技术性贸易壁垒的主要方式

1. 通过技术法规、标准的规定直接限制进口

一国通过制定复杂苛刻的技术规格,可以借口某产品不符合技术条文规定而拒绝其进口。它是技术壁垒的主要形式。这类技术壁垒依其应用领域,还可分为:

(1) 针对产品本身。
(2) 针对产品的安全性及其对人体健康的潜在影响。
(3) 针对产品的标志、包装、售前售后服务等外部环境。

2. 在认证、评定程序上设置障碍

认证制度是指认证机构对产品或管理体系符合相关的技术法规和标准的合格评定并出具证明的一种制度。认证主要可分为产品认证和管理体系认证。对进口商品进行检验时,一般由政府机构或经认可的专门机构出面组织,对通过检验的产品出具许可证明。各国不同的检验标准、方式以及低效率的工作过程,都会造成实际上的技术壁垒。

另外,商品在进口过程中所产生的争议,也往往导致复杂、持久的调查、取证、辩护和裁定等程序,从而间接起到限制进口的作用。因为经历了一系列复杂持久的程序后,该商品即使被认定为符合规定且被准许进口,其销售成本可能已经大为增加,以致失去竞争能力或竞争机会,甚至贻误销售时机,失去市场。

3. 各国规定不一致、标准不统一

由于科学技术水平发展的不平衡,发展中国家技术法规、标准、认证制度及检验制度等的制定水平和内容与发达国家相比存在很大差距,其出口商品往往达不到发达国家的规定。即使在发展水平相当的国家之间,甚至一个国家内部,都存在着这类差异。各国规定的不一致、标准不统一,给商品进口制造了极大障碍。

四、技术性贸易壁垒协议

1947年的关贸总协定(GATT)仅在第3、第11和第20条概括性地提及了技术法规和标准。随后,为评估非关税壁垒对国际贸易造成的影响而成立的GATT工作组研究认为,技术性壁垒是出口商面临的最大的非关税壁垒。在1979年东京回合谈判中,32个缔约方签署了《技术性贸易壁垒协定》,该协定对所有缔约方开放,是自愿签署的,并于1980年1月1日起正式实施。该协议只对签署协议的缔约方有效。在1994年"乌拉圭回合"谈判期间,对该协议进行了修改和完善,成为世贸组织所属的协议,所有成员都要接受和实施。

《技术性贸易壁垒协议》(Agreement on Technical Barriers to Trade)由正文15个条款和3个附件组成。正文包括：总则、技术法规和标准、符合技术法规和标准的合格评定程序、通报、评议、咨询和审议制度等。3个附件分别是附件Ⅰ《本协议术语及其定义》、附件Ⅱ《技术专家小组》、附件Ⅲ《关于标准的制定、采用和实施的良好行为规范》。该协议在技术法规、标准的划分和界定，法规和标准的统一，信息的交流和公开以及约束机制等方面的规定，较之"东京回合"的技术性贸易壁垒协议有了重要的改善和变化，具备了更强的可操作性，有利于体现本协议的宗旨与原则。

《技术性贸易壁垒协议》的宗旨是：认识到国际技术标准和合格评定制度能为提高生产效率和促进国际贸易方面作出重要贡献，为此鼓励制定此类标准和合格评定程序，但希望确保包括包装、标志和标签要求在内的各项技术法规和标准以及评定符合技术法规和标准的程序不会给国际贸易造成不必要的障碍；认识到不应妨碍任何国家在其认为适当的程度上采取为确保其出口货物的质量，或保护人类、动物或植物的生命或健康、保护环境，或阻止欺诈行为所必需的措施，只要这些措施不致构成在具有同等条件的国家之间造成任意的或不公正的歧视，或变相限制国际贸易的一种手段；认识到不应阻止任何国家采取为保护其根本的安全利益所必需的措施；认识到国际标准化对发达国家向发展中国家的技术转让所能作出的贡献；认识到发展中国家在技术法规和标准以及在评定符合技术法规和标准的程序制定和实施方面可能会遇到某些特殊困难，并希望为他们在这方面的努力提供帮助。

《技术性贸易壁垒协议》主要包括以下内容。

1. 技术性贸易壁垒协议术语及其定义

（1）技术法规。
（2）标准。
（3）合格评定程序。
（4）国际机构或体系。
（5）区域性机构或体系。
（6）中央政府机构。
（7）地方政府机构。
（8）非政府机构。

2. 技术性贸易壁垒协议规定的具体措施

为了达到消除技术壁垒的目的，《协议》从技术法规、标准的制订、采纳和实施，合格评定程序，保持技术法规、标准的透明度，处理争端的仲裁机构及其程序等几方面作了规定。

（1）无论是技术法规、标准，还是合格评定程序的制定，都应以国际标准化机构制定的相应国际标准、指南或建议为基础;它们的制订、采纳和实施均不应给国际贸易造成不必要的障碍。

（2）统一标准化及其活动中所使用的一般术语,尽量消除不同国家之间技术标准上的随意性和差异。

（3）保证一国内部技术法规、标准的基本统一,一国中央政府与地方政府政府机构与非政府机构的工作的统一。

（4）在市场准入方面,实施最惠国待遇和国民待遇原则,各成员方在执行技术法规时不应因原产地不同而对进口产品有所区别(最惠国待遇原则),不应给予进口产品低于国内产品的待遇(国民待遇原则),在技术法规、标准的立法、执法中真正做到非歧视。

（5）在涉及国家安全、防止欺诈行为、保护人类健康和安全、保护动植物生命和健康以及保护环境等情况下,允许各成员方实施与上述国际标准、指南或建议不尽一致的技术法规、标准和合格评定程序,但必须提前一个适当的时期,按一般情况和紧急情况下的两种通报程序,予以事先通报;应允许其他成员方对此提出书面意见,并考虑这些书面意见。

（6）实现各国认证制度相互认可的前提,应以国际标准化机构颁布的有关标准、指南或建议作为其制定合格评定程序的基础。为了相互承认由各自合格评定程序所确定的结果,必须通过事先磋商来明确出口成员方的有关合格评定机构是否具有充分持久的技术管辖权,以及接纳出口成员方所作合格评定结果的限度。

（7）成员方应公布其技术法规、标准,解答相关问题,保证其技术法规、标准的透明度,真正做到公平。

（8）为了回答其他成员方的合理咨询和提供有关文件资料,各成员方应确保设立一个查询处,相互提供必要的咨询、资料及援助。

（9）在实施技术法规、标准和合格评定程序等方面,对发展中国家实行优惠待遇和特殊照顾,不致严重损害发展中国家实际利益。例如,发展中国家成员方可以按照其技术和社会经济的特殊情况采纳某些与国际要求不一致的技术法规、标准和合格评定程序,用以保持与其发展需要相一致的当地的技术、生产方法和工艺。

（10）在贸易争端的磋商和仲裁方面,《协议》要求各成员方遵照执行乌拉圭回合达成的统一规则和程序,即"关于解决争端的各项规则和程序谅解协议"。按此规定,因贸易技术壁垒所引发的贸易争端今后将不再由贸易技术壁垒委员会按协议本身所规定的程序进行磋商和解决,而是应在统一的争端解决机构(DSB)主持下按争端解决谅解协议开展工作。另外,成员方的各级机构都要对由其自身行为引发争端所造成的后果负责,而且即使是由非中央政府机构的行为造成的后果,也应将之提高到中央政府机构这一层次上来对待。

第三节　绿色贸易壁垒

一、绿色贸易壁垒的定义及其表现形式

1. 绿色贸易壁垒的定义

所谓绿色贸易壁垒,是指一种以保护有限资源、环境和人民健康为名,通过蓄意制定一系列苛求的环保标准,对来自国外的产品或服务加以限制。它属于一种新的非关税壁垒形式,已越来越成为有些国家国际贸易政策措施的一部分。

2. 绿色贸易壁垒表现形式

(1) 绿色关税和市场准入。
(2) 绿色技术标准。
(3) 绿色环境标志。
(4) 绿色包装制度。
(5) 绿色卫生检疫制度。
(6) 绿色补贴。

二、绿色贸易壁垒产生的条件

绿色贸易壁垒产生于国际协议、法规、技术、公约和制度所派生出来的不合理的环境标准及其环境保护措施。

1. 国际贸易协议中有关环境的条款

GATT、WTO 以及相关贸易协议中的环境条款本身并非绿色贸易壁垒,但其中一些条款相对模糊的界定的确使某些发达国家为树立绿色贸易壁垒找到了借口,而当因此发生贸易纠纷时,进口国也容易从 GATT 或 WTO 有关自由贸易原则中寻求法律上的支持,因此,逐步完善这些环境条款是国际贸易协议应该努力的方向。

2. 国际环境公约

国际环境公约一般是针对某一具体的国际环境问题,如热带雨林、生物物种和大气变化等提出的。目前,我国已加入的各项国际性环境公约,主要包括:国际保护鲸类公约、濒危野生动植物物种国际贸易公约。关于消耗臭氧层的蒙特利尔协定书(哥本哈根修订案)、控制有害废物越境的巴塞尔公约、联合国气候变化框架公约、生物多样性公约、国际木材协议等。国际环境公约乃是多国协商的结果,是基于国际原则的环境规定的。它确立了公认的绿色条例,有效地阻止了各种危害环

境的行为。它作为绿化国际贸易的特别现定,本质上不是绿色贸易壁垒。

但是,由于国际环境公约的制定者主要是发达国家,其条款规定是基于发达国家先进的技术水平,反映的是发达国家的环境利益,因此,必然会限制发展中国家的产品出口,因而可能成为一种变相的贸易壁垒。另外,由于发展中国家和发达国家履约能力的差异,某些公约的实行往往会使发展中国家处于劣势地位,如蒙特利尔公约限制、禁用的消耗臭氧层化学品虽然不多,但都是基本化学品种,从而影响到上万种化学原料和制成品的生产和使用。尽管公约对发展中国家的禁用期限宽限了十几年,但发达国家的先期运行成为事实上的绿色贸易壁垒。

3. 国际环境管理体系系列标准

国际环境管理体系系列标准 ISO14000。ISO14000 环境管理系列标准的制定,是为保护环境,消除国际贸易中的非关税壁垒,促进社会经济持续发展,针对全球工业企业、商业、政府、非盈利团体和其他用户而制定的。其目的是:为企业提供有效的环境管理手段,帮助企业自觉地实现环境目标和经济目标,支持环境保护和预防污染,促进环境与经济协调发展,实现可持续发展战略。ISO14000 系列标准由 100 个标准号组成,其中 01~09 为环境管理体系;10~19 为环境审核指南;20~29 为环境标志;30~39 为环境行为评价;40~49 为生命周期评估;50~59 为定义和术语;60 为产品标准中的环境指标;61~100 为备用号。

ISO14000 本身不是新的绿色贸易壁垒,而是为消除贸易壁垒制定的一套国际标准。只是由于某些国家在国际贸易中制定了过高的环境标准,甚至高于本国标准的双重标准,才形成了对出口国的绿色壁垒。

4. 环境标志制度

环境标志制度又称绿色标志制度或生态标志制度,是指由政府部门或公共、私人团体依据一定环境标准向有关厂商颁发的,证明其产品符合环境标准的一种特定标志。标志获得者可把标志印在或贴在产品或其包装上。它向消费者表明,该产品从研究开发、生产、销售、使用,到回收利用和处置的整个过程都符合环境保护要求,对环境无害或损害极少。绿色标志制度发展很快,现在已有 30 多个发达国家、20 多个发展中国家和地区推出绿色标志制度,比较典型的是德国的"蓝色大使"、日本的"生态标志"、美国的 UL 和"绿十字"、加拿大的"ECP"标志、法国的"NF"环境、欧盟的"CE"和"FV"、印度的"生态标志"以及新加坡的"绿色标志"等。

环境标志制度的确立和实施,超越了以往的末端治理模式,强调产品在整个生产周期的无害化或低害化,备受公众欢迎。在环境意识较高的发达国家,50%以上的消费者会自觉选择绿色产品,因而取得绿色环境标志,也就取得了通向国际市场的通行证。有些国家便借此大行贸易保护行为,严格限制非环境标志产品进口。由于各国技术水平的差异,其环境标志所依据的环境标准不一致,对产品的评价方法也有差异,加之对外国产品的歧视态度,发展中国家往往很难获得发达国家的环境标志认证,即使有幸获得,代价往往也太大,最终总会影响其产品的出口竞争能力,从而形成了一种变相的贸易壁垒。由此可见,国际贸易协议中的环境条款、ISO14000、国际环境公约、环境标志制度等绿色贸易规范条件本身并不是绿色贸易壁垒,利用这些规范条件派生出不合理的环境标准及以此为据设置的贸易障碍才构成绿色贸易壁垒。

相关链接:技术性贸易壁垒的主要特点

(1) 双重性。技术性贸易壁垒的双重性,是指一方面,技术法规、标准及合格评定程序本身通过对贸易商品的质地、纯度、规格、尺寸、营养价值、用途、产地证书、包装和标签等作出规定,可起到提高生产效率、促进贸易发展的作用,达到驱除假冒伪劣商品,维护消费者合法权益,保护生态环境的目的;有时它还能迫使出口货物的发展中成员加快技术进步、技术改造步伐,提高本身的生产、加工水平。这是其起积极作用的一面。另一方面,由于使用不当,往往利用对贸易商品的各种形式的技术规定和措施提出过高的要求,而且这些内容常常变动,使出口成员的货物难以符合这些技术要求,造成妨碍贸易正常进行的严重后果。这是构成其贸易壁垒的一面。

(2) 广泛性。技术性贸易壁垒的广泛性,主要是指有的成员为了阻挡货物进口,在科学技术、卫生、检疫、安全、环保、包装、标签和信息等方面,制定了名目繁多、内容十分广泛的技术法规、标准和合格评定程序,以达到保护本国(地区)市场的目的。

(3) 复杂性。技术性贸易壁垒的复杂性,通常是指除其数量多、涉及领域广和扩散效应外,还具有一定的技术含量,且体系庞杂、灵活多变。

(4) 针对性。技术性贸易壁垒的针对性,是指某成员针对特定出口成员的特定货物采用技术性措施加以限制,以达到阻碍出口的目的。

(5) 隐蔽性。技术性贸易壁垒的隐蔽性,实质上是指一些发达成员利用其技术上的优势,以貌似合法的理由,如保护环境、维护消费者利益等,施行事实上阻碍其他成员(特别是发展中国家成员)商品进入该成员市场。

(6) 差异性和随意性。一些国家随意地利用制定产品的技术法规与标准等留下的"合法、合理"的空间,加上各国技术水平发展的不平衡,因而,造成各国技术性贸易壁垒措施的差异性和随意性。

典 型 习 题

一、单项选择题(下列每题的选项中,只有1个是正确的,请将其代号填在括号内)

1. 所谓复汇率制,是指一国货币的对外汇率有( )。
   A. 外汇管制　　　　　　　　B. 复利
   C. 两个以上的汇率　　　　　D. 一个汇率
2. 进口商品的税赋取决于进口商品的价格大小与( )高低。
   A. 质量　　B. 汇率　　C. 利率　　D. 税率
3. 关税与贸易总协定是为了简化缔约国实施进口许可证的手续,在"东京回合"多边贸易中,制定了( )。
   A. 进口许可证手续　　　　　B. 进口许可证协议
   C. 进口许可证协议手续　　　D. 进口许可证手续协议
4. 新贸易保护主义的特征是( )。
   A. 关税壁垒为主,非关税壁垒为辅
   B. 非关税壁垒为主,关税壁垒为辅
   C. 全面实行关税壁垒
   D. 全面实行非关税壁垒
5. 进口配额制主要包括有关税配额和( )。
   A. 绝对配额　　B. 全球配额　　C. 国别配额　　D. 协议配额
6. 一国政府在一定时期内,对于某些商品的进口数量或金额加以直接的限制,称为( )。
   A. 进口配额　　B. 绝对配额　　C. 协议配额　　D. 关税配额
7. 在总配额内按国别和地区分配给固定的配额,超过规定的配额便不准进口,这种配额方式称为( )。
   A. 全球配额　　B. 国别配额　　C. 自主配额　　D. 双边配额
8. 对于来自任何国家或地区的商品,一律适用的配额是( )。
   A. 全球配额　　B. 国别配额　　C. 自主配额　　D. 双边配额
9. 由出口国家直接控制商品对指定进口国家的出口,这种非关税壁垒称为( )。
   A. 绝对进口配额制　　　　　B. "自动"出口配额制
   C. 关税配额制　　　　　　　D. 进口许可制

10. 国家外汇管理机构对外汇买卖实行复汇率制度,利用外汇买卖成本的差异,间接影响不同商品的进出口,这种外汇管制方式称为( )。

    A. 产量性外汇管制   B. 混合性外汇管制

    C. 质量性外汇管制   D. 成本性外汇管制

11. 在对外贸易中,对某些或全部商品的进口,规定由国家机构直接经营;把某些商品的进口的专营,给予某些垄断组织的非关税壁垒措施是( )。

    A. 歧视性政府采购政策   B. 进口国家垄断

    C. 进口协商制   D. 进口押金制

12. 在制定和实施非关税壁垒措施上,通常采用( )程序,制定手续比较迅速。

    A. 立法   B. 管理   C. 自主   D. 行政

13. 非关税壁垒在( )就已出现。

    A. 资本主义萌芽期   B. 资本主义发展初期

    C. 资本主义迅速发展期   D. 帝国主义垄断期

14. 我们通常所说的关税壁垒是指( )。

    A. 低额出口税   B. 高额出口税

    C. 低额进出口税   D. 高额进出口税

15. 美国为了抵制欧洲国家和日本等的低价钢材和钢制品进口,在1977年对这些产品进口实行的一种进口最低限价制称为( )。

    A. 启动价格制   B. 禁止进口

    C. 进口押金制   D. 海关估价制

16. 歧视性政府采购政策规定,政府机构要优先购买( )。

    A. 外国产品   B. 出口产品   C. 本国产品   D. 名牌产品

17. 在海关税率已定的情况下,进口商品的税负大小除取决于海关估价外,还取决于( )。

    A. 外汇管制   B. 国内税

    C. 征税产品的归类   D. 进口押金制

18. 在采用国别配额的国家里,进口商品时进口商必须提交( )。

    A. 原产地证明书   B. 进口许可证

    C. 出口许可证   D. 信用证

19. "自动"出口配额起到了( )作用。

    A. 限制出口   B. 限制进口   C. 禁止出口   D. 禁止进口

20. 一般来说,在其他条件不变的情况下,非关税壁垒加强的程度与国际贸易增长的速度( )。

A. 成正比关系 B. 成反比关系 C. 无相关性 D. 效益背反

21. 下列各项中,不属于我国关税的纳税义务人的是(   )。
    A. 进(出)境物品的所有人   B. 出口货物的生产厂商
    C. 进口货物的收货人   D. 出口货物的发货人
22. 日本工业标准是(   )。
    A. SAA   B. JID   C. BS   D. UL
23. 美国安全标准是(   )。
    A. SAA   B. JID   C. BS   D. UL

二、**多项选择题**(下列每题的选项中,至少有2个是正确的,请将其代号填在括号内)

1. 下列各种贸易限制措施中,属于非关税壁垒措施的有(   )。
    A. 进口押金制   B. 国内税
    C. 差价税   D. 进口许可证制
    E. 外汇管制
2. 下列各项中,不属于非关税壁垒的主要特点的有(   )。
    A. 非关税壁垒比关税壁垒更具有大灵活性和针对性
    B. 非关税壁垒比关税壁垒更具有隐蔽性和歧视性
    C. 非关税壁垒比关税壁垒更具多样性和广泛性
    D. 关税壁垒比非关税壁垒更具有隐蔽性和歧视性
    E. 关税壁垒比非关税壁垒更具多样性和广泛性
3. 限定国家或地区进口的配额有(   )。
    A. 全球绝对配额   B. 国别绝对配额
    C. 自主配额   D. 协议配额
    E. 全球性关税配额
4. 国家直接参与商品进出口经营的非关税壁垒措施有(   )。
    A. 进口和出口国家垄断   B. 外汇管制
    C. 海关估价制   D. 进口存款制
    E. 歧视性政府采购政策
5. 外汇管制的方式较为复杂,一般可分为(   )。
    A. 数量性外汇管制   B. 成本性外汇管制
    C. 混合性外汇管制   D. 隐性外汇管制
    E. 显性外汇管制
6. 技术性贸易壁垒包括(   )。
    A. 商品包装和标签规定   B. 国内税

C. 进口押金制 D. 技术标准
E. 卫生检疫标准

7. 发达资本主义国家的进口和出口的国家垄断,主要集中在(　　)等商品上。
   A. 办公设备　　B. 农产品　　C. 烟和酒　　D. 武器
   E. 家电产品

8. 非关税壁垒的特点有(　　)。
   A. 灵活性较大　　B. 针对性较大　　C. 隐蔽性较强　　D. 透明度较高
   E. 不能达到限制进口的目的

9. 非关税壁垒根据直接限定进口数量和金额的实施分,可分为(　　)等。
   A. 进口配额制　　　　　　　　B. 出口配额制
   C. "自动"出口配额制　　　　　D. "自动"进口配额制
   E. 进口许可证制

10. 非关税壁垒从海关通关程序和对进口价格实施上分,可分为(　　)。
    A. 海关估价制　　　　　　　　B. 繁琐的通关手续
    C. 征收国内税　　　　　　　　D. 征收国外税
    E. 进口最低限价

11. 按照乌拉圭回合修订的《海关估价协议》所规定的新估价法,海关估价可以采用(　　)。
    A. 进口商品在出口国国内的零售价格
    B. 进口商品在进口国国内的零售价格
    C. 进口商品的成交价格
    D. 相同商品的成交价格
    E. 类似商品的成交价格

12. 非关税壁垒从国家直接参与进出口经营上分,可分为(　　)。
    A. 进出口政府垄断　　　　　　B. 进出口国家垄断
    C. 政府采购政策　　　　　　　D. 国家采购政策
    E. 许可证政策

13. 非关税壁垒从外汇管制的实施上分,可分为(　　)外汇管制。
    A. 公平性　　B. 质量性　　C. 效率性　　D. 数量性
    E. 成本性

14. 非关税壁垒从进口商品的技术性规定上分,可分为(　　)。
    A. 进口商品技术标准　　　　　B. 卫生安全检疫规定
    C. 商品包装　　　　　　　　　D. 标签规章

E. 质量标准

15. 进口配额制主要包括（　　）。
    A. 绝对配额　　B. 关税配额　　C. 定量配额　　D. 定性配额
    E. 相对配额

16. 绝对配额有（　　）。
    A. 北半球配额　　　　　　　　B. 南半球配额
    C. 国别配额　　　　　　　　　D. 全球配额
    E. 区别配额

17. 国别配额可以分为（　　）。
    A. 自主配额　　B. 协商配额　　C. 自行配额　　D. 招标配额
    E. 协议配额

18. 关税与其他税收一样具有（　　）。
    A. 自愿性　　B. 强制性　　C. 无偿性　　D. 有偿性
    E. 预定性

19. 按照征收的对象或商品流向分类,关税包括（　　）。
    A. 进口税　　B. 出口税　　C. 财政关税　　D. 过境税
    E. 保护关税

20. 按照征收的一般方法或征收标准分类,关税包括（　　）。
    A. 差价税　　B. 从价税　　C. 从量税　　D. 混合税
    E. 选择税

21. 关税的作用有（　　）。
    A. 对世界贸易发展的影响
    B. 对商品结构和地理方向的影响
    C. 对商品价格、生产和销售的影响
    D. 对贸易差额与国际收支的影响
    E. 对商业信用的影响

三、**判断题**(判断下列各题是否正确。正确的在题后的括号内打"√",错误的打"×")

1. 非关税壁垒是指关税以内的一切限制进口的各种措施。　　　　　　（　　）
2. 非关税壁垒在早期阶段主要集中于数量性的壁垒措施,这些措施主要包括：进口许可证、自动出口限制、关税配额、外汇管制、进口押金制和进口最低限价制等情况。　　　　　　　　　　　　　　　　　　　　　　　　　　　　（　　）
3. 非关税壁垒比关税壁垒更具多样性和广泛性。　　　　　　　　　　（　　）
4. 进口配额制是一国政府在一定时期内,规定某些商品的进口数量或金额加

以直接限制。（　）

5. 全球配额限定进口国别或地区。（　）

6. 国别配额是在总配额内按国别或地区分配给固定的配额,超过规定的配额便不准进口。（　）

7. 关税配额是将关税与配额结合起来的一种限制进口的措施。（　）

8. "自动"出口配额制在限制商品出口的实际作用上,类同于进口的绝对配额,只是在形式上略有不同。（　）

9. 无定额的进口许可证,即进口许可证与进口配额相结合。（　）

10. 成本性外汇管制是指国家外汇管理机构对外汇买卖的数量直接进行限制和分配,旨在集中外汇收入,控制外汇支出,实行外汇分配,以达到限制进口商品品种、数量和国别的目的。（　）

11. 混合性外汇管制是指同时采用数量性和成本性的外汇管制,对外汇实行更为严格的控制,以影响控制商品进出口。（　）

12. 进口押金制,要求进口商在进口时,必须预先按进口金额的一定比率和规定的时间,在政府机构或国家指定的银行无息存入一笔现金,才能进口。（　）

13. 进出口国家垄断是指在对外贸易中,对某些或全部商品的进出口,规定由国家机构直接经营,或者是把某些商品的进口或出口的专营权给予某些垄断组织。（　）

14. 海关估价是指海关按照国家规定,对申报进口的商品价格进行审核,以确定或估定其完税价格。（　）

15. 相同货物是指在材料组成及特性上与进口货物原产国、原生产者生产的货物相似,具备同样功能且商业上可互换的货物。（　）

16. 歧视性政府采购政策是国家通过立法形式,规定政府机构采购时要优先购买外国产品的做法。（　）

17. 技术法规、标准规定的措施本身是为适应国际贸易的需要而产生的,产品的技术标准一旦确立,就成为产品进入市场的必要条件之一,不符合技术标准的产品就不能进入市场。这在规范商品出口的同时,自然而然就形成了影响商品出口的障碍。（　）

18. 发达成员重视技术性贸易壁垒,而发展中国家不重视技术性贸易壁垒。（　）

19. 技术性贸易壁垒的方式之一,是通过技术法规、标准的规定直接限制出口。（　）

20. 由于科学技术水平发展的不平衡,发展中国家技术法规、标准、认证制度及检验制度等的制定水平和内容与发达国家相比存在很大差距,其出口商品往往

达不到发达国家的规定。（　）

21. 《技术性贸易壁垒协议》(Agreement on Technical Barriers to Trade)由正文 15 个条款和 3 个附件组成。（　）

22. 绿色贸易壁垒产生于国际协议、法规、技术、公约、制度所派生出来的不合理的环境标准及其环境保护措施。（　）

23. ISO9000 环境管理系列标准的制定，是为保护环境，消除国际贸易中的非关税壁垒，促进社会经济持续发展，针对全球工业企业、商业、政府、非盈利团体和其他用户而制定的。（　）

24. 环境标志制度又称绿色标志制度或生态标志制度，是指由政府部门或公共、私人团体依据一定环境标准向有关厂商颁发的，证明其产品符合环境标准的一种特定标志。（　）

25. 国际贸易协议中的环境条款、ISO14000、国际环境公约、环境标志制度等绿色贸易规范条件本身并不是绿色贸易壁垒，利用这些规范条件派生出不合理的环境标准及以此为据设置的贸易障碍才构成绿色贸易壁垒。（　）

26. 绿色包装是节约资源，减少废弃物，用后易于回收再用或再生，易于自然分解，又不污染环境的包装。（　）

27. 技术法规、标准、认证制度及检验制度等的制定水平和内容，即使在发展水平相当的国家之间，甚至一个国家内部，都存在着各类差异。各国规定的不一致、标准不统一，给商品进口制造了极大障碍。（　）

28. 在制定和实施非关税壁垒措施上，通常采用行政程序，比较便捷，能随时针对某国的某种商品采取相应的措施，较快地达到限制进口的目的。（　）

29. 关税是国家税收的重要组成部分，是由海关代表国家按照国家制定的关税政策和有关法律、行政法规的规定，对准许进出关境的货物和物品向纳税义务人征收的一种直接税。（　）

30. 美国超过平均关税水平 3 倍以上的高关税税目约占总税目的 1%。（　）

31. 一般来说，进口货物课征关税后，会导致进口国的国内价格上涨，进口数量下降，在一定条件下起到了保护和促进本国产品的生产和销售的作用。（　）

32. 关税纳税义务人又称关税纳税人或关税纳税主体，是指依法负有直接向国家缴纳关税义务的法人或自然人。（　）

33. 专断的海关估价措施是指有些国家根据某些特殊规定，违背海关估价协议，提高某些进口货的海关估价，增加进口货的关税负担，来阻碍商品的进口。（　）

34. 美国农业部于 2009 年 3 月 20 日发布《强制性原产地标签》，规定牛、易腐农产品等若干农产品须强制性加贴原产地标签。（　）

35. 在外汇管制下,出口商必须把其出口所得到的外汇收入按官定汇率(Official Exchange Rate)卖给外汇管制机关;进口商也必须在外汇管制机关按官定汇价申请购买外汇,本国货币的携带出入国境也受到严格的限制等。（　　）

36. 借助于 ISO、IEC、ITU 等国际性标准化组织的努力,各国有关技术方面的规范正逐步趋向统一。（　　）

典型习题分析与解答

一、单项选择题

1. C　2. D　3. D　4. B　5. A　6. A　7. B　8. A　9. B　10. D　11. B　12. D　13. B　14. D　15. A　16. C　17. C　18. A　19. B　20. B　21. B　22. B　23. D

二、多项选择题

1. ABDE　2. DE　3. BCD　4. AE　5. ABC　6. ADE　7. BCD　8. ABC　9. ACE　10. ABCE　11. CDE　12. BC　13. DE　14. ABCD　15. AB　16. CD　17. AE　18. BCE　19. ABD　20. BCDE　21. ABCD

三、判断题

1. ×　2. √　3. √　4. √　5. ×　6. √　7. √　8. ×　9. ×　10. ×　11. √　12. √　13. √　14. √　15. ×　16. ×　17. ×　18. ×　19. ×　20. √　21. √　22. √　23. ×　24. √　25. √　26. √　27. √　28. √　29. ×　30. ×　31. √　32. √　33. √　34. √　35. √　36. √

第九章　知识产权的海关管理

> ## 考 试 大 纲
>
> **1. 知识产权海关管理的概念**
>
> 了解：
> - 知识产权的概念、知识产权海关保护的定义、我国开展知识产权海关保护的情况。
>
> **2. 知识产权海关管理的申报**
>
> 了解：
> - 知识产权海关管理的申报程序、知识产权海关保护的两种方式。
>
> **3. 知识产权海关管理查验和监管**
>
> 了解：
> - 办理知识产权海关保护备案、向海关总署申请总担保、查询知识产权备案。

第一节　知识产权海关管理的概念

一、知识产权的基本概述

1. 知识产权的概念

概括地说，知识产权是指公民、法人或其他组织对其在科学技术和文学艺术等领域内，主要基于脑力劳动创造完成的智力成果所依法享有的专有权利。

知识产权是一种无形财产权，是从事智力创造性活动取得成果后依法享有的权利。通常分为两部分，即"工业产权"和"版权"。根据1967年在斯德哥尔摩签订的《建立世界知识产权组织公约》的规定，知识产权包括对下列各项知识财产的权利：文学、艺术和科学作品；表演艺术家的表演及唱片和广播节目；人类一切活动领域的发明;科学发现;工业品外观设计;商标、服务标记以及商业名称和标志;制止不正当竞争以及在工业、科学、文学或艺术领域内由于智力活动而产生的一切其他权利。总之,知识产权涉及人类一切智力创造的成果。

2. 知识产权的性质

1) 知识产权具有财产性

知识产权所涉及的财产并不是一般的物,而是满足人们物质生活及精神生活所需要的知识信息,是通过信息的集合传递给人们的知识信息。构成知识产权内容与要素的、具有财产性的知识信息,将传统私法中对财产的理解又向前推进了一步。

2) 知识产权具有无形性

在这里,所谓的"无形"包含两层含义:

(1) 知识产权是一种财产利益与人格利益并存的权利,该权利是一种客观存在,但是人们无法以感官触摸到它。

(2) 知识产权的客体是人们看不见、摸不着的知识产品或称为知识信息。

知识产权的客体(或对象)具有无形性。客体的无形性是知识产权的最本质的特性,是知识产权作为无形财产权与有形财产权的根本区别所在。

① 有形财产权的客体与载体是相统一的,而知识产权的客体与其载体是相分离的,知识产品必须通过一定的、有形的物质载体才能得以体现,且这种物质载体的形式并不是唯一的。

② 就有形财产权的客体而言,即使出现了完全一样的两个有形物体,依然存在两个独立的物权;知识产权的客体所赖以依附的有形载体可以被复制或仿造,知识产权人只对若干有形载体中所反映的同一信息享有专有权。

③ 在一定的时空条件下,同一知识产品可以被若干个主体同时使用,且这种使用不会像有体物那样发生有形损耗,也不会由于实物形态消费而导致其本身的灭失。

3) 知识产权具有权利性

知识产权在其法律属性上,是民事权利的一部分。

4) 知识产权具有法定性

知识产权的产生和取得方式不同于有形财产权的产生和取得方式。由于智力成果内容的无形性,决定了它本身不能直接产生知识产权,而必须依照专门的法律确认或授予才能产生知识产权。

3. 知识产权的基本特征

1) 专有性

知识产权的专有性又称排他性、垄断性、独立性,是指知识产权所有人对其知识产权具有独占性。

2) 时间性

知识产权的时间性是指知识产权的效力有法定的期限,超过法定期限,权利归于消灭,其保护对象从私有领域进入公有领域,任何人均可以利用。

知识产权的时间性只对财产权有效,而不能用于人身权,如著作权中的人身权不受保护期限的限制。

4. 知识产权的主要内容

从知识产权的表现形式出发,可以将现有的知识产权的主要内容划分为技术类知识产权、标识类知识产权、传播类知识产权和其他类知识产权。

1) 技术类知识产权

技术类知识产权是指在工业、农业和商业等产业领域中,发明人或设计人通过其智力劳动所作出的,具有技术属性,并作用于技术的实现或商品的形成的发明创造以及由此产生的所有权利。根据上述定义,这类知识产权主要包括:发明专利权、实用新型专利权、工业品外观设计权、专有技术权、发现权和集成电路布图设计权等。

2) 标识类知识产权

标识类知识产权是指在工业、农业、商业等产业领域中,当事人对经过智力活动所作的具有标识属性,能够标识产品来源和厂家特定信息的商品标记或者其他商业标记所享有的专有权。根据上述定义,这类知识产权主要有商标权、服务标记权、厂商名称权、地理标志权和域名权等形式。

3) 传播类知识产权

传播类知识产权是指在文学、艺术和科学等领域中,对当事人创作的以不同表现形式出现并且具有原创性的创作成果,以及在传播作品过程中产生的与原创作品有关联的各种产品、物品或其他传播媒介所享有的专有权。传播类知识产权包括著作权及邻接权,民间文学艺术的保护亦属于此类,计算机软件也应当划入此类。

4) 其他类知识产权

其他类知识产权是指有些内容不能纳入上述知识产权中去的其他类知识产权内容,主要包括反不正当竞争、生物多样性和植物新品种等。

5. 知识产权制度的作用

(1) 有利于实现我国经济与国际经济接轨。

(2) 有利于鼓励发明创造,促进技术创新。

(3) 有利于吸进国外先进技术。

(4) 有利于吸引境外投资。

(5) 有利于开拓国际市场。

6. 知识产权制度的形成和发展

知识产权制度的国际发展是指世界各国知识产权制度在实质内容和申请审批程度上逐步简化一致和统一,日趋国际化。知识产权的地域性、无形性和易传播性,一方面,使得本国产生的智力成果在国外不能取得当然的保护;另一方面,由于传播媒体、通讯工具、信息技术的迅速发展和国际交流的日益频繁,大量的智力成果十分容易越过国界而进入他国。如果不对这些智力成果进行有效的国际保护,势必会影响、阻碍国际贸易及科学技术和文化的正常交流与合作。知识产权制度的国际化发展,反映了科技和经济国际化发展的客观要求。为了保护智力劳动成果,促进发明创新,早在100多年前,国际上已开始建立保护知识产权制度。1883年,世界各国就在巴黎缔结了《保护工业产权巴黎公约》,并于1884年正式生效。1886年,在瑞士伯尔尼签署了《保护文学艺术作品伯尔尼公约》(the Berne Convention for the Protection of Literary and Artistic Works)。1891年,在马德里签署了《商标国际注册马德里协定》。此外,还先后签署了《工业品外观设计国际保存海牙协定》(1925年)、《商标注册用商品和服务国际分类尼斯协定》(1957年)、《保护原产地名称及其国际注册里斯本协定》(1958年)、《专利合作条约》(1970年)、《关于集成电路的知识产权条约》(1989年)等。

为了促进全世界对知识产权的保护,加强各国和各知识产权组织间的合作,"国际保护工业产权联盟"和"国际保护文学作品联盟"的51个成员国于1967年7月14日在瑞典首都斯德哥尔摩共同缔约建立了"世界知识产权组织"。该组织于1974年12月成为联合国16个专门机构之一。

20世纪80年代,中国开始逐步建立知识产权制度。1983年3月1日起,中国施行了《商标法》;1985年4月1日施行了《专利法》;1990年9月又颁布了《著作权法》,并于1991年6月1日起开始实施。中国于1980年加入了世界知识产权组织,1985年参加了《保护工业产权巴黎公约》。1990年12月,中国知识产权研究会成立。1992年1月17日,中、美两国政府签署了《关于保护知识产权备忘录》。至1994年5月,中国已经加入了《商标国际注册马德里协定》、《专利合作条约》、《保护文学艺术作品伯尔尼公约》和《世界版权公约》等保护知识产权的主要国际公约。而且,随着科学技术的迅速发展,知识产权保护对象的范围正在逐步扩大。例如,1996年欧盟议会通过的《数据库保护指令》就把没有原创性的数据库列为知识产权的保护对象。

1986年开始的关贸总协定乌拉圭回合谈判,将知识产权首次纳入议题,形成建立后,这就是《与贸易有关的知识产权协议》(简称 Trips)。世界贸易组织(WTO)建立后,Trips 协议成为世贸组织内最重要的协议之一,知识产权保护与经济、贸易的结合得到前所未有的加强,这标志着知识产权制度国际化发展进入了一个崭新的阶段。

2000年10月,世界知识产权组织第35届成员大会系列会议讨论了中国和阿尔及利亚于1999年在世界知识产权组织成员国大会上共同提出的关于建立"世界知识产权日"的提案,决定从2001年起将每年的4月26日定为"世界知识产权日"。

7. 知识产权的国际保护

1)取得著作权国际保护的途径

著作权一般是自动产生的。作品完成后,不必向外国办理任何手续,就可以根据有关原则获得有关国家的著作权法保护。

2)取得工业产权国际保护的途径

工业产权不能自动产生,权利人必须向有关国家或者国际组织办理申请注册登记手续,取得有关国家工业产权主管机关颁发的证书(如专利证书、商标注册证书),才能依该国法律规定获得保护。

二、知识产权海关保护的定义

知识产权海关保护是指海关对与进出口货物有关并受中华人民共和国法律、行政法规保护的商标专用权、著作权和与著作权有关的权利、专利权(以下统称知识产权)实施的保护。国际上将知识产权海关保护称为"知识产权的边境措施"。

根据国务院颁布的《中华人民共和国知识产权海关保护条例》第二条指出,本条例所称知识产权海关保护,是指海关对与进出口货物有关并受中华人民共和国法律、行政法规保护的商标专用权、著作权和与著作权有关的权利、专利权(以下统称知识产权)实施的保护。第三条指出,国家禁止侵犯知识产权的货物进出口。海关依照有关法律和本条例的规定实施知识产权保护,行使《中华人民共和国海关法》规定的有关权力。

知识产权海关保护措施是指海关根据《中华人民共和国知识产权海关保护条例》的规定,对即将进出口的涉嫌侵犯受中华人民共和国法律、行政法规保护的知识产权的货物依法采取扣留、调查认定、处置和对货物收发货人进行处罚的措施。

目前,我国海关保护的知识产权是与进出口货物有关并受中华人民共和国法律、行政法规保护的商标专用权、著作权和与著作权有关的权利、专利权、奥林匹克标志专有权和世界博览会标志专有权。

三、我国开展知识产权海关保护的情况

为履行我国在中美知识产权谈判中所承诺的义务,我国国务院于1994年7月

5日发布了《关于进一步加强知识产权保护工作的决定》。该决定规定:"为了履行我国参加的《保护工业产权巴黎公约》和《伯尔尼保护文学和艺术作品公约》的有关规定,加强对外经济技术贸易中的知识产权保护,要强化海关在保护知识产权、制止侵权产品进出境方面的职能,采取必要的边境措施,有效地制止侵权产品的进出口。海关要加强与有关部门的联系和配合,依法严格实施知识产权的边境保护措施。"

根据国务院的指示,海关总署于1994年9月1日发出公告,宣布自9月15日起,侵犯受中华人民共和国法律和行政法规保护的知识产权的货物禁止进出境。从此,我国开始对知识产权实施海关保护。

《知识产权海关保护条例》最早是1995年7月颁布的。虽然中国海关已经在1994年9月开始实施知识产权保护,但当时还没有相关的法律规定。为了使海关执法做到有法可依,中华人民共和国国务院于1995年7月5日发布第179号令,颁布《中华人民共和国知识产权海关保护条例》。该条例于1995年10月1日起施行。《知识产权海关保护条例》的颁布实施,标志着中国海关对知识产权的保护工作进入了一个法制化和制度化的阶段。1995年9月28日,海关总署颁布了《中华人民共和国海关关于知识产权保护的实施办法》(海关总署令第54号),实施日期为1995年10月1日。

随着知识产权海关保护工作的深入开展,为进一步加强知识产权海关保护工作,国务院于2003年对《条例》进行了修订。温家宝总理于2003年12月2日签署中华人民共和国国务院第395号令,公布了修订后的《条例》。新《条例》自2004年3月1日起施行。与此相配套,《中华人民共和国海关关于〈中华人民共和国知识产权海关保护条例〉的实施办法(海关总署令第114号)》经2004年4月22日署务会审议通过发布,自2004年7月1日起施行。《中华人民共和国海关关于知识产权保护的实施办法》(海关总署令第54号)同时废止。

2010年3月24日,国务院总理温家宝签署了中华人民共和国国务院第572号令,公布了《国务院关于修改〈中华人民共和国知识产权海关保护条例〉的决定》(以下简称《决定》),自2010年4月1日起施行。《决定》针对近年来知识产权海关保护中出现的新情况、新问题,从五个方面对2003年12月2日中华人民共和国国务院第395号令公布的《中华人民共和国知识产权海关保护条例》(以下简称《条例》)进行了修订,进一步完善了知识产权海关保护的法律制度,为继续提升中国海关的知识产权保护水平奠定了良好的法律基础。

1. 中国海关的知识产权保护工作从无到有

中国海关的知识产权保护在国家知识产权保护体系中发挥着重要的作用。

中国海关的知识产权保护制度是伴随着中国改革开放和市场经济建设的步伐

逐步建立和发展的。自1994年以来,中国海关的知识产权保护工作经历了一个从无到有、从起步到完善的发展历程。

1994年9月6日,皇岗海关在快递渠道查获了第一起进出口侵犯知识产权货物案件,查获盗版CD 4 750张。1995年11月17日,海关总署核准了广州轻工关于"钻石DIAMOND"注册商标的知识产权海关保护备案申请,中国海关的知识产权海关保护备案制度正式启动了。

截至2008年,全国海关共查获各类出口侵权货物案件25 000多件,案值15多亿元人民币;向海关总署办理知识产权海关保护备案、要求海关对其知识产权进行保护的申请达15 000件。

2. 2009年海关知识产权保护情况

2009年,全国海关坚决贯彻落实中央应对金融危机一揽子计划,着力优化海关监管和服务,继续强化知识产权海关保护工作。2009年,全国海关共对67 000批涉嫌侵犯知识产权的进出口货物采取了措施,实际扣留66 000批,涉及侵权涉嫌商品2.8亿件,价值人民币4.5亿元。

第二节 向海关申请采取保护措施

根据《条例》规定,知识产权权利人请求海关对其知识产权采取保护措施,可以选择依职权保护和依申请保护两种模式。

依职权保护是指海关有权主动启动制止和查处进出口侵权货物的执法程序,又称海关主动保护。依申请保护是指海关根据知识产权权利人的申请启动海关执法程序,又称海关被动保护。

一、依职权保护

依职权保护是指海关在对进出口货物的监管过程中,对其发现的涉嫌侵犯在海关总署备案的知识产权的进出口货物主动采取的扣留和调查处理的措施。

1. 依职权保护的特征

(1) 知识产权权利人应当事先将其知识产权向海关总署备案。

(2) 海关发现涉嫌侵犯备案知识产权的进出口货物,应当中止放行,并书面通知有关知识产权权利人。

(3) 知识产权权利人要求海关扣留侵权嫌疑货物的,应当在3个工作日内提出申请,并提供担保。知识产权权利人应当向海关提供不超过人民币10万元的担保。经海关总署核准,可以提供总担保。

(4) 对知识产权权利人提出申请并提供担保的,海关应当扣留货物。

(5) 海关应当对货物的侵权状况进行调查和认定;对不能认定货物侵权状况的,海关应当通知知识产权权利人。

(6) 海关对其认定侵权的货物,有权予以没收并对侵权货物的收发货人给予行政处罚。对构成犯罪的还应当向公安机关移送。

(7) 对没收的侵权货物,海关有权依法进行处置。

(8) 海关和知识产权权利人办理费用结算和退还担保的手续。

2. 依职权保护的程序

依职权保护的程序,如图9-1所示。

图9-1 依职权保护的程序

1) 知识产权备案

要求海关对其知识产权实施依职权保护的知识产权权利人,应当事先将其知识产权向海关总署进行备案。

2) 海关中止货物通关

海关在通关过程中发现进出口货物涉及备案知识产权的,有权采取以下措施:

(1) 核实进出口商或者制造商是否属于在海关总署备案的合法使用人,或者要求收发货人在规定期限内申报货物的知识产权状况和提交相关证明文件。

(2) 对进出口商或者制造商不属于在海关总署备案的合法使用人、收发货人未能申报货物知识产权状况和提交相关证明文件或者海关有理由认为货物涉嫌侵犯在海关总署备案的知识产权的,海关应当中止货物的通关。

(3) 按照备案的通讯方式将中止货物通关的情况书面通知知识产权权利人。

3) 权利人申请扣留货物和提供担保

知识产权权利人应当在海关书面通知送达之日起3个工作日内按照下列规定予以回复:

(1) 认为有关货物侵犯其在海关总署备案的知识产权并要求海关予以扣留的,向海关提出扣留侵权嫌疑货物的书面申请。

(2) 认为有关货物未侵犯其在海关总署备案的知识产权或者不要求海关扣留

侵权嫌疑货物的,向海关书面说明理由。

知识产权权利人请求海关扣留侵权嫌疑货物的,应当按照以下规定向海关提供担保:

(1) 货物价值不足人民币2万元的,提供相当于货物价值的担保。

(2) 货物价值为人民币2万~20万元的,提供相当于货物价值50%的担保,但担保金额不得少于人民币2万元。

(3) 货物价值超过人民币20万元的,提供人民币10万元的担保。

(4) 担保方式限现金或金融机构的保函。

根据《中华人民共和国海关关于〈中华人民共和国知识产权海关保护条例〉的实施办法》第24条的规定,在海关总署备案的商标权人,可以向海关总署申请提供总担保。

在向海关回复前,知识产权权利人经海关同意,可以查看有关货物。

4) 海关扣留货物

知识产权权利人自通知送达之日起3个工作日内提出扣留侵权嫌疑货物的申请并提供担保的,海关应当扣留侵权嫌疑货物。知识产权权利人逾期未提出申请或者未提供担保的,海关应当恢复货物的通关。

海关扣留侵权嫌疑货物,应当书面通知知识产权权利人,并将海关扣留凭单送达收货人或者发货人。

5) 海关进行调查认定

海关应当在扣留侵权嫌疑货物后30个工作日内对货物是否侵犯知识产权进行调查、认定。海关进行调查,可以请求知识产权主管部门提供咨询意见。知识产权权利人和收发货人应当对海关调查予以配合。海关经过调查:

(1) 认定货物侵犯有关知识产权的,应当继续对与侵权货物有关的其他违法事实进行调查。

(2) 认为货物未侵犯有关知识产权的,放行货物。

(3) 不能认定货物是否侵犯有关知识产权的,应当自扣留侵权嫌疑货物之日起30个工作日内书面通知知识产权权利人和收发货人。货物涉嫌侵犯专利权的,收发货人可以向海关提供相当于货物价值的担保后,可以请求海关放行货物。知识产权权利人可以向人民法院申请采取责令停止侵权行为或者财产保全的措施。海关自扣留侵权嫌疑货物之日起50个工作日内未收到人民法院协助扣押有关货物书面通知的,应当放行货物。

6) 海关作出处罚决定

海关认定货物侵犯有关知识产权的,没收货物并处收发货人货物价值30%以下的罚款。涉嫌构成犯罪的,海关应当向公安机关移送。

7）海关处置侵权货物

对被没收的侵犯知识产权货物,海关区分不同情况处理:

(1)有关货物可以用于社会公益事业的,转交给有关公益机构用于社会公益事业。

(2)知识产权权利人有收购意愿的,有偿向知识产权权利人转让货物。

(3)无法用于社会公益事业且知识产权权利人无收购意愿的,在消除货物的侵权特征后依法拍卖(进口假冒商标货物除外)。

(4)货物的侵权特征无法消除的,予以销毁。

对海关处置侵权货物,知识产权权利人应当予以协助。

8)结算费用和退还担保

知识产权权利人应当支付货物在海关扣留后实际发生的仓储、保管和处置等费用。

知识产权权利人未按照规定支付有关费用的,海关可以从知识产权权利人提交的担保金中扣除有关费用或者要求担保人履行担保义务。

海关应当在货物处置完毕并结清有关费用后,向知识产权权利人退还担保金或者解除担保人的担保责任。但是,对因知识产权权利人向海关申请不当给收发货人造成损失的,海关可以根据人民法院的通知协助将其提供的担保金用于赔偿收发货人的损失。

二、依申请保护

依申请保护是指知识产权权利人发现侵权嫌疑货物即将进出口时向海关提出申请,海关根据其申请对侵权嫌疑货物实施扣留的措施。

1. 依申请保护的特征

(1)知识产权权利人向货物的进出境地海关申请扣留,无需事先将其知识产权向海关总署备案。

(2)申请人应当向海关提供相当于侵权嫌疑货物价值的担保。

(3)海关扣留侵权嫌疑货物并将扣留决定通知知识产权权利人和进出口货物收发货人。

(4)涉嫌侵犯专利权货物的收发货人可以向海关提供担保金,请求海关放行被扣留的货物。

(5)知识产权权利人应当向人民法院申请采取责令停止侵权行为或者财产保全的措施。

(6)如果人民法院在海关扣留货物后20个工作日内通知海关协助执行有关责令停止侵权行为或者财产保全的裁定,海关应当协助执行,否则应当放行被扣留的货物。

(7) 海关和知识产权权利人办理支付仓储和保管费用以及退还担保的手续。

2．依申请保护的程序

依申请保护的程序，如图 9-2 所示。

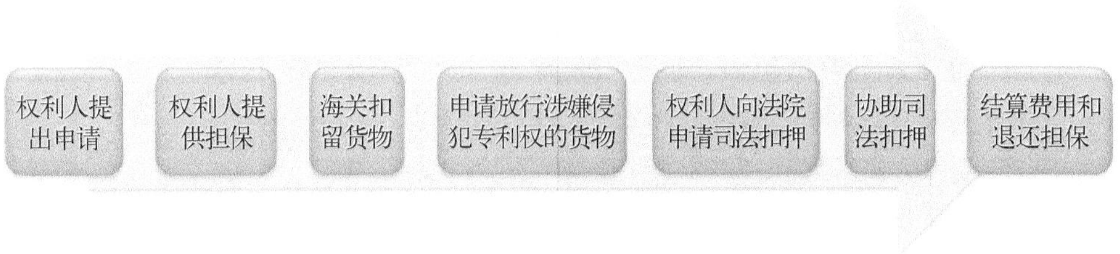

权利人提出申请 → 权利人提供担保 → 海关扣留货物 → 申请放行涉嫌侵犯专利权的货物 → 权利人向法院申请司法扣押 → 协助司法扣押 → 结算费用和退还担保

图 9-2　依申请保护的程序

1) 权利人提出申请

知识产权权利人发现侵权嫌疑货物即将进出口的，可以向货物的进出境地海关（包括转关运输货物的境内指运地或者启运地海关）提出扣留货物的申请。

知识产权权利人向海关提交的申请书应当包括的内容（知识产权已经在海关总署备案的，还应提供备案号）有：

(1) 知识产权权利人的名称或者姓名、注册地或者国籍等。

(2) 知识产权的名称、内容及其相关信息。

(3) 侵权嫌疑货物收货人或发货人的名称。

(4) 侵权嫌疑货物名称、规格等。

(5) 侵权嫌疑货物可能进出境的口岸、时间、运输工具等。

知识产权权利人还应当向海关提交足以证明能够证明侵权事实明显存在的证据。知识产权权利人提交的证据，应当能够证明以下事实：

(1) 请求海关扣留的货物即将进出口。

(2) 在货物上未经许可使用了侵犯其商标专用权的商标标识、作品或者实施了其专利。

2) 权利人提供担保

知识产权权利人请求海关扣留侵权嫌疑货物，应当在海关规定的期限内向海关提供相当于货物价值的担保。

在依申请保护模式中，知识产权权利人不能申请总担保。

3) 海关扣留货物

海关根据知识产权权利人的申请发现侵权嫌疑货物的，应当予以扣留。

海关应当将货物的名称、数量、价值、收发货人名称、申报进出口日期和海关扣留日期等情况书面通知知识产权权利人,同时应当将扣留货物的决定以及扣留凭单送达收发货人。

经海关同意,知识产权权利人和收发货人可以查看海关扣留的货物。

4)申请放行涉嫌侵犯专利权的货物

对货物涉嫌侵犯专利权的,收发货人如认为其货物未侵犯专利权,可以向海关申请放行货物。收发货人向海关申请放行货物,应当随附相关证据并提供与货物等值的担保金。

海关决定放行涉嫌侵犯专利权的货物,应当书面通知知识产权权利人。知识产权权利人应当就有关专利侵权纠纷向人民法院起诉,并在海关书面通知送达之日起30个工作日内向海关提交人民法院受理案件通知书的复印件。逾期未提交的,海关应当向收发货人退还担保金。

5)权利人向法院申请司法扣押

对海关扣留的侵权嫌疑货物,知识产权权利人应当在收到海关发出的扣留通知后,立即依照《中华人民共和国商标法》、《中华人民共和国著作权法》、《中华人民共和国专利法》或者其他有关法律的规定,向人民法院申请采取责令停止侵权行为或者财产保全的措施。

6)协助司法扣押

海关自扣留侵权嫌疑货物之日起20个工作日内,收到人民法院协助扣押有关货物书面通知的,应当予以协助;未收到人民法院协助扣押通知或者知识产权权利人要求海关放行有关货物的,海关应当放行货物。

7)结算费用和退还担保

知识产权权利人应当支付货物在海关扣留后实际发生的仓储、保管等费用。

知识产权权利人未按照规定支付有关费用的,海关可以从知识产权权利人提交的担保金中扣除有关费用或者要求担保人履行担保义务。

海关应当在结清有关费用后向知识产权权利人退还担保金或者解除担保人的担保责任。但是,对因知识产权权利人向海关申请不当给收发货人造成损失的,海关可以根据人民法院的通知协助将其提供的担保金用于赔偿收发货人的损失。

第三节 办理知识产权海关保护备案

知识产权海关保护备案是指知识产权权利人按照《中华人民共和国知识产权海关保护条例》的规定,将其与进出口货物有关并受中华人民共和国法律、行政法规保护的商标专用权、著作权和与著作权有关的权利、专利权的法律状况、有关的进出口商品、合法使用知识产权和侵权货物进出口等情况向海关总署进行登记,以便海关在对进出口货物的监管过程中能够主动地对有关知识产权实施保护。所以,知识产权备案是知识产权权利人对其知识产权寻求海关主动保护的前提条件。

为提高办理备案的效率和海关总署审核备案的透明度,目前,知识产权备案的申请已改为通过"知识产权海关保护备案系统"办理。

使用备案系统办理知识产权备案的流程是:注册系统用户、缴纳备案费、录入申请信息。

一、注册系统用户

首次通过"知识产权海关保护备案系统"向海关总署传输数据的,应当先注册为系统用户。

1. 注册系统用户注意事项

(1) 只能以知识产权权利人的名义注册。

(2) 注册用户的信息应当真实、有效。

(3) 应当妥善保存用户名和密码。

(4) 注册后应尽快使用系统提交备案申请。注册后6个月内不使用的将被删除。

(5) 如果注册信息有变化应当及时更新。

2. 注册程序

注册程序,如图9-3所示。

图9-3 注册程序

二、缴纳备案费

根据《中华人民共和国知识产权海关保护条例》第32条和海关总署(2004)15号公告的规定,知识产权权利人向海关总署申请知识产权海关保护备案,应当为每件备案申请缴纳备案费人民币800元。申请人在备案有效期内申请备案续展或变更的,不再缴纳备案费;但是申请人在备案失效后再次申请备案的,应当重新缴纳备案费。

缴纳备案费的流程,如图9-4所示。

通过银行汇款 → 海关总署出具收据 → 申请退还

图9-4 缴纳备案费的流程

三、录入申请信息

录入申请信息,根据申请备案的知识产权的类型进行选择。

1. 申请商标权专用权备案的程序

申请商标权专用权备案的程序,如图9-5所示。

核对申请人信息 → 在"权利类型"中选商标权 → 填写商标权情况 → 上传图片 → 填写合法使用人情况 → 确认缴纳备案费和随附文件 → 填写备案费信息 → 提交电子数据 → 提交申请书和随附文件

图9-5 申请商标权专用权备案的程序

2. 申请专利权备案的程序

申请专利权备案的程序,如图9-6所示。

核对申请人信息 → 在"权利类型"中选专利权 → 填写专利权情况 → 上传图片 → 填写合法使用人情况 → 确认缴纳备案费和随附文件 → 填写备案费信息 → 提交电子数据 → 提交申请书和随附文件

图9-6 申请专利权备案的程序

3. 申请著作权备案的程序

申请著作权备案的程序,如图9-7所示。

核对申请人信息 → 在"权利类型"中选著作权 → 填写著作权情况 → 上传图片 → 填写合法使用人情况 → 确认缴纳备案费和随附文件 → 填写备案费信息 → 提交电子数据 → 提交申请书和随附文件

图 9-7　申请著作权备案的程序

第四节　向海关总署申请总担保

《中华人民共和国海关关于〈中华人民共和国知识产权海关保护条例〉的实施办法》第 24 条规定，在海关总署备案的商标专用权的知识产权权利人，经海关总署核准可以向海关总署提交银行或者非银行金融机构出具的保函，为其向海关申请商标专用权海关保护措施提供总担保。

自海关总署核准其使用总担保之日至当年 12 月 31 日，知识产权权利人根据《中华人民共和国知识产权海关保护条例》第 16 条的规定，请求海关依职权扣留涉嫌侵犯其已在海关总署备案的商标专用权的进出口货物的，无需另行提供担保。

有以下情形之一的，海关总署可以书面通知担保人在 10 个工作日内，向有关海关支付不超过担保金额的款项：

（1）知识产权权利人未能在海关要求其支付仓储处置费的书面通知送达之日起 10 个工作日内支付有关费用的。

（2）知识产权权利人未能按照《中华人民共和国知识产权海关保护条例》第 29 条的规定承担赔偿责任且人民法院在总担保保函有效期内要求海关协助执行有关判决的。

自海关总署向担保人发出履行担保责任的通知之日起，知识产权权利人向海关申请扣留侵权嫌疑货物，应当同时向海关提供担保。

总担保申请程序，如图 9-8 所示。

一、确定总担保金额

总担保的担保金额应相当于知识产权权利人上一年度向海关申请扣留侵权嫌疑货物后发生的仓储、保管和处置等费用之和。知识产权权利人上一年度未向海

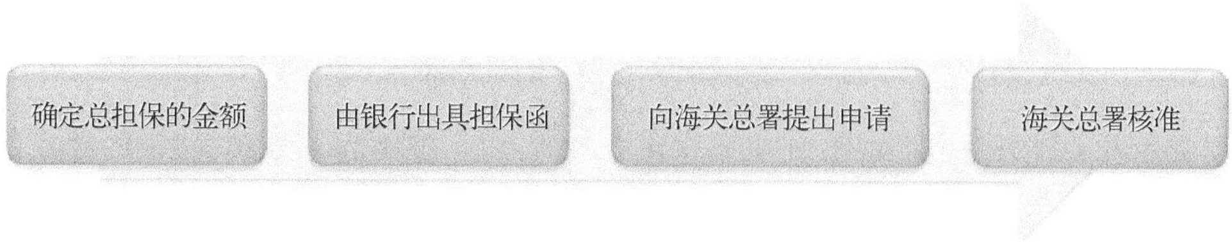

确定总担保的金额 → 由银行出具担保函 → 向海关总署提出申请 → 海关总署核准

图9-8 总担保申请程序

关申请扣留侵权嫌疑货物或者仓储处置费不足人民币20万元的,总担保的担保金额为人民币20万元。

二、由银行出具担保函

确定了应当提交的总担保金额后,知识产权权利人应当向银行提出出具总担保保函的申请并签订担保协议。可以出具总担保保函的银行,应当是已获准在中国大陆境内开展金融业务的银行。

银行根据担保协议,按照海关总署规定的格式出具以海关总署为受益人的总担保保函。总担保保函的有效期为担保人签发之日起至第二年6月30日。出具总担保保函的银行为知识产权权利人履行法定义务承担连带责任。

三、向海关总署提出申请

知识产权权利人向海关总署申请提供总担保,应当提交以下文件:
(1)总担保申请书。
(2)银行出具的总担保保函。
(3)仓储处置费清单。

海关总署受理总担保的部门和通讯地址为北京市建国门内大街6号,海关总署政策法规司;邮编为100730。

四、海关总署核准总担保申请

海关总署核准知识产权权利人提出的总担保申请,应向申请人发出核准通知。总担保申请自海关总署核准之日起生效。

第五节 查询知识产权备案

为方便进出口企业事先了解在海关总署备案的知识产权,避免因生产和进出口侵权产品而承担法律责任,海关总署互联网站为社会公众提供了便捷地查询备案知识产权的服务。公众可以通过"知识产权海关保护备案系统",用四种查询方式,了解在海关总署备案的知识产权的情况,如知识产权权利人的名称、权利名称、权利注册授权号、权利类别、使用该知识产权的商品、备案的有效期、知识产权和商品的照片和权利人的联系方式等信息。

一、按"权利人名称"查询

在"权利人名称"查询窗口中输入某个知识产权权利人的名称或者姓名的关键词。

二、按"权利名称"查询

在"权利名称"查询窗口中输入某个知识产权的名称后,点击"查询",备案系统即显示符合该查询条件的全部在海关总署备案的知识产权的信息。

三、按"权利号"查询

在"权利号"查询窗口中输入某个知识产权的注册或者授权号后,点击"查询",备案系统即显示符合该查询条件的知识产权的信息。

四、按"权利类型"查询

如果在"权利类型"查询窗口中选择"全部"或者某类型知识产权(如商标专用权),便可浏览已在海关总署备案的全部知识产权或者该类知识产权的信息。

小看板:知识产权权利人和代理人

《知识产权海关保护条例》所指的"知识产权权利人",是指《中华人民共和国商标法》、《中华人民共和国专利法》和《中华人民共和国著作权法》中规定的商标注册人、专利权人、著作权人和与著作权有关的权利人。

使用知识产权的被许可人等利害关系人不是《知识产权海关保护条例》中的"知识产权权利人",不能以自己的名义向海关总署申请知识产权备案或者向口岸海关申请采取保护措施。但是,被许可人等利害关系人可以接受商标注册人、专利权人、著作权人和与著作权有关的权利人的委托,以其代理人的身份提出申请。

(续上)

> 根据《中华人民共和国海关关于〈中华人民共和国知识产权海关保护条例〉的实施办法》的规定,境内的知识产权权利人向海关总署办理知识产权海关保护备案或者要求口岸海关采取知识产权保护措施,可以直接提出申请或者委托代理人提出申请;境外(包括我国香港、澳门和台湾地区)的知识产权权利人,除非在境内设有办事机构,则必须在境内委托代理人提出申请。

 小看板

1.《中华人民共和国商标法》

《中华人民共和国商标法》于1982年8月23日第五届全国人民代表大会常务委员会第二十四次会议通过。根据1993年2月22日第七届全国人民代表大会常务委员会第三十次会议《关于修改〈中华人民共和国商标法〉的决定》第一次修正;根据2001年10月27日第九届全国人民代表大会常务委员会第二十四次会议《关于修改〈中华人民共和国商标法〉的决定》第二次修正。

2.《中华人民共和国专利法》

《中华人民共和国专利法》于1984年3月12日第六届全国人民代表大会常务委员会第四次会议通过。根据1992年9月4日第七届全国人民代表大会常务委员会第二十七次会议《关于修改〈中华人民共和国专利法〉的决定》第一次修正;根据2000年8月25日第九届全国人民代表大会常务委员会第十七次会议《关于修改〈中华人民共和国专利法〉的决定》第二次修正;根据2008年12月27日第十一届全国人民代表大会常务委员会第六次会议《关于修改〈中华人民共和国专利法〉的决定》第三次修正。

3.《中华人民共和国著作权法》

《中华人民共和国著作权法》于1990年9月7日第七届全国人民代表大会常务委员会第十五次会议通过。根据2001年10月27日第九届全国人民代表大会常务委员会第二十四次会议《关于修改〈中华人民共和国著作权法〉的决定》修正。

典 型 习 题

一、**单项选择题**(下列每题的选项中,只有1个是正确的,请将其代号填在括号内)

1. 知识产权是一种无形财产权,是从事(　　)创造性活动取得成果后依法享有的权利。

　　A. 劳力　　　　B. 智力　　　　C. 技能　　　　D. 创新

2. (　　)中国实行了商标法。

　　A. 1983年3月　B. 1985年4月　C. 1990年9月　D. 1991年6月

3. 《中华人民共和国知识产权海关保护条例》于(　　)起施行。

　　A. 1993年10月1日　　　　B. 1993年12月1日
　　C. 1995年10月1日　　　　D. 1995年12月1日

4. 2010年3月24日,国务院总理温家宝签署了中华人民共和国国务院第572号令,公布了《国务院关于修改〈中华人民共和国知识产权海关保护条例〉的决定》,自(　　)起施行。

　　A. 2010年3月24日　　　　B. 2010年12月1日
　　C. 2010年10月1日　　　　D. 2010年4月1日

5. (　　)是指知识产权权利人发现侵权嫌疑货物即将进出口时向海关提出申请,海关根据其申请对侵权嫌疑货物实施扣留的措施。

　　A. 依企业保护　B. 依职能保护　C. 依职权保护　D. 依申请保护

6. 要求海关对其知识产权实施依职权保护的知识产权权利人,应当(　　)将其知识产权向海关总署进行备案。

　　A. 事先　　　　　　　　　　B. 事后
　　C. 事中　　　　　　　　　　D. 事先与事后均可

7. 知识产权是一种(　　)。

　　A. 固定财产权　B. 流动财产权　C. 有形财产权　D. 无形财产权

8. 总担保申请程序中,正确的是(　　)。

　　A. 确定总担保的金额、海关总署核准、由银行出具担保函、向海关总署提出申请
　　B. 海关总署核准、确定总担保的金额、由银行出具担保函、向海关总署提出申请
　　C. 由银行出具担保函、海关总署核准、确定总担保的金额、向海关总署提

出申请

D. 确定总担保的金额、由银行出具担保函、向海关总署提出申请、海关总署核准

9. （　　）是指在工业、农业、商业等产业领域中，发明人或设计人通过其智力劳动所作出的，具有技术属性，并作用于技术的实现或商品的形成的发明创造以及由此产生的所有权利。

A. 标识类知识产权　　　　　　B. 技术类知识产权
C. 传播类知识产权　　　　　　D. 其他类知识产权

10. （　　），皇岗海关在快递渠道查获了第一起进出口侵犯知识产权货物案件，查获盗版 CD 4 750 张。

A. 2007 年 6 月 28 日　　　　B. 1982 年 8 月 23 日
C. 1995 年 11 月 17 日　　　　D. 1994 年 9 月 6 日

11. 只有（　　）可以申请知识产权海关保护备案。

A. 知识产权权利人　　　　　　B. 报关代理人
C. 报关行　　　　　　　　　　D. 货运代理人

12. 知识产权权利人要求海关扣留侵权嫌疑货物的，应当在（　　）个工作日内提出申请，并提供担保。

A. 3　　　　B. 5　　　　C. 8　　　　D. 10

13. 1883 年，各国在巴黎缔结了《保护工业产权巴黎公约》，并于（　　）年正式生效。

A. 1883　　　B. 1884　　　C. 1890　　　D. 1891

14. 根据《中华人民共和国知识产权海关保护条例》第 32 条和海关总署（2004）15 号公告的规定，知识产权权利人向海关总署申请知识产权海关保护备案，应当为每件备案申请缴纳备案费人民币（　　）元。

A. 500　　　B. 800　　　C. 1 000　　　D. 1 200

15. 中华人民共和国专利法的第三次修正时间是（　　）年。

A. 1984　　　B. 1992　　　C. 2008　　　D. 2010

16. 知识产权（　　）是知识产权权利人对其知识产权寻求海关主动保护的前提条件。

A. 制度　　　B. 申请　　　C. 备案　　　D. 宣传

二、**多项选择题**（下列每题的选项中，至少有 2 个是正确的，请将其代号填在括号内）

1. 知识产权的特征有（　　）。

A. 无形财产权　　B. 双重性　　C. 专有性　　D. 地域性

E. 时间性

2. 知识产权制度的作用有（　　）。
   A. 有利于实现我国经济现国际经济接轨
   B. 有利于鼓励发明创造，促进技术创新
   C. 有利于吸进国外先进技术
   D. 有利于吸引境外投资
   E. 有利于开拓国际市场

3. 知识产权海关保护是指海关对与进出口货物有关并受中华人民共和国法律、行政法规保护的（　　）实施的保护。
   A. 话语权
   B. 制作权
   C. 商标专用权
   D. 著作权和与著作权有关的权利
   E. 专利权

4. 根据《知识产权海关保护条例》规定，海关对知识产权的保护分为（　　）。
   A. 依企业保护
   B. 依职能保护
   C. 依职权保护
   D. 依申请保护
   E. 依环境保护

5. 在依职权保护的程序中，海关对被没收的侵犯知识产权货物，海关处理的方式有（　　）。
   A. 有关货物可以用于社会公益事业的，转交给有关公益机构用于社会公益事业
   B. 知识产权权利人有收购意愿的，有偿向知识产权权利人转让货物
   C. 无法用于社会公益事业且知识产权权利人无收购意愿的，在消除货物的侵权特征后依法拍卖（进口假冒商标货物除外）
   D. 货物的侵权特征无法消除的，予以销毁
   E. 收发货人赎回

6. 海关总署受理备案的知识产权包括（　　）。
   A. 国家工商行政管理总局商标局核准注册的商标（服务商标除外）
   B. 在世界知识产权组织注册并延伸至我国的国际注册商标（服务商标除外）
   C. 国家知识产权局（包括原中国专利局）授予专利权的发明、外观设计、实用新型专利
   D. 《保护文学和艺术作品的伯尔尼公约》成员国的公民或者组织拥有的著作权和与著作权有关的权利
   E. 国家工商行政管理总局商标局正在申请注册的商标（服务商标除外）

7. 事先进行知识产权备案的意义主要体现在( )。
   A. 海关主动保护的前提条件
   B. 有助于海关发现侵权货物
   C. 知识产权权利人的经济负担较轻
   D. 可以对侵权人产生震慑作用
   E. 有利于出口企业了解出口的货物是否可能构成侵权

8. 只有知识产权权利人可以申请知识产权海关保护备案。这里的"知识产权权利人",是指我国《商标法》、《专利法》和《著作权法》中规定的( )。
   A. 商标注册人   B. 专利权人
   C. 著作权人   D. 与著作权有关的权利人
   E. 商标授权人

9. 查询知识产权备案的方式有( )。
   A. 按"权利人名称"查询   B. 按"权利名称"查询
   C. 按"权利号"查询   D. 按"权利类型"查询
   E. 按"合同号"查询

10. 知识产权的性质有( )。
    A. 财产性   B. 无形性   C. 权利性   D. 法定性
    E. 功利性

11. 知识产权权利人向海关总署申请提供总担保,应当提交的文件有( )。
    A. 企业财务总账   B. 总担保申请书
    C. 银行出具的总担保保函 D. 仓储处置费清单
    E. 企业营业执照

12. 知识产权权利人请求海关扣留侵权嫌疑货物的,向海关提供担保的规定有( )。
    A. 货物价值不足人民币2万元的,提供相当于货物价值的担保
    B. 货物价值为人民币2万～20万元的,提供相当于货物价值50%的担保
    C. 货物价值超过人民币20万元的,提供人民币10万元的担保
    D. 货物价值超过人民币20万元的,提供人民币15万元的担保
    E. 担保方式限现金或金融机构的保函

三、**判断题**(判断下列各题是否正确。正确的在题后的括号内打"√",错误的打"×")

1. 概括地说,知识产权是指公民、法人或其他组织对其在科学技术和文学艺术等领域内,主要基于脑力劳动创造完成的智力成果所依法享有的专有权利。
( )

2. 知识产权的地域性、无形性和易传播性,使得本国产生的智力成果在国外能够取得当然的保护。（　　）

3. 知识产权是一种无形财产权,是从事智力创造性活动取得成果后依法享有的权利。通常分为两部分,即"著作权"和"版权"。（　　）

4. 早在100多年前,国际上已开始建立保护知识产权制度。（　　）

5. 著作权一般是自动产生的。作品完成后,不必向外国办理任何手续,就可以根据有关原则获得有关国家的著作权法保护。（　　）

6. 工业产权不能自动产生,权利人必须向有关国家或者国际组织办理申请注册登记手续,取得有关国家工业产以主管机关颁发的证书（如专利证书、商标注册证书）,才能依该国法律规定获得保护。（　　）

7. 国家禁止侵犯知识产权的货物进出口。（　　）

8. 根据《知识产权海关保护条例》规定,海关对知识产权的保护分为依情节保护和依职权保护两种模式。（　　）

9. 2009年,全国海关共对67 000批涉嫌侵犯知识产权的进出口货物采取了措施,实际扣留66 000批,涉及侵权涉嫌商品2.8亿件,价值人民币4.5亿元。
（　　）

10. 依申请保护是指海关根据知识产权权利人的申请启动海关执法程序,又称海关主动保护。（　　）

11. 海关在通关过程中发现进出口货物涉及备案知识产权的,有权核实进出口商或者制造商是否属于在海关总署备案的合法使用人,或者要求收发货人在规定期限内申报货物的知识产权状况和提交相关证明文件。（　　）

12. 知识产权权利人向海关总署申请知识产权海关保护备案,应当为每件备案申请缴纳备案费人民币100元。（　　）

13. 知识产权备案是知识产权权利人对其知识产权寻求海关主动保护的前提条件。（　　）

14. 在海关总署备案的商标专用权的知识产权权利人,经海关总署核准可以向海关总署提交银行或者非银行金融机构出具的保函,为其向海关申请商标专用权海关保护措施提供总担保。（　　）

15. 自海关总署核准其使用总担保之日至当年12月31日,知识产权权利人根据《中华人民共和国知识产权海关保护条例》第16条的规定,请求海关依职权扣留涉嫌侵犯其已在海关总署备案的商标专用权的进出口货物的,还需另行提供担保。（　　）

16. 为方便进出口企业事先了解在海关总署备案的知识产权,避免因生产和进出口侵权产品而承担法律责任,海关总署互联网站只为特定机构提供了便捷地

查询备案知识产权的服务。（   ）

17. 在依申请保护时，知识产权权利人发现侵权嫌疑货物即将进出口的，可以向货物的进出境地海关（包括转关运输货物的境内指运地或者启运地海关）提出扣留货物的申请。（   ）

18. 在依申请保护时，知识产权权利人向货物的进出境地海关申请扣留，无需事先将其知识产权向海关总署备案。（   ）

19.《知识产权海关保护条例》所指的"知识产权权利人"，是指《中华人民共和国商标法》、《中华人民共和国专利法》和《中华人民共和国著作权法》中规定的商标注册人、专利权人、著作权人和与著作权有关的权利人。（   ）

20. 为提高办理备案的效率和海关总署审核备案的透明度，目前知识产权备案的申请已改为通过"知识产权海关保护备案系统"办理。（   ）

21. 海关扣留侵权嫌疑货物，应当书面通知知识产权权利人，并将海关扣留凭单送达收货人或者发货人。（   ）

22. 知识产权的专有性是指知识产权的效力有法定的期限，超过法定期限，权利归于消灭，其保护对象从私有领域进入公有领域，任何人均可以利用。（   ）

23. 工业产权能自动产生。（   ）

24. 依申请保护是指海关在对进出口货物的监管过程中，对其发现的涉嫌侵犯在海关总署备案的知识产权的进出口货物主动采取的扣留和调查处理的措施。（   ）

25. 自海关总署向担保人发出履行担保责任的通知之日起，知识产权权利人向海关申请扣留侵权嫌疑货物，无须向海关提供担保。（   ）

典型习题分析与解答

一、单项选择题

1. B 2. A 3. C 4. D 5. D 6. A 7. D 8. D 9. B 10. D 11. A 12. A 13. B 14. A 15. C 16. C

二、多项选择题

1. ABCDE 2. ABCDE 3. CDE 4. CD 5. ABCD 6. ABCD 7. ABCDE 8. ABCD 9. ABCD 10. ABCD 11. BCD 12. ABCD

三、判断题

1. √ 2. × 3. × 4. √ 5. √ 6. √ 7. √ 8. × 9. √ 10. × 11. √ 12. × 13. √ 14. √ 15. √ 16. × 17. √ 18. √ 19. √ 20. √ 21. √ 22. × 23. × 24. × 25. ×

第十章　电子商务基础知识

考 试 大 纲

1. 电子商务概述

了解：
- 电子商务的定义、特点和分类。

2. 电子商务的主要经营模式和法律环境

了解：
- 电子商务主要经营模式、商业环境推动电子商务的发展、电子商务的法律环境。

3. EDI 基础知识

了解：
- EDI 定义、工作原理及其在国际贸易、国际物流和运输中的应用。

4. 网络营销概述

了解：
- 网络营销的定义、网络营销的基本职能、网上市场调查的特点、网络营销对象分析、网上市场调研组织实施、网络搜索引擎和全文检索。

5. 电子合同

了解：
- 电子合同的特征。
- 电子合同的成立与生效。

第一节　电子商务概述

一、电子商务的定义与概念

1. 电子商务的定义

顾名思义,电子商务是指通过电子手段进行商务活动,即电子化的商务活动,是现实社会中商务活动的电子化实现方式。

经济合作与发展组织(Organization for Economic Co-operation and Development, OECD)制定电子商务定义的工作成果是：作为定义过程的一部分，必须清楚说明三种维度。这些维度包括：用以开展相关活动的网络系统；应该包含在电子商务一般领域内的过程；交易中的参与者。

1) 网络系统

关于电子商务活动得以开展的网络系统，OECD 成员国已经在如下两个定义的使用上达成一致：

(1) 广义的定义。电子化交易是指产品或服务的销售或购买——发生在企业、家庭、个人、政府和其他的公共或私有机构之间，通过以计算机为媒介的网络系统实施。产品或服务在这些网络系统上订购，但是产品或服务的支付和最终传送可以在网上或网下实施。

(2) 狭义的定义。互联网交易是指产品或服务的销售或购买——发生在企业、家庭、个人、政府和其他的公共或私有机构之间，都在互联网上进行。产品和服务在互联网上订购，但是产品和服务的支付和最终传送可以在网上或网下实施。

2) 商业过程

定义的第二个方面涉及电子商务领域包含哪些活动或商业过程。尽管许多国家希望把定义限制在采购和销售方面，正如上述定义所具体体现的那样，也有其他许多国家希望在定义中包括其他的商业过程，如营销和广告。毫无疑问，在将来，随着企业采用日益完整的电子化程序系统进一步扩展商业功能，以及由此使电子商务的利润产业日益明朗化，其他商业过程将更加重要。由此可以得出这样一个结论：应该有一个如上述广义和狭义的定义所表示的有关采购和销售活动的具体定义，以及罗列了更多的商业过程的其他定义。考虑到一些发展中国家进行网上支付所面临的局限，它们也将偏向于采用包含了采购和销售过程之外的商业活动的定义。

3) 电子商务参与者

定义的第三个方面涉及电子商务过程中的相关参与者。电子商务常常被描述成下列四种类型——企业对企业(business to business, B2B)、企业对消费者(business to consumer, B2C)、消费者对消费者(consumer to consumer, C2C)和企业对政府出(business to government, B2G)。通常认为，B2B 电子商务已占全球电子商务总额的 80%，且在生产率增长方面，B2B 电子商务提供了最大的潜在利益。另外，B2C 电子商务潜在地影响人们生活和交往的方式。国内外的大量事实证明，标准化是确保电子商务成功建设和顺利运行的基本前提，同时也是实现"全球电子商务"的根本保证。

可以这么说,电子商务是指在全球各地广泛的商业贸易活动中,通过信息化网络所进行并完成的各种商务活动、交易活动、金融活动和相关的综合服务活动。这种电子商务活动从其产生之时起到现在的不长时间内,正在显著地改变着人们的各种传统贸易活动的内容和形式。

2. 完全的和不完全的电子商务

根据所销售的产品(服务)销售过程(如订单、支付、交易完成)和销售代理(或中间商)的数字化程度(从实物到数字的转变)的不同,电子商务可以有多种形式。Choi 等人构建了一个框架来解释三个维度上的可能组合(见图 10-1)。产品可以是实体的或数字化的,销售过程可以是实体的或数字化的,销售代理也可以是实体的或数字化的。所有可能的组合方案共同形成了八个立方体,每个立方体上都有三个维度。传统商务的所有维度都是实体的(左下角的立方体),完全的电子商务的所有维度都是数字化的(右上角的立方体)。除此之外的立方体包括了数字维度和实物维度的混合。如果至少有一个维度是数字化的,我们就认为它是电子商务,只不过是不完全的电子商务。

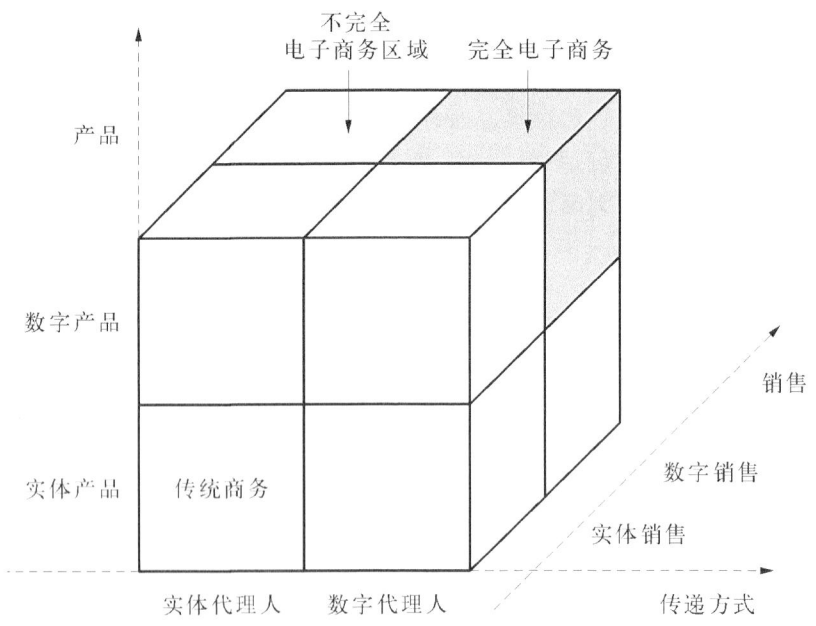

图 10-1 电子商务的维度

资料来源:Based on Whinston, A. B., Stahl, D. O., and Choi, S., *The Economics of Electronic Commerce*. Indianapolis, IN:Macmillan Technical Publishing, 1997.

电子商务的组织,如表 10-1 所示。

表 10-1

电子商务的组织

类　　别	内　　容
完全的实体组织	砖瓦加水泥组织（brick-and-mortar organization，或旧经济组织）
完全的电子商务组织	虚拟组织或专营组织（virtual or pure-play organization）
鼠标加水泥（或砖瓦）的组织	即（click-and-mortar organization 或 click-and-brick organization）是指那些开展了一些电子商务活动，通常作为一个额外的销售渠道

许多"砖瓦加水泥"的企业都正逐渐向"鼠标加水泥"企业转变，如沃尔玛在线和玛莎百货公司等。

3．数字化革命推动电子商务

推动电子商务发展的主要动力是数字化革命。

数字化革命就发生在我们身边。数字化革命的一个主要方面就是数字经济（digital economy）。

数字经济是指一种基于数字技术的经济，包括数字化通信网络（互联网、内联网、外联网和增值网）、计算机、软件以及其他相关信息技术。数字经济有时也被称为网络经济或新经济。在新经济中，数字网络和基础通信设施为全世界的人们与组织进行相互影响、交流、合作和搜索提供了一个平台。

"数字经济"适用于电子商务的技术和大规模组织变革者的一体化。这个一体化使得所有类型的信息（如数据、图像、声音等）可以进行储存、加工，并通过网络被传送到世界范围内的许多地方。数字革命主要是通过给企业组织带来某些竞争优势来加速电子商务的发展的。数字革命带来了许多创新。许多创新都体现了数字革命的特征，而且每天都会有越来越多的创新出现。数字革命通过提供必需的技术来驱动电子商务，同时，在商业环境中创造了巨大的变化。

每个组织都会面临的任务是如何把各部分组织在一起，使其可以适应数字经济并通过使用电子商务获得其优势。第一步是建立基础结构——连接网络——在此基础上应用平台才能建成。第二步是创造（或转型为）数字企业（digital enterprise）。

数字企业这个术语有许多定义。它通常指像戴尔这样的企业，通过使用计算机和信息系统使其大多数商业过程自动化。数字企业是一个新商业模式，使用 IT 作为基本原则来完成三个基本目标中的一个或多个：更有效地到达并满足顾客；提高雇员的生产力；提高运营效率。它使用聚合沟通和计算机技术来改进经营过程。

二、电子商务的特点

1. 开放性

电子商务主要是同信息网络联系在一起。互联网作为目前全球信息基础设施的雏形,也就是电子商务主要依附的物质载体。互联网是一个开放的网络,其将世界上不同的网络连接在一起,任何人在任何时候只要具备了基本技术条件,就能很方便地联入互联网。

2. 信息传输的实时性和交互性

电子商务的当事各方在网络上交换信息,就如同生活中面对面地交谈一样,表达信息的一方与接收信息的一方几乎是同时的。另外,信息的提供者在发布信息的同时,可以及时收集信息获取者的信息;信息获取者在收集信息的同时也可以对信息提供者的信息进行选择性的接收,这种方式进行的信息交流是双向互动的。

3. 网络化

电子商务所依赖的各项技术中最重要的是网络互联技术,以电子商务形式进行的交易和商务活动必定要涉及某种网络。目前,世界上应用范围最广,参与人数最多的是国际互联网。该网络还将进一步改造升级,拓展其带宽,以使网络满足用户日益增长的不同需要,未来的世界范围的电子商务活动就将在此基础上展开。利用网络的互联性,人们可以非常方便地进行双边或者多边互动交流,召开网络会议,协同办公,交易磋商。利用互联网,可以开设网上交易会、博览会等。

4. 无纸化和虚拟化

电子商务通过电子信息技术、网络互联技术和现代通讯技术,使得交易涉及的各方当事人借助电子方式进行联系,从事交易活动。整个过程中不需要传输任何文书单证等纸质工具的传输。通过以 Internet 为代表的计算机互联网络进行的贸易,贸易双方从贸易磋商、签订合同到支付等,无需当面进行,均通过计算机互联网络完成,整个交易完全虚拟化。

5. 集约化

电子商务使得买卖双方的交易成本大大降低。电子商务通过降低生产及货物和服务交易的交易成本,提高管理职能的效率,并使企业能够交换和获取更多的信息,已经成为提高生产能力、增强国际竞争力的重要工具。电子商务的买卖双方通过网络进行商务活动,无需中介者参与,减少了交易的有关环节。卖方可通过互联网络进行产品介绍、宣传,避免了在传统方式下做广告、发印刷产品等的大量费用。电子商务实行"无纸贸易",可减少文件处理费用。互联网使买卖双方即时沟通供需信息,使无库存生产和无库存销售成为可能。企业利用内部网(Intranet)可实现协同办公,提高了内部信息传递的效率,节省时间并降低管理成本。通过互联网络把其公司总部、代理商以及分布在其他国家的子公司、分公司联系在一起,及时对各地市场情况作出反应,即时生产,即时销售,降低存货费用,利用快捷的配送公司提供交货服务,从而降低产品成本。

6. 透明化

买卖双方从交易的洽谈、签约以及货款的支付到交货通知等整个交易过程都在网络上进行。通畅、快捷的信息传输可以保证各种信息之间互相核对,可以防止伪造信息的流通。例如,中国电子口岸是一个进出口业务管理公共数据中心,可进行联网数据核查,企业可在网上办理相关的进出口业务。它运用现代信息技术,借助国家电信公网资源,将国家各行政管理机关分别管理的进出口业务信息流、资金流、货物流电子底账数据集中存放到公共数据中心,在统一、安全、高效的计算机物理平台上实现数据共享和数据交换。国家各行政管理部门可以进行跨部门、跨行业的联网数据核查,企业可在网上办理进出口业务,增加了管理透明度。

7. 全球性

互联网是一个全球性的公共网络,世界上任何人在任何地方都可以访问在互联网上某个主机上的网址,获取上面的信息,并且通过这些网址进行电子商务活动。

三、电子商务的分类

1. 按照交易性和交互性分类

除了前面描述四种主要的电子商务类型,随着电子商务的发展,电子商务还有下列的多种形式。

(1) 企业—企业。

(2) 企业—消费者。

(3) 企业—企业—消费者。

(4) 消费者—企业。

(5) 消费者—消费者。

(6) 移动商务。

(7) 企业内部电子商务。

(8) 企业—员工。

(9) 合作商务。

(10) 端到端应用(P2P)。

(11) 网上(电子)学习。

(12) 网上(电子)政府。

(13) 交易所对交易所(E2E)。

(14) 非商业电子商务。

2. 按照支付发生情况分类

按照是否有支付情况发生,电子商务可以分为电子事务处理和电子贸易处理。前者的应用,如网上报税、网上办公等;后者的应用,如网上购物、网上交费等。

3. 按照商务活动内容分类

按照商务活动的内容分类,电子商务主要包括两类商业活动:一是间接电子商务——有形货物的电子订货,它仍然需要利用通过物流系统,将货物运送到消费者手中。二是直接电子商务——无形货物和服务,如计算机软件、数码产品、娱乐内容的网上订购、付款和交付。一般来说,间接电子商务受到物流配送系统的约束,直接电子则无需顾虑地理界线,直接进行交易。

4. 按照使用网络类型分类

根据使用网络类型的不同,电子商务目前主要有三种形式:第一种形式是EDI(electronic data interchange,电子数据交换)商务;第二种形式是互联网(Internet)商务;第三种形式是 Intranet(内联网)商务和 Extranet(外联网)商务。

相关链接:Intranet 和 Extranet

Intranet 是在 Internet 基础上发展起来的企业内部网,是一种利用互联网工具(web 浏览器和互联网协议)的企业或政府、组织、机构网络,或称内联网。Intranet 与 Internet 采用相同的技术,在与 Internet 的连接时,设有互联网企业防火墙,这样有效地防止未经授权的外来人员进入企业内部网。Intranet 将大、中型企业总部和分布在各地的分支机构及企业内部有关部门的各种信息通过网络予以连通,使企业各级管理人员能够通过网络读取自己所需的信息,利用在线业务的申请和注册代替纸张贸易和内部流通的形式,从而有效地降低了交易成本,提高了经营效益。另外,一个计算环境是外联网(Extranet),它利用互联网连接多个内联网。在 Intranet 商务的基础上,两个或多个 Intranet 用户可以根据需要,通过 Extranet 连接,使业务的上下游结合通畅,提高交易效率。

第二节 电子商务的主要经营模式和环境

一、电子商务的主要经营模式

电子商务的主要经营模式，一般的分类方法是把企业和消费者作为划分标准，分别划分出企业对企业（B2B）、企业对消费者（B2C）、消费者对消费者（C2C）和企业与政府（B2G）等模式，重点是 B2B 和 B2C 商业模式。

1. B2C 商业模式

按照为消费者提供的服务内容不同，B2C 商业模式的分类可以分为电子经纪、电子直销、电子零售、远程教育、网上预定、网上发行和网上金融等类型。

2. B2B 商业模式

目前，企业采用的 B2B 分为"垂直"和"水平"两种方式。从商务购买内容来划分，分为制造业态的模式和运营业态的模式。制造业态的模式是指原材料和成分直接形成制成品或者进入制造过程。从本质上看，制造业态的模式倾向于"垂直"。运营业态的模式是指非直接的原材料和服务投入，它们不直接形成制成品。从本质上看，运营业态的模式倾向于"水平"，同时，它们适合于第三方通过配送提供服务。

（1）面向实体企业的垂直 B2B 电子商务。

（2）面向电子交易市场的水平 B2B 电子商务。

3. B2G 模式

B2G 模式涉及电子政务与电子商务和两个方面，既涉及政府又涉及商务的有关活动，如电子税务、电子报关、电子报检、电子采购等。它们既有政府的参与，又有企业的参与；既是政府行为，又与商务活动有关。

B2G 模式中最有典型意义之一的是中国电子口岸系统，与国际贸易企业和货代企业有着千丝万缕的联系。

二、商业环境推动电子商务的发展

新的商业环境是科技迅速发展的结果。由于科技进步产生的科学知识能够自我繁殖，因此，创造出的技术也就越来越多，而技术的迅速发展又产生了大量的复杂系统。因此，新的商业环境具有以下特征：

（1）环境更复杂，蕴含着更多的机遇和挑战。

（2）竞争更加激烈。

(3) 企业需要通过加速决策进程或拥有更多的决策者来更频繁地作出决策。

(4) 制定决策时需要考虑的因素更多,包括市场、竞争、政治问题、地球环境。决策的领域更加广泛了。

(5) 制定决策时需要更多的信息和知识。

许多组织阶段性地测度绩效,然后与组织的使命、目标和计划进行对比。然而,商业绩效的评估不仅依据组织做了什么,还涉及别的企业做了什么,同样需要考虑自然的力量。在商业世界中,我们把这些统称为商业环境。这些环境会创造明显的压力,进而影响在不可控甚至不可预知状态下的绩效。

商业过程包括竞争力、行动力和对问题、限制条件和机会导致的环境压力的响应(即危机响应活动和解决办法)。商业过程中的组织活动导致可测量的绩效,它能提供问题、机会的解决办法,同时对人物、策略和计划进行反馈。

在电子商务形式下,IT为组织活动和实际绩效提供支持。

当今,许多传统的战略方法仍然有效;然而,由于一些传统的响应行为在当今动荡和竞争的商业环境中可能不会再起作用,因此,我们需要修改、完善和摒弃一些传统手段,设计新的相应措施。

危机响应行动能取代部分或全部组织过程,从日常薪酬支付过程到战略行动的订单入手。在供应链中响应问题也会发生。一个响应行动可以看作是对现实世界存在的特殊压力的反应。许多响应行动都能在电子商务中得到很大程度的应用。在一些案例中显示,电子商务是解决经营压力非常好的办法。

三、电子商务的法律环境

电子商务的环境建设,一是使电子商务的开展成为可能;二是发挥高科技手段在商务活动中的作用。电子商务的环境建设的目的不仅要从技术角度来处理电子商务关系;而且要创立尽可能安全的法律环境,以便有助于通信各方之间高效率的使用电子商务。

电子商务作为一种新型的交易手段和商业运作模式,它的成长不仅取决于信息技术的发展和成熟,而且很大程度上取决于政府能否营造一种有利于电子商务发展的适宜环境。为了在未来的网络世界中尽早抢占有利位置,目前不少国家都在加紧营造促进电子商务发展的适宜环境。

因此,建立一个非常好的电子商务的法律环境显得尤为重要。

1. 国外电子商务的法律的研究

早期的国际电子商务立法主要是围绕着电子数据交换EDI规则的制订展开的。20世纪80年代,基于单证文本数据交换处理的EDI在国际贸易中已有较为广泛的运用。20世纪90年代初,随着因特网商业化和社会化的发展,从根本上改变了传统的产业结构和市场运作方式。以因特网为基础的电子商务迅速发展。联合国贸法会遂在 EDI 规则研究与发展的基础上，于 1996 年 6 月通过了《联合国国际贸易法委员会电子商务示范法》。该示范法的颁布为逐步解决电子商务的法律问题奠定了基础，为各国制定本国电子商务法规提供了框架和示范文本。

2. 国内电子商务立法工作的现状及进展

我国有关电子商务交易安全的法律保护问题，主要涉及两个基本方面：第一，电子商务交易首先是一种商品交易，其安全问题应当通过民商法加以保护；第二，电子商务交易是通过计算机及其网络而实现的，其安全与否依赖于计算机及其网络自身的安全程度。

第三节　EDI 基础知识

一、EDI 的定义

联合国标准化组织将 EDI 描述成"将商业或行政事务处理按照一个公认的标准，形成结构化的事务处理或报文数据格式，从计算机到计算机的电子传输方法"。

联合国欧洲经济委员会贸易程序简化工作组（UN/ECE/WP.4）从技术上给出 EDI 的定义，即电子数据交换（EDI）是使用一种商定的标准来处理所涉及的交易或信息数据的结构，商业或行政交易事项，从计算机到计算机的电子传递。

联合国国际贸易法委员会贸易 EDI 工作组（UNCITRAL/WG.4）从法律上将 EDI 定义为：EDI 是计算机之间的电子传递，而且使用某种商定的标准来处理信息结构。

从上述定义中，我们看到了 EDI 包含了三方面的相同的描述内容，即信息有统一的标准；采用电子方式传递；交换双方计算机系统之间的连接。

一般来说，EDI 主要用于不同企业、机构和组织之间的数据报文的传递，也就是不同计算机系统之间的传递。

二、EDI 的产生和发展

20 世纪 60 年代，随着国际贸易的迅速发展，用于国际贸易中的各种贸易单证和文件相应增加。随之而来的是用于处理大量纸面单证的费用急剧上升。为了降低纸面单证处理方式而产生的巨额费用，提高工作效率，欧美等国具有大宗业务关系的大型公司之间开始探索利用彼此间相连的计算机系统来实现交换发票、订单等各种商业活动信息，于是产生了专用 EDI（基于 VAN）系统，形成了电子商务的雏形。从商务角度上看,它是商务发展的需要;从技术上看,它是计算机技术和网络通信技术迅速发展的产物,是商贸和行政管理向现代化自动化发展的结果。

随着EDI的产生,首先面临的是数据传递的标准问题。20世纪70年代初,美国运输数据协调委员会(Transportation Data Coordinating Committee,TDCC)研究开发电子通讯标准的可行性,他们的方案成为当今EDI的基础。20世纪70年代,影响EDI发展的主要问题是标准问题。1978年,美国全国性委员会——X.12委员会成立,1979年被美国国家标准研究院(American National Standard Institute)批准为"信息标准委员会",从此,X.12委员会开始从事跨行业使用EDI标准的开发。这一时期EDI应用集中于银行业、运输业及零售业。1979年,X.12工作小组制定出了美国国家EDI标准,即著名的ANSI X.12EDI标准。在美国国家EDI标准发布不久,欧洲不甘落后,于80年代早期推出了欧洲的EDI标准TDI(Trade Data Interchange)及GTDI(Guildlines for TDI),但该标准只定义了商业文件的语法规则,还欠缺报文标准。联合国欧洲经济理事会负责国际贸易程序简化的工作小组(UN/ECE/EP.4)承办了国际性EDI标准制定的任务,并于1986年正式以UN/EDIFACT(United Nations/Electronic Data Interchange for Administration, Commerce and Transport)作为国际性的EDI通用标准。

随着Internet的迅速发展,出现了全球统一的传统EDI标准(UN/EDIFACT),并得到了广泛应用,EDI成为跨国多边贸易和各国简化国际贸易单证处理的主要手段,一时间在全球掀起了"电子商务"的热潮。近年来,基于Internet平台的电子商务已经成为主流。现在,基于XML技术的新一代Internet EDI标准已经出现。目前,国际组织、国家和大公司等都在制定基于XML语言电子商务信息的交换标准,此标准可以在Internet上自由传输,并且能够使用SSL和X.509数字证书及HTTP认证等Internet安全技术。并且XML正在被认为是统一分布对象三个标准(DCOM、COBRA、JavaBeans)的新的分布对象标准,并正在成为web service的底层描述语言。

20世纪80年代末,我国已开始跟踪研究EDI技术的应用和发展。1991年8月,由原国务院电子信息系统推广应用办公室牵头,成立了由国家科委、经贸部、海关总署、国家技术监督局、中国人民银行、保险公司、交通部、国家商检局和中国贸促会等部门参加的"促进EDI应用协调小组"(CEC),并以该组织的名义加入了"亚洲EDIFACT理事会"。随后成立了中国EDIFACT理事会秘书组和EDI标准化组。1992年5月,又召开了"中国EDI发展战略与标准化"研讨会,草拟了"中国EDI发展战略总体规划建议"。海关总署、中国抽纱山东进出口公司和中国化工进出口公司率先使用EDI技术进行管理和贸易,使国内的EDI技术和应用方面有了一定的积累。

我国的 EDI 应用模式分为三种：一是行业应用模式，如"海关 EDI 通关系统"、"国际集装箱运输 EDI 示范工程"等；二是 EDI 中心模式，如广东 EDI 中心、上海港航 EDI 中心等；三是 China EDI 模式，由邮电通信网为支撑提供 EDI 增值服务。

三、EDI 工作原理

EDI 是将本处的数据和信息通过 EDI 增值网将数据传送给对方，并进入对方的计算机系统中。EDI 条件下贸易单证的传递方式，如图 10-2 所示。

发送方数据库　　　EDI软件　　　VAN网络　　　EDI软件　　　接受方数据库

图 10-2　EDI 条件下贸易单证的传递方式

发送方数据库中的数据通过一个翻译器转换成标准贸易的单证，然后通过网络传递给贸易伙伴的计算机，该计算机再通过翻译器将标准贸易单证转化成本企业内部的数据格式，存入数据库。

这里所说的数据或信息，是指交易双方互相传递的具备法律效力的文件资料，可以是各种商业单证，如订单、回执、发货通知、运单、装箱单、收款发票、保险单、进出口申报单、报税单和缴款单等；也可以是各种凭证，如进出口许可证、信用证、配额证、检疫证和商检证等。

1. EDI 构成要素

数据标准化、EDI 软件及硬件和通信网络是构成 EDI 系统的三要素。

（1）数据标准。在国际上，EDI 标准采用联合国 UN/EDIFACT 标准。

（2）EDI 软件及硬件。实现 EDI，需要配备相应的 EDI 软件和硬件。

（3）通信网络。通信网络是实现 EDI 的手段。

2. EDI 的特点

（1）EDI 的使用对象是具有固定格式的业务信息和具有经常性业务联系的单位。

（2）EDI 所传送的资料是一般业务资料，如发票、订单等，而不是指一般性的通知。

（3）采用共同标准化的格式，这也是与一般 e-mail 的区别。

（4）尽量避免人工的介入操作，由收进双方的计算机系统直接传送，交换资料。

(5) EDI 与其他通信手段的比较。

EDI 与传真(fax)、电传(telex)和电子信箱(e-mail)等通信手段的区别,主要表现有:

(1) EDI 传输的是标准的格式化的文件,并具有格式校验功能。而传真、电传和电子信箱等传送的是自由格式的文件。

(2) EDI 是实现计算机到计算机的自动传输和自动处理,其对象是计算机系统。而传真、电传和电子信箱等的使用是人机交互系统,接收到的报文必须人工处理。

(3) EDI 对于传送的文件具有跟踪、确认、防篡改、防冒领和电子签名等一系列安全保密功能。而传真、电传没有这些功能。虽然电子信箱具有一些安全保密功能,但它比 EDI 的层次低。

(4) EDI 文本具有法律效力,取证容易,而传真和电子信箱取证较难。

(5) 传真是建立在电话上,电传是建立在电报网上,而 EDI 和电子信箱都是建立在分组数据通信网上。

(6) EDI 和电子信箱都建立在计算机通信网开放式系统互联模型(OSI)的第七层上,而且都是建立在 MHS 通信平台之上,但 EDI 比电子信箱要求的层次更高。

(7) 目前,传真大多为实时通信,EDI 和电子信箱都是非实时的,具有存储转发功能。因此,不需用户双方联机操作,解决了计算机网络同步处理的困难和低效率。如果利用信箱系统,也可实现传真的存储转发。

四、EDI 在国际贸易中的应用

EDI 既准确又迅速,可免去不必要的人工处理,节省人力和时间,同时可减少人工作业可能产生的差错,大大提高了贸易效率。由于它出口手续简便,可减少单据费用的开支,并缩短国际贸易文件的处理周期,因此,给使用 EDI 的企业带来了巨大的经济利益。

五、EDI 在国际物流和运输中的应用

电子提单是一种利用 EDI 系统对海运途中的货物所有权进行转让的程序。我们知道,由于提单是货物所有权的凭证,长期以来的国际贸易实践形成了通过背书来实现货物所有权的转让,而电子提单则是利用 EDI 系统根据特定密码使用计算机进行的,因此,它具有许多传统提单无法比拟的优点。

从 EDI 的优点来看,它的普及应是相当迅速的,然而事实却非如此,这是因为,它的普及受到如下几个方面的限制:

（1）法律方面。由于EDI在商业伙伴之间的信息传递,使用的是一种新的贸易工具,电子数据本身又存在着一些与原有的旧的贸易惯例与原理不同的特点,虽然国际组织加强了对EDI的立法工作,INCOTERMS1990及UCP600等的出台为EDI合法化创造了条件,但由于各国的经济状况水平不同,法律又有差异,因此普及上还有不少难度。

（2）硬件方面。EDI的使用涉及与增值网络服务的EDI中心的配套和联网等一系列技术问题,需要一些投资。

（3）软件方面。EDI及电子提单的使用需要一批专业人才,他们既要懂得国际运输,又要懂EDI的操作规程,这就需要对复合人员的培训。

（4）各国的航运体制和管理水平必须臻于先进,从而为EDI的采用开绿灯。

第四节 网络营销概述

一、网络营销的定义

网络营销是企业整体营销战略的一个组成部分,是为实现企业总体经营目标所进行的,以互联网为基本手段营造网上经营环境的各种活动。

所谓网上经营环境,是指企业内部和外部与开展网上经营活动相关的环境,包括网站本身、顾客、网络服务商、合作伙伴、供应商、销售商和相关行业的网络环境等,网络营销的开展就是与这些环境建立关系的过程。

网上经营环境的营造主要通过建立一个以营销为主要目的的网站,并以此为基础,通过一些具体策略对网站进行推广,从而建立并扩大与其他网站之间,以及与用户之间的关系,其主要目的是为企业提升品牌形象、增进顾客关系、改善对顾客服务、开拓网上销售渠道并最终扩大销售。

网络营销之所以成为一种新的营销模式,是因为互联网拥有巨大的用户群。互联网网站的发展有三个主要的阶段:信息发布、数据库检索和个性化互动。

网络营销和电子商务是一对紧密相关又具有明显区别的概念,网络营销本身并不是一个完整的商业交易过程,而只是促进商业交易的一种手段。网络营销是电子商务的基础,开展电子商务离不开网络营销,但网络营销并不等于电子商务。

二、网络营销的基本职能

产品、价格、销售渠道和促销(product、price、place和promotion,即4P)是整个

市场营销学的基本框架。而 4C 是则颇具网络营销的特色,4C 即顾客的欲望和需求(consumer's wants and needs)、满足欲望和需求的成本(cost to satisfy want and needs)、方便购买(convenience to buy),以及与消费者的沟通(communication)。

在网络营销的实践中,网络品牌、网址推广、信息发布、销售促进、销售渠道、网络广告、客户服务、客户关系、网上调研和营销管理等是常用的方法。网络营销策略的制订和各种网络营销手段的实施也以发挥这些职能为目的。

三、网上市场调查的特点

网上市场调查就是充分利用互联网的广泛性、直接性和互动性等特点,开展市场调查工作。

四、网络营销对象分析

上网者是网上调查的被调查群体。一般来说,网上调查的被调查对象可以分为三类:

(1) 公司产品的消费者。
(2) 公司的竞争者。
(3) 公司的合作者和行业内的中立者。

制定市场调研计划时,往往侧重于以问卷调查法为主的方法。实际上,很多其他调研活动,如对于竞争对手的研究、对于营销因素的研究和对于宏观环境的研究,网上间接调查法发挥着更加重要的作用,而且网上间接调查法一般比问卷调查法节省更多费用,对这种方法应引起足够的重视。

五、网上市场调研组织实施

1. 问卷设计

在线调查是一个了解顾客的很好的渠道,但必须要有一个好的调查问卷设计。问卷设计应该主题明确、简洁明了,问题要便于被调查者正确理解和回答,且便于调查结果的处理,这是所有问卷设计基本原则。

问卷设计和制作的具体步骤有:

(1) 主题明确。
(2) 决定调查项目和提问项目。
(3) 确定制作形式。确定提问形式和回答形式,设定问题方案内容的,措辞用字的检查。
(4) 对所有设定问题项目的提问顺序进行编排、确定。
(5) 对设计的问卷初稿进行模拟回答试验,进行最终修改、确认。

2. 调查方式选择

网上市场调查常用的方法有在线调查表单调查、e-mail调查、网站访问者随机调查和网上数据搜索等多种方法,应根据具体的调研目标和计划,确定合适的方式。

3. 人员组织和调查实施

根据市场调研计划中预算、人员需求的具体要求,组织相应数量的设计员、调查员、分析员,并应召集相关人员以预备会的形式,将调研的目标、对象、方法进一步明确,以利于调研工作的实施。调查实施中,应吸引尽可能多的人参与,参与者的数量对调查结果的可信度至关重要。在问卷设计内容中就应体现出"你的意见对我们很重要",让被调查者感觉到,填写调查表就好像帮助自己或者自己关心的人,这样往往有助于提高问卷回收率。实施中,应进行大力的宣传推广,网上调查与适当的激励措施相结合会有明显的作用,必要时还应该和访问量大的网站合作以增加参与者数量,吸引尽可能多的人参与调查,提高调查结果的可信度。

同时,在实施中,应注意控制调研计划中的预算,根据调查目的和预算,采取多种网上调查手段相结合的方法,以最小的投入取得尽可能多的有价值的信息。另外,应提醒被调查者对遗漏的项目或者明显超出正常范围的回答内容进行完善,尽量减少无效问卷。

在调查实施工作结束后,需要根据问卷设计时已确定的汇总、分析方法进行调查分析工作,这一步骤是市场调查能否发挥作用的关键。与传统调查的结果分析类似,网上调查结果分析也要尽量排除不合格的问卷,这就需要对大量回收的问卷进行综合分析和论证。

营销人员从互联网上获取了大量的信息后,必须对这些信息进行整理和分析,在面对数量巨大的信息和数据时,营销人员可以利用计算机来快速地进行分析。这种分析结果通常是真实可靠的。分析中,应注意样本分布不均衡的影响,样本分布不均衡表现在用户的年龄、职业、教育程度、用户地理分布以及不同网站的特定用户群体等方面。因此,在进行市场调研时,要对网站用户结构有一定的了解,尤其是在样本数量不是很大的情况下,以尽量降低样本分布不均衡的影响。在分析完信息后,营销人员要写一份图文并茂的商情分析报告,直观地反映出市场的动态,形成市场调研的结果。

六、网络搜索引擎和全文检索

1. 搜索引擎

搜索引擎(search engine)是指根据一定的策略、运用特定的计算机程序从互联网上搜集信息,在对信息进行组织和处理后,为用户提供检索服务,将用户检索相关的信息展示给用户的系统。

搜索引擎的工作原理如下所述。

1）抓取网页

每个独立的搜索引擎都有自己的网页抓取程序（spider）。spider 顺着网页中的超链接,连续地抓取网页。被抓取的网页被称为网页快照。由于互联网中超链接的应用很普遍,从理论上讲,从一定范围的网页出发,就能搜集到绝大多数的网页。

2）处理网页

搜索引擎抓到网页后,还要做大量的预处理工作,才能提供检索服务。其中,最重要的就是提取关键词,建立索引文件。其他还包括去除重复网页、分词（中文）、判断网页类型、分析超链接、计算网页的重要度/丰富度等。

3）提供检索服务

用户输入关键词进行检索,搜索引擎从索引数据库中找到匹配该关键词的网页;为了用户便于判断,除了网页标题和 URL 外,还会提供一段来自网页的摘要以及其他信息。

2. 全文检索

随着计算机应用的深入,以计算机存储设备为载体的电子文档已经成为文档资料的主线,如何在大量的电子文档资料中,快速、准确地找到所需的资料,是现代商务的需要。信息检索可分为两大类：一类是受控词汇的检索,即数据库的检索,这种检索必须进行对文献的著录标引等前期处理工作,所需人力和时间的投入较高;另一类就是全文检索,这是一种非受控词汇的检索,其优点是无需对文献进行著录标引等前期处理,提供按照数据资料的内容而不是外在特征来实现信息的检索。具体而言,计算机文本无需作任何数据库文件结构设计、主题标引和格式修改。全文检索系统可以检索一切存在于计算机中的文本,可实现大容量、大范围全文快速检索,可实现任意字、词逻辑组合检索,可实现文本标题、日期、文件名综合检索,可实现屏幕捕捉、逐步逼近、模糊检索。它具有以下基本功能：可按字、词检索;可按日期查询;可按记录名查询;可按逻辑组合查询检索;可按中英文混合检索;可从屏幕捕捉字词查询检索等方式和途径找到所需的信息。

全文检索技术的分为两大类别：一是互联网搜索引擎面向的 Internet 大量的杂乱无章的网页;二是企业内容检索系统要求查询结果具备高度查全率和高度查准率的全文检索技术。互联网搜索引擎和企业内容检索系统的不同点有：互联网搜索引擎系统的信息来源于文件系统的 HTML 文件,包括一些动态网页。企业内容里检索系统的信息除了是存储在文件系统的 HTML 文件外,还包括存储在各种关系数据库里的大量信息,甚至是直接存储在全文检索系统里的信息。这就要求企业内容检索系统与关系数据库有很好的接口,也要求企业内容检索系统本身能像关系数据库管理系统一样管理各种数据。

第五节 电子合同

一、电子合同概述

1. 电子合同的概念

电子合同是随着电子商务的发展而发展起来的,电子商务的发展,使电子合同的法律问题也越来越突出。从法律角度来看,电子商务与以纸质文件为基础的传统商业活动有一个本质的区别,就是电子商务采用数据电文进行通信,所以需要新的法律法规与之协调。

目前,我国对电子合同尚未作出明确的法律定义。根据我国《合同法》规定,合同的书面形式包括数据电文(包括电报、电传、传真、电子数据交换和电子邮件)这一形式,同时结合《联合国电子商务示范法》对数据电文的定义:"'数据电文'系指经由电子手段、光学手段或类似手段生成、储存或传递的信息,这些手段包括但不限于电子数据交换(EDI)、电子邮件、电报、电传或传真。"所以,无论EDI和电子邮件,还是电报、电传和传真都是以电子脉冲传递信息的,都属于电子合同的订立方式。

电子合同有广义和狭义之分。广义的电子合同是指有关当事人以数据电文方式订立的合同,包括由电报、电传、传真、电子数据交换和电子邮件以及其他方式订立的合同。狭义的电子合同是指在网络时代有关当事人利用计算机网络系统直接或间接地订立的协议。这里只讨论狭义上的电子合同。

2. 电子合同的分类

合同的分类是将诸多种类按照特定的标准进行抽象性的区分。电子合同作为合同的一种,理论上可以按照传统合同的分类进行划分。

1) 以EDI方式订立合同

EDI是现代计算机技术和远程通信技术融为一体的产物,是通过计算机联网,按照商定的标准采用电子手段传送和处理具有一定结构的商业数据。

EDI合同是以EDI方式订立的,在此方式下,合同的内容首先由某一方输入计算机内,然后通过计算机自动转发,通过通信网络和VAN,到达另一方或多方计算机中。以这种方式订立合同不改变合同的内容,与传统的书面合同相比,主要是载体和订立过程不同。

2) 以电子邮件方式订立合同

电子邮件（e-mail）是以网络协议为基础，从终端机输入文本、文件、图片、音频或视频等，并通过邮件服务器传送到另一端终端机上的信息的集合。电子邮件是因特网上应用最广泛的通信工具之一，并以其快速、便利、成本低和可传递文件的优势，在许多方面大大超过了传统邮政的邮件投递业务。从传输区域角度看，有因特网、局域网、企业内部网传送的电子邮件。

与 EDI 方式相比，以电子邮件方式订立的合同更能直观地反映订立双方的意思表现。

然而，电子邮件在传输过程中，信息容易被拦截、修改，安全性较差。所以，在电子商务中，最好能够使用电子签名，确保电子邮件的真实。然而现实生活中有大量电子邮件无电子签名，所以，法律应当依照当事人的约定对电子邮件的效力进行判定。如果双方在交易过程中均认可使用没有电子签名的电子邮件，或是认为没有电子签名的电子邮件符合双方的约定，则认为双方的意思表示有效。

3) 以格式条款方式订立合同

电子格式条款也是很常见的一种形式，主要用于电子商务企业与消费者之间的消费合同。我国《合同法》第 39 条规定："格式条款是当事人为了重复使用而预先拟定，并在订立合同时未与对方协商的条款。"格式条款最大的特点就是非协议性，即另一方对合同要么接受，要么拒绝。为此，各国法律都对格式条款的效力加以限制。在电子交易中，由于当事人无法见面，所以，许多电子商务公司都采用格式条款的电子合同，这固然避免了很多不安全因素，然而也带来了一定的问题。

我国《合同法》对格式条款的定义和基本原则都有相应规定，主要有以下三点。

"提供格式条款的一方应当遵循公平原则确定当事人之间的权利和义务，并采取合理的方式提请对方注意免除或者限制其责任的条款，按照对方的要求，对该条款予以说明。"（《中华人民共和国合同法》第 39 条）

提供格式条款的通常是电子商务公司，另一方是普通用户。普通用户往往处于弱势地位，并对相关知识不够了解。所以，法律要求提供格式条款的一方公平对待普通用户，不可迫使其接受不平等契约。同时，由于电子商务交易涉及复杂的技术问题，所以，在任何一个环节都有可能出现故障。根据合同法规定，免除或限制责任条款的提出必须合理，也就是要符合《合同法》的基本原则。

"提供格式条款一方免除其责任、加重对方责任、排除对方主要权利的，该条款无效。"（《中华人民共和国合同法》第 40 条）

提供电子邮件或网页格式合同服务的 ISP、ICP 具有明显的优势，容易利用优势在合同中加重用户责任、排除用户主要权利。《合同法》禁止了这种侵犯用户权利的行为，这种格式条款在法律上也无效。

"对格式条款的理解发生争议的,应当按照通常理解予以解释。对格式条款有两种以上解释的,应当做出不利于提供格式条款一方的解释。格式条款和非格式条款不一致的,应当采用非格式条款。"(《中华人民共和国合同法》第41条)

采用格式条款的电子合同发生争议后,对其如何解释是维护双方当事人合法权益的关键。在实际中,一些网站在合同中规定合同解释权属于网站,这是违反《合同法》的。所以,应当按照《合同法》中的规定进行解释。

3. 电子合同的特征

电子合同与传统书面合同区别如下:

(1) 传统书面合同对于大宗交易一般要求采用书面形式;而电子合同订立双方或多方在网络上运作,一般不形成书面形式,可以互不见面。合同内容等信息记录在计算机或磁盘中介载体中,其修改、流转、储存等过程均在计算机内进行。从而合同订立双方的身份和性质不易确定。

(2) 传统合同一般采用签字或者盖章表示合同生效,而电子合同采用数字签名(即电子签名)表示合同生效。对于采用数据电文形式订立的合同,我国《合同法》规定,承诺生效时合同成立。收件人指定特定系统接收数据电文的,数据电文进入特定系统的时间,承诺生效;未指定特定系统的,数据电文进入收件人的任何系统的首次时间,视为承诺生效。

(3) 传统合同的生效地点一般为合同成立的地点,而采用数据电文形式订立的合同,收件人的主营业地为合同成立的地点;没有主营业地的,其经常居住地为合同成立的地点。

(4) 电子合同所依赖的电子数据具有易消失性和易改动性。电子数据以计算机储存为条件,是无形物,一旦操作不当可能抹掉所有数据。传统的书面合同只是受到当事人保护程度和自然侵蚀的限制,而电子数据不仅可能受到物理灾难的威胁,还有可能受到计算机病毒等计算机特有的无形灾难的攻击。传统的书面合同是纸质的,如有改动,容易留下痕迹,而电子数据是以键盘输入的,用磁性介质保存的,改动、伪造后不易留痕迹。

二、电子合同的成立与生效

1. 电子合同成立与生效概述

电子合同的成立只是意味着当事人之间已经就合同主要条款达成意思表示一致,但合同能否产生法律效力,是否受法律保护还需要看合同是否符合法律的要求,即合同是否符合法定的生效要件。电子合同的成立并不等于电子合同的生效,电子合同的生效,是指已经成立的合同符合法律规定的生效要件。

虽然我国的《合同法》没有对合同的生效作出具体的规定,但是电子合同作为合同的一种,是一种典型的民事法律关系。我国的《民法通则》规定:"民事法律行为应当具备以下几个要件:(1) 行为人具有相应的行为能力。(2) 意思表示真实。(3) 不违反法律或社会公共利益。"

这些条件是合同生效的一般要件,有的电子合同还须具备特殊要件,也称形式要件。

这种合同包括两种情况:一是当事人根据《中华人民共和国合同法》第45、第46条的规定所订立的合同,所附条件成就时或所附生效期限来到时,合同才能生效;二是《中华人民共和国合同法》第44条第二款所规定,即法律、行政法规规定应当办理批准、登记等手续生效的,在办理了批准、登记等手续时,合同才能生效。

2. 电子合同的要约与承诺

合同一般是由要约和承诺构成。提出订立合同的一方为要约人,要约就是提出订立合同的意思表示;接受要约的一方为受要约人。承诺是指受要约人同意要约的全部条件以缔结合同的意思表示。根据我国《合同法》规定,合同生效要件之一是双方意思表示一致、真实。合同依法成立的条件之一是双方经过要约和承诺的意思表示,并达成一致。所以电子合同依法成立也要求有当事人双方对要约和承诺的意思表示。

3. 电子合同成立时间与地点

在合同法中,确定合同成立的时间与地点具有重要的意义。我国《合同法》第44条规定:"依法成立的合同,自成立时生效。"所以,合同的成立时间也就确定了合同当事人开始履行合同义务的时间。而合同的成立地点在管辖的确定等问题上有重要参考价值。

关于数据电文形式的承诺的生效时间,我国《合同法》第26条规定:"承诺通知到达要约人时生效。承诺不需要通知的,根据交易习惯或者要约的要求做出承诺的行为时生效。采用数据电文形式订立合同的,承诺到达的时间适用本法第16条第二款的规定。"第16条第二款规定:"采用数据电文形式订立合同,收件人指定特定系统接收数据电文的,该数据电文进入该特定系统的时间,视为到达时间;未指定特定系统的,该数据电文进入收件人的任何系统的首次时间,视为到达时间。"

对于数据电文的发出与收到地点,联合国《电子商务示范法》第15条第四款规定:"除非发端人与收件人另有协议,数据电文应以发端人设有营业地的地点视为其发出地点,而以收件人设有营业地的地点视为其收到地点。就本法的目的而言:

① 如发端人或收件人有一个以上的营业地,应以对基础交易具有最密切联系为准;如无任何基础交易,则以其主要的营业地为准;

② 如发端人或收件人没有营业地,则以其惯常居住地为准。根据我国实际情

况并参考《电子商务示范法》,我国《合同法》第34条规定:"承诺生效的地点为合同成立的地点。采用数据电文形式订立合同的,收件人的主营业地为合同成立的地点;没有主营业地的,其经常居住地为合同成立的地点。当事人另有约定的,按照其约定。"

4. 电子签名与电子认证

在传统合同中,手签名或加盖公章的行为有两种功能:一是表明合同各方的身份;二是表明受合法约束的意愿。我国《合同法》第32条规定:"当事人采用合同书形式订立合同的,自双方当事人签字或者盖章时合同成立。"但在电子商务中,传统的签名方式很难应用于这种电子交易方式。因此,人们开始采用电子签名机制来相互证明身份。

电子签名由符号及代码组成,也具有表明合同各方的身份及各方受合法约束的意思的功能。《中华人民共和国电子签名法》第2条对电子签名定义为:是指数据电文中以电子形式所含、所附用于识别签名人身份并表明签名人认可其中内容的数据。该法也对数据电文有所定义;数据电文是指以电子、光学、磁或者类似手段生成、发送、接收或者储存的信息。

我国《电子签名法》第13条规定:"电子签名同时符合下列条件的,视为可靠的电子签名:(一)电子签名制作数据用于电子签名时,属于电子签名人专有;(二)签署时电子签名制作数据仅由电子签名人控制;(三)签署后对电子签名的任何改动能够被发现;(四)签署后对数据电文内容和形式的任何改动能够被发现。当事人也可以选择使用符合其约定的可靠条件的电子签名。"第14条规定:"可靠的电子签名与手写签名或者盖章具有同等的法律效力。"

典 型 习 题

一、单项选择题(下列每题的选项中,只有1个是正确的,请将其代号填在括号内)

1. 企业与企业之间的电子商务称为(　　)。
   A. B2B　　　　B. C2C　　　　C. B2C　　　　D. B2G

2. 《中华人民共和国电子签名法》于(　　)由第十届全国人民代表大会常务委员会第十一次会议通过。
   A. 2005年4月1日　　　　B. 2004年4月1日
   C. 2004年8月28日　　　　D. 2003年4月1日

3. 电子商务是一个以(　　)为支撑的全球商务活动。

A. 办公自动化技术 　　　　　　B. 信息技术
C. 运输技术 　　　　　　　　　D. 仓储技术

4. EDI 传送的报文是有（　　）格式的数据在计算机之间的电子传输。
A. 多媒体　　　B. 非标准　　　C. 标准　　　D. 文本

5. 对于 EDI 来讲，下列说法中，错误的是（　　）。
A. EDI 是计算机之间的电子数据传输
B. EDI 的使用者都要执行 ANSI X.12 标准
C. EDI 用户可以使用不同型号的计算机
D. EDI 传输的报文必须符合 EDI 标准规定的报文格式

6. EDI 翻译软件是用于（　　）之间的格式转换的软件。
A. 发送方用户端格式到平面文件
B. 平面文件到 EDI 标准报文
C. EDI 标准报文到接收方用户端格式
D. 发送方用户端格式到 EDI 标准报文

7. EDI 网络传输的数据是（　　）。
A. EDI 标准报文　　　　　　　B. 自由文件
C. 用户端格式　　　　　　　　D. 文本文件

8. 1979 年，美国制定的国家 EDI 标准是（　　）。
A. TDCC 标准　　　　　　　　B. ANSI X.12 标准
C. UN/EDIFACT　　　　　　　D. ISO 标准

9. 电子合同与传统合同的区别在于书面形式、电子签名的有效性、电子合同收到与合同成立地点和（　　）。
A. 商品形式　　B. 商品数量　　C. 合同格式　　D. 合同证据

10. 迄今为止，世界上第一个关于电子商务的法律是（　　）。
A.《电子贸易示范法》　　　　B.《电子签字示范法》
C.《电子商务示范法》　　　　D.《电子商业示范法》

11. 商流的结果由（　　）完成。
A. 资金流　　B. 单证流　　C. 物流　　D. 信息流

12. 电子商务交易的整个过程中，（　　）起着连接的作用。
A. 物流　　　B. 商流　　　C. 资金流　　　D. 信息流

13. 网络营销就是（　　）。
A. 营销的网络化
B. 利用 Internet 等电子手段进行的营销活动
C. 在网上销售产品

D. 在网上宣传本企业的产品

14. Internet 对企业营销影响最大的是对（　　）的影响。
   A. 企业采购渠道　　　　　　B. 企业营销渠道
   C. 企业生产管理　　　　　　D. 企业运输渠道

15. 网上商店能每天 24 小时，每周 7 天随时随地提供全球性营销服务，这是由于网络营销具有（　　）的特点。
   A. 超前性　　B. 差异性　　C. 跨时空性　　D. 整合性

16. 属于网上直接调查的是（　　）。
   A. 问卷调查　　　　　　　　B. 网上查询
   C. 二手资料收集　　　　　　D. 网站浏览

17. 进行网上市场调研时，首先应明确调查的（　　）。
   A. 目的　　B. 对象　　C. 方式　　D. 方法

18. 在进行网络商务信息的收集时，命中率最高的方式是（　　）。
   A. 利用知名搜索引擎　　　　B. 利用区域性搜索引擎
   C. 利用专业协会　　　　　　D. 利用讨论组

19. 网络信息的收集，减少了信息传递的中间环节，保证了信息的（　　）。
   A. 便于存储　　　　　　　　B. 方便性
   C. 时效性　　　　　　　　　D. 准确性

20. 在线调查用户对啤酒的口味时，对"这种啤酒很清纯吧！"和"这种啤酒是清纯还是很浓郁？"两种提问方式的评价中，正确的选项是（　　）。
   A. 前者较好，因为这种提问方式切入主题，有利于得到准确的调查答案
   B. 后者较好，因为这种提问方式给用户一个自主选择的空间，有利于得到准确的调查答案
   C. 两者各有千秋
   D. 上述说法均正确

21. 属于端到端应用的是（　　）。
   A. C2C　　B. P2P　　C. B2B　　D. B2C

22. （　　）的电子商务是一个联结两个或更多个交易场所的正式系统。
   A. C2C　　B. P2P　　C. B2B　　D. E2E

23. （　　）是指所有参与者都是企业或其他组织的电子商务模式。
   A. C2C　　B. P2P　　C. B2B　　D. E2E

24. （　　）模式下，消费者直接与其他消费者进行交易。
   A. C2C　　B. P2P　　C. B2B　　D. E2E

25. （　　）电子商务模式既包括个人消费者利用互联网向企业销售产品或服

务,又包括个人消费者寻求卖主,以对产品或服务进行报价。

　　A. C2C　　　　B. P2P　　　　C. B2B　　　　D. C2B

二、**多项选择题**(下列每题的选项中,至少有2个是正确的,请将其代号填在括号内)

1. 按照交易性和交互性分类,电子商务可以分为(　　)等类型。

　　A. B2B　　　　B. B2G　　　　C. B2C　　　　D. C2C

　　E. C2S

2. 网络系统应该具有(　　)等特点。

　　A. 扩展性　　　B. 可靠性　　　C. 安全性　　　D. 可管理性

　　E. 动态性

3. 目前,企业采用的B2B分为(　　)两种方式。

　　A. 垂直　　　　B. 水平　　　　C. 并行　　　　D. 串行

　　E. 动态

4. EDI就是按照商定的协议,将商业文件(　　),并通过计算机网络,在贸易伙伴的计算机之间进行数据交换和自动处理。

　　A. 文本化　　　B. 结构化　　　C. 标准化　　　D. 整理归档

　　E. 格式化

5. 构成EDI系统的三要素有(　　)。

　　A. 数据标准化　　　　　　　　B. EDI软件和硬件

　　C. EDI操作系统　　　　　　　D. 宽带传输

　　E. 通讯网络

6. EDI的软件系统主要包括(　　)等软件。

　　A. 操作系统　　B. 转换软件　　C. 通讯软件　　D. 翻译软件

　　E. 中间件

7. EDI所需的硬件设备主要包括计算机和(　　)。

　　A. 调制解调器　　　　　　　　B. 磁带机

　　C. 电话线路　　　　　　　　　D. 计算机网络

　　E. 移动存储器

8. 通过Internet实现的EDI也可被称为(　　)。

　　A. open EDI　　B. 网络EDI　　C. web-EDI　　D. 全球EDI

　　E. 传统EDI

9. EDI软件所涉及的基本功能有(　　)。

　　A. 格式转换功能　　　　　　　B. 翻译功能

　　C. 数据编辑功能　　　　　　　D. 通信功能

E. 编译功能

10. 网络营销对传统营销的冲击表现在（　　）。
    A. 网络营销一定优于传统营销
    B. 网络营销使得产品不再标准化
    C. 网络营销将促进品牌的全球化管理
    D. 网络营销将加剧价格歧视的不利影响
    E. 网络营销可以降低成本

11. 下列关于互联网作为新兴的虚拟市场这一特点的论述中，正确的有（　　）。
    A. 不是所有人都愿意使用互联网作为购物的场所
    B. 传统的市场用互联网虚拟市场完全代替是不可能的
    C. 事实证明，当报纸有了网上电子版本之后，原有纸张印刷出版业务将不复存在
    D. 互联网是双向沟通企业与消费者的有效渠道
    E. 虚拟市场没有局限性

12. 下列各项中，属于网络商务信息的有（　　）。
    A. 企业之间的信函
    B. 企业之间发送的电报
    C. 企业之间通过互联网发送的电子合同
    D. 企业之间的网络报价
    E. 企业的形象设计

13. 网上直接调查根据采用调查方法的不同，可以分为（　　）。
    A. 网上查询法　　　　　　　B. 网上问卷调查法
    C. 网上观察法　　　　　　　D. 网上实验法
    E. e-mail 调查

14. 下列各项中，属于网络营销主要促销形式的有（　　）。
    A. 网络广告　　B. 调查设计　　C. 站点推广　　D. 关系营销
    E. 方便查询

15. 下列各项中，属于网络营销对网络商务信息收集的要求有（　　）。
    A. 及时　　　　B. 准确　　　　C. 适度　　　　D. 经济
    E. 海量

16. e-marketing 是目前比较习惯和采用的翻译方法，e-的含义是（　　）。
    A. 流通化　　　B. 电子化　　　C. 信息化　　　D. 网络化
    E. 通俗化

17. 网络具有传统渠道和媒体所不具备的独特的特点,信息交流(　　)。
    A. 自由　　　　B. 开放　　　　C. 平等　　　　D. 费用低
    E. 交互

18. 下列各项中,属于网络营销的主要内容的有(　　)。
    A. 网上市场调查　　　　　　　B. 网上消费者行为分析
    C. 网络营销策略制定　　　　　D. 网上渠道选择与直销
    E. 以上答案都对

19. 下列各项中,属于网络营销的特点约有(　　)。
    A. 跨时空　　　B. 交互式　　　C. 高效性　　　D. 经济性
    E. 唯一性

20. 下列各项中,属于网络商务信息的有(　　)。
    A. 企业之间的信函
    B. 企业之间发送的电报
    C. 企业之间通过互联网发送的电子合同
    D. 企业之间的网络报价
    E. 企业的形象设计

21. 下列各项中,属于新的商业环境具有的特征的有(　　)。
    A. 环境更复杂,蕴含着更多的机遇和挑战
    B. 竞争更加激烈
    C. 企业需要通过加速决策进程或拥有更多的决策者来更频繁地作出决策
    D. 制定决策时需要考虑的因素更多,决策的领域更加广泛了
    E. 制定决策时需要更多的信息和知识

22. 搜索引擎的工作包括(　　)。
    A. 抓取网页　　B. 处理网页　　C. 提供检索服务　　D. 全文检索
    E. 字处理

23. Internet上发布的市场或行业领域研究的参考资料对网络营销对象分析是非常重要的信息资源。数据的收集可以(　　)。访问网站,阅读行业分析报告,接触供应商、客户群,同时从网上和网下收集信息。
    A. 访问网站　　　　　　　　　B. 阅读行业分析报告
    C. 提供检索服务　　　　　　　D. 从网上收集信息
    E. 从网下收集信息

三、**判断题**(判断下列各题是否正确。正确的在题后的括号内打"√",错误的打"×")

1. B2C商业模式是顾客直接与商家接触,特点是订单数量小,主要是按价目

表或者固定价格,属于冲动购买或者偶尔购买,所以广告的作用很大。　　(　　)

2. 电子商务实质上是构筑了一个从供应商到供应商,从客户到客户的一个完整的供应链的理念和贸易链,是 SCM、ERP、CRM 的完美的结合。　　(　　)

3. 顾名思义,电子商务是指通过电子手段进行商务活动,即电子化的商务活动,是现实社会中商务活动的电子化实现方式。　　(　　)

4. 通过以 Internet 为代表的计算机互联网络进行的贸易,贸易双方从贸易磋商、签订合同到支付等,需当面进行。　　(　　)

5. 目前通常使用的 EDI 标准是联合国制定的 UN/EDIFACT 标准。　　(　　)

6. EDI 与 e-mail 的区别之一是 e-mail 使用标准文本格式,而 EDI 则使用自由文本格式。　　(　　)

7. 保护网上无形财产是维护一个有序的在线商务运营环境的重要措施。
(　　)

8. 在电子商务环境下,对网络广告、网上拍卖、网上证券交易等所进行的规范和管制等,与传统环境下的情况基本相同。　　(　　)

9. 一般来讲,任何通信技术,包括未来技术的发展都包含在电子商务法涉及的技术范围内。　　(　　)

10. 电子签字系指在数据电文中,以电子形式所含、所附或在逻辑上与数据电文有联系的数据。它可用于鉴别与数据电文有关的签字人和表明此人认可数据电文所含信息。　　(　　)

11. 电子商务作为一种新型的交易手段和商业运作模式,它的成长不仅取决于信息技术的发展和成熟,而且很大程度上取决于政府能否营造一种有利于电子商务发展的适宜环境。　　(　　)

12. 电子商务是建立在一个开放的网络环境上的,维护商业机密是电子商务全面推广应用的重要保障。　　(　　)

13. 网络营销是以互联网络为媒体,以新的方式、方法和理念实施的营销活动,更有效地促成个人和组织交易活动的实现。　　(　　)

14. 电子商务市场是网上的虚拟交易市场,电子商务交易是在因特网上进行和完成的。　　(　　)

15. Internet 对企业营销影响最大的是对企业营销渠道的影响。　　(　　)

16. 与 4P 理论相比,4C 真正将消费者置于核心位置。　　(　　)

17. 网络作为信息有效的沟通渠道,可以成为一些无形产品、软件和远程服务的载体,改变了传统产品的营销策略特别是渠道的选择。　　(　　)

18. 可靠的电子签名与手写签名或者盖章具有同等的法律效力。　　(　　)

19. 网络营销之所以成为一种新的营销模式,是因为互联网拥有巨大的用户

群。( )

20. 互联网网站的发展有三个主要的阶段：信息发布、数据库检索和个性化互动。( )

21. 网络营销本身并不是一个完整的商业交易过程，而只是促进商业交易的一种手段。( )

22. 网址推广是网络营销的核心工作。( )

23. 网络广告类型很多，根据形式不同可以分为旗帜广告、电子邮件广告和电子杂志广告等，但是不包括新闻组和公告栏。( )

24. 传统营销的促销形式主要有网络广告、销售促进、宣传推广和网络推销。( )

25. 在因特网上检索信息困难是因为与各种检索软件检索方法不统一、网络资源缺乏有效的管理、网络信息鱼目混珠、因特网信息资源多而分散等因素有关。( )

26. 网络营销是电子商务的基础，开展电子商务离不开网络营销，但网络营销并不等于电子商务。( )

27. 网络营销是在网上市场开展的促销活动，相应形式也有网络广告、销售促进、站点推广和关系营销。( )

28. 网络信息的收集，减少了信息传递的中间环节，保证了信息的准确性。( )

29. Cyber Marketing 主要是指在虚拟的计算机空间进行网络营销运作。( )

30. 网络营销就是在网上宣传本企业的产品。( )

31. 网络营销的特点之一是具有严密的营销渠道。( )

32. 数字经济(digital economy)是指一种基于数字技术的经济，包括数字化通信网络(互联网、内联网、外联网和增值网)、计算机、软件以及其他相关信息技术。( )

33. 我们把全部或部分在无线环境中完成的电子商务交易和活动称为移动商务(mobile commerce)。( )

34. 电子签名由符号及代码组成，也具有表明合同各方的身份及各方受合法约束的意思的功能。( )

35. 传统的书面合同只是受到当事人保护程度和自然侵蚀的限制，而电子数据不仅可能受到物理灾难的威胁，还有可能受到计算机病毒等计算机特有的无形灾难的攻击。( )

36. 数字经济有时也被称为网络经济或新经济。在新经济中，数字网络和基

础通信设施为全世界的人们与组织进行相互影响、交流、合作和搜索提供了一个平台。（　　）

37. 我们把全部或部分在无线环境中完成的电子商务交易和活动称为移动商务(mobile commerce)。（　　）

38. 在一些案例中显示,电子商务是解决经营压力非常好的办法。（　　）

39. 搜索引擎抓到网页后,还要做大量的预处理工作,才能提供检索服务。
（　　）

典型习题分析与解答

一、单项选择题

1. A　2. C　3. B　4. C　5. B　6. B　7. A　8. B　9. D　10. C　11. C　12. D　13. B　14. B　15. C　16. A　17. A　18. C　19. C　20. B　21. B　22. D　23. C　24. A　25. D

二、多项选择题

1. ABCD　2. ABCD　3. AB　4. CE　5. ABE　6. BCD　7. ACD　8. AC　9. ABD　10. BCDE　11. ABD　12. CD　13. BCD　14. AC　15. ABCD　16. BCD　17. ABCDE　18. ABCDE　19. ABCD　20. CD　21. ABCDE　22. ABC　23. ABCDE

三、判断题

1. √　2. √　3. √　4. ×　5. √　6. ×　7. √　8. ×　9. √　10. √　11. √　12. √　13. √　14. √　15. √　16. √　17. √　18. √　19. √　20. √　21. √　22. √　23. ×　24. ×　25. √　26. √　27. √　28. ×　29. √　30. ×　31. ×　32. √　33. √　34. √　35. √　36. √　37. √　38. √　39. √

国际贸易理论基础考试模拟试卷

（共100分,60分为合格）

一、单项选择题（每题1分,共40分。下列每题的选项中,只有1个是正确的,请将其代号填在括号内）

1. 国际货物贸易就是以（　　）为标的物进行的贸易。
    A. 有形的货物　　　　　　　　B. 无形的服务
    C. 有形的货物和无形的服务　　D. 无形的货物和有形的服务

2. 商品生产国（出口国）与商品消费国（进口国）通过第三国进行的贸易,对第三国而言是（　　）。
    A. 过境贸易　　B. 转口贸易　　C. 直接贸易　　D. 多边贸易

3. 根据《Incoterms2010》的规定,采用FOB或CIF术语成交,货物在海运途中损坏灭失的风险（　　）。
    A. 均由卖方承担
    B. 均由买方承担
    C. 前者由卖方承担,后者由买方承担
    D. 前者由买方承担,后者由卖方承担

4. （　　）是指当卖方在指定目的地将仍处于抵达的运输工具之上,且已做好卸载准备的货物交由买方处置时,即为交货。
    A. DAP　　　　B. CIF　　　　C. CIP　　　　D. FOB

5. 国际贸易术语中"成本加运费加保险费"的英文缩写字母是（　　）。
    A. CIP　　　　B. CIF　　　　C. CPT　　　　D. FAS

6. FOB、CFR、CIF贸易术语中买卖双方风险责任的划分是（　　）。
    A. 装运港货物进入码头前后　　B. 装运港货物交到船上前后
    C. 目的港货物交到船上前后　　D. 目的港货物提离码头前后

7. 成都出口到莫斯科一批机床,中方办理出关手续,俄方办理进关手续,价格中包含成都至莫斯科的运费和保险费,适用的贸易术语为（　　）。
    A. CFR莫斯科　　　　B. FOB成都
    C. CPT莫斯科　　　　D. CIP莫斯科

8. 按照货物重量或体积或价值三者中较高的一种计收,运价表内以( )表示。
   A. "W/M"   B. "W/M plus Ad Val"
   C. "W/M or Ad Val"   D. "Ad Val"

9. FOB 术语的运费支付方式是( )。
   A. 运费预付   B. 运费到付
   C. 第三地支付   D. 比例运费

10. CIC"特殊附加险"是指在特殊情况下,要求保险公司承保的险别,( )。
    A. 一般可以单独投保
    B. 不能单独投保
    C. 可单独投保两项以上
    D. 在被保险人同意的情况下,可以单独投保

11. 包销协议从实质上说是一份( )。
    A. 买卖合同   B. 代理合同   C. 寄售合同   D. 拍卖合同

12. 包销期限通常为( )。
    A. 半年   B. 1 年   C. 2 年   D. 3 年

13. ( )指不授予专营权的代理,也有称佣金代理(commission agency)的。
    A. 总代理   B. 独家代理   C. 一般代理   D. 指定代理

14. ( )又称对购(reciprocal trade)或平行交易(parallel trade)。
    A. 补偿贸易   B. 易货贸易   C. 抵销贸易   D. 互购贸易

15. 加工贸易属于( )的范畴。
    A. 技术贸易   B. 货物贸易   C. 服务贸易   D. 信息贸易

16. 来料加工项下进口直接用于加工生产的出口产品而在生产中消耗掉的燃料、磨料、触媒剂( )。
    A. 可以全额保税
    B. 可以差额保税
    C. 不可以保税
    D. 有时可以全额保税,有时可以差额保税

17. 以材料或半成品委托他人加工,而付给的加工费用,称为( )。
    A. 料件费   B. 利润   C. 成本   D. 工缴费

18. 寄售协议中双方当事人之间的关系属于( )。
    A. 代理关系   B. 买卖关系
    C. 委托与受托关系   D. 上下级关系

19. 要约邀请是希望他人向( )发出要约的意思表示。

A. 自己　　　　B. 委托人　　　　C. 第三者　　　　D. 生产商

20. 发盘的撤回与撤销的区别在于(　　)。
    A. 两者均发生在发盘生效前
    B. 两者均发生在发盘生效后
    C. 前者发生在发盘生效后，后者发生在发盘生效前
    D. 前者发生在发盘生效前，后者发生在发盘生效后

21. (　　)是买方或卖方向对方提出交易条件并愿按此条件达成交易的一种表示。
    A. 发盘　　　B. 询盘　　　C. 还盘　　　D. 实盘

22. 我方某公司5月5日向国外客户发盘，限5月15日复到有效，5月12日接到对方复电："你5日电接受，但以获得进口许可为准。"该接受实际上是(　　)。
    A. 还盘　　　　　　　　　　B. 有效接受
    C. 逾期接受　　　　　　　　D. 只要我方未表态，即为接受

23. 《联合国国际货物销售合同公约》规定，受盘人对发盘表示接受有几种方式，不属此列的一项是(　　)。
    A. 通过口头向发盘人声明
    B. 通过书面形式向发盘人声明
    C. 通过沉默或不行为表示接受
    D. 通过实际行动表示接受

24. 一般而言，机械、电器、仪表、计算机类商品凭(　　)买卖。
    A. 样品　　　B. 商标或牌号　　　C. 规格　　　D. 说明书

25. 船舶所有人将船舶出租给承租人，供其使用一定时期的运输方式称为(　　)。
    A. 定程租船　　B. 班轮运输　　C. 定期租船　　D. 航次租船

26. 出口合同的履行中一般不包括(　　)环节。
    A. 备货　　　B. 开证、改证　　　C. 报关、装船　　　D. 制单、结汇

27. 一张有效的信用证，必须规定一个(　　)。
    A. 装运期　　B. 有效期　　C. 交单期　　D. 议付期

28. 属于银行信用的国际贸易支付方式是(　　)。
    A. 汇付　　　B. 托收　　　C. 信用证　　　D. 票汇

29. 当一张经过流通的汇票遭到退票时，拥有追索权的是(　　)。
    A. 出票人对后手　　　　　　B. 受票人对出票人
    C. 后手对前手　　　　　　　D. 持票人对所有前手、及出票人

30. 国外开来的不可撤销信用证规定，汇票的付款人为开证行，货物装船完毕

后,闻悉申请人已破产倒闭,则( )。
    A. 由于付款人破产,货款将落空
    B. 可立即通知承运人行使停运权
    C. 只要单证相符,受益人仍可从开证行取得货款
    D. 待付款人财产清算后方可收回货款

31. 市场营销的核心是( )。
    A. 生产   B. 分配   C. 交换   D. 促销

32. 从营销理论的角度而言,企业市场营销的最终目标是( )。
    A. 满足消费者的需求和欲望   B. 获取利润
    C. 求得生存和发展   D. 把商品推销给消费者

33. 国际化营销战略的目标是( )。
    A. 进入国际市场   B. 出口产品
    C. 满足国际市场需要   D. 对外贸易

34. 20世纪50年代,提出市场细分概念的是( )。
    A. 菲利浦·科特勒   B. 阿尔曼·托史夫
    C. 乔治·道宁   D. 温德尔·史密斯

35. 市场细分的基础是( )。
    A. 顾客需求的差异性理论   B. 市场差异性理论
    C. 商品差异性理论   D. 购买差异性理论

36. 顾客对产品的需求大致相同,而且对企业同一营销策略反应也十分相似的市场称为( )。
    A. 卖方市场   B. 买方市场
    C. 异质市场   D. 同质市场

37. 将业务集中于少数国家的少数细分市场的战略称为( )。
    A. 市场专门化战略   B. 区域集中战略
    C. 多元化战略   D. 集中化战略

38. 有较大的营销风险的营销策略是( )。
    A. 无差异性营销策略   B. 差异性营销策略
    C. 分散性营销策略   D. 集中性营销策略

39. 相比而言,最全面周到的划分国际市场的方法是( )。
    A. 地理标准划分   B. 经济标准划分
    C. 文化标准划分   D. 组合划分

40. 一般来说,企业利润达到最高水平是在产品生命周期的( )。
    A. 介绍期   B. 成长期

C. 成熟期　　　　　　　　　D. 衰退期

二、多项选择题(每题2分,共20分。下列每题的选项中,至少有2个是正确的,请将其代号填在括号内)

1. 国际分工是生产力发展到一定水平后,一国国内社会分工的延伸,表现为生产的(　　)。
   A. 商品化　　B. 专业化　　C. 市场化　　D. 全球化
   E. 国际化

2. CIF与CFR术语的相似之处在于(　　)。
   A. 交货地点相同　　　　　　B. 风险界限相同
   C. 交货方式相同　　　　　　D. 术语后指定目的港
   E. 均有买方承担保险费

3. 采用CPT术语时,交易双方应注意(　　)。
   A. 风险的划分界限问题　　　B. 责任的划分问题
   C. 费用负担的划分问题　　　D. CPT与CFR的异同点
   E. 商品的包装问题

4. 加工贸易的特征有(　　)。
   A. 经营企业和生产企业不承担风险
   B. 两头在外
   C. 加工增值
   D. 物件保税
   E. 无需政府补贴

5. 对独家代理与包销的说法中,正确的有(　　)。
   A. 代理人与委托人之间为委托代理关系,而包销商与出口人之间为买卖关系
   B. 代理人赚取的是佣金,包销商赚取的是商业利润
   C. 两者专营权不同
   D. 都属于逐笔售定贸易方式
   E. 都能用加工贸易方式

6. 要约邀请是希望他人向自己发出要约的意思表示,下列各项中,属于要约邀请的有(　　)。
   A. 悬赏广告　　　　　　　　B. 寄送的价目表
   C. 拍卖公告　　　　　　　　D. 招标公告
   E. 商业广告

7. 按照《联合国国际货物销售合同公约》规定,一项发盘,只要同时具备

（　　）内容,即为十分肯定。

　　A. 写明货物

　　B. 明示或暗示地规定数量或如何确定数量

　　C. 明示或暗示地规定价格或如何确定价格

　　D. 规定货物包装

　　E. 结算方式为信用证方式

8. 下列各项中,属于仲裁的特点的有(　　)。

　　A. 以当事人自愿为基础

　　B. 任何仲裁机构不受理没有仲裁协议的案件

　　C. 排除法院对争议案件的管辖权

　　D. 仲裁裁决是终局的,对双方均有约束力

　　E. 仲裁协议必须在争议发生之前达成

9. 下列各项中,属于信用证支付方式特点的有(　　)。

　　A. 银行承担第一性付款责任

　　B. 信用证是一种商业信用

　　C. 信用证是一种自足文件

　　D. 信用证是一种单据买卖

　　E. 信用证是合同的副本

10. 下列各项中,属于全球公司实行全球营销依据的有(　　)。

　　A. 国际交通通讯的现代化　　　B. 经济的全球化

　　C. 国际市场的统一化　　　　　D. 国际市场需求的相似性

　　E. 营销管理的一致性

三、**判断题**(每题1分,共40分。判断下列各题是否正确,正确的在题后的括号内打"√",错误的打"×")

1. 出口与进口是对外贸易的两个组成部分。对运进商品和劳务的国家(地区)来说是出口;对运出商品和劳务的国家(地区)来说就是进口。（　　）

2. 出口企业根据相关规定,在货物报关出口并在财务上做销售后,将相关电子信息录入出口退税申报系统,生成申报表及电子数据,到退税机关预审,通过对预审发现问题的调整,形成正式的出口退税申报表,再到退税机关办理正式退税申报。（　　）

3. 商品生产国(出口国)与商品消费国(进口国)之间间接进行的商品买卖行为称为直接贸易。（　　）

4. 贸易货物结构是指一定时期内一国进出口贸易中各类货物的构成,即各大类或各种货物进出口贸易额与整个进出口贸易额之比,以份额表示。（　　）

5. 世界"封闭市场"价格是指在国际间不受垄断或国家垄断力量干扰条件下，由独立经营的买者和卖者之间进行交易的价格。（　　）

6. 如果卖方在发出货物后，货物的价格下跌，则卖方要承担价格下跌带来的风险。（　　）

7. 《1932 华沙—牛津规则》是国际法协会专门为解释 DAF 而制定的。（　　）

8. DAT 要求卖方办理出口清关手续。但卖方无义务办理进口清关、支付任何进口税或办理任何进口海关手续。（　　）

9. CIF 就是 Incoterms1980 年及先前版本中的 C&F，由于"&"符号不便于电子数据交换，故改为 CIF。（　　）

10. 完税后交货是指当卖方在指定目的地将仍处于抵达的运输工具上，但已完成进口清关，且已做好卸载准备的货物交由买方处置时，即为交货。（　　）

11. 在《国际贸易术语解释通则 2010 术语》中，承运人是签约承担运输责任的一方。（　　）

12. 在《国际贸易术语解释通则 2010 术语》的 11 种贸易术语中，买卖双方交接的单据，可以是纸单据，但不可以是电子单据。（　　）

13. 在 F 组主运费未付中的 FAS 与 FOB 贸易术语下，买卖双方的风险划分界线都是装运港船边。（　　）

14. 逆汇（reverse remittance）又称出票法，指债权人委托本国银行，通过签发汇票等形式，主动向国外债务人索汇的另一类汇兑业务。（　　）

15. 寄售中的双方当事人是买卖关系。（　　）

16. 寄售是先成交，后出运的贸易方式，属于现货买卖。（　　）

17. 套期保值的基本做法是期货交易者在购进（或出售）现货的同时，在期货市场上出售（或购进）同等数量的期货。（　　）

18. 招标文件是投标人编制。（　　）

19. 一项还盘是对原发盘的拒绝，一经受盘人作出还盘，原发盘也随之失效，交易磋商必须从询盘再开始。（　　）

20. 由于凭样品买卖的商品多属于品质难以规格化、标准化的商品，一般难以做到交货品质与标准样品完全相符，故在合同中应规定"交货品质和样品大体相符"。（　　）

21. 中国某进出口公司从美国进口商在美国当地通常可买到的某化工产品。约定交货前该商所属生产上述产品的工厂之一因爆炸被毁，该商要求援引不可抗力免责条款解除交货责任。中国某进出口公司应予同意。（　　）

22. 接受一旦生效，就不能撤销。（　　）

23. 理论重量在计算农产品时可以作为一种标准。（　　）

24. 在国际贸易交易过程中,买卖双方往往会由于彼此间的权利义务问题而引起争议。争议发生后,因一方违反合同规定,直接或间接给另一方造成损失,受损方向违约方在合同规定的期限内提出赔偿要求,以弥补其所受损失,就是理赔。
( )

25. 违约的一方,如果受理遭受损害方所提出的赔偿要求,赔付金额或实物,以及承担有关修理、加工整理等费用,或同意换货等就是索赔。( )

26. 信用证付款方式对卖方没有收汇风险。( )

27. 《跟单信用证统一惯例》(UCP600)本身并不是一项有约束性的法律文件,只有信用证上注明根据该惯例处理,该信用证才受该惯例的规定和解释的约束。
( )

28. 不符点的出现只要征得议付行同意并议付完毕,受益人即可不受追偿地取得货款。( )

29. 持票人是指开出票据的人,即指示付款人在一定日期履行付款责任的人。
( )

30. 一张的汇票,没有确定的金额,仍然有效。( )

31. 银行本票见票即付,资金转账速度是所有票据中最快、最及时的。( )

32. 市场营销学的构建从微观(企业)开始,逐步形成了宏观市场营销学和微观市场营销学两个分支。( )

33. 根据是否选择中介商或所选择的中介商的不同,贸易式进入可分为间接出口和直接出口两种。( )

34. 按照使用网络类型分类,电子商务可以分为电子事务处理和电子贸易处理。( )

35. SWIFT 格式 MT700 中,代号 41A 代表的意思 form of documentary credit(跟单信用证类别)。( )

36. 人们取得产品有四种方式:自行生产、强取、乞讨和交换。( )

37. 间接出口是指企业将产品卖给或委托国内中间商出口到国际市场。( )

38. 出口配额制是一国政府在一定时期内,规定某些商品的进口数量或金额加以直接的限制。( )

39. 无定额的进口许可证,即进口许可证与进口配额相结合。( )

40. 成本性外汇管制是指国家外汇管理机构对外汇买卖的数量直接进行限制和分配,旨在集中外汇收入,控制外汇支出,实行外汇分配,以达到限制进口商品品种、数量和国别的目的。( )

典型习题分析与解答

一、单项选择题

1. A **精解**：国际货物贸易是以有形的货物为标的物进行的贸易，而国际服务贸易的特点之一就是贸易标的一般具有无形性。

2. B **精解**：转口贸易是间接贸易中交易双方的第三者（国），商品从生产国转移到消费国的整个交易过程中，转口贸易因起到转手的作用，它参与交易的整个过程，并且通过一买一卖，赚取贸易利润。

3. B **精解**：根据《Incoterms2010》的规定，采用 FOB 或 CIF 术语成交，买方的基本义务之一就是承担货物装上船后的一切费用以及货物灭失或损坏的一切风险。

4. D **精解**：DAP(insert named place of destination)Incoterms2010——DAP（插入指定目的地）《国际贸易术语解释通则 2010》。该术语既可适用于任何运输方式，也可适用于多种运输方式。"目的地交货"是指当卖方在指定目的地将仍处于抵达的运输工具之上，且已做好卸载准备的货物交由买方处置时，即为交货。卖方承担将货物运送到指定地点的一切风险。

5. B **精解**："成本、保险费加运费"是指卖方在船上交货或以取得已经这样交付的货物方式交货。货物灭失或损坏的风险在货物交到船上时转移。卖方必须签订合同，并支付必要的成本和运费，以将货物运至指定的目的港。

6. B **精解**：根据《Incoterms2010》的规定，采用 FOB、CFR 或 CIF 术语成交，买方的基本义务之一就是承担货物交到船上后的一切费用以及货物灭失或损坏的一切风险。

7. D **精解**："运费和保险费付至"是指卖方将货物在双方约定地点（如双方已经约定了地点）交给其指定的承运人或其他人。卖方必须签订运输合同并支付将货物运至指定目的地的所需费用。由于风险转移和费用转移的地点不同，该术语有两个关键点。双方尽可能确切地在合同中明确交货地点（风险在这里转移至买方），以及指定目的地（卖方必须签订运输合同运到该目的地）。

8. C **精解**：按货物的重量、体积或价值三者中选较高的一种计收运费，在运价表中用"W/M or A. V."["ad val."（拉丁文 ad valorem，意即从价）表示]表示。

9. B　**精解**：FOB术语的运费是由买方支付，一般采用的是运费到付。

10. B　**精解**：特殊附加险包括战争险(war risk)和罢工险(strikes risk)。凡加保战争险时，保险公司则按保战争险条款的责任范围，对由于战争和其他各种敌对行为所造成的损失负赔偿责任，按中国人民保险公司的保险条款规定，战争险不能作为一个单独的项目投保，而只能在投保上述三种基本险别之一的基础上加保。战争险的保险责任起讫不采取"仓至仓"条款，而是从货物装上海轮开始至货物运抵目的港卸离海轮为止，即只负水面风险。

11. A　**精解**：经销(distributorship)是指出口商通过与国外经销商订立经销协议建立一种长期稳定的购销关系，利用国外经销商的销售渠道在国外市场推销自己的商品，取得其在国外市场的份额，扩大产品出口。经销方式是出口商将产品卖给国外经销商，双方构成的是一种买卖关系，国外经销商自行销售商品，自负盈亏，自担风险。独家经销(sole distribution)又称包销(exclusive sales)，是指经销商在协议规定的期限和地域内，对指定的某一种商品或某一类商品享有独家专营权。独家经销实质上是出口供货商给予经销商的一种专卖权。

12. B　**精解**：独家经销协议通常规定为1年，期满后，如未续订新约，独家经销商即失去独家经销权。

13. C　**精解**：一般代理(agency)是指不授予专营权的代理，也有称佣金代理(commission agency)的。独家代理(exclusive agency；sole agency)是指出口商授予国外代理商在约定的地区和一定的时期内独家推销指定商品的专营权利。

14. D　**精解**：互购方式是由交易双方分别签订两个独立的交换货物合同，这两份合同由互购协定书联系起来。互购又称对购(reciprocal trade)或平行交易(parallel trade)。

15. B　**精解**：加工贸易是指从境外保税进口全部或部分原辅材料、零部件、元器件、包装物料(下称进口料件)，经境内企业加工或装配后，将制成品复出口的经营活动，加工贸易有来料加工和进料加工。显然，加工贸易属于货物贸易的范畴。

16. A　**精解**：来料加工项下进口直接用于加工生产出口产品而在生产过程中消耗掉的燃料、磨料、触媒剂、催化剂、洗涤剂可以全额保税。

17. D　**精解**：工缴费是加工贸易合同的重要条款。对委托方来说，委托承接方加工装配，付给承接方的加工费称为工缴费。工缴费包括加工成本和加工利润两部分。

18. C　**精解**：寄售(consignment)是指出口商先将待售商品运到国外，委托当地代销商按照寄售协议约定的条件和办法代为销售的一种贸易方式。寄售是一种委托代售关系，寄售人是委托人，代销人是受托人。代销人只能根据寄售协议或寄售人的指示代为销售或处置货物,但他并不拥有货物所有权,货物出售之前的所有权属于寄售人。

19. A **精解**:要约就是提出订立合同的意思表示;接受要约的一方为受要约人。要约邀请是希望他人向自己发出要约的意思表示。

20. D **精解**:发盘的撤回是指一项发盘在尚未送达受盘人之前亦即尚未生效之前,由发盘人将其取消。发盘的撤销是指一项发盘在已经送达受盘人之后,即已开始生效之后,由发盘人将其取消。

21. A **精解**:发盘是指买方(或卖方)为了购买(或出售)商品而向潜在的供货人或买主提出有关交易条件,并愿意按照这些条件达成交易和订立合同的一种口头或书面的肯定表示。发盘又称发价或报价,既是商业行为,又是法律行为,在合同法中称为要约。一项发盘发出后,对发盘人便产生法律上的约束力。如果对方完全同意发盘内容,并按时答复,表示接受,则双方合同关系成立,交易达成。

22. A **精解**:还盘是指受盘人不完全同意发盘内容而提出修改意见或变更交易条件的一种口头或书面表示。本题提出的内容就是增加了一项交易条件,故称为还盘。

23. C **精解**:接受必须表示出来。表示接受,必须以口头或书面的声明向发盘人明确表示出来,另外,还可以用行为表示接受。缄默或不行动,即不作任何方式的表示,不能构成接受。

24. D **精解**:在国际贸易中,有些技术密集型产品,如机器、电器、仪器、仪表、计算机及辅助设备以及大型成套设备等,因其结构复杂,对材料和设计的要求严格,安装、调试、使用、维修保养都有严格的操作规程和性能要求,对这类商品的品质,通常以说明书并附以图样、照片、设计图纸、分析表及各种数据来说明具体性能和结构特点。按此方式进行交易,称为凭说明书和图样买卖。按这种表示品质的方法成交,卖方所交货物必须符合说明书和图样的要求。但由于对这类产品的技术要求较高,有时同说明书和图样相符的产品,在使用时不一定能发挥设计所要求的性能,买方为了维护自身的利益,往往要求在买卖合同中加订卖方品质保证条款和技术服务条款。

25. C **精解**:租船通常是针对包租整船而言,大宗货物一般都采用租船运输。租船方式主要包括定程租船和定期租船两种。前者是指按航程租赁船舶;后者是指按期限租赁船舶。不论是按航程或按期限租船,船、租双方都要签订租船合同,以明确双方的权利和义务。

26. B **精解**:开证可能是进口合同履行中的一个环节。

27. B **精解**:按惯例,一切信用证都必须规定一个交单付款,承兑或议付的到期日,未规定到期日的信用证不能使用。通常,信用证中规定的到期日是指受益人最迟向出口地银行交单议付的日期,如信用证规定在国外交单到期日,由于寄单费时,且有延误的风险,一般应提请修改,否则,就必须提前交单,以防逾期。

28. C **精解**：信用证是指开证银行应开证人的请求开具给受益人的,保证在一定条件下履行付款责任的一种书面担保文件。在国际货物买卖中,向银行申请开立信用证的是买方(即进口人),信用证的受益人是卖方(即出口人),开证银行在信用证中向受益人作出承诺,只要受益人按照信用证条款提交合乎信用证要求的单据,开证银行保证履行付款或承兑的责任。因此,信用证对于买方是银行授予的一种信用工具,对卖方是银行向其保证付款的一种支付手段。在信用证付款条件下,银行承担第一性付款责任,因此,信用证付款的性质属于银行信用。

29. D **精解**：汇票被拒付,持票人有权向任何一个前手追索,并可直至出票人。

30. C **精解**：信用证对于买方是银行授予的一种信用工具,对卖方是银行向其保证付款的一种支付手段。在信用证付款条件下,银行承担第一性付款责任。

31. C **精解**：市场营销泛指与市场有关的一切人类活动,市场营销就是为了满足人类的需求和欲望而实现潜在交换的活动。人们只有通过市场交换产品时才存在市场营销。在市场经济条件下,市场营销是企业整体活动的中心环节,是企业生产经营活动成功与失败的决定要素。

32. A **精解**：消费者的需要、欲望和需求是市场营销的出发点。满足消费者的需要、欲望和需求是市场营销活动的目的。

33. A **精解**：国际化营销战略的目标是进入国际市场,表现为国内市场向国际市场的扩展,产品常常来源于国内的制造点,而且营销活动的重心仍然放在国内市场,是市场延伸观念在国际化营销战略中的应用。

34. D **精解**：市场细分的概念是由温德尔·史密斯教授于20世纪50年代中期首次提出的。

35. A **精解**：市场细分的基础是顾客需求的差异性理论。由于顾客需求的差异程度,市场可分为同质市场和异质市场。

36. D **精解**：当顾客对产品的需求大致相同,而且对企业同一营销策略反应也十分相似时称为同质市场;当消费者对产品的质量、款式、价格等有不同的要求、而且对企业同一营销策略会作出不同的反应时,称为异质市场。

37. D **精解**：集中化战略是一种开始将业务集中于少数国家的少数细分市场的战略,除了极少数资源丰厚和投资能力极强的公司,这几乎是所有刚开始国际化战略企业的唯一选择。

38. D **精解**：采取集中性营销策略的企业则把自己的目标集中在一个或少数几个子市场上。这种策略的优点是适应了本企业资源有限这一特点,可以集中力量向某一特定子市场提供最好的服务。生产和营销的集中性,使企业经营成本得以降低。这种策略的缺点是放弃了其他市场机会,以后想再进入,困难很大。此外,集中性营销有较大的风险。如果目标市场突然变化,如价格猛跌,购买者兴趣转移,或突然出现强有力的竞争者,企业就可能陷入困境。

39．D　精解：仅仅依据地理位置、经济发展水平或者文化差异等单项指标进行国际市场的宏观细分总是存在这样或那样的局限性,多指标细分标准的运用可在一定程度上弥补单项指标细分的不足。例如,1980年,里兹克拉教授提出了一种新的,以战略计划为基础的划分国际市场的方法,称为组合法,从国家潜力、竞争力和风险三个角度对国际市场进行细分,将具有相同特征的国家组合为同一类别市场。

40．B　精解：产品生命周期一般包括四个阶段,即投入期、成长期、成熟期和衰退期。成长期的标志是销量迅速增长,企业开始盈利。由于大规模的生产和利润的吸引,新的竞争者进入市场。在成长阶段,企业应该尽可能长时间地维持市场成长,抓住这一时机,扩大生产规模,利用质量、价格优势扩展市场面,提高市场占有率。企业经营管理的重点应是创名牌,提高产品声誉。

二、多项选择题

1．ABE　精解：国际分工是指世界各国之间的劳动分工。即各个国家(地区)对具有某种优势的物质生产部门实行专业化生产。国际分工是一国内部社会分工向国外的延伸、扩大和继续。当社会生产力发展到一定水平,国民经济内部分工超越国家界限向纵深和广阔方面发展时就形成国际分工。

2．ABCD　精解：CIF与CFR术语的不同之处是CIF由卖方承担保险费,CFR由买方承担保险费。

3．ABCD　精解：在采用贸易术语时,主要是区分买卖双方承担的费用、责任、风险,不牵涉到商品的包装问题。

4．BCD　精解：(1)两头在外的特征。加工贸易最基本的特征是"两头在外"的特征。即其用以加工成品的全部或部分料件采购自境外,而其加工成品又销往境外的货物流向上的特征。

(2)加工增值的特征。加工增值是加工贸易得以发生的企业方面的根本动因。企业对外签订加工贸易合同的目的在于通过加工使进口料件增值,并从中赚取差价或工缴费。

(3)料件保税的特征。我国海关现行的法规规定海关对进口料件实施保税监管。即对其进口料件实施海关监管下的暂缓缴纳各种进口税费的制度。料件的保税可以降低企业的运行成本,增强出口成本的竞争力。

5．ABC　精解：包销是独家经销,这里强调的是经销关系,即关系人之间是买卖关系；独家代理强调的是关系人之间是委托代理关系；另外，买方和代理人的责权也不一样。

6．BCDE　**精解**：要约是一方当事人向另一方当事人提出订立合同的条件，悬赏广告符合要约的意思。

7．ABC　**精解**：《联合国国际货物销售合同公约》(以下简称《公约》)对发盘的含义及性质有严格的规定。《公约》第14条(1)款作出了如下定义："向一个或一个以上的特定的人提出订立合同的建议，如果十分确定，并且表明发盘人在得到接受时承受约束的意旨，即构成发盘。一个建议如果写明货物并且明示或暗示地规定数量和价格或规定如何确定数量和价格，即为十分确定。"《公约》还规定，凡不完全符合上列规定的，不能视为发盘，而只能起邀请对方发盘的作用。

8．ABCD　**精解**：仲裁协议必须是书面的，它有两种形式：一种是合同中的仲裁条款；另一种是以其他方式达成的提交仲裁协议，这种协议可以在争议发生之前，也可以在争议发生之后达成。

9．ACD　**精解**：在信用证付款条件下，银行承担第一性付款责任，因此，信用证付款的性质属于银行信用。信用证虽以贸易合同为基础，但信用证一经开出就成为独立于合同以外的另一种契约。开证银行只受信用证的约束而与该合同完全无关。

10．ABC　**精解**：全球营销旨在综合利用全球各个市场的资源优势，国际交通通讯的现代化、经济的全球化和国际市场的统一化使全球营销称为可能。全球公司利用其优势开展全球营销。但是，全球市场由于各国政治、经济和文化的差异性，市场营销的差异性较大，各个市场的营销管理也有其特殊性。

三、判断题

1．×　**精解**：出口与进口是对外贸易的两个组成部分。对运进商品和劳务的国家(地区)来说是进口；对运出商品和劳务的国家(地区)来说就是出口。

2．√　**精解**：出口退税的国家规定。

3．×　**精解**：商品生产国(出口国)与商品消费国(进口国)之间直接进行的商品买卖行为称为直接贸易。

4．√　**精解**：贸易货物结构的定义。

5．×　**精解**：世界"封闭市场"价格是买卖双方在一定的约束关系下形成的价格。商品在国际间的供求状况一般不会对"封闭市场"价格产生实质性的影响。

6．×　**精解**：如果在卖在发出货物后，货物的价格下跌，则应该由买方要承担价格下跌带来的风险。

7．×　**精解**：《1932华沙—牛津规则》是国际法协会专门为解释CIF而制定的。

8. √ 　**精解**：DAT 术语的定义。

9. × 　**精解**：CFR 就是 Incoterms1980 年及先前版本中的 C&F,由于"&"符号不便于电子数据交换,故改为 CFR。

10. √ 　**精解**：DDP 术语的定义。

11. √ 　**精解**：在《国际贸易术语解释通则 2010》国际惯例中,定义承运人(Carrier)是签约承担运输责任的一方。

12. × 　**精解**：在《国际贸易术语解释通则 2010 术语》的 11 种贸易术语中,买卖双方交接的单据,可以是纸单据,也可以是电子单据。

13. × 　**精解**：一般来说,"装上船"是 FOB 合同买卖双方划分风险的分界线。FAS 是指卖方在指定的装运港将货物交到船边,即完成交货。买方必须承担自那时起货物灭失或损坏的一切风险。

14. √ 　**精解**：逆汇的定义。

15. × 　**精解**：寄售是一种委托代售关系,寄售人是委托人,代销人是受托人。

16. × 　**精解**：寄售是先出运,后成交的贸易方式,属于现货买卖。

17. √ 　**精解**：套期保值的基本做法的定义。

18. × 　**精解**：招标首先由招标人发出招标通告,制定招标文件或称标书,说明拟采购的商品或拟兴建的工程项目的各种交易条件,邀请各方面的卖方或承包商在规定时间和地点内,采取一次递价办法进行投标,然后由招标人开标,将各投标人的递价进行比较,从中选择对其最有利者达成交易。

19. × 　**精解**：还盘是指受盘人不完全同意发盘内容而提出修改意见或变更交易条件的一种口头或书面表示。还盘又称还价,在法律上称为反要约。受盘人的答复,如果在实质上变更了发盘条件,就构成对发盘的拒绝,从法律上讲是否定了原发盘,原发盘即告失效,原发盘人就不再受其约束。同时,还盘构成了新的发盘。

20. √ 　**精解**：这对买卖双方划定责任风险很重要。

21. × 　**精解**：不可抗力(force majeure)是指买卖合同签订后,并非由于合同当事人的过失或疏忽,而是由于发生了合同当事人无法预见、无法预防、无法避免和无法控制的意外事故,以致有关当事人不能履行或不能如期履行合同义务,发生意外事故的一方当事人可以免除违约的责任。因为上述产品是当地通常可买到的某化工产品,所以美方只要重新购置就能履行合同。

22. √ 　**精解**：接受一经生效,合同成立,如要撤销接受,属于毁约行为,将按违约处理。

23. × 　**精解**：理论重量是指对于有些有固定规格和统一规格的商品,只要规格一致、尺寸相符,每件重量大体相同,一般可以从件数推算出总量。这种计量方式适用于钢板和马口铁等商品。

24. ✗ **精解**：在国际贸易交易过程中,买卖双方往往会由于彼此间的权利和义务问题而引起争议。争议发生后,因一方违反合同规定,直接或间接给另一方造成损失,受损方向违约方在合同规定的期限内提出赔偿要求,以弥补其所受损失,就是索赔。

25. ✗ **精解**：违约的一方,如果受理遭受损害方所提出的赔偿要求,赔付金额或实物,以及承担有关修理、加工整理等费用,或同意换货等就是理赔。

26. ✗ **精解**：虽然信用证是一种银行信用,但并不意味着对卖方没有收汇风险。

27. ✓ **精解**：惯例的特性。

28. ✗ **精解**：议付是汇票流通中的一个环节,除非保兑行议付,否则议付银行对其议付行为可保留追索权。

29. ✗ **精解**：出票人是指开出票据的人,即指示付款人在一定日期履行付款责任的人。出票人在票据上一旦签名,即已发出指令,对受款人或持票人承担该项票据提示时,一定付款或承兑的保证责任。

30. ✗ **精解**：汇票作为一种要式证券,必须具备下列几项的内容:(1) 表明"汇票"的字样;(2) 无条件支付的委托;(3) 确定的金额;(4) 付款人名称;(5) 收款人名称;(6) 出票日期;(7) 出票人签章。汇票上未记载前款规定事项之一的,汇票无效。汇票一般不得涂改。

31. ✓ **精解**：银行本票的属性。

32. ✓ **精解**：市场营销学的产生和发展史。

33. ✓ **精解**：间接出口和直接出口的定义。

34. ✗ **精解**：根据使用网络类型的不同,电子商务目前主要有三种形式:第一种形式是 EDI(electronic data interchange,电子数据交换)商务;第二种形式是互联网(Internet)商务;第三种形式是 Intranet(内联网)商务和 Extranet(外联网)商务。

35. ✗ **精解**：SWIFT 格式 MT700 中,代号 40A 代表的意思是 form of documentary credit(跟单信用证类别)。

36. ✓ **精解**：人们取得产品方式的汇总阐述。

37. ✓ **精解**：间接出口的定义。

38. ✗ **精解**：进口配额制是一国政府在一定时期内,规定某些商品的进口数量或金额加以直接的限制。

39. ✗ **精解**：无定额的进口许可证,即进口许可证不与进口配额相结合,有关政府机构预先不公布进口配额,颁发有关商品的进口许可证,只是在个别考虑的基础上进行。由于无定额的进口许可证是个别考虑的,没有公开的标准,因而就给正常贸易的进行造成更大的困难,起到更大的限制进口的作用。

40. ✗ **精解**:成本性外汇管制是指国家外汇管理机构对外汇买卖实行复汇率制度(system of multiple exchange rates),利用外汇买卖成本的差异,间接影响不同商品的进出口。

国际贸易理论基础考试卷

★请将答案写在答题纸上,答案写在试卷上无效。

一、**单项选择题**。在下列每小题的四个备选答案中选出一个正确的答案,并将答案填涂在答题卡相应位置,错选、多选、未选均无分。(每小题1分,共40分)

1. 2010年1～7月,全国进出口总值为16 170.5亿美元,同比增长40.9%,其中:出口8 504.9亿美元,增长35.6%;进口7 665.6亿美元,增长47.2%,2010年1～7月我国( )。
   A. 贸易顺差8 504.9亿美元　　　B. 贸易逆差7 665.6亿美元
   C. 贸易顺差839.3亿美元　　　　D. 贸易逆差839.3亿美元

2. 从一个国家来看,该国与别国货物与服务的交换活动称为( )。
   A. 世界贸易　　B. 国际贸易　　C. 对外贸易　　D. 区域贸易

3. 国际分工与国际贸易之间的关系是( )。
   A. 两者没有联系　　　　　　　　B. 两者为平行关系
   C. 国际分工是国际贸易的基础　　D. 国际贸易是国际分工的基础

4. 假定某国净贸易条件以1980年为基期是100,1990年出口价格指数下降10%,为90;进口价格指数上升20%,为120,且该国的出口商品的劳动生产率从1980年的100提高到1990年的150,则该国家的单项因素贸易条件是( )。
   A. 50　　　B. 200　　　C. 72　　　D. 112.5

5. CIF Ex Ship's Hold 属于( )。
   A. 内陆交货　　　　　B. 装运港船上交货
   C. 目的港交货　　　　D. 目的地交货

6. FOB术语的运费支付方式一般是( )。
   A. 预付运费　　　　　B. 到付运费
   C. 第三地支付　　　　D. 比例运费

7. 苏州某进出口公司原来打算将货拉到上海港出口,对外以CIF报价,如果该公司采用多式联运,希望在苏州工厂交货,运费和保险费均不变的情况下,应采用( )术语为宜。
   A. FCA　　　B. CIP　　　C. DDP　　　D. CPT

8. 按照《国际贸易术语解释通则2010》的解释,下列贸易术语中,由买方负责办理出口通关手续的是( )。

　　A. DAF　　　　B. FCA　　　　C. FOB　　　　D. EXW

9. ( )是指以物易物,即货物出口的一方在进口某一价值货物的同时,向对方提供等值的出口货物,通常不涉及第三方。

　　A. 易货贸易　　B. 补偿贸易　　C. 抵销贸易　　D. 加工贸易

10. ( )是指拥有进出口经营权的企业对外签订进口料件合同,在向海关备案时尚未签订出口成品合同,进口料件生产的成品、数量及销售流向均未确定。

　　A. 进料加工对口合同　　　　　　B. 进料加工非对口合同
　　C. 来料加工对口合同　　　　　　D. 来料加工非对口合同

11. 卖主叫价拍卖又称减价拍卖,或称( )拍卖。

　　A. 苏格兰式　　B. 英格兰式　　C. 荷兰式　　　D. 法国式

12. 我国在以租赁方式引进国外设备时,往往由我国的租赁公司作为承租人向国外租赁公司租用设备,然后再将该设备转租给国内用户,这种租赁方式称为( )。

　　A. 经营租赁　　B. 转租租赁　　C. 回租租赁　　D. 金融租赁

13. ( )又称唛头。

　　A. 运输标志　　　　　　　　　　B. 指示性标志
　　C. 警告性标志　　　　　　　　　D. 危险品标志

14. 下列保险条款中,承保风险类似中国人民保险公司中的一切险的是( )。

　　A. ICC(A)　　　　　　　　　　　B. ICC(B)
　　C. ICC(C)　　　　　　　　　　　D. institute war clauses cargo

15. 公式"[商品实际重量÷(1+实际回潮率)]×(1+公定回潮率)"为( )的计算公式。

　　A. 实物净重　　B. 法定重量　　C. 理论重量　　D. 公量

16. 常用的指示性标志中,"怕雨"的标志为( )。

　　A.　　　　　　B.　　　　　　　C.　　　　　　　D.

17. 卖方按照原价给予买方一定百分比的减让,即在价格上给予适当的优惠。这是( )。

　　A. 佣金　　　　B. 折扣　　　　C. 预付款　　　D. 订金

18. ( )是指两张信用证的开证申请人互以对方为受益人而开立的信用证。
    A. 保兑信用证　　　　　　　　B. 对背信用证
    C. 备用信用证　　　　　　　　D. 对开信用证

19. 在信用证付款方式下,通知银行的职责是( )。
    A. 只证明信用证的真实性,并不承担其他义务
    B. 接受申请人委托,开立信用证
    C. 买入跟单汇票并垫付资金
    D. 实际支付货款

20. 在 MT 701 Issue of a Documentary Credit 中,代号 45B 代表的是信用证的( )。
    A. 货物描述及/或交易条件　　　B. 申请人的银行
    C. 应具备单据　　　　　　　　D. 受益人

21. 在 MT 707 Amendment to a Documentary Credit 中,代号 30 代表的是信用证的( )。
    A. Date of Issue　　　　　　　B. New Date of Expiry
    C. Shipment Period　　　　　　D. Date of Amendment

22. 我国出口货物使用的下列贸易术语中,错误的是( )。
    A. FCA SHANGHAI　　　　　　B. FOB OSAKA
    C. CIF TOKYO　　　　　　　　D. CFR BUSAN

23. 缩短产品与顾客之间的距离,诱使目标顾客试用、认知新产品的营业推广目标多出现在( )。
    A. 投入期　　B. 成长期　　C. 成熟期　　D. 衰退期

24. 家庭规模对于市场营销具有重要参考价值,因为家庭规模小,家庭数目多,就意味着( )。
    A. 消费品市场潜力小　　　　　B. 工业品市场潜力小
    C. 消费品市场潜力大　　　　　D. 工业品市场潜力大

25. 对消费者的购买行为具有最为广泛、最深远影响的因素是( )。
    A. 个人因素　　B. 社会因素　　C. 文化因素　　D. 心理因素

26. 企业进行国际营销的方式中的( )是指生产企业将产品直接卖给国外的中间商或用户,或者委托国外中间商在国际市场上代为销售。
    A. 间接出口　　　　　　　　　B. 直接出口
    C. 许可贸易　　　　　　　　　D. 国外生产和营销

27. ( )是指进出口商品经过一国关境时,由政府设置的海关向进出口

所征收的税收。

　　A. 营业税　　B. 关税　　C. 所得税　　D. 消费税

28. 进口商品的税赋取决于进口商品的价格大小与（　　）高低。

　　A. 质量　　B. 汇率　　C. 利率　　D. 税率

29. 在制定和实施非关税壁垒措施上，通常采用（　　）程序，制定手续比较迅速。

　　A. 立法　　B. 管理　　C. 自主　　D. 行政

30. 海关估价的顺序依次是（　　）。

　　A. 进口货物的成交价格、相同货物的成交价格、相似货物的成交价格、扣除价格法

　　B. 相似货物的成交价格、进口货物的成交价格、相同货物的成交价格、扣除价格法

　　C. 进口货物的成交价格、扣除价格法、相同货物的成交价格、相似货物的成交价格

　　D. 相同货物的成交价格、进口货物的成交价格、相似货物的成交价格、扣除价格法

31. 知识产权权利人请求海关扣留侵权嫌疑货物，还应当向海关提交足以证明侵权事实明显存在的证据。知识产权权利人提交的证据，应当能够证明：① 请求海关扣留的货物即将进出口；② 在货物上未经许可使用了侵犯其商标专用权的商标标识、作品或者实施了其（　　）。

　　A. 专利　　B. 标准　　C. 合同　　D. 数据

32. 企业与政府之间的电子商务称为（　　）。

　　A. B2B　　B. C2C　　C. B2C　　D. B2G

33. 对于 EDI 来讲，下列说法中，错误的是（　　）。

　　A. EDI 是计算机之间的电子数据传输

　　B. EDI 的使用者都要执行 ANSIX.12 标准

　　C. EDI 传送的信息有统一的标准

　　D. 信息传递采用电子方式传递

34. 电子合同与传统合同的区别在于书面形式、电子签名的有效性、电子合同收到与合同成立地点和（　　）。

　　A. 商品形式　　B. 商品数量　　C. 合同格式　　D. 合同证据

35. 互联网的最大好处是（　　），因此在网上调查过程中，被调查对象可以与调查者进行互动。

　　A. 超前性　　B. 差异性　　C. 交互性　　D. 整合性

36. 在进行网络商务信息的收集时,一般命中率最高的方式是( )。
    A. 利用知名搜索引擎　　　　　B. 利用区域性搜索引擎
    C. 利用专业协会　　　　　　　D. 利用讨论组

37. 中国广州某出口公司向法国巴黎某商人出售一批货物,中方原报价为 CIF 巴黎每公吨 850 美元,后法商要求改报含佣价 CIFC5%,则中方改报价应为每公吨( )美元。
    A. 807.50　　　B. 892.50　　　C. 809.52　　　D. 894.74

38. 我国某外贸公司出口玉米约 1 000 公吨,根据《跟单信用证统一惯例》规定,该公司发货时,最少可以出运( )公吨。
    A. 900　　　B. 1 000　　　C. 1 200　　　D. 1 100

39. 我方出口某商品共 100 箱,每箱毛重为 40 千克,体积 30 cm×60 cm×50 cm,查运费表得知该货为 10 级,计算标准为 W/M,基本运费为每运费吨 109 美元,另收燃油附加费 20%,该批货物的运费是( )美元。
    A. 523.20　　　B. 436.00　　　C. 1 177.20　　　D. 981.00

40. 一批货物在海运途中发生承保范围内的损失,其修理费用超过修复后的价值,这种损失属于( )。
    A. 共同海损　　B. 单独海损　　C. 实际全损　　D. 推定全损

二、多项选择题。下列每小题的选项中,有两个或两个以上答案是正确的,请将答案填涂在答题卡相应位置,多选、少选或不选均不得分。(每小题 2 分,共 20 分)

1. 在国际贸易中的风险性体现在( )。
    A. 信用风险　　B. 商业风险　　C. 汇率风险　　D. 运输风险
    E. 政治风险

2. 某公司向国外客户出口 520 台电冰箱,合同没有规定卖方交货的数量可溢短装 5%,卖方实际交货时多交了 20 台,买方就卖方多交的 20 台电冰箱可以作出( )的决定。
    A. 收取全部 546 台电冰箱　　　B. 拒收 546 台电冰箱
    C. 收取多交货物中的 10 台　　 D. 拒收多交的 20 台电冰箱
    E. 收取多交货物中的 20 台

3. 来料加工的主要特点有( )。
    A. 由外商提供全部或部分料件,加工方无需用外汇购买进口料件
    B. 来料加工的料件进口和成品出口系同一协议及同一客户
    C. 来料加工出口的成品,加工方不负责销售,由外商自行销售
    D. 加工方赚取进出口差价

E. 外商提供的进口料件及加工的成品,加工方只拥有使用保管权而不拥有所有权

4. RFID 技术使用的优点有( )。
   A. 需要光源,不可以透过外部材料读取数据
   B. 标签芯片与自带天线全封闭,能在恶劣环境下工作
   C. 具有小、薄、柔韧性、可植入多种材料内部的特性
   D. 读取距离比条码更远
   E. 可以写入及存取数据

5. 出口企业申请出口退税时,应向国家税务机关提交( )。
   A. 增值税发票   B. 原产地证明书
   C. 出口收汇核销单   D. 出口发票
   E. 出口报关单

6. 根据交付货运单据条件的不同,跟单托收可细分为( )。
   A. 工厂交单   B. 承兑交单   C. 商检交单   D. 付款交单
   E. 海关交单

7. 从竞争的角度来区分,国际营销战略有( )。
   A. 产品竞争战略   B. 服务竞争战略
   C. 广告竞争战略   D. 市场竞争战略
   E. 企业形象战略

8. 下列各种贸易限制措施中,属于非关税壁垒措施的有( )。
   A. 进口押金制   B. 国内税
   C. 关税   D. 进口许可证制
   E. 外汇管制

9. 知识产权制度的作用包括( )。
   A. 有利于实现我国经济与国际经济接轨
   B. 有利于鼓励发明创造,促进技术创新
   C. 有利于吸进国外先进技术
   D. 有利于吸引境外投资
   E. 有利于完善人力资源管理

10. 网络营销对传统营销的冲击表现在( )。
    A. 网络营销使得产品不再标准化
    B. 网络营销一定优于传统营销
    C. 网络营销将促进品牌的全球化管理
    D. 网络营销将加剧价格歧视的不利影响

E. 网络营销可以降低成本

三、判断题。判断下列各题是否正确,并将答案填涂在答题卡相应位置。(每空1分,共40分)

1. 商品从甲国经过乙国向丙国运送,对丙国来说是过境贸易。（　）

2. 国际技术贸易与国际货物贸易都属于国际贸易的一种方式,这是它们的相同点,但是它们之间贸易标的物的使用权与所有权不同。（　）

3. 贸易条件又称贸易比价或交换比价,是指一国在对外贸易中,出口一单位商品(价格、购买力、要素)所能换回的进口商品(价格、购买力、要素)数量之间的比率。（　）

4. 从结构上讲,世界市场是由世界范围内通过国际分工联系起来的各国之间的市场以及参与国际分工各国内部市场的总和所组成的。（　）

5. 在F组主运费未付中的FAS与FOB贸易术语下,买卖双方的风险划分界线都是装运港船边。（　）

6. FCA、FOB、DDP术语中卖方和买方之间风险转移在装船港船舷前后。（　）

7. 由于国际贸易惯例不是国家的共同立法,它对交易双方都没有强制性。因此,即使买卖双方在合同中明确表示采用某项惯例时,则该项惯例对买卖双方也没有约束力。（　）

8. Incoterms2010将于2011年1月1日起生效。（　）

9. 在独家经销方式下,出口商与独家经销商的关系是买卖关系,即独家经销商对其经销商品自垫资金买断、自行销售、承担经营风险和自负盈亏。（　）

10. 代理业务的双方要订立代理协议,代理协议规定出口商和进口商之间的权利和义务。（　）

11. 寄售是指出口商先将待售商品运到国外,委托当地代销商按照寄售协议约定的条件和办法代为销售的一种贸易方式。寄售人同代销人之间是买卖关系。（　）

12. 招标是指投标人应招标通告的邀请,根据招标人所规定的招标条件,在规定的时间期限和地点,向招标人递价,争取中标以达成交易。（　）

13. 商品名称和质量,简称为品质。（　）

14. 对于危险物品,如易燃品、有毒品或易爆炸物品等,在外包装上必须醒目标明,以示警告,称为指示性标志。（　）

15. 以毛作净就是以净重代替毛重。（　）

16. 卖方所交货物如果多于合同规定的数量,按《联合国国际货物销售合同公约》,买方可以收取也可以拒收全部货物。（　）

17. 在相当长的一段时间内，CIF被译为"到岸价"，这种说法是准确的。（　　）

18. 票汇方式用于预付款的出口交易，出口人收到国外银行汇票或银行本票时，即可发运货物。（　　）

19. 采用信用证支付方式，议付行议付后，如开证行倒闭或拒付，可向受益人行使追索权；但开证行或保兑行付款后，则均无追索权。（　　）

20. 假远期信用证又称远期汇票即期付款的信用证，即出口商在货物装船并取得装运单据后，按照信用证规定开具远期汇票，向指定银行即期收回全部货款。
（　　）

21. 保兑信用证是指该信用证在一定时间内利用规定金额后，能够重新恢复信用证原金额而再被利用，直至达到规定次数或规定的总金额为止。（　　）

22. 国外销售办事处是总公司的派出机构，是独立的法人。（　　）

23. 产品标准化是相对于产品差异化的一个概念，是指企业生产出本行业中其他企业所没有的独特产品，形成独家经营的市场。（　　）

24. 与出口相比，国际营销是一个含义更广的概念，因为它还包括国外的投资和生产制造活动。（　　）

25. 直接延伸策略适用于国际市场对产品的需求以及产品的使用条件与国内市场相同或类似的情况。（　　）

26.《*技术性贸易壁垒协议*》(Agreement on Technical Barriers to Trade)由正文18个条款和3个附件组成。（　　）

27. GATT、WTO以及相关贸易协议中的环境条款本身并非绿色贸易壁垒，但其中一些条款相对模糊的界定的确使某些发达国家为树立绿色贸易壁垒找到了借口，而当因此发生贸易纠纷时，进口国也容易从GATT或WTO有关自由贸易原则中寻求法律上的支持，因此，逐步完善这些环境条款是国际贸易协议应该努力的方向。（　　）

28. 绿色包装是节约资源，减少废弃物，用后易于回收再用或再生，易于自然分解，又不污染环境的包装。（　　）

29. 环境标志制度又称绿色标志制度或生态标志制度，是指由政府部门或公共、私人团体依据一定环境标准向有关厂商颁发的，证明其产品符合环境标准的一种特定标志。（　　）

30. 工业产权一般是自动产生的。作品完成后，不必向外国办理任何手续，就可以根据有关原则获得有关国家的著作权法保护。（　　）

31. 互联网网站的发展有三个主要的阶段，即信息发布、数据库检索和个性化互动。（　　）

32. Intranet是在Internet基础上发展起来的企业内部网，或称外联网。（　　）

33. 电子商务的环境建设的目的不仅要从技术角度来处理电子商务关系；而且要创立尽可能安全的法律环境，以便有助于通信各方之间高效率的使用电子商务。（   ）

34. 一般来说，EDI 主要用于企业、机构和组织内部的数据报文的传递，也就是不同计算机系统之间的传递。（   ）

35. EDI 传输的是自由格式的文件，并具有格式校验功能。而传真、电传和电子信箱等传送的是标准的格式化的文件。（   ）

36. 电子提单是一种可利用 EDI 系统对海运途中的货物所有权进行转让的程序。（   ）

37. 在网络营销的实践中，网络品牌、网址推广、信息发布、销售促进、销售渠道、网络广告、客户服务、客户关系、网上调研和营销管理等是常用的方法。（   ）

38. 可靠的电子签名与手写签名或者盖章具有同等的法律效力。（   ）

39. 佣金计算公式为含佣价＝净价－佣金。（   ）

40. 人们取得产品有四种方式：交易，强取，乞讨和交换。（   ）

典型习题分析与解答

一、单项选择题

1. C 2. C 3. C 4. D 5. B 6. B 7. B 8. D 9. A 10. B 11. C 12. B 13. A 14. A 15. D 16. D 17. B 18. D 19. A 20. A 21. D 22. B 23. A 24. C 25. C 26. B 27. B 28. D 29. D 30. A 31. A 32. D 33. B 34. D 35. C 36. C 37. D 38. A 39. C 40. D

二、多项选择题

1. ABCDE 2. ACDE 3. ABCE 4. BCDE 5. ACDE 6. BD 7. ADE 8. ABDE 9. ABCD 10. ACDE

三、判断题

1. × 2. √ 3. √ 4. √ 5. × 6. × 7. × 8. √ 9. √ 10. × 11. × 12. × 13. √ 14. √ 15. × 16. × 17. × 18. √ 19. √ 20. √ 21. × 22. × 23. √ 24. √ 25. √ 26. × 27. √ 28. √ 29. √ 30. × 31. √ 32. √ 33. √ 34. × 35. × 36. √ 37. √ 38. √ 39. × 40. ×

主要参考文献

1. 陈文培.国际贸易理论基础(2011版)[M].北京:科学技术文献出版社,2011.
2. ICC跟单信用证统一惯例(UCP500)及UCP500关于电子交单的附则(Eucp).北京:中国民主法制出版社,2003.
3. 关于审核跟单信用证项下单据的国际标准银行实务(ISBP).北京:中国民主法制出版社,2003.
4. 国际商会托收统一规则(URC522).北京:中国民主法制出版社,2003.
5. 陈文培.外贸单证电子化实用指南[M].北京:中国海关出版社,2004.
6. 唐涛,陈文培,等.加工贸易实务(修订本)[M].北京:中国海关出版社,2004.
7. 陈文培,谢道一,朱巨公.外贸实务一本通[M].北京:中国海关出版社,2003.
8. 洪雷.新外贸企业与检验检疫[M].北京:中国海关出版社,2004.
9. 吴百福.进出口贸易实务教程[M].3版.上海:上海人民出版社,2001.
10. 陈文培,钟洪林,陈培芳.现代物流师职业资格考试习题精解[M].北京:中国海关出版社,2004.
11. 庄乐梅.国际结算实务精要[M].北京:中国纺织出版社,2004.
12. 周红军.最新国际贸易结算管理与操作实务[M].北京:中国金融出版社,2005.
13. 陈文培,汤兵勇.RFID与物流和供应链管理[J].计算机应用与软件,2004增刊Vol.21.
14. 阮家栻,杨立平.对外经济贸易实用大全[M].3版.上海:复旦大学出版社,1995.
15. [美]菲利普·科特勒,洪瑞云,梁绍明,陈震忠.市场营销管理(亚洲版·上).北京:中国人民大学出版社,1997.
16. 纪洪天,等.新编外贸会计——外贸会计及国际结算[M].3版.上海:立信会计出版社,2004.

17. 张景智.国际营销学教程[M].2版.北京:对外经济贸易出版社,2003.
18. 黄维梁.国际经济贸易实务[M].北京:高等教育出版社,2002.
19. [德] Klaus Finkenzeller.射频识别(RFID)技术[M].2版.北京:电子工业出版社,2001.
20. 中国物品编码中心.条码技术与应用[M].北京:清华大学出版社,2003.
21. 陈同仇,薛荣久.国际贸易(2006年新编本)[M].北京:中国商务出版社,2005.
22. 陈文培.电子商务员[M].北京:中国劳动社会保障出版社,2005.
23. 陈文培.助理电子商务师[M].北京:中国劳动社会保障出版社,2006.
24. 陈文培.外贸业务经理人手册[M].2版.北京:中国海关出版社,2010.
25. 陈文培,陈培芳.加工贸易业务员[M].北京:中国海关出版社,2007.
26. 龙永图.世界贸易组织知识读本[M].北京:中国对外经济贸易出版社,1999.
27. 李一平,梁柏谦,张然翔.跟单信用证项下出口审单实务[M].北京:中国商务出版社,2005.
28. 李金泽.UCP600适用与信用证法律风险防控[M].北京:法律出版社,2007.
29. 童宏祥.新编国际商务单证实务[M].上海:上海财经大学出版社,2006.
30. 蒋坡.知识产权管理[M].北京:知识产权出版社,2007.
31. 翁佩君.出口退税技巧[M].北京:中国海关出版社,2008.
32. 埃弗雷姆·特班(Efraim Turban),戴维·金(David King),朱迪·麦凯(Judy Mckay),彼得·马歇尔(Peter Marshall).电子商务:管理视角(原书第5版)[M].严建援,等,译.北京:机械工业出版社,2010.
33. 国际商会(ICC).国际贸易术语解释通则® 2010[M].中国国际商会,国际商会中国国家委员会组织,编译.北京:中国民主法制出版社,2011.
34. 商务部网站:http://www.mofcom.gov.cn
35. 海关总署网站:http://www.customs.gov.cn/
36. 国家税务总局网站:http://www.chinatax.gov.cn/
37. 国家质量监督检验检疫总局网站:http://www.aqsiq.gov.cn/